Nueva Internacional
UNA REVISTA DE POLITICA Y TEORIA MARXISTAS

NUMERO 4   1995

Contenido

En este número   *3*

**La defensa de Cuba, la defensa
de la revolución socialista cubana**
Mary-Alice Waters   *29*

**Lo que anunció la caída de la bolsa
de valores de 1987**
*Resolución aprobada por el congreso de 1988
del Partido Socialista de los Trabajadores*   *129*

La curva del desarrollo capitalista
León Trotsky   *269*

**La marcha del imperialismo
hacia el fascismo y la guerra**
Jack Barnes   *285*

Indice   *439*

DIRECTOR Martín Koppel

SUBDIRECTOR Luis Madrid

CONSEJO DE DIRECTORES Jack Barnes, Sigurlaug Gunnlaugsdóttir, Carl-Erik Isacsson, Steve Penner, Ron Poulsen, Jean-Louis Salfati, Samad Sharif, Jonathan Silberman, Mike Tucker, James Mac Warren

Nueva Internacional se edita en colaboración con
New International, Mary-Alice Waters, directora, Steve Clark, subdirector,
Nouvelle Internationale, Michel Prairie, director, y
Ny International, Carl-Erik Isacsson, director.

Muchos de los artículos que aquí aparecen en español también se pueden obtener en inglés, francés y sueco. Las cuatro publicaciones se pueden obtener por medio de Pathfinder Press yendo a www.pathfinderpress.com.

Foto de la portada: Cola de desempleados en Nueva York, mayo de 1988.

Diseño de la portada: Toni Gorton

Copyright © 1995 por New International
All rights reserved. Derechos reservados conforme la ley.

ISSN 1056-8921
ISBN 978-0-87348-795-5
Impreso y hecho en Estados Unidos de América
Manufactured in the United States of America

Primera impresión, 1995
Undécima impresión, 2024

EN ESTE NUMERO

Este número de *Nueva Internacional* examina las consecuencias de los últimos siete años de crecimiento decelerado y creciente volatilidad e inestabilidad que han ido definiendo la tendencia del capitalismo internacional, tendencia anunciada en octubre de 1987 por el desplome precipitoso de las bolsas de valores desde Nueva York hasta Londres, Tokio y Hong Kong. Toda la política mundial se ve impactada por la vulnerabilidad cada vez más generalizada del sistema de mercado, la intensificación de los conflictos interimperialistas y la creciente inseguridad que turba la vida de cientos de millones de personas.

Hace apenas unos años, los representantes reconocidos de las burguesías del mundo celebraban los albores de un Nuevo Orden Mundial, edificado sobre lo que ellos describen como el triunfo histórico del capitalismo democrático sobre el comunismo. Prometieron un futuro que traería abundancia económica, la expansión de las libertades democráticas y la propagación de la paz mundial.

Los artículos contenidos en estas páginas ofrecen un

punto de vista diferente. En realidad, al acercarnos al siglo XXI, el capital financiero internacional le ofrece a la humanidad un futuro de creciente depresión económica junto con una marcha hacia el fascismo y la guerra.

Las conclusiones políticas que mejor se apegan a esta realidad —y que por tanto son la mejor guía de acción— son conclusiones comunistas. No está predeterminado que la historia desemboque catastróficamente en el triunfo de movimientos fascistas y en una guerra de dimensiones e intensidad inauditas. Antes de que pueda triunfar el fascismo y que se vuelva inevitable una nueva guerra interimperialista, los trabajadores nos veremos impulsados a resistir los incesantes ataques capitalistas contra nuestras condiciones de vida y de trabajo, nuestros derechos democráticos y las propias condiciones que permiten la solidaridad humana. El pueblo trabajador, dotado de una dirección revolucionaria forjada progresivamente en el seno del movimiento obrero, podrá arrebatarles el poder a los gobiernos de las familias dominantes en Estados Unidos y otros países capitalistas, detener la marcha inexorable hacia una tercera guerra mundial, y abrir el camino a un futuro socialista caracterizado por el trabajo humano cooperativo, un gobierno verdaderamente democrático y el desarrollo cultural.

Por el lugar que ocupa la revolución cubana en esta histórica lucha de clases, iniciamos este número con un informe de Mary-Alice Waters, directora de *New International* (nuestra publicación hermana en inglés), sobre la lucha por el socialismo en Cuba en la actualidad. Hoy como hace 35 años, la revolución cubana permanece en el epicentro de la contienda mundial entre el capitalismo y el socialismo, contienda que ha definido la política mundial desde octubre de 1917, cuando triunfó la revolución bolchevique en Rusia.

Hoy día el frente decisivo en esa batalla opone al imperialismo estadounidense —el más poderoso y el último de los imperios del mundo— contra un pequeño pero inquebrantable gobierno obrero y campesino en Cuba. Como explica Waters en este informe presentado en agosto de 1994 ante un congreso del Partido Socialista de los Trabajadores, Wall Street y Washington, desde los inicios de la revolución, han seguido una política que pretende aplastar al pueblo trabajador de Cuba y dividirlo de su liderazgo comunista. No es difícil de explicar el porqué de la hostilidad de los gobernantes de Estados Unidos hacia Cuba. En 1959–60, el pueblo trabajador cubano hizo algo que los imperialistas luchan implacablemente por impedir: emuló lo que los trabajadores habían hecho unas cuatro décadas antes en Rusia. Derrocaron el monopolio burgués sobre el poder estatal, establecieron una república obrera y campesina, expropiaron la propiedad capitalista sobre la tierra y los medios básicos de producción, y se dedicaron a apoyar —con hechos y palabras— a los que luchan por librarse de la opresión imperialista o de la explotación capitalista alrededor del mundo.

DESDE EL DERRUMBE de los aparatos estalinistas en Europa oriental y en la Unión Soviética entre 1989 y 1991, la mayoría de los que se pronuncian sobre la revolución cubana —no solo sus abiertos enemigos burgueses sino muchos de sus "amigos" liberales y semisocialistas— hablan como si se tratara del último organismo sobreviviente de una especie extinta. La consideran un problema obstinado que hay que quitar del camino ahora que todos los demás regímenes que antes se reclamaron socialistas —desde Moscú hasta Hanoi, Varsovia y Pekín— están desplegando la bandera del capitalismo y del mercado.

El informe de Mary-Alice Waters, "La defensa de Cuba, la defensa de la revolución socialista cubana", plantea una perspectiva diferente. La historia de tres décadas y media ofrece pruebas convincentes de que los rasgos más importantes de Cuba no son sus semejanzas con otros estados donde se han abolido las relaciones de propiedad capitalistas, sino las características fundamentales que la distinguen de ellos. El Movimiento 26 de Julio, organización revolucionaria forjada por el grupo dirigido por Fidel Castro en los años cincuenta, soslayó al Partido Socialista Popular, el partido estalinista en Cuba, y condujo una revolución obrero-campesina que derrocó a la dictadura de Batista, que gozaba del respaldo de Washington. Al profundizar el curso anticapitalista de la revolución, esa dirección construyó el primer partido comunista de masas que ha existido desde la contrarrevolución estalinista de los años veinte y treinta.

Hoy día, hay dos características inseparablemente entrelazadas que aún distinguen al gobierno revolucionario cubano del resto de los regímenes que se han reclamado comunistas. En primer lugar, amplios sectores de la clase obrera en Cuba y de su vanguardia comunista mantienen una inquebrantable voluntad y capacidad de luchar en defensa del carácter socialista de la revolución. En segundo lugar, el gobierno obrero y campesino de Cuba sigue respondiendo a las presiones de la clase obrera y sigue utilizando su poder para dirigir al pueblo trabajador a luchar por sus aspiraciones de clase y sus compromisos internacionalistas.

Waters examina los retos y las oportunidades actuales que enfrenta la revolución cubana, a la luz de las derrotas de las revoluciones en Nicaragua y Granada en los años ochenta y de las condiciones económicas más difíciles en la historia de Cuba socialista. Como ha sucedido en cada coyuntura de la revolución, y ahora más que nunca, el camino necesario para avanzar exige la defensa del poder estatal de la clase obrera a nivel nacional junto con el mantenimiento de su perspectiva internacionalista proletaria.

Como señala Waters, los reveses en América y la repentina suspensión del comercio fuertemente subsidiado que Cuba realizaba con la antigua Unión Soviética han exigido un repliegue por parte de la clase trabajadora cubana y su liderazgo. Sin embargo, los trabajadores y los jóvenes revolucionarios —en las fábricas y los campos, así como en los actos y movilizaciones de masas— continúan demostrando su disposición de defender la revolución socialista ante estas dificultades. El gobierno sigue siendo *su* gobierno. Y continúan comprometidos a una perspectiva que se solidariza con obreros, agricultores y jóvenes donde sea que estén librando inclaudicables luchas antiimperialistas o anticapitalistas.

Por eso Washington mantiene hacia La Habana una política diferente de su política hacia cualquier otro gobierno del mundo. Las relaciones entre estos dos gobiernos reflejan el conflicto de clases más irreconciliable en la política mundial actual. Y eso, a su vez, subraya por qué la defensa de Cuba y la defensa de la revolución socialista cubana continuarán siendo tareas de los obreros con conciencia de clase y los jóvenes de pensamiento revolucionario, tanto en Cuba como en el resto del mundo, hasta que uno de los bandos sea derrotado en esa batalla histórica.

En el Encuentro Mundial de Solidaridad con Cuba, celebrado en La Habana a fines de noviembre de 1994, el presidente Fidel Castro se refirió en su discurso de clausura a los "miles de millones de seres humanos que pasan hambre, que no tienen escuelas, que no tienen hospitales, que no tienen trabajo, que no tienen techo, que no cuentan con los más elementales medios de vida".

Castro repasó la historia de las sangrientas invasiones militares perpetradas por Washington, Londres, París y otras potencias capitalistas contra la soberanía de los pueblos de América Latina, Asia y Africa.

"¿Y cuál es el origen histórico de esta situación? ¿Podrá negarse acaso que fue el colonialismo, que fue el neocolonialismo, que fue el imperialismo? ¿Podrá negarse acaso que fue el capitalismo? [En Cuba,] al capitalismo no volveremos", dijo Castro a los 3500 participantes en ese encuentro internacional. "Preferimos perecer a renunciar a nuestra soberanía". Castro condenó toda demanda de que los cubanos "renunciemos a nuestros principios políticos, de que renunciemos al socialismo".

Si el futuro del orden capitalista mundial fuera el que sus defensores proclaman, entonces estas declaraciones no serían más que jactancias quijotescas frente a dificultades insuperables. De hecho, si las apologías del capitalismo realmente tienen fundamento alguno, entonces los comunistas, no solo en Cuba sino en el mundo entero, son, en el mejor de los casos, una minoría anómala y condenada por la historia.

EL CONTENIDO DE ESTE NUMERO de *Nueva Internacional* plantea todo lo contrario. Por eso un análisis de Cuba en la actualidad ofrece un buen punto de partida para los demás artículos, que detallan las condiciones del mundo en las cuales las perspectivas de la revolución cubana van a cobrar validez o fracasar. Cuba forma parte integral —y así se la debe entender— de la economía y política del mundo de los años noventa.

"Lo que anunció la caída de la bolsa de valores de 1987" es una resolución que fue aprobada por el Partido Socialista de los Trabajadores en Estados Unidos tras la caída más grande de las bolsas de valores en el mundo desde 1929. Presentada en 1988 ante un congreso del PST y una conferencia internacional de ligas comunistas de diversos países, y aprobada por los delegados, la resolución examina la evolución de la política mundial antes del derrumbe de los aparatos estalinistas en la URSS y Europa oriental.

"La marcha del imperialismo hacia el fascismo y la guerra" es un documento basado en varias charlas dadas a comienzos de 1994 por el secretario general del PST, Jack Barnes. Fue debatido por los militantes del Partido Socialista de los Trabajadores en los meses previos al congreso del partido celebrado en agosto de 1994, y fue aprobado por los delegados en esa reunión como parte de las decisiones del partido.

Al cierre de los congresos en 1988 y en 1994, los delegados les encargaron a sendas comisiones que, a la luz de las discusiones, prepararan los textos de las resoluciones y los informes para ser publicados. Los tres artículos en estas páginas aparecen sin modificaciones a la versión que se editó inmediatamente después de esos congresos. En las notas se explican una serie de importantes acontecimientos posteriores, y los directores de *Nueva Internacional* agregan una serie de referencias para ayudar a los lectores.

Según explican los artículos, las consecuencias potencialmente devastadoras de la caída mundial de las bolsas de valores en 1987, de la proliferación de títulos altamente especulativos como los "derivativos", y semejantes fenómenos, no se limitan a Wall Street. Hoy día, la multiplicación de la avaricia financiera y semejantes negocios bancarios y monetarios —que superan muchas veces el valor en dólares del comercio mundial de la última década— son la otra cara de las condiciones de depresión y deflación en las que se ha hundido el capitalismo mundial por primera vez en medio siglo.

ACTUALMENTE, LOS CAPITALISTAS no están invirtiendo sus enormes ganancias, extraídas de la explotación de los obreros, en la expansión de fábricas y equipo que aumenten la capacidad productiva y de trabajos industriales que produzcan riquezas. Al contrario, para el capital financiero que goza de jugosas ganancias, la orden del día es: reducción de costos, reestructuración (*downsizing*), aceleración computarizada del ritmo de trabajo, intensificación y atomización de las labores, e incluso las readquisiciones de acciones. A pesar de lo que dicen las páginas financieras de los periódicos sobre el "*boom* de inversiones" que supuestamente se ha producido en Estados Unidos desde 1991, los gastos más grandes son para computadoras y equipo de telecomunicaciones destinados a exprimir mayores ganancias de un menor número de empleados que trabajan en un menor número de fábricas, por más horas, a un ritmo de producción más intenso, con salarios inferiores y con menos beneficios.

Subrayando esta combinación de semanas laborales más largas, salarios reales decrecientes, cesantías constantes, inestabilidad del trabajo, y un ascenso coyuntural de ganancias, el diario londinense *Financial Times* sostuvo en un artículo de primera plana aparecido el 14 de noviembre de 1994, "Se trata de productividad; no cabe duda. Si es así el auge del ciclo [comercial], que Dios ampare a los trabajadores en la próxima recesión". El artículo en este importante diario financiero —que no es conocido precisamente como campeón de los trabajadores— tenía como encabezado, "Trabajar duro, o no trabajar".

El descenso a largo plazo de las tasas de ganancia industrial y de acumulación de capital, descrito en el documento "Lo que anunció la caída de la bolsa de valores de 1987", y la consiguiente reducción del crecimiento económico mundial, se remontan un cuarto de siglo, a fines de los años sesenta y principios de los setenta. No obstante, el desarrollo del capitalismo mundial desde el bajón de 1987 ha confirmado el hecho de que crecientes sectores de la clase obrera en Estados Unidos, Europa y otros países imperialistas enfrentan niveles cada vez mayores de desempleo, más trabajos de media jornada o temporarios, salarios reales estancados o reducidos, y la erosión de elementos importantes del salario social como las pensiones de seguro social, indemnización por accidentes laborales, atención médica, prestaciones por desempleo, enseñanza pública y otras conquistas que fueron fruto de arduas luchas.

Por todo el mundo aumenta la polarización entre la riqueza y la pobreza, así como la inseguridad económica. Hoy día, diversos representantes burgueses "respetables" están reivindicando abiertamente una serie de horrores capitalistas que el movimiento obrero y sus aliados habían logrado abolir o limitar a través de muchas décadas de lucha —el trabajo hecho en casa, la explotación del trabajo de menores, el orfanato, el asilo de pobres— planteando que son necesarios para restaurar la disciplina social y los "valores de familia".

En el Tercer Mundo, las condiciones de vida y de trabajo de cientos de millones siguen siendo miserables o se deterioran gravemente. Este fenómeno no se limita a los trabajadores de Africa al sur del Sahara o de los países menos desarrollados de Asia y América. La diferenciación de clases también está empobreciendo a amplios sectores del pueblo trabajador en el puñado de países asiáticos y (un número aún más reducido) de países latinoamericanos que están experimentando un proceso relativamente rápido de industrialización capitalista y en cuyos mercados "emergentes" de acciones y obligaciones se ha estado vertiendo el capital imperialista desde 1990.

Las condiciones de depresión que caracterizaron el comienzo de la última década del siglo XX no van a cambiar mediante "correcciones automáticas" o la acción cíclica del mercado capitalista. Al contrario, las actuales presiones deflacionarias no solo acentúan la volatilidad de los valores bursátiles que se van multiplicando, sino que aumentan el peligro de que una crisis parcial imprevista de cualquier tipo —política, militar o financiera— precipite un colapso bancario y monetario en cadena y el desplome de la producción industrial y del comercio mundial.

Entre el momento actual y una posible recuperación prolongada del capitalismo mundial, los gobernantes imperialistas tendrán que confrontar y vencer a los obreros y a sus aliados productores en una serie de sangrientas batallas de clases. Al aumentar el desorden capitalista, más y más sectores de la clase patronal, de su gobierno y de sus partidos políticos verán la inevitabilidad de estas batallas. Más y más explotadores recurrirán a movimientos fascistas para aplastar los sindicatos y otras organizaciones obreras, y salvar así el régimen burgués.

En el primer lustro después de la revolución de octubre en Rusia, el movimiento comunista internacional debatió las consecuencias prácticas que implica para los obreros conscientes esta diferencia entre una baja periódica del ciclo comercial, es decir, una recesión, y un descenso a largo plazo en la curva del desarrollo capitalista. Dada la importancia de este problema para los temas políticos estratégicos elaborados en este número, reproducimos un artículo escrito en 1923 por el líder bolchevique León Trotsky, que resume conclusiones que siguen vigentes.

Si hoy en el capitalismo escasea la certidumbre, la estabilidad y la abundancia económicas para las mayorías trabajadoras del mundo, ¿entonces qué se puede decir acerca de la democracia? ¿Es cierto que la expansión del capitalismo va acompañada de la ampliación de los derechos democráticos, como dicen muchos voceros del imperialismo mundial? Y sobre todo después del colapso de los regímenes estalinistas en Europa oriental y central entre 1989 y 1991 —y suponiendo que el capitalismo pueda florecer libremente en todas partes— ¿es cierto que nos encaminamos hacia un mundo con estados y gobiernos que son más tolerantes y democráticos que nunca?

A lo largo de la historia, el ascenso y la propagación del sistema de producción e intercambio de mercancías ha ido acompañado de mayor libertad para los productores. La esclavitud, el peonaje, la servidumbre feudal y otras formas de trabajo forzado fueron abolidas o restringidas a medida que los pequeños agricultores y artesanos urbanos fueron tomando control de sus herramientas y del producto de su trabajo. Por otro lado, los capitalistas agrícolas y comerciales, y después los industriales y financieros, jamás han cejado en sus intentos de oprimir a los trabajadores para monopolizar el fruto de nuestra labor.

La consigna de la clase capitalista en Estados Unidos, Europa y el resto del mundo no es "vida, libertad y la búsqueda de la felicidad" ni "libertad, igualdad y fraternidad", a pesar de lo que proclame su ideología hipócrita. Los auténticos valores de los capitalistas se expresan en el lema "propiedad, mercados y la búsqueda de ganancias" y en el individualismo rapaz del "yo, mi y mío". Las rebeliones de los pequeños agricultores, mecánicos urbanos y otras fuerzas plebeyas que reivindicaron una Carta de Derechos tras la revolución en Estados Unidos no son más que un ejemplo de los conflictos irreconciliables entre los trabajadores rurales y urbanos, por un lado, y las clases sucesivas de explotadores capitalistas y sus aliados propietarios, por el otro, que han caracterizado el ascenso y la consolidación de los estados burgueses durante muchos siglos.

Todo esto ocurre aun durante los períodos de mayor expansión y relativa estabilidad del capitalismo, cuando los gobernantes, para ejercer el poder, pueden darse el lujo de recurrir a formas de democracia burguesa y otorgar concesiones a ciertos sectores del pueblo trabajador en respuesta a luchas por los derechos políticos y sindicales. Sin embargo, desde que los capitalistas industriales consolidaron su poder a mediados del siglo XIX, durante períodos de crisis social y política los gobernantes han recurrido repetidamente a matones, a escuadrones de la muerte y al terror contra los trabajadores, librándose de las instituciones democráticas burguesas y los derechos políticos que para los explotadores se convierten en cadenas.

Según lo explican los artículos "Lo que anunció la caída de la bolsa de valores de 1987" y "La marcha del imperialismo hacia el fascismo y la guerra", el inicio de condiciones de depresión económica está preparando nuevamente el camino para que —por primera vez desde la Segunda Guerra Mundial— figuras políticas derechistas y movimientos fascistas incipientes ganen terreno dentro de la política burguesa. La política social de los demócratas, republicanos y otros partidos burgueses tradicionales en todo el mundo imperialista continúa su trayectoria hacia la derecha, al tiempo que su uso de exhortaciones nacionalistas, frente a los crecientes conflictos, alimenta la demagogia antiobrera, racista, antimujer, antiinmigrante, xenófoba e irracional, todo lo cual la ultraderecha aprovecha y manipula.

Desde principios de los años noventa, esta tendencia se ha manifestado en la política de las elecciones presidenciales en Estados Unidos con la "guerra cultural" de Patrick Buchanan y la demagogia de Ross Perot. En Europa hemos visto el desarrollo considerable de partidos burgueses ultranacionalistas y de derecha en Austria, Bélgica, Alemania, Francia y otros países, incluso en Italia donde los herederos políticos de Mussolini hoy día forman parte del gabinete. La violencia organizada de corte racista y antiinmigrante se ha extendido por toda Europa, desde Berlín a Estocolmo y Londres.

ADEMAS, SOLO BASTA un conocimiento elemental de las regiones del Tercer Mundo donde la burguesía está logrando incrementar sus tasas de ganancia —Taiwan, Corea del Sur, Singapur, Malasia, Indonesia, Chile, México y unos cuantos más— para desmentir el argumento de que el avance y enriquecimiento de una burguesía propicia una expansión tangible de los derechos democráticos.

Tampoco es cierto, como afirmó la revista financiera *Business Week*, que desde 1989 el "Occidente" ha "observado cautelosamente para ver si los ex satélites de la Unión Soviética se incorporarían a la democracia del libre mercado". Más que observar cautelosamente, las potencias imperialistas están presionando con vigor para que esos regímenes incorporen más explotación capitalista en sus países, para facilitar la penetración del capital extranjero.

Es inequívoca la tendencia hacia la restauración del capitalismo en la ex Unión Soviética y en Europa oriental (así como en China y Vietnam). Esto en sí no es nada nuevo. Esa ha sido la tendencia en la Unión Soviética desde que triunfó y se consolidó la contrarrevolución política impuesta por una casta pequeñoburguesa privilegiada en los años treinta. Esta trayectoria no cambió con el establecimiento de nuevos estados obreros, dominados todos por organizaciones estalinistas, en Europa oriental y en Asia después de la Segunda Guerra Mundial.

La penetración del capital en estos países se ha acelerado desde el colapso de los odiados regímenes en la antigua Unión Soviética y Europa oriental. Como se señala en "Lo que anunció la caída de la bolsa de valores de 1987", redactado en 1988, y en "La marcha del imperialismo hacia el fascismo y la guerra", escrito seis años más tarde, el eje de la lucha de clases en estos países continúa definiéndose por los obstáculos a la restauración de las relaciones sociales capitalistas así como los límites a la inversión capitalista extranjera. Al mismo tiempo, la creciente resistencia nacionalista ante los intentos encabezados por Washington de aumentar la dominación imperialista de la región se va destacando más y más en la política mundial.

En estos estados obreros grotescamente deformados, la propia clase obrera representa la principal barrera que enfrentan tanto el imperialismo como los elementos en esos países que aspiran a ser capitalistas. Todo intento de reimponer como norma los despidos, las cesantías y el desempleo, y de desmantelar el subsidio de precios y los beneficios sociales existentes, enfrenta resistencia obrera, aunque todavía esté dispersa, políticamente confusa y sin dirección proletaria consciente. Nuevos pasos en esa dirección van acercando estas sociedades a protestas explosivas e incluso rebeliones sociales de obreros y otros trabajadores de las ciudades y del campo.

Además, miembros rivales de las castas sociales dominantes, funcionarios del gobierno y administradores de las antiguas empresas estatales (la *nomenklatura*), junto con capas medias de nuevos ricos, compiten para establecerse como herederos de miles de millones de dólares en plantas y bienes de producción estatales, y del derecho de explotar el trabajo asalariado en gran escala. Al mismo tiempo, estos sectores están compitiendo para atraer capital imperialista sin que éste se los trague.

En la práctica, todo esto está agravando, más que resolviendo, las contradicciones.

El futuro de estos estados obreros deformados será decidido en el transcurso de la lucha, que depende en gran medida de los avances del movimiento obrero en Europa capitalista, en el resto del mundo imperialista y en los países semicoloniales. Mientras tanto, continúa la aguda crisis social y económica en la ex Unión Soviética y en Europa oriental, a la vez que aumentan las tensiones de clase y los conflictos sociales en China y Vietnam.

Ante esta inestabilidad, las castas gobernantes de todos estos países no están fomentando la democracia y la "sociedad civil", sino que están reforzando las instituciones y leyes represivas de sus estados respectivos. Y mientras continúen "abriendo mercados", contarán con el respaldo de las clases dominantes de Estados Unidos y demás "democracias" imperialistas, no obstante las protestas rituales acerca de "derechos humanos".

El triunfo del fascismo en Alemania, España y otros países europeos en los años treinta no fue inevitable.

Tampoco lo fue la segunda carnicería imperialista de 1939 a 1945. La guerra *se tornó* inevitable para 1937–38, solo después de las traiciones políticas de los estalinistas y socialdemócratas, cuya colaboración de clases bloqueó la extensión de la revolución socialista en una Europa en crisis, sobre todo en Francia y España. Una y otra vez los obreros fueron acercándose a la lucha por el poder; una y otra vez fueron traicionados.

En Alemania, las organizaciones de masas dirigidas por los socialdemócratas y los estalinistas pusieron sus intereses sectarios por encima de una lucha unitaria que pudiera impedir que los fascistas aplastaran al movimiento obrero y atropellaran los derechos políticos de todos. A mediados de los años treinta el régimen de Moscú, asustado por el rápido fortalecimiento de las fuerzas armadas de Hitler, estaba tratando desesperadamente de evitar una arremetida contra la URSS. Las fuerzas estalinistas alrededor del mundo recibieron la orden de tratar de ganarse, costara lo que costara, la confianza de los gobiernos "imperialistas democráticos" en París, Londres y Washington. La degenerada Internacional Comunista y sus partidos integrantes desviaron las luchas de los obreros y campesinos para apoyar al liberalismo capitalista de la versión Roosevelt y su "Nuevo Trato", y no vacilaron en asesinar a revolucionarios y comunistas genuinos que trataban de seguir una política anticapitalista.

A FINES DE los años treinta esta serie de derrotas sufridas por el movimiento obrero desembocó en la Segunda Guerra Mundial. Del tumulto de ese sangriento conflicto surgieron luchas de clases intensificadas y nuevos avances de la revolución mundial contra la opresión imperialista y la explotación capitalista.

Como describen los artículos en este número, Washington y Wall Street emergieron de la Segunda Guerra Mundial como la potencia mundial dominante —y aparentemente indiscutible— tanto en lo económico como en lo militar. Entre sus planes para consolidar el llamado "siglo americano" los gobernantes norteamericanos hicieron preparativos inmediatos para una tercera guerra mundial. Este hecho fue anunciado al mundo con la decisión de la administración Truman de lanzar bombas atómicas sobre Hiroshima y Nagasaki en agosto de 1945, precisamente en momentos en que Tokio pedía la paz.

Como se planteó en agosto de 1946 en el principal artículo editorial de la revista predecesora de *New International*, "En todas las ramas del gobierno y en todas las esferas de su actividad, una creciente masa de pruebas señala la conclusión inescapable: el imperialismo norteamericano, lejos de estar organizando la paz, está preparándose para una nueva y más terrible guerra".[1] El objetivo de los gobernantes norteamericanos era consolidar su posición dominante, no solo en su "traspatio" latinoamericano sino en los territorios de Asia donde sus rivales japoneses habían sido derrotados y sus "aliados" en Inglaterra, Francia y Holanda se veían forzados a retirarse ante el auge de luchas coloniales e independentistas.

Entre la burguesía y también entre el proletariado había muchos que anticipaban, que con el colapso de la masiva producción militar en Estados Unidos tras la Segunda Guerra Mundial, resurgiría la depresión econó-

---

1. En "Review of the Month: 'Hemisphere Defense' and U.S. Preparations for World War III", (Resumen del mes: La 'defensa hemisférica' y los preparativos norteamericanos para la Tercera Guerra Mundial) en la revista *Fourth International* (Cuarta Internacional), agosto de 1946.

mica que había existido antes de la guerra. En los primeros años después de la guerra, la combinación del lento crecimiento y los brotes de inflación indicaba a primera vista esta posibilidad. Además, ante el auge de luchas sindicales en Estados Unidos en 1945–46, el derrocamiento de los gobiernos capitalistas en Europa oriental, y la revolución china de 1949, la burguesía en Estados Unidos había lanzado una "cacería de brujas" anticomunista y bipartidista que atizaba al incipiente movimiento fascista cuyo propagandista más conocido era el senador Joseph McCarthy de Wisconsin.

De no haberse topado con grandes obstáculos, el capitalismo norteamericano habría intentado completar la tarea que no había logrado el imperialismo alemán: destruir el estado obrero soviético. Pero los planes bélicos del imperialismo norteamericano se fueron a pique con el triunfo de la revolución china de 1949 y con la guerra contra Corea en 1950–53. En esta guerra impopular, destinada a imponer el dominio capitalista en toda la península coreana, Washington no logró sus objetivos, terminando el conflicto en un punto muerto. Los gobernantes norteamericanos tampoco pudieron utilizar su fuerza invasora en Corea para cruzar el río Yalu y derrocar la revolución china. Tokio no había logrado detener esta revolución con su invasión y ocupación de grandes regiones de China entre 1931 y 1945, y Washington tampoco logró detenerla en los cuatro años siguientes.

Ya para 1953 el gobierno soviético había quebrado el monopolio estadounidense sobre las armas nucleares. El capitalismo mundial se había vuelto a estabilizar temporalmente; no se produjo el tipo de crisis social, alimentada por una depresión económica, que hubiera obligado a la clase dominante de Estados Unidos a recurrir a soluciones ultraderechistas y a una tercera guerra mundial.

A fines de 1953 y comienzos de 1954, cuando McCarthy trató de extender su cacería de brujas a la oficialidad del ejército, los capitalistas lo despidieron bruscamente con apoyo de ambos partidos. Ya había pasado el apogeo del macartismo.

Fue unicamente cuando los acontecimientos de la posguerra habían frustrado los esfuerzos del imperialismo norteamericano por lanzar una nueva guerra "caliente" contra la Unión Soviética que la "guerra fría" se convirtió en la mejor opción de Washington. No era la estrategia que deseaba el capital financiero norteamericano; en realidad, ni siquiera fue una estrategia. La guerra fría reflejó una correlación de fuerzas a nivel mundial en que los gobernantes estadounidenses, pese a su tremendo poderío económico y militar, se toparon con los límites del "siglo americano" aún antes que esta nueva época realmente hubiera comenzado.

LOS ARTICULOS en estas páginas explican el cambio en la tendencia de la política mundial, ocurrido desde fines de los años ochenta, que nuevamente pone a los gobernantes imperialistas sobre un camino hacia el fascismo y la guerra. Estos artículos forman un paquete junto con los que aparecieron en el primer número de *Nueva Internacional*, editado en 1991, pocos meses después de que los gobernantes norteamericanos hubieran culminado su campaña de bombardeos contra Iraq con una masacre de soldados y civiles en la carretera a Basora. "La guerra de Washington en el Golfo no es, como pretenden los gobernantes norteamericanos, la precursora de un nuevo orden internacional basado en la solución pacífica de los conflictos entre los estados", explicó Jack Barnes en el artículo principal de ese número. "Al contrario, en un mundo lleno de crecientes crisis y fracasos económicos, de inestabilidad social, conflictos políticos y donde las demandas por la liberación nacional no han sido satisfechas, esta guerra se puede describir más correctamente como los cañonazos iniciales de la tercera guerra mundial".

Los sucesos de los últimos años han dado pruebas contundentes —si es que hacían falta más pruebas en este siglo cicatrizado por las guerras y los holocaustos más sangrientos de la historia— que desmienten la idea de que el capitalismo ofrece un futuro de creciente paz mundial. En octubre de 1994 el gobierno norteamericano montó otra gran escalada militar en el Golfo y reanudó sus amenazas de bombardear a Iraq, cuya población se muere de hambre como resultado de cuatro años de embargo económico imperialista. Washington ha instalado nuevamente un ejército de ocupación en uno de sus vecinos americanos, esta vez en la nación caribeña de Haití. En una provocación dirigida contra la revolución socialista cubana y su dirección revolucionaria, los gobernantes norteamericanos mantienen a unos 22 mil cubanos en un virtual campo de concentración en la base naval de Guantánamo —en territorio cubano ocupado— y han recrudecido su inmoral bloqueo económico contra Cuba.

En la antigua Yugoslavia ya comienza el cuarto año de la carnicería organizada por el régimen serbio y otras pandillas rivales de burócratas y aspirantes a capitalistas; tropas británicas y francesas están desplegadas en Bosnia para proteger sus respectivos intereses antagónicos en los Balcanes. Cargando con "la responsabilidad de los blancos" (*the white man's burden*), al defender el orden capitalista en Africa, los ejércitos de Estados Unidos, Francia, Bélgica y otras potencias imperialistas han enviado fuerzas de ocupación a Somalia, Ruanda y Zaire. Arden guerras civiles entre distintas facciones de los aparatos estalinistas que se desintegran en diversas repúblicas de la ex Unión Soviética, mientras que Moscú envía soldados para apoyar ora una, ora otra de las pandillas, con el fin de asegurar los designios imperiales de Rusia desde el Mar Negro hasta Asia central. Todas estas guerras e intervenciones agravan, a su vez, los conflictos entre las potencias imperialistas, y entre estas potencias y Moscú.

El orden mundial decadente que se describe en este número de *Nueva Internacional* da pruebas convincentes de que el camino revolucionario escogido por los obreros y campesinos de Cuba hace 35 años ofrece el único futuro digno para la humanidad. La tarea que enfrentan los obreros conscientes y los jóvenes de pensamiento revolucionario alrededor del mundo consiste en establecer gobiernos de obreros y agricultores, expropiar a los explotadores capitalistas cuya búsqueda de ganancias nos está llevando a otra devastadora guerra mundial, y emprender la construcción de un nuevo orden socialista a nivel mundial.

Estas tareas historicas son imposibles de lograr sin la construcción de partidos revolucionarios proletarios en todos los países, como parte de un renovado movimiento comunista mundial. El desmoronamiento de los aparatos estalinistas en Europa oriental y la Unión Soviética eliminó el mayor obstáculo al desarrollo de tal esfuerzo. Después de la contrarrevolución política en la Unión Soviética a fines de los años veinte, los estalinistas usurparon el estandarte del movimiento obrero revolucionario que Marx y Engels habían ayudado a iniciar a mediados del siglo XIX. En los primeros años después de la revolución de octubre de 1917, la dirección bolchevique había comenzado a transformar ese movimiento en una auténtica organización mundial de masas, la Internacional Comunista.

La casta parásita que le expropió el poder político a la clase obrera en la Unión Soviética no desempeñaba ninguna función en la producción social, y por lo tanto carecía de viabilidad histórica. Sin embargo, por un breve lapso el estalinismo cobró nuevo aliento al atribuirse la victoria de los obreros y campesinos soviéticos en la Segunda Guerra Mundial; las revoluciones en Yugoslavia, China, Corea y Vietnam; y el derrocamiento de las relaciones de propiedad capitalista en Europa oriental.

Sin embargo, hoy día, por primera vez en casi siete décadas, ya no es inevitable que la inmensa mayoría de los obreros, campesinos y jóvenes atraídos a la perspectiva socialista vayan a ser captados por una organización contrarrevolucionaria que se hace pasar por comunista. Ante todo, son los obreros y los jóvenes que forman y que formarán los cuadros políticos de un movimiento comunista mundial renovado, los que podrán usar las perspectivas presentadas en esta revista como guía inestimable para la acción política en los meses y años por venir.

Steve Clark
10 de diciembre de 1994

Nota de la dirección: Agradecemos la colaboración de las siguientes personas que hicieron posible este número, ayudando con las tareas de traducción, edición y corrección de artículos: Marty Anderson, Virginia Angeles, Alejandra Aránovich, Hilda Cuzco, Dan Dickeson, Blanca Machado, Ruth Nebbia, Selva Nebbia, Andrés Pérez, Cristina Pérez, Francisco Picado, Paco Sánchez, Mirta Vidal, Jacquie Villagómez, Juan Villagómez y Patricio Villagómez.

CONTINUIDAD Y PROGRAMA COMUNISTA

¡Nuevo!
La lucha contra el odio antijudío y los pogromos en la época imperialista
Lo que está en juego para la clase trabajadora internacional
V.I. LENIN, LEÓN TROTSKY
FARRELL DOBBS, JAMES P. CANNON
JACK BARNES, DAVE PRINCE

El odio antijudío y los pogromos — como el que Hamás desató el 7 de octubre de 2023— hoy son parte de las permanentes convulsiones sociales y guerras de la época imperialista. Por eso, combatir el odio a los judíos es decisivo para la clase trabajadora y las naciones oprimidas de todo el mundo. Los autores responden a la pregunta primordial: *Qué hacer para ponerle fin* de una vez por todas. US$10. También en inglés y francés.

Ya superamos el punto más bajo de la resistencia del pueblo trabajador
El Partido Socialista de los Trabajadores mira hacia adelante
JACK BARNES, MARY-ALICE WATERS, STEVE CLARK

El orden global impuesto por Washington tras su victoria en la Segunda Guerra Mundial se está desmoronando. Se acabó el largo repliegue de la clase obrera y los sindicatos. Los patrones y su gobierno aumentan sus ataques a nuestros salarios, condiciones y derechos constitucionales. Este libro destaca las oportunidades para forjar un partido obrero de masas capaz de dirigir una lucha que ponga fin al dominio capitalista y abra paso a un futuro socialista para la humanidad. US$10. También en inglés y francés.

¿Son ricos porque son inteligentes?
Clase, privilegio y aprendizaje en el capitalismo
JACK BARNES

US$10. También en inglés, francés, persa, árabe y griego.

DEFENSA DE LAS LIBERTADES CONSTITUCIONALES

50 años de operaciones encubiertas en EE.UU.
La policía política de Washington y la clase obrera norteamericana
LARRY SEIGLE, FARRELL DOBBS, STEVE CLARK

Cómo los trabajadores con conciencia de clase han luchado contra los esfuerzos por expandir el "estado de seguridad nacional" que es esencial para mantener el dominio capitalista. US$10. También en inglés y persa.

El socialismo en el banquillo de los acusados
Testimonio en el juicio por sedición en Minneapolis
JAMES P. CANNON

El programa revolucionario de la clase trabajadora, presentado en respuesta a cargos fabricados de "conspiración sediciosa" en 1941, en vísperas del ingreso de Washington a la Segunda Guerra Mundial. Los acusados eran dirigentes del movimiento obrero en Minneapolis y del Partido Socialista de los Trabajadores. US$15. También en inglés, francés y persa.

FBI on Trial
The Victory in the Socialist Workers Party Suit Against Government Spying
(El juicio contra el FBI: La victoria en la demanda del Partido Socialista de los Trabajadores contra el espionaje del gobierno)
MARGARET JAYKO

Relata la victoria histórica en la lucha por los derechos constitucionales. Incluye el texto del fallo de 1986 de la corte federal contra el espionaje del gobierno y fragmentos del testimonio en el juicio. En inglés. US$17

PATHFINDERPRESS.COM

EL **MILITANTE**

un semanario socialista publicado en defensa de los intereses del pueblo trabajador

- Artículos sobre los ataques de los gobernantes norteamericanos contra los derechos constitucionales y sus intentos de limpiar la imagen del FBI.

- Cubre luchas obreras para alzar los salarios frente a la inflación; por el control obrero de la producción; contra las condiciones que les dificultan a los trabajadores formar y mantener familias.

- Explica el origen de la crisis capitalista mundial y del creciente peligro de guerras entre potencias capitalistas al desmoronarse el orden imperialista mundial. ¡Tropas de Moscú fuera de toda Ucrania!

- Reportajes sobre protestas contra el odio antijudío y el racismo; por la emancipación de la mujer; y por la amnistía para los trabajadores inmigrantes sin documentos para unificar a la clase trabajadora.

- Defiende la revolución socialista en Cuba. Apoya la lucha por el fin de la guerra económica de EEUU contra Cuba, y para sacar a Washington de Guantánamo. Contra el dominio colonial estadounidense de Puerto Rico.

- Informa sobre las campañas del Partido Socialista de los Trabajadores de puerta en puerta, hablando con trabajadores de por qué necesitamos un partido obrero basado en los sindicatos. Para forjar una alianza de trabajadores y agricultores que tome el poder de manos de los gobernantes capitalistas.

El Militante • 306 West 37th Street, 13th floor • New York, NY 10018

¡Suscríbase hoy!
Nuevos lectores: 12 semanas por $5
6 meses $20   1 año $35   2 años $65

THEMILITANT.COM

LA DEFENSA DE CUBA, LA DEFENSA DE LA REVOLUCION SOCIALISTA CUBANA

por Mary-Alice Waters

H<small>AY TRES PREGUNTAS</small> que los delegados a este congreso del Partido Socialista de los Trabajadores debemos plantearnos y debemos contestar hoy al debatir la defensa de Cuba y su revolución socialista. Las respuestas que elaboremos colectivamente tienen consecuencias importantes para lo que hacemos como parte del movimiento comunista internacional y también, sobre un

---

Este informe, presentado a nombre del Comité Nacional del Partido Socialista de los Trabajadores, fue debatido y aprobado el 3 de agosto de 1994 por los delegados al 37º congreso constitucional del PST en Oberlin, Ohio. Mary-Alice Waters es miembro del Comité Nacional del PST, directora de New International *y autora de numerosos artículos sobre la revolución cubana. Editó los libros* The Bolivian Diary of Ernesto Che Guevara *(El diario boliviano de Ernesto Che Guevara);* ¡EE. UU. Fuera del Oriente Medio! Cuba habla ante Naciones Unidas; *y* To Speak the Truth: Why Washington's 'Cold War' against Cuba Doesn't End *(Hay que decir la verdad: por qué no cesa la 'guerra fría' de Washington contra Cuba), una colección de discursos de dos de los más destacados representantes de la revolución cubana, Fidel Castro y Ernesto Che Guevara.*

El informe no fue actualizado para incorporar acontecimientos ocurridos después del 3 de agosto. En algunos casos, se señalan estos hechos en las notas.

plano más amplio, como parte de las fuerzas que trabajan conjuntamente en solidaridad con Cuba. Asimismo, nos indican mucho acerca de las oportunidades que enfrentamos los obreros comunistas a nivel mundial.

Las preguntas que debemos plantear no surgen principalmente de nuestros propios debates y discusiones internos, sino más bien de los grandes cambios en la política mundial de los últimos años y del impacto de estos cambios sobre la vanguardia de los obreros combatientes de Cuba. Son las preguntas que toda tendencia política seria entre las clases en conflicto a nivel mundial está debatiendo de una u otra forma.

Debemos —por un momento— mirar más allá de las batallas inmediatas que libran los combatientes en las primeras trincheras de nuestra clase en Cuba. Debemos apartarnos un poco de las presiones del trabajo cotidiano en defensa de la revolución cubana que realizamos en los centros de trabajo, los sindicatos, las universidades y las distintas ciudades donde vivimos. Necesitamos una perspectiva a largo plazo sobre lo que está aconteciendo políticamente en Cuba y sus consecuencias para la clase obrera internacional.

Primero, planteemos brevemente las tres preguntas decisivas y contestémoslas. Entonces podremos dedicar el resto del informe a profundizar sobre estas respuestas y explicar por qué los hechos demuestran que son acertadas.

Tres preguntas

La primera pregunta es la siguiente: ¿Sigue siendo revolucionario el gobierno cubano en el sentido más fundamental? ¿Sigue un camino —a pesar de los enormes retos y dificultades, y no obstante diversos errores políticos, deformidades burocráticas y balanceos bonapartistas— que ante los problemas decisivos responde a las presiones de la clase obrera, en vez de reaccionar contra ellas? ¿Es un gobierno que toma iniciativas audaces para defender las aspiraciones políticas y sociales de la clase obrera y para preservar sus logros socialistas? ¿O acaso el propio gobierno está dirigiendo una carrera precipitada para liquidar la revolución socialista en Cuba, como anhelan algunos?

La respuesta a la primera pregunta es inequívoca. El gobierno de Cuba sigue siendo un gobierno revolucionario del pueblo trabajador. De hecho, la dirección comunista de Cuba encabeza el único gobierno del mundo que usa conscientemente el poder estatal para defender, promover y responder a los intereses de la clase obrera. Es el único poder estatal que se empeña en organizar al pueblo trabajador para impulsar la lucha contra el imperialismo y por el socialismo. Y es el único que está dispuesto a ayudar a los que empuñan las armas en otros países para luchar con el mismo fin.

A excepción de los bolcheviques bajo la dirección de Lenin en los primeros años de la revolución rusa, todos los partidos gobernantes que en una u otra ocasión afirmaban estar obrando a favor de los intereses de la clase obrera y en nombre del socialismo —en la Unión Soviética y Europa oriental, en China y en otros países de Asia— en realidad han seguido una trayectoria contraria a los intereses históricos de los trabajadores. Es decir, a lo largo de los años, esas direcciones llevaron a cabo políticas que destruyeron la iniciativa y la capacidad de lucha de la clase obrera y reforzaron desigualdades sociales y estratificaciones que remedaban algunos de los peores rasgos de las relaciones sociales capitalistas, y con pocas de las virtudes del capitalismo.

Para la clase obrera del mundo es de importancia crítica la respuesta que demos a esta pregunta acerca del gobierno cubano y sus dirigentes. Por eso este informe y debate ocupan el primer punto en el temario de este congreso del Partido Socialista de los Trabajadores.

La segunda pregunta está entrelazada con la primera: ¿Sigue viva la revolución proletaria en Cuba? Más concretamente, ¿continúa luchando un sector decisivo de la clase obrera cubana en defensa de su camino histórico? ¿Sigue resuelta a defender las nuevas relaciones sociales basadas en los logros antiimperialistas y socialistas que comenzó a conquistar hace casi 35 años, cuando millones de trabajadores en el campo y en la ciudad se movilizaron para expropiar las haciendas, las fábricas, los almacenes y los hoteles que estaban en manos de capitalistas yanquis y cubanos?[1]

¿O acaso ya le llegó el fin a la revolución cubana, como cree mucha gente en la actualidad, tanto enemigos históricos de la revolución como muchos —aunque no se expresen abiertamente al respecto— que la han apoya-

---

1. Muchos de los libros publicados y distribuidos por la editorial Pathfinder brindan descripciones de primera mano de cómo los obreros y sus aliados en Cuba hicieron la revolución e iniciaron la revolución socialista en América. Ver especialmente: *Dynamics of the Cuban Revolution: A Marxist Appreciation* (Dinámica de la revolución cubana: una evaluación marxista) por Joseph Hansen; *To Speak the Truth: Why Washington's 'Cold War' Against Cuba Doesn't End* (Hay que decir la verdad: por qué no cesa la 'guerra fría' de Washington contra Cuba), cinco discursos de Fidel Castro y Ernesto Che Guevara; *Selected Speeches of Fidel Castro* (Discursos escogidos de Fidel Castro); "Land Reform and Farm Cooperatives in Cuba" (La reforma agraria y las cooperativas agrícolas en Cuba) en el número 4 de *New International;* y *Che Guevara and the Cuban Revolution: Writings and Speeches of Ernesto Che Guevara* (Che Guevara y la revolución cubana: escritos y discursos de Ernesto Che Guevara).

do. Mejor dicho, ¿le llegó el fin a la vanguardia obrera de masas en Cuba? ¿Ya quedaron atrás los hitos decisivos en la lucha de clases? ¿Estamos viviendo ahora lo que vendría a ser una larga agonía de la revolución socialista y su liderazgo proletario?

EN RESUMEN: ¿Ha sido derrotada la clase obrera en Cuba? ¿Han llegado a predominar —por el deterioro de las condiciones económicas y las crecientes tensiones sociales— sectores pequeñoburgueses y colaboracionistas de clase, a tal grado que la vanguardia política de los trabajadores en las fábricas y el campo haya quedado desmoralizada, atomizada y marginada de la política? ¿Ha dejado de existir una vanguardia proletaria capaz de asumir la dirección de las fuerzas revolucionarias en Cuba? ¿Ha cambiado tanto la correlación de fuerzas de clases en el seno de la dirección diaria y activa de la clase obrera que ya no se puede mantener el rumbo revolucionario que han seguido millones de obreros cubanos por más de tres décadas?

¿Sigue viva la revolución proletaria en Cuba? Nuestra respuesta a esa interrogante es también un sí inequívoco. La conciencia, la capacidad y la voluntad de sectores decisivos de la clase obrera de dirigir el actual repliegue necesario —a la vez que siguen luchando por los intereses históricos del pueblo trabajador— siguen siendo el aspecto determinante de la política cubana.

La respuesta a esta pregunta es también fundamental para la lucha internacional de clases, para la política mundial. En Cuba, ha crecido —no ha disminuido— el espacio político que permite que la clase obrera y su vanguardia comunista luchen por la reafirmación de sus intereses de clase e internacionalistas. Esto se debe en gran parte al debilitamiento del estalinismo a nivel mundial, un proceso acelerado por la desintegración abrupta de los aparatos brutales y acaudalados que lo nutrían.

Por otra parte, el afirmar que la clase obrera en Cuba sigue fuerte y dispone de más espacio para luchar por mantener su rumbo socialista histórico no constituye un pronóstico. No garantiza que la clase obrera no sea derrotada. Nosotros, junto a nuestros hermanos y hermanas cubanos, no entramos al ring como los favoritos. Pero eso no nos preocupa. La clase trabajadora cubana sabe de boxeo. Dentro y fuera de Cuba, enfrentamos poderosas fuerzas de clase. A raíz de los reveses sufridos en la lucha de clases en el continente americano durante la última década, y ante las difíciles condiciones económicas que hoy atraviesa Cuba, también han cobrado fuerza elementos pro-capitalistas y pequeñoburgueses que se oponen al rumbo socialista de la revolución. Por otra parte, los obreros comunistas cubanos siguen pagando el precio del legado del estalinismo mundial, así como las ilusiones políticas, los errores, la desmoralización y las deformaciones que este fenómeno fomentó en Cuba. Hemos hablado y escrito muchas veces acerca de estos factores.[2]

Aún más importante es el hecho de que, por más tenaz o clarividente que sea la vanguardia comunista, el futuro de la clase obrera y de la revolución socialista en Cuba se

---

2. Ver "La política de la economía: Che Guevara y la continuidad marxista" por Steve Clark y Jack Barnes, y "El legado proletario del Che y el proceso de rectificación de Cuba" por Mary-Alice Waters, en el número 2 de *Nueva Internacional,* así como *Che Guevara y la lucha por el socialismo hoy: Cuba hace frente a la crisis mundial de los años 90* por Mary-Alice Waters (Nueva York: Pathfinder, 1992).

decidirá no solo en Cuba sino como parte de los avances o retrocesos de la lucha de clases a nivel mundial. Lo que está en el orden del día en el mundo es la inestabilidad económica, crisis, conflictos sociales y batallas de clases de mayores proporciones, y estos acontecimientos incidirán enormemente en el desenlace de las batallas de clases dentro de Cuba. Sin embargo, representan fuerzas que están fuera del control inmediato de los comunistas en Cuba, Estados Unidos o cualquier otro país.

Lo importante para nosotros y para nuestra clase es si permanecemos o no en la lucha. Y nosotros contestamos que sí: las batallas decisivas aún quedan por librarse en Cuba. No ha sido quebrantada la capacidad de lucha de la clase obrera, ni tampoco está dispuesta a ceder más terreno de lo que exijan las necesidades económicas del momento.

PASAMOS, ENTONCES, a la tercera pregunta que debemos plantearnos en este congreso: ¿Qué significado tienen las respuestas que damos a las dos preguntas anteriores para la trayectoria política y las responsabilidades de los comunistas en el mundo? ¿Qué significado tienen para el Partido Socialista de los Trabajadores como partido de obreros comunistas internacionalistas aquí en Estados Unidos, el baluarte imperialista, donde la lucha de clases y su desenlace influyen más que cualquier otro país en el futuro de la revolución cubana y de toda la humanidad?

Tenemos, por supuesto, que contestar las dos primeras preguntas antes de abordar ésta. Si concluyéramos que ya se han librado las batallas decisivas, que el gobierno ya no es revolucionario y que la clase obrera ha sido derrotada en Cuba, estaríamos preparándonos en este congreso para una situación mundial muy distinta.

Tendríamos la responsabilidad de decir la verdad, por más amarga que fuera. No todas las batallas se ganan. No todas las huelgas son victoriosas. Las revoluciones no siempre avanzan. Por ejemplo, la revolución bolchevique en Rusia, bajo los golpes de una devastadora guerra civil, la intervención imperialista y la derrota de luchas revolucionarias en Europa, sucumbió a fines de los años veinte a la contrarrevolución política encabezada por Stalin. Cuando ocurren tales derrotas o reveses, la vanguardia comunista del movimiento obrero debe decir la verdad y prepararse para las consecuencias y las nuevas tareas. Es la única manera posible de seguir realizando trabajo revolucionario.

Pero nuestro criterio es que la revolución socialista cubana no ha sido derrotada. Al contrario. Esta lucha continúa, y ese criterio define nuestras responsabilidades. Los comunistas en Estados Unidos —o en cualquier otra parte del mundo— no nos quedamos sentados en el banquillo para observar cómo nuestros compañeros cubanos luchan en defensa de la revolución socialista. *Somos parte de esa lucha.* Y le aportamos un elemento importante, por nuestra participación como obreros comunistas en la lucha de nuestra clase dondequiera que vivamos y trabajemos, y por el lugar que ocupamos en la continuidad política revolucionaria de nuestra clase a nivel mundial.

Nuestra contribucion aún sería importante si tuviéramos un criterio distinto sobre lo que acontece en Cuba. Aún sería importante entablar lazos con los combatientes en Cuba que se interesan en las luchas de los obreros y agricultores de Estados Unidos y que se identifican con ellas. Aún sería importante conocer a obreros y estudiantes revolucionarios en Cuba que están deseosos de leer *Habla Nelson Mandela*, o de estudiar *La revolución traicionada* o *La historia de la revolución rusa* para comprender las verdaderas lecciones de las luchas obreras del presente siglo y los acontecimientos en la Unión Soviética y Europa oriental. Seguiríamos buscando a los cubanos que están interesados en *Notebook of an Agitator* (Apuntes de un agitador) o *Wall Street enjuicia al socialismo* de James P. Cannon, o *The Changing Face of U.S. Politics: Working-Class Politics and the Trade Unions* (El rostro cambiante de la política en Estados Unidos: la política obrera y los sindicatos), porque sabemos que están tratando de entender mejor la lucha de clases en Estados Unidos.

Seguiríamos buscando oportunidades para que los trabajadores y los jóvenes de Estados Unidos y de Cuba se conozcan, compartan experiencias y dialoguen sobre política. Seguiríamos aprendiendo de estas discusiones y, a raíz de ellas, modificando nuestras ideas, en un proceso de intercambio mutuo.

Sin embargo, nuestras prioridades políticas y el uso de nuestro tiempo y recursos serían diferentes si la dirección comunista cubana hubiese sido derrotada, si la clase obrera hubiese sido desmovilizada políticamente, si solo pudiésemos hablar con un puñado de individuos que intentaran mantener una continuidad revolucionaria bajo tales condiciones. Pero nuestras respuestas a las dos primeras preguntas nos indican que no es ésa la situación y, sobre todo, que lo que hacemos hoy influye en la lucha.

Por eso damos tanta importancia a las crecientes oportunidades de juntar a obreros y jóvenes —ya sea en Cuba, Estados Unidos u otro país— que puedan reconocerse mutuamente como luchadores y saquen fuerza de sus respectivas luchas. Tratamos de reunirlos para que luchen como comunistas con una orientación internacionalista.

Por eso es tan importante que hoy están derrumbándose las barreras erigidas por muchas décadas por los estalinistas asesinos de revoluciones. Ellos representan menos que nunca un obstáculo al proceso de colaboración, discusión y lucha común entre comunistas y obreros y jóvenes revolucionarios en Cuba, Estados Unidos y otros países.

Poder estatal

Volvamos a considerar más a fondo las tres preguntas y nuestras respuestas.

Debemos empezar con el problema del poder estatal: el instrumento más poderoso que posee la clase obrera para defenderse y defender a sus aliados al seguir su marcha histórica. Ahí cabe empezar, ya que, sin un gobierno de obreros y agricultores que mantenga un rumbo proletario, nuestra clase enfrentaría una situación muy diferente tanto en Cuba como en el resto del mundo.

La revolución cubana atraviesa la crisis económica más difícil de su historia. No es preciso entrar en detalles con este informe, ya que los delegados a este congreso siguen muy de cerca los acontecimientos en Cuba. Durante los últimos dos años hemos comentado la gravedad de la situación económica en numerosas reuniones nacionales y regionales organizadas por el Partido Socialista de los Trabajadores o la Juventud Socialista, y hemos informado ampliamente sobre esta situación en las páginas del *Militant* y *Perspectiva Mundial*. De hecho, varios ejemplos que citaremos hoy fueron descritos más detalladamente en una serie de artículos, publicados hace unos meses en el *Militant* y *Perspectiva Mundial*, que se basaban en los viajes a Cuba hechos por tres equipos internacionales de reporteros durante seis semanas entre fines de enero y principios de marzo.³ En general, las condiciones económicas y la vida cotidiana en Cuba son más difíciles hoy que hace apenas un año. Continúa la escasez extrema de alimentos. Aunque nadie se muere de hambre o padece desnutrición grave, como sucede con cientos de millones de personas en muchas partes de Latinoamérica, Asia y Africa, el consumo promedio de calorías en Cuba ha disminuido notablemente en los últimos años. El aceite de cocina, el jabón y otras necesidades son casi imposibles de obtener a menos que uno tenga dólares. Diariamente hay apagones de varias horas que no solo afectan los barrios residenciales sino que reducen aún más la producción, ya mermada por la dificultad de comprar materias primas y piezas de repuesto. Por la crítica escasez de petróleo, las bicicletas han ido sustituyendo los autobuses como medio de transporte de los trabajadores y los estudiantes en las ciudades, como en el campo los bueyes han suplementado, y en muchos casos reemplazado, los tractores. La mayoría de gente se ve obligada a comprar la mayor parte de sus alimentos y ropa en lo que se llama el mercado negro, ya que el sistema estatal de distribución y racionamiento ha resultado incapaz de proveer esos artículos en cantidades suficientes. Se usa cada vez más el dólar en el mercado

---

3. Ver los artículos de Argiris Malapanis y Aaron Ruby: "Asamblea Nacional debate medidas: cubanos discuten cómo confrontar la severa crisis económica del país"; "Obreros en Cuba debaten economía del país: reuniones en 80 mil centros laborales discuten cómo defender revolución"; "Crean nuevas cooperativas agrícolas en Cuba: gobierno reemplaza fincas estatales buscando aumentar producción". Fueron publicados en los números de abril, mayo y junio de 1994 de *Perspectiva Mundial;* y en inglés, en los números del 4, 11 y 18 de abril de 1994 del *Militant.*

negro; por lo tanto los que tienen acceso a dólares viven muchísimo mejor. Las desigualdades sociales están aumentando dramáticamente. Los sistemas de salud y de enseñanza, anteriormente el mayor orgullo de la revolución cubana, sufren franco deterioro.

No hay motivo para afirmar que lo peor ya pasó. Eso queda por verse. Desde 1991, cada vez que he viajado a Cuba me ha dicho mucha gente, "Ya lo peor pasó. Tocamos fondo". Hasta ahora, lamentablemente, no ha sido así.

En algún momento será verdad, pero es mejor prepararse para un deterioro de las condiciones y para organizar la lucha política necesaria y las medidas económicas indicadas.

LA CRISIS ECONOMICA influye mucho en la política actual en Cuba debido al aislamiento de la revolución cubana, producto de la derrota de la revolución nicaragüense a fines de los ochenta y el continuo repliegue político de la clase obrera y de los movimientos revolucionarios en toda Latinoamérica y el Caribe. Estos no son los factores que más frecuentemente se señalan en Cuba, ni son los hechos señalados por otras tendencias políticas entre el movimiento obrero y los grupos de solidaridad con Cuba en Estados Unidos y otros países. Todos se refieren —como causa de casi todos los problemas— al colapso del llamado bloque socialista y sus consecuencias económicas para Cuba.

Es cierto que a partir de 1989, el cese abrupto de la ayuda y del comercio a precios preferentes con la antigua Unión Soviética y países de Europa oriental provocaron en Cuba una baja drástica en la producción agrícola e industrial. Se calcula que el producto interno bruto bajó en un 30 por ciento entre 1989 y 1993, y el suministro vital de combustible se redujo en más del 50 por ciento en el mismo lapso. Antes de 1990, Cuba había podido comprar y vender gozando de términos comerciales altamente subvencionados, mucho más favorables que los mejores términos disponibles en el mercado capitalista mundial. Los comunistas y otros firmes partidarios de la revolución cubana en el mundo habían visto con agrado esa ayuda desde que se iniciara en 1960, ante los crecientes ataques económicos y amenazas militares por parte de Washington y Wall Street.

Pero la dirección cubana actuó como si los regímenes de la Unión Soviética y de Europa oriental —junto con la ayuda de estos gobiernos— fueran a durar para siempre. Cuando se dio el colapso, fue como "si dijeran que un día el sol no va a amanecer", dijo Castro a los delegados del congreso de la Unión Nacional de Escritores y Artistas de Cuba en noviembre de 1993. "Todo el mundo espera que el sol amanezca todos los días, de la misma manera que todo el mundo, revolucionario o no revolucionario, esperaba que el campo socialista siguiera existiendo y que la URSS siguiera existiendo; pero nosotros nos quedamos como si un día no aparece el sol ni a las 6:00 de la mañana, ni a las 7:00, ni a las 10:00, ni a las 12:00, y, en medio de esas tinieblas, hemos tenido que buscar soluciones".

A raíz de este criterio político errado, la dirección cubana no se había preparado para lo inevitable y no estaba lista cuando se precipitó la crisis en 1989–91, cuando esos regímenes estalinistas fueron desplomándose uno tras otro. El gobierno obrero y campesino de Cuba no había redimido el tiempo que se había comprado con la ayuda recibida gracias a la revolución de octubre de 1917 y a sus herederos entre el pueblo trabajador. Entre comienzos de los años setenta y fines de los ochenta, se había hecho muy poco para reducir la dependencia económica de Moscú por parte de la revolución y lograr una mayor autosuficiencia en la producción de comestibles y otras necesidades. Incluso sucedió lo contrario.

Los problemas actuales se acentúan a causa de las medidas criminales, como el bloqueo comercial, que la mayor potencia imperialista del planeta, el gobierno estadounidense, le ha impuesto a Cuba por casi 35 años. Las familias capitalistas que dominan Estados Unidos jamás han perdido de vista su objetivo principal: debilitar la revolución y aplastarla. Siguen empecinados en castigar al pueblo trabajador cubano por tener la valentía, la tenacidad y la capacidad de declarar su independencia y hacer una revolución socialista, casi sobre las costas mismas de Estados Unidos.

Sin embargo, por graves que sean estas dificultades para la revolución cubana, ninguna de ellas constituye el verdadero problema. Si uno tiene dudas al respecto, imagínese por un instante cómo cambiaría la moral en Cuba si estuvieran estallando huelgas, tomas de tierras y manifestaciones estudiantiles en Argentina o Brasil o Venezuela o Haití o cualquier otra región del continente. O si la lucha de clases repuntara aquí en Estados Unidos de una manera cualitativamente nueva.

La causa fundamental de las dificultades que enfrenta la revolución cubana es su aislamiento en el continente americano: el hecho de que actualmente no existe ningún otro gobierno obrero y campesino, ninguna otra revolución socialista, en ninguna parte del hemisferio. La revolución nicaragüense fue derrotada a fines de los años ochenta, conforme la dirección sandinista abandonara su anterior perspectiva anticapitalista. Cinco años antes, el gobierno obrero y campesino en Granada había sido destruido desde adentro por una contrarrevolución estalinista.⁴

Encima de estas derrotas —y parcialmente debido a ellas— el imperialismo estadounidense logró mantener su dominación en América Latina tras la crisis de la deuda de los años ochenta. Ningún gobierno o dirección de los sindicatos o de las organizaciones populares en ningún país del continente respondió al llamado del gobierno cubano para formar un frente único de resistencia que luchara por la anulación de la deuda externa y por medidas radicales que rectificaran el intercambio desigual en el mercado capitalista mundial.⁵ Por consi-

---

4. Ver "El ascenso y el ocaso de la revolución nicaragüense" en el número 3 de *Nueva Internacional*, y "El segundo asesinato de Maurice Bishop" en el número de agosto de 1987 de *Perspectiva Mundial*; en inglés apareció en el número 6 de *New International*.

5. La campaña política que libró el gobierno cubano a mediados de los años ochenta por una lucha continental y mundial por la anulación de la deuda del Tercer Mundo se narra en los discursos y entrevistas de Fidel Castro recogidos en dos libros publicados por Pathfinder: *War and Crisis in the Americas: Fidel Castro Speeches, 1984–85* (Guerra y crisis en las Américas: discursos de Fidel Castro, 1984–85) y *Nothing Can Stop the Course of History* (en español, *Nada podrá detener la marcha de la historia*; La Habana: Editora Política, 1985), que recoge la entrevista concedida por Fidel Castro a Jeffrey Elliot y Mervin Dymally en 1985. "Estaba recordando los días aquellos cuando tuvimos grandes reuniones sobre la deuda externa —esto fue en el año 1985—, en que advertíamos muchas de las cosas que iban a pasar y que hoy están pasando", subrayó Castro en una conferencia de solidaridad latinoamericana y del Caribe celebrada en enero de 1994 en La Habana. "Nuestro continente perdió la mejor hora de una gran batalla, en que nos habríamos podido ahorrar muchas de las calamidades de ahora". Este discurso se publicó en el número del

guiente, en un país latinoamericano tras otro a fines de los años ochenta, Washington y Wall Street lograron lo que con mucha delicadeza llaman la "reestructuración de la deuda" para beneficio de los bancos imperialistas en contra de las burguesías nacionales y de los sectores acomodados de la clase media, y para beneficio de todos éstos en contra del pueblo trabajador de la región.

Los gobernantes capitalistas en la mayoría de los países latinoamericanos están vendiendo enormes cantidades de tierras, recursos naturales, industrias y otras empresas estatales —entregándoselos a sí mismos y a intereses imperialistas— a precios de liquidación. Están destruyendo sindicatos, cercenando y "privatizando" los fondos estatales de pensiones y otros programas de seguridad social, y eliminando subsidios de alimentos, combustibles y otras necesidades. El costo humano de estas medidas se ve en todas las esferas: desde las epidemias de enfermedades curables hasta los millones de niños que viven en la calle. Y los gobernantes capitalistas han logrado todo esto prácticamente sin que las cúpulas sindicales de América Latina organicen resistencia alguna.

EL BROTE DE RESISTENCIA campesina en el estado mexicano de Chiapas, y los estallidos obreros en Santiago del Estero y otras ciudades argentinas a fines de 1993 y comienzos de 1994, son señal de las crecientes tensiones sociales creadas por los "éxitos" de capitalismo y una advertencia de las explosiones por venir. Pero por el momento son la excepción.

La revolución cubana también ha sido afectada por la

---

16 de febrero de 1994 de *Granma Internacional* y en la edición de marzo de 1994 de *Perspectiva Mundial.*

quietud, los reveses y los repliegues en la lucha de clases de los últimos años en Estados Unidos.

Este cuadro internacional, en su conjunto, es muy distinto de la ola revolucionaria ascendente y las luchas de clases que le dieron ímpetu a la revolución cubana en épocas anteriores.

En los años sesenta, los trabajadores y jóvenes revolucionarios en Cuba se inspiraron e identificaron con la lucha proletaria de masas por los derechos de los negros en Estados Unidos; con la revolución vietnamita y el movimiento que surgió en este país y en el mundo contra la guerra asesina de Washington en Indochina; y con la aparición de organizaciones revolucionarias en toda América Latina que querían emular la victoria cubana.

En los años setenta el pueblo vietnamita venció al imperialismo norteamericano, cayó el imperio portugués y avanzó la lucha revolucionaria contra el colonialismo y el apartheid en Africa austral. En 1979, un levantamiento de masas derrocó a la monarquía del sha de Irán, y en Granada y Nicaragua surgieron revoluciones anticapitalistas que establecieron gobiernos obrero-campesinos. Esas victorias dieron un impulso a las perspectivas revolucionarias en todo el continente americano —y a jóvenes en otras partes del mundo— que continuó hasta mediados de los años ochenta.

Gracias a estos avances en la lucha mundial por la liberación nacional y el socialismo, les resultó más fácil a los revolucionarios cubanos enfrentar dificultades económicas, ganar tiempo para rectificar errores y recuperarse de sus efectos, dándoles un respiro para consolidar la revolución socialista y seguir avanzando. Hoy, sin embargo, la ausencia de luchas ascendentes pesa enormemente sobre la vida social y política en Cuba.

Los gobernantes norteamericanos esperan que ya se

hayan acabado los días en que los revolucionarios cubanos —aprovechando las ventajas del poder estatal— ayudan a los que combaten el saqueo imperialista y la explotación capitalista en otras partes del mundo. Pero lo que se manifiesta en la clase obrera cubana, aun frente a la difícil situación nacional e internacional, es prueba de lo contrario. El pueblo trabajador cubano se solidarizaría y respondería políticamente a nuevas luchas revolucionarias, especialmente en este hemisferio: al igual que hicieron más de 300 mil voluntarios cubanos que cumplieron misiones internacionalistas en Angola en los años setenta y ochenta, y los otros miles de voluntarios que se desempeñaron como maestros, médicos, constructores y asesores militares en Nicaragua y Granada.[6] Nuevas oportunidades internacionales impulsarían nuevos avances de la revolución cubana.

Cuba le recuerda a Washington de estos hechos cada vez que el gobierno revolucionario se pronuncia —prácticamente solo— en contra de las agresiones militares imperialistas, como la matanza desatada por fuerzas nor-

---

6. En 1975, tropas del régimen sudafricano del apartheid, respaldadas por Washington, invadieron Angola, que recién se había liberado del régimen colonial portugués. Gracias a la ayuda de los soldados cubanos voluntarios se frustró el intento de los imperialistas y sus aliados derechistas angolanos de derrocar al nuevo gobierno independiente. El gobierno sudafricano continuó su guerra contra Angola por 13 años, hasta que su ejército fue derrotado contundentemente en 1988 por las fuerzas cubanas, angolanas y namibias en la batalla de Cuito Cuanavale.

Miles de obreros y jóvenes cubanos también se ofrecieron de voluntarios para cumplir diversas misiones internacionalistas en Nicaragua y Granada, tras los triunfos revolucionarios de 1979 en esos países, como antes habían hecho en Argelia, Vietnam, Congo y muchas otras partes del mundo.

teamericanas en el Golfo Pérsico, la invasión de Somalia y las amenazas norteamericanas de invadir a Haití.⁷

LOS COMUNISTAS EN CUBA, como casi toda la población del país, viven bajo el mismo tipo de presiones *políticas* desgastadoras que sienten los comunistas aquí en Estados Unidos. Al igual que nosotros, ellos a veces necesitan apartarse un poco del trajín cotidiano para examinar el cuadro más amplio del mundo y del tiempo y así lograr una visión más exacta de su rumbo. Por eso es tan importante cuando el presidente cubano Fidel Castro explica en sus discursos, como hace a menudo, que mientras predomine el sistema económico y social del capitalismo mundial, nuestro futuro será uno de crecientes luchas políticas y sociales. Ese fue su mensaje esencial en enero de 1994, por ejemplo, en su discurso de clausura ante 1 200 delegados en La Habana en el Cuarto Encuentro Latinoamericano y del Caribe por la Solidaridad, la Soberanía, la Autodeterminación y la Vida de Nuestros Pueblos.

"El día de Año Nuevo, al cumplirse el año 2000, a nadie le podrán desear, ni en América Latina ni en muchas otras partes del mundo, un feliz siglo nuevo", dijo Castro. "Porque el siglo que nos espera —y antes del siglo ya se está expresando y ya se está manifestando— es realmente

---

7. Ver, por ejemplo, *¡EE. UU. Fuera del Oriente Medio! Cuba habla en Naciones Unidas* (Nueva York: Pathfinder, 1990). El gobierno cubano fue prácticamente el único en la ONU que condenó la ocupación norteamericana de Haití en septiembre de 1994. El discurso pronunciado el 3 de octubre de 1994 por el canciller cubano Roberto Robaina ante la Asamblea General de la ONU fue publicado en el número de noviembre de 1994 de *Perspectiva Mundial*.

de mucha lucha y muchos esfuerzos". El capitalismo "no puede ofrecerle nada a la humanidad", explicó. Es "el régimen de la injusticia, de la distribución desigual, de la explotación del hombre por el hombre". Aunque los efectos económicos y sociales de la crisis capitalista son más fuertes en el Tercer Mundo, dijo Castro, las condiciones están empeorando también en Estados Unidos, Europa y Japón.

Si bien el colapso de los regímenes de Europa oriental y la Unión Soviética desorientó a mucha gente en el mundo, dijo Fidel, "hoy ya nosotros vemos por todas partes síntomas de esperanza, de lucha".[8]

Los trabajadores y los jóvenes de pensamiento revolucionario —ya sea en Cuba, en Estados Unidos o en cualquier otro país— responderán precisamente a esta perspectiva realista y combativa sobre la política mundial. Esta es la verdad de clase que hay que divulgar. El sistema que está actualmente en crisis es el capitalismo, no el socialismo. El tiempo está a favor *nuestro*, no de los explotadores capitalistas.

Repliegue necesario

Es éste el contexto político en el cual se organiza un repliegue hoy día en Cuba. Hace falta un repliegue. Eso es evidente e indiscutible. La clase trabajadora y su gobierno revolucionario necesitan replegarse para ganar tiempo y reanudar la producción de alimentos y otros productos agrícolas e industriales. Cuba tiene que reorganizar su comercio dentro del mercado capitalista mundial para incrementar la importación de petróleo y de otros artí-

---

8. El discurso completo aparece en el número del 16 de febrero de 1994 de *Granma Internacional* y el número de marzo de 1994 de *Perspectiva Mundial*.

culos indispensables y encontrar compradores para sus exportaciones. Tiene que dar suficientes concesiones para atraer a capitalistas extranjeros como socios en empresas mixtas a fin de adquirir tecnología, explotar recursos minerales, desarrollar mercados y atraer capital para desarrollar la economía.

Sin este repliegue la revolución socialista cubana no resistiría la crisis actual. Se derrumbaría la alianza obrero-campesina que sostiene al gobierno revolucionario, y el gobierno de los trabajadores sería reemplazado por un régimen que representaría los intereses de clase de los que aspiran a ser explotadores. La única forma de sentar bases sólidas para un nuevo avance en la construcción del socialismo en Cuba será si crece el suministro de alimentos y comienza a recuperarse la producción industrial, a medida que surjan condiciones más favorables —en Cuba y sobre todo en la lucha de clases a nivel continental y mundial— que permitan tal avance.

"Hemos tenido que hacer concesiones, eso es incuestionable", señaló Castro en noviembre de 1993 al congreso de escritores y artistas:

> Estos cambios fueron inevitables, y algunos más tenemos que hacer, que promueven el individualismo, el egoísmo, elevan el valor del dinero en la sociedad, producen efectos enajenantes, todo eso es realidad. Eso no es lo que nosotros queremos para nuestro país. Queremos lo que estábamos haciendo y lo que veníamos haciendo en medio del proceso de rectificación[9]

---

9. El Partido Comunista de Cuba inició el proceso de rectificación en 1986 para combatir las crecientes consecuencias políticas negativas causadas por la política de planificación y admi-

cuando se producen la catástrofe y el derrumbe [de la Unión Soviética]. . . . Ahora tenemos que aprender a vivir, a luchar y a triunfar en medio de estos problemas que hemos estado mencionando aquí.

Toda dirección obrera necesita saber cuándo y cómo conducir un repliegue; de lo contrario sus fuerzas serán puestas en desbandada. La dirección debe ser capaz de evaluar la correlación de fuerzas de clases, para saber cuáles frentes de batalla puede defender y cuáles no. "Hay momentos en la vida, en la guerra y en la revolución en que se tienen que dar pasos de retroceso para llegar al momento en que se puede avanzar", explicó

---

nistración económica que la dirección cubana había adoptado a comienzos de los años setenta siguiendo como modelo la del régimen estalinista soviético. Para comienzos de los años ochenta, esta política había causado la desmovilización y desmoralización de más y más trabajadores en Cuba. Ante esta creciente desorientación política, los comunistas cubanos comenzaron a recurrir a la perspectiva que Ernesto Che Guevara había reivindicado a comienzos de los años sesenta y que se había empezado a aplicar de forma limitada en aquella época. Durante el proceso de rectificación, la dirección cubana tomó medidas para reducir las crecientes desigualdades sociales y las condiciones de vida privilegiadas de las capas superiores de las burocracias del gobierno, partido y ejército; recortó el personal administrativo; dio fuertes golpes contra la corrupción; aumentó el uso de brigadas voluntarias para construir hospitales, círculos infantiles, escuelas y otros proyectos de urgente necesidad; y organizó contingentes de trabajo voluntario a tiempo completo para realizar grandes proyectos de construcción e ingeniería civil como caminos, fábricas y puentes. Las escaceses y los trastornos económicos de los últimos años han obligado al gobierno y al Partido Comunista de Cuba a replegarse de muchos de los programas y objetivos iniciados a fines de los años ochenta.

Castro en la sesión de diciembre de 1993 de la Asamblea Nacional de Cuba.[10]

Sin embargo, los repliegues son más difíciles que los avances: más complejos, más peligrosos de organizar y dirigir. Cuando se avanza, el propio ímpetu facilita el progreso y compensa por ciertos errores o debilidades. Cuando se repliega, el movimiento obrero paga un precio político mucho mayor por cada traspié que se da.

Por otra parte, la supervivencia de la revolución cubana requiere más que dirigir un repliegue. Es igualmente importante la creación de condiciones para *limitar* la retirada: ni un paso más de lo necesario para preservar el poder estatal de los trabajadores. Significa seguir buscando una trayectoria proletaria. Significa fortalecer simultáneamente la conciencia de clase, la combatividad y la confianza de los productores. Significa organizar a

---

Ver "Cuba's Rectification Process: Two Speeches by Fidel Castro" (El proceso de rectificación en Cuba: dos discursos de Fidel Castro), acompañado por una introducción de Mary-Alice Waters, en el número 6 de *New International*. El artículo de Waters se publicó en español bajo el título "Coyuntura histórica de la revolución" en el número de octubre de 1987 de *Perspectiva Mundial*. Ver también *In Defense of Socialism: Four Speeches on the Thirtieth Anniversary of the Cuban Revolution* (En defensa del socialismo: cuatro discursos con motivo del 30 aniversario de la revolución cubana; Nueva York: Pathfinder, 1989); así como muchos de los libros citados anteriormente.

10. En este documento, todas las citas del debate de la Asamblea Nacional del Poder Popular en diciembre de 1993 fueron tomadas de transcripciones de emisiones de la televisión y la radio cubanas. Estas transcripciones aparecieron traducidas al inglés en el *Foreign Broadcast Information Service Daily Report*, publicación del gobierno norteamericano. Estas citas han sido retraducidas al español. A menos que se indique lo contrario, las demás citas en este documento son las originales

la clase obrera para que utilice el poder estatal a fin de limitar, dentro de lo posible, la creciente influencia del sistema de mercado capitalista, de la ley del valor. Significa preparar a la clase obrera para futuras batallas conforme se intensifique la lucha de clases, lo cual sucederá bajo estas condiciones.

Al ampliarse la influencia de la ley del valor, se irán erosionando las relaciones sociales proletarias que los trabajadores cubanos han conquistado en sus luchas de las últimas tres décadas y media. Aumentará la diferenciación y desigualdad de clases y se corroerá la solidaridad social. Esto, a su vez, reforzará la influencia política de las capas administrativas y profesionales pequeñoburguesas, y de aquellos cuya suerte está directamente ligada al creciente peso del capital extranjero y de las fuerzas del mercado. Creará mayor presión para buscar aliados internacionales entre diversas alas de la burguesía, y no entre los trabajadores. Los comunistas deben librar una batalla política para frenar estas tendencias sociales inevitables y, sobre todo, sus efectos políticos.

AL EXAMINAR ESTE RETO en Cuba, queda aún más clara la respuesta a la primera pregunta que planteamos: ¿Sigue siendo revolucionario el gobierno de Cuba? Al organizar el repliegue necesario, que inevitablemente refuerza a los sectores sociales entreguistas entre las clases administrativas y profesionales de Cuba, la dirección comunista del gobierno trata también de contenerlos y continúa tomando medidas para fortalecer la posición de los trabajadores.

Lo que más y más quieren ciertos sectores de las clases medias es una cosa y nada más: luz verde para precipitarse por el camino que, según esperan, les ofrecería una salida individual de las dificultades del país así como ventajas económicas para sí mismos y sus familias. Ellos se consideran merecedores de esto, de acuerdo con su nivel educativo y la posición socioeconómica que anticipan tener en Cuba. Les importa un comino si su comodidad individual se obtiene a costa de la solidaridad social de la clase obrera y del futuro de la humanidad. No debemos abrigar ilusiones acerca del tamaño y peso social de este sector en la Cuba actual; es considerable.

Dos o tres veces al año los directores del *Wall Street Journal* publican un artículo especial sobre Cuba. Es siempre el mismo artículo, actualizado con citas y anécdotas. Encuentran al director de alguna empresa en Cuba, o a un funcionario en algún ministerio del gobierno y citan a este individuo (anónimamente, por supuesto) sobre las virtudes del sistema de mercado. "La resurrección del capitalismo en Cuba es inevitable", señala un economista de una empresa estatal citado en un artículo típico del *Journal* en febrero de 1993. "Solo estamos buscando las formas de hacerlo manteniendo bajo el costo social".

Un año mas tarde, en febrero de 1994, el corresponsal José de Córdoba del *Journal* basó su versión de la misma historia en unos informes sobre la economía cubana preparados por Jacques de Groote, director del Fondo Monetario Internacional (FMI), y Carlos Solchaga, ex ministro de finanzas de España. "Se va agotando el tiempo para la introducción ordenada de una masa crítica de reformas orientadas al mercado", advierte el informe del FMI, según el *Journal*.

Sin embargo, todos los artículos terminan de la misma manera, quejándose de que los cambios hacia el capitalismo no parecen avanzar muy rápidamente. Por lo general atribuyen los obstáculos a "comunistas de línea dura" y "burócratas incompetentes". El artículo más reciente, por ejemplo, le echa toda la culpa al "señor Castro", quien "condenó violentamente el capitalismo" en la sesión de diciembre de 1993 de la Asamblea Nacional, dominando la reunión y convenciendo a los delegados de no adoptar un paquete de medidas propuestas por el ministerio de finanzas del gobierno. "Algunos analistas", gime el artículo del *Journal*, "se preguntan si el profundo miedo y odio que siente el señor Castro por el capitalismo terminarán por asfixiar las reformas".

Según el periodista, pareciera que Fidel tiene un problema sicológico, una fobia, no una visión científica del mundo. Lo que Fidel realmente dijo en aquella Asamblea Nacional en diciembre fue, "Creo en el socialismo y siento repugnancia —y no prejuicios— por el capitalismo. No tengo prejuicios sino repugnancia. . . . Por su naturaleza, el capitalismo es hipocresía, guerra, competencia. Creo absolutamente todo lo que hemos dicho acerca del capitalismo".

Estos administradores y burócratas que piensan como capitalistas —que al *Journal* le encanta citar— representan un sector muy real que está cobrando fuerza. Pero eso no es más que un aspecto del cuadro total. También la clase obrera es más fuerte que hace cinco años. Existe una polarización que se agudiza. Pero es la clase obrera la que ejerce el poder y que conscientemente está haciendo concesiones, y no al revés.

En la reunión especial de la Asamblea Nacional celebrada en mayo de 1994 (la sesión normal se está llevando a cabo precisamente ahora en agosto) Fidel lo explicó muy claramente. "Nos hemos reunido aquí para adoptar aquellas medidas que ayuden a salvar la revolución de la clase obrera", sostuvo. "Aún cuando hemos tenido que hacer concesiones que son inevitables para poder sobrevivir y para poder desarrollarnos", dijo, "nosotros ponemos las condiciones".

Eso es lo fundamental: el poder estatal en Cuba sigue en manos de un gobierno obrero y campesino dirigido por comunistas.

Mucha gente alrededor del mundo, incluso entre los que en diferentes grados se consideran "amigos de Cuba", aplaude el hecho de que el gobierno revolucionario tiene que hacer concesiones para conseguir inversiones capitalistas. Piensan que es positivo. Andan siempre a la busca de elementos entre la dirección cubana que estén dispuestos a ir aún más lejos, más rápido, a ser más "razonables", más "pragmáticos".

Algunos de ustedes probablemente vieron un artículo hace poco en el semanario *Granma Internacional* titulado "Alcalde norteamericano visita La Habana". El visitante era el alcalde de Mobile, Alabama, que mantiene un proyecto de ciudades hermanas con La Habana. *Granma Internacional* informa que el alcalde "en declaraciones a la prensa expresó su esperanza de que Cuba y Estados Unidos puedan comerciar en un futuro, 'como ya lo hacemos con Vietnam'".

Esta declaración expresa una opinión muy común: la esperanza de que en un futuro no muy lejano cambie la correlación de fuerzas de clases en Cuba, y que el gobierno empiece a concederle al capital el tipo de concesiones políticas y económicas que le ofrecen los regímenes estalinistas en China y Vietnam. Las castas burocráticas dominantes en Europa oriental y de la Unión Soviética siguieron la misma trayectoria por varias décadas, preparando el terreno para los regímenes actuales. Desde luego que bajo tales condiciones, el gobierno norteamericano estaría muy dispuesto a suspender el bloqueo y comenzar a comerciar con Cuba. Por ejemplo, a comienzos de 1994 la administración Clinton suspendió su embargo económico contra Vietnam —mantenido cruel e inescrupulosamente por muchos años— al igual que Washington, en los años setenta, entabló comercio, inversiones y relaciones diplomáticas con Pekín.

Sin embargo, Wall Street y Washington se mantienen irreconciliablemente hostiles hacia el gobierno revolucionario de Cuba, y sobre todo hablan mal de Fidel Castro, precisamente porque saben que el rumbo que siguen China y Vietnam *no es* el que se sigue en Cuba. A pesar de las concesiones, cuando Cuba reafirma su soberanía, su independencia y el camino socialista que ha elegido libremente, cuando declara su solidaridad con las luchas contra la dominación imperialista alrededor del mundo, se plantea una línea divisoria de clases. A los gobernantes estadounidenses no les cuesta entender que en Cuba existe una relación diferente entre la clase obrera y su gobierno de la que existe en Vietnam o China. Y es lo que temen. (Sus esperanzas de ganancias en Vietnam y China también son demasiado optimistas, pero eso es problema suyo, no nuestro).

En este sentido, vale la pena examinar las cuestiones de clase que se plantean, el verdadero contenido de clase de dos series de medidas que se adoptaron recientemente en Cuba y que están en proceso de implementarse: en relación con los impuestos, por un lado, y con la tierra y la producción agropecuaria, por el otro.

Fuerte impuesto progresivo a los ingresos

La inflación es una de las manifestaciones más devastadoras de la actual crisis económica en Cuba. Es consecuencia de que, aun cuando existe una enorme suma de moneda circulante (ya que la mayoría de los trabajadores ha seguido recibiendo el grueso de su salario, aun si no trabajan por la falta de combustible y materias primas o por las máquinas descompuestas), la producción se ha ido a pique desde 1990 y hay muy poco que la gente pueda comprar con este dinero. Mientras se mantuvo el sistema de racionamiento, los cubanos estuvieron protegidos de los efectos del alza de precios. Pero ante la creciente escasez de alimentos obtenidos por la libreta de racionamiento, el mercado negro se convirtió en la fuente principal para la mayoría de los cubanos y los precios se fueron por las nubes. Este es el tipo más debilitador de impuestos, el impuesto más *regresivo*, que pueda enfrentar el pueblo trabajador.

Para combatir esta inflación, algunos funcionarios del gobierno recomendaron medidas como la restitución de un sistema de impuestos a los ingresos que incluye un impuesto al salario, por primera vez desde que dicho impuesto fuera abolido en los años sesenta. Los artículos del *Militant* y *Perspectiva Mundial* que mencioné anteriormente informan sobre el debate que ocurrió en torno a este tema durante la sesión de diciembre de 1993 de la Asamblea Nacional de Cuba, así como el debate que posteriormente se organizó entre la clase obrera. Los artículos dieron informes presenciales sobre las discusiones que se llevaron a cabo en varios de los 80 mil "parlamentos obreros" en los primeros meses de 1994 en las fábricas, fincas y otros centros de trabajo en Cuba.

Durante esa reunión de la Asamblea Nacional, el ministro de finanzas José Luis Rodríguez dijo, "Decimos con seriedad que proponemos un sistema de impuestos para el país. Ya hemos hablado de la necesidad de crear una cultura impositiva entre el pueblo, una cultura que hemos perdido". La necesidad de crear una "cultura impositiva" entre la clase obrera cubana ha sido el tema de muchos economistas del gobierno y de otra gente que abogan por la aceleración de las medidas orientadas al mercado capitalista. Numerosos "expertos" economistas enviados a Cuba desde muchos rincones del mundo capitalista —por el gobierno de España, el Fondo Monetario Internacional y otros lugares— han hecho advertencias sobre la urgente necesidad de decretar un sistema impositivo.

En la reunión de la Asamblea Nacional, Fidel contestó tajantemente a estos asesores y expertos, diciendo, y con mucha razón, que la clase obrera nunca había tenido una "cultura impositiva". "No, no, no. Nunca tuvimos esa cultura", puntualizó. "El otro sistema impositivo era un sistema impositivo burgués".

La revolución, subrayó Fidel, eliminó ese sistema, que reflejaba relaciones sociales burguesas, e instituyó una alternativa proletaria: la libreta. El sistema de racionamiento permitió que la clase obrera financiara las conquistas sociales y los programas de desarrollo económico, explicó el líder cubano, al tiempo que aseguraba una distribución equitativa de alimentos, ropa y otras necesidades básicas. "Aquí se hicieron miles de escuelas, cientos de hospitales, montones de cosas y nunca aumentó un centavo el litro de leche". Fidel añadió:

> Los economistas me asustan. De lo único que sé un poco es de política. Esa ha sido mi responsabilidad, y la más importante que he tenido. Creo que las cosas se deben ver a través de la política. La idea presentada por los especialistas debe analizarse desde una óptica política. . . . No podemos resolver estos problemas con un enfoque tecnocrático.

Los trabajadores en Cuba, dijo Castro, no habían tenido la oportunidad de debatir una sola medida económica que los especialistas económicos habían propuesto ante la Asamblea Nacional. Al final, a pesar de las solemnes advertencias de los "asesores" económicos, los delegados de la Asamblea Nacional en diciembre de 1993 hicieron a un lado todas las propuestas de un nuevo sistema de impuestos y otras medidas y convocaron a un período de discusión dentro de la clase obrera a nivel nacional. Con los 80 mil parlamentos obreros se hizo sentir el peso de la clase obrera en este debate con los tecnócratas, los economistas y las fuerzas capitalistas de todo el mundo, cada uno de los cuales, a su manera, pretendía presionar al gobierno revolucionario para que adoptara un paquete de medidas que redujese el salario social conquistado por la clase obrera en la lucha revolucionaria y que impulsara normas capitalistas de distribución, es decir, relaciones sociales capitalistas, no proletarias.

El Primero de Mayo de 1994, día internacional de la clase obrera, la Asamblea Nacional convocó a una sesión especial para volver a debatir las medidas. En ese proceso de debate y toma de decisiones se codificaron precisamente las dos cosas que la clase obrera había afirmado en una asamblea tras otra, expresando claramente, "Esto no lo vamos a aceptar".

En primer lugar, como reconoció José Luis Rodríguez, ministro de finanzas, en su informe a la asamblea de mayo, "En los parlamentos de los centros laborales hubo planteamientos en contra de aplicar impuestos sobre los salarios". Y en su intervención ante la Asamblea Nacional el líder sindical cubano Pedro Ross lo calificó como "consenso abrumador".

En los pocos reportajes que aparecieron en los medios noticiosos capitalistas de Estados Unidos sobre la reunión de mayo de la Asamblea Nacional cubana, ustedes habrán leído que se adoptó una medida de impuestos a los ingresos. Cualquier trabajador en Estados Unidos asociaría esta medida con el tremendo cobro de impuestos que aparece en el talón de su cheque todas las semanas. Sin embargo, al contrario de lo que informaron los medios noticiosos en Estados Unidos, lo que la asamblea adoptó fue una resolución que proponía un estudio más extenso de "la introducción selectiva del impuesto sobre ingresos personales, *excluyendo el impuesto sobre retribuciones salariales*" (énfasis nuestro).

En otras palabras, la asamblea decretó que no se cobrarían impuestos al salario del obrero, y que cualquier impuesto en Cuba debía aplicarse a los ingresos de los que trabajan por cuenta propia o a otros ingresos no salariales.

En septiembre de 1993, el gobierno legalizó el empleo por cuenta propia en unos 140 oficios. Para julio de 1994 ya se habían otorgado 167 mil licencias. Una de las quejas que se plantearon repetidamente en los parlamentos obreros era que, por las escaseces y el exceso de circulante, algunas de estas personas que trabajan por cuenta propia obtienen enormes ingresos, un mes tras otro, y que muchas veces utilizan para ello materiales robados de los almacenes industriales. El *Militant* informó, por ejemplo, que —aunque no es la norma— algunos de los trabajadores por cuenta propia ganan hasta mil pesos diarios, mientras que la mayoría de los obreros fabriles ganan menos de 150 pesos mensuales. Por lo tanto, muchos trabajadores dicen: sí, que se graven impuestos sobre estas sumas excepcionalmente grandes de dinero, pero no sobre los salarios.

El abogar por un fuerte impuesto progresivo no es nada nuevo para el movimiento obrero. En efecto, se remonta al documento programático fundador del movimiento obrero comunista de la época moderna, el Manifiesto Comunista, publicado en 1848. El Manifiesto, redactado por Carlos Marx y Federico Engels, dice que entre las primeras medidas adoptadas por un gobierno establecido por "la revolución obrera" será "un fuerte impuesto progresivo o graduado de la renta".[11] Este sigue siendo hoy día el programa de impuestos —el *único* programa de impuestos— del movimiento comunista.

LA SEGUNDA MEDIDA que plantearon enérgicamente los trabajadores en sus asambleas —y la primera ley decretada por el Consejo de Estado luego de la reunión de mayo de la Asamblea Nacional— iba encaminada a combatir la corrupción en gran escala y la acumulación ilícita de riqueza, sobre todo por robos de los centros de trabajo, almacenes y fincas, actos cuyos principales responsables son administradores y sus colaboradores. Se roban grandes cantidades de productos agrícolas e industriales, incluso maquinaria, y se venden en el mercado negro, o los individuos que los "desvían" (el término que comúnmente se emplea en Cuba) los usan para fabricar otros productos de fácil venta.

En las asambleas de fábricas los obreros denunciaron acaloradamente este problema diciendo: Sabemos lo que está pasando. Sabemos quién lo hace. Vemos desaparecer las cosas delante de nuestras narices de un día para otro.

Los corresponsales del *Militant* y de *Perspectiva Mundial* hicieron un reportaje directo sobre un parlamento obrero en una fábrica de tabacos en febrero, donde los obreros confrontaron a los administradores por la des-

---

11. Carlos Marx y Federico Engels, *El manifiesto comunista* (Nueva York: Pathfinder, 1992), págs. 57, 58 [impresión de 2022].

aparición inexplicada de cerca del 20 por ciento de los puros producidos el año anterior. Asimismo, el robo de maquinaria y otros materiales ocupó el centro de la discusión —a la cual yo asistí— en la asamblea realizada en un combinado de productos lácteos cerca de La Habana. "El gobierno no hace nada, el partido no hace nada, el sindicato no hace nada", dijo una trabajadora, "y todos sabemos quién es esa gente y donde vive". Hay que tomar medidas contra el robo, agregó, y si no actúa el gobierno, entonces los trabajadores deben ir a recuperar la mercadería robada.

EL HECHO DE QUE LA CLASE obrera exigía acción se reflejó en el decreto-ley 149, emitido por el gobierno revolucionario la primera semana de mayo, que autoriza la confiscación de los bienes a los que se enriquecen ilícitamente. En el debate de mayo de la Asamblea Nacional, Fidel dijo que el decreto recordaba los primeros años de la revolución, cuando se promulgó una ley para confiscar los bienes adquiridos ilícitamente por los que se habían enriquecido bajo la dictadura de Batista.

Desde mayo de 1994, se han denunciado más de 200 arrestos por violaciones a la nueva ley y se han iniciado medidas judiciales para confiscar las propiedades decomisadas en las redadas.

Ambas medidas, la resolución sobre el impuesto a los ingresos y el decreto sobre bienes robados, fortalecen —no debilitan— a la clase obrera en su defensa de las relaciones de propiedad establecidas por las conquistas revolucionarias de los obreros y campesinos hace más de 30 años. No son medidas que entusiasmen al FMI o a otros asesores capitalistas. Por eso decimos que el gobierno sigue actuando de manera de refrenar a los que quieren huir precipitadamente hacia relaciones sociales capitalistas.

En los parlamentos obreros se debatieron muchas otras propuestas para absorber el exceso de circulante y reducir la inflación, algunas de las cuales se han implementado de acuerdo con las decisiones de la Asamblea Nacional de mayo. Se han aumentado los precios de ciertos artículos no esenciales, incluido un fuerte aumento a los cigarrillos y al ron. A los trabajadores no les gustan estas alzas, por supuesto. Pero la mayoría dice que por lo menos estos precios —si se pueden mantener— son inferiores a los del mercado negro, y que es mejor concentrar los subsidios en artículos más apremiantes.

Las tarifas eléctricas también han subido, pero con una fuerte escala progresiva que no cambia el costo de los primeros 100 kilovatios-hora por mes. Han subido los pasajes de avión, de autobuses urbanos y del ferrocarril, pero los estudiantes y trabajadores que van por tren a sus centros de trabajo o estudio reciben un descuento del 30 por ciento. Se ha establecido una cuota relativamente baja para el servicio de agua y alcantarillado, y han subido las tarifas de correos y teléfonos.

Los eventos culturales y deportivos ya no son todos gratuitos. Ahora se va a cobrar por los almuerzos en las escuelas, pero ningún alumno será privado de almuerzo por no poder pagar. Los estudiantes que se matriculen en cursos de enseñanza superior recibirán préstamos, a ser pagados después de la graduación, en vez de estipendios. Los que se gradúen con las mejores calificaciones quedarán exentos del pago.

El efecto acumulativo de estas medidas y otras por venir será que aumentará el costo de vida, se reducirá el déficit estatal y comenzará a bajar la inflación aun antes de un incremento en la producción. Aunque seguramente se verán afectadas desproporcionadamente las familias de menores ingresos, serán las más beneficiadas si el peso empieza a recuperar su poder adquisitivo. Todo esto se hace a la vez que se intenta, en la medida posible, mantener intactos y accesibles a todo mundo los programas sociales esenciales de la revolución.

Lo IMPORTANTE DE ESTAS MEDIDAS, en primer lugar, es que gozan de un apoyo relativamente grande entre la clase obrera cubana gracias al amplio debate. En segundo lugar, continúan protegiendo, en lo esencial, el alto grado de igualdad social en el país, que sería imposible sin la propiedad colectiva de los medios productivos: es decir, que sería imposible sin la revolución socialista.

El más reciente de los artículos semestrales del *Wall Street Journal* apareció la semana pasada, el 26 de julio, por supuesto.[12] Una vez más el corresponsal, esta vez el director de la columna sobre las Américas, entrevistó a un funcionario pro-capitalista anónimo. "Necesitamos la empresa privada", afirma el funcionario. Y, según el artículo, dice que hay que determinar hasta qué punto se pueden proteger "las conquistas revolucionarias que entren en conflicto con la propiedad privada".

El reportero del *Journal* pasa a comentar que "esas 'conquistas' vienen a ser la educación, la salud y los servicios sociales". Según otro funcionario cubano, estos programas equivalen a "solo el 30 por ciento del déficit

---

12. El 26 de julio, fiesta nacional en Cuba, se celebra el aniversario del asalto al cuartel Moncada, realizado en Santiago de Cuba en 1953 por las jóvenes fuerzas revolucionarias dirigidas por Fidel Castro. Ese levantamiento marcó el inicio de la lucha revolucionaria que culminó con el derrocamiento de la tiranía de Batista en 1959.

presupuestario" del gobierno. El resto del déficit, dice el periodista, proviene de subsidios a empresas estatales ineficientes. "Entonces", pregunta, "¿por qué no eliminar los subsidios y dejar que la empresa privada financie los logros revolucionarios?"

Esa es la respuesta irónica del *Wall Street Journal*. Por supuesto, también hace eco de cosas que se dicen en Cuba. Pero los que conocemos el capitalismo desde adentro podemos escribir nuestra propia columna sobre lo bien que la empresa privada financia la educación, la salud pública y otros servicios sociales fundamentales de la clase obrera.

La observación hecha por el funcionario anónimo y el comentario del *Journal* al respecto señalan uno de los problemas políticos actuales en Cuba. En viajes recientes como corresponsales, hemos constatado que es muy común encontrar a cubanos que identifican "las conquistas de la revolución" con la atención médica y la enseñanza pública. Y después dicen: Pero vean lo que está pasando con esos logros sociales. Ya no tenemos más libros de texto para los niños. En las escuelas ya no tenemos bombillas eléctricas o cuadernos o lápices.

Señalan también el rápido deterioro del sistema de salud, bajo las condiciones actuales, por la falta de medicinas, equipo y otros recursos. Señalan la baja moral de los trabajadores de hospitales y clínicas (la moral está declinando entre muchos de estos trabajadores, que carecen de dirección política). Luego, estos cubanos preguntan, ¿Entonces qué estamos defendiendo, qué ofrece ya el socialismo?

La misma pregunta la hace, ya sea abiertamente o no, mucha gente en Estados Unidos y el resto del mundo que por mucho tiempo ha apoyado la revolución cubana. Si a lo largo de los años uno ha tratado de convencer a la gente de que hay que defender a Cuba contra la política del gobierno norteamericano señalando principalmente los logros conquistados en la salud y la educación, entonces hoy ese argumento es más débil.

Pero las conquistas de la revolución no se pueden reducir a la atención médica y a la educación, a pesar de la importancia de estos logros y el tremendo ejemplo inspirador que son para los trabajadores del mundo. El hecho de que los obreros y campesinos establecieron su propio gobierno, derrocaron las relaciones de propiedad capitalistas y comenzaron a construir una sociedad sobre una base económica nueva es infinitamente más importante que los logros en la atención médica y la educación.

Por eso es fundamental la perspectiva comunista que se identifica con Ernesto Che Guevara. Al hacer, defender e impulsar la revolución socialista en Cuba en los últimos 35 años, millones de trabajadores se han transformado y concientizado. Han desarrollado un profundo sentido de solidaridad social, internacionalismo, nuevas actitudes hacia el trabajo, dignidad y confianza al enfrentar las presiones capitalistas. Están comprometidos a un objetivo mayor que su propio interés personal y el bienestar de su familia y de sus amigos. En breve, han empezado a desarrollarse relaciones sociales nuevas basadas en relaciones de propiedad nuevas, y el enlace de una generación cubana con la próxima, siguiendo una orientación proletaria, es el logro más seguro e importante de la revolución socialista.

Cualesquiera que sean las adversidades por venir —y no hay que hacerse ilusiones: los revolucionarios cubanos tendrán que replegarse más de lo que han hecho hasta ahora— mientras la clase obrera logre mantener su poder político, podrá luchar con una orientación proletaria para encarar estas dificultades y situarse en la mejor posición para reanudar su avance cuando nuevas victorias en la lucha de clases mundial les brinden un mayor espacio. De eso —y solo de eso— se trata la lucha. Puede que los comunistas en Cuba no siempre lo expliquen como nosotros, ni que lo digan con la misma claridad que Lenin en los primeros años de la revolución rusa. Pero en su mayoría, la clase obrera cubana no está confundida acerca de esta cuestión fundamental. Ni lo está el imperialismo. Ambos bandos saben lo que aquí se juega.

Los trabajadores y los jóvenes políticamente más conscientes reconocen que la lucha de clases seguirá este curso por cierto tiempo. Pero a ellos, como a nosotros, también les infunde confianza el hecho de que la clase obrera en Cuba ha sabido defenderse en todas las rondas que ha peleado hasta ahora.

Tierras, granjas estatales y cooperativas

La otra medida que debemos examinar es la reorganización del trabajo y de la producción agropecuarios en Cuba, que se llevó a cabo en el último año. Los ministerios responsables iniciaron este cambio en septiembre de 1993 y la Asamblea Nacional lo ratificó en su reunión de diciembre. La gran mayoría de las granjas estatales, que entonces comprendían un 80 por ciento de las tierras cultivadas en Cuba, han sido divididas en fincas más pequeñas y transformadas en cooperativas, llamadas Unidades Básicas de Producción Cooperativa, o UBPC.

El proceso comenzó con las grandes empresas cañeras, que en su gran mayoría fueron rápidamente transformadas en UBPC para comienzos de 1994. Las granjas estatales que producen cítricos, tabaco, verduras y otros alimentos, así como otras fincas ganaderas y lecheras también están siendo convertidas en cooperativas. A mediados de 1994, se habían creado unas 2 700 cooperativas, de las cuales 1 600 eran cañeras. La fuerza laboral en cada cooperativa promedia 100 trabajadores. Uno de los artículos publicados en el *Militant* y en *Perspectiva Mundial* detalla este proceso y repasa la historia de la reforma agraria y los debates sobre la organización de la labor agrícola desde los primeros años de la revolución.

A diferencia de las granjas estatales, las cooperativas son dueñas de su propia cosecha y la venden al estado a precios establecidos por el gobierno. La cooperativa es dueña de la maquinaria (comprada de las antiguas granjas estatales con préstamos a largo plazo y de bajos intereses) y compra insumos con sus ingresos, los cuales dependen de su producción total. El ingreso de los miembros de la cooperativa, es decir, de los trabajadores que pertenecen a ella, está ligado tanto a su trabajo individual como a su productividad colectiva. Además de producir cosechas para el consumo en Cuba y para la exportación, se proyecta que las UBPC sean mayormente autosuficientes en la alimentación y en la construcción de viviendas para las familias cooperativistas.

La tierra permanece nacionalizada y no puede ser vendida, alquilada, heredada, hipotecada o utilizada como garantía para otras obligaciones.

En su mayoría los cooperativistas habían sido trabajadores de las granjas estatales y se integraron voluntariamente a las cooperativas. Pero otros trabajadores se están integrando por la urgencia de aumentar la producción de alimentos y por las reducidas oportunidades de empleos productivos en las industrias y otros centros laborales en las ciudades. Entre ellos se destacan trabajadores que integraban los contingentes de trabajo agrícola voluntario, los cuales han desempeñado un papel de vanguardia en la producción de alimentos en los últimos años.

Este es indudablemente el cambio más grande que se

realiza en la organización del trabajo y de la producción agropecuarios desde la segunda reforma agraria de 1963. La evolución de la política agraria del gobierno obrero y campesino y las razones de esta política son un tema que en sí merece ser estudiado. Independientemente de los errores, y han habido bastantes, la reforma agraria cubana y posteriores medidas son un modelo de una política comunista encaminada a forjar, mantener y fortalecer la alianza obrero-campesina. Los principales elementos de esta política y su evolución se han explicado en diversos documentos del Partido Comunista de Cuba y en discursos de Fidel Castro, que han sido publicados en inglés y distribuidos por Pathfinder.[13]

EN UNO DE ESOS DISCURSOS, pronunciado ante un congreso de delegados de las cooperativas cañeras en 1962, Castro explicó la propuesta hecha por líderes del gobierno revolucionario de transformar en granjas estatales las cooperativas originales que se habían creado tras la primera reforma agraria de 1959. Por la forma en que los antiguos terratenientes capitalistas habían organizado la producción durante muchas décadas, explicó, la gran

---

13. Ver *Marxism and the Working Farmer* (El marxismo y el pequeño agricultor; Nueva York: Pathfinder, 1979), que contiene discursos dados por Fidel Castro en 1962 y 1967; así como "Land Reform and Farm Cooperatives in Cuba", en el número 4 de *New International*, que contiene extractos del documento de 1975 del Partido Comunista de Cuba "Sobre la cuestión agraria y las relaciones con el campesinado", junto a un discurso pronunciado por Castro en 1984 y una introducción de Mary-Alice Waters. El documento de 1975 aparece en español en *Tesis y Resoluciones, Primer Congreso del Partido Comunista de Cuba* (La Habana: Editorial de Ciencias Sociales, 1978), págs. 641–62.

mayoría de los productores rurales en Cuba eran trabajadores asalariados. Era diferente de la situación en la mayoría de los países en América Latina y el Tercer Mundo que estaban en una etapa comparable de desarrollo económico, donde la mayoría de la población rural son campesinos explotados, quienes en muchos casos trabajan y viven en condiciones semifeudales.

Los trabajadores agrícolas fueron uno de los baluartes de la revolución cubana, dijo Fidel. "La masa tradicionalmente más luchadora, más revolucionaria, del proletariado agrícola eran los trabajadores cañeros, los obreros de los latifundios cañeros".

Sin embargo, señaló Fidel, "En el momento en que el proletariado pasaba al frente de los destinos del país" con el triunfo de la revolución y su carácter más y más socialista, "esa gran masa proletaria y explotada de ayer dejaba de ser proletaria". En las haciendas expropiadas de los terratenientes capitalistas se crearon cooperativas, y en realidad muchos trabajadores se convirtieron en pequeños propietarios y, a veces, en explotadores de otros trabajadores, a quienes contrataban en temporadas cuando necesitaban mano de obra. Si bien la cooperativa era un adelanto comparada con la propiedad capitalista, subrayó, desde la óptica de la clase obrera la cooperativa "significaba un retroceso".

En realidad, no era tanto un retroceso como un paso contradictorio que reflejaba tanto los rápidos avances de la clase obrera como las limitaciones a lo que estaba dispuesta a hacer y era capaz de hacer en los primeros años de la revolución.

Al convertirse las cooperativas en granjas estatales, dijo Castro en el informe de 1962, "el proletariado agrícola se vuelve a acrecentar, se convierte en el sector obrero más numeroso de nuestro país . . . fuerza grande y formidable de la revolución".

Ante estos hechos cabe preguntarse: ¿Acaso la reciente decisión gubernamental de desmantelar las granjas estatales cubanas y convertirlas en cooperativas fue un retroceso que cobró un precio político demasiado elevado? ¿Socava la nacionalización de la tierra? ¿Representa un golpe mortal al objetivo de organizar la producción agrícola con formas socialistas basadas en el trabajo cooperativo?

LA RESPUESTA ES NO, tomando en cuenta el hecho de que con los años ha crecido desmesuradamente el peso de los improductivos sectores burocráticos asociados a la agricultura, y por lo tanto ha disminuido la conciencia política, la confianza y la combatividad de los trabajadores en las granjas estatales. Al contrario, esta reorganización le crea espacios al proletariado agrícola para tomar mayor control de la producción de alimentos y de otros productos de exportación en Cuba. *Le crea espacios* para que desempeñe un papel de vanguardia más decisivo, más consciente. Que el proletariado demuestre suficiente fuerza como para aprovechar y usar ese espacio, es un problema aparte. Como todo lo demás que estamos discutiendo, esto se decidirá en el transcurso de la lucha. No existen garantías.

La fuerte caída en la zafra y la producción de alimentos en los últimos años no es únicamente el resultado de los problemas causados por la crónica escasez de fertilizantes, pesticidas, combustible y otros insumos, así como de varios desastres relacionados con tormentas. No solo es producto del colapso del comercio preferente de Cuba con la Unión Soviética y Europa oriental y los efectos del embargo norteamericano.

La necesidad de un retroceso en la organización de la producción agropecuaria se debe ante todo a las consecuencias políticas y sociales de la política de planificación y administración copiada de la casta burocrática estalinista de la Unión Soviética. Dichas políticas fomentaron en Cuba el crecimiento de una enorme e improductiva burocracia administrativa tanto en la agricultura como en otras esferas. Mucha gente nos dijo —y esto lo han confirmado reportajes en el periódico sindical *Trabajadores*— que más del 50 por ciento de los empleados de algunas granjas estatales son personal administrativo que no contribuyen nada directamente a la producción.

En vez de organizar y dirigir a la clase obrera agrícola a tomar más control sobre sus condiciones de trabajo y producción, como Che se esforzó por hacer, se dejó que la masa "más revolucionaria del proletariado agrícola", como Fidel la llamó, jugara un papel cada vez menos importante. El hecho de que el trabajo agrícola es por lo general el peor remunerado en Cuba revela mucho acerca de la estructura social y política.

LA DESMORALIZACION POLITICA de crecientes sectores de trabajadores agrícolas, reflejada en los niveles bajísimos de productividad (se informa que las jornadas de cuatro o cinco horas eran normales) llevó al colapso, primero, de la producción alimenticia y, luego, de las zafras. Estos problemas se multiplicaron por la ausencia de fertilizantes, combustible y pesticidas, y por los daños ocasionados por tormentas.

"A las empresas agrícolas estatales les ocurrió también lo mismo que . . . a muchas fábricas y a muchas industrias", dijo Castro en su discurso del 7 de noviembre de 1993 ante la asamblea provincial de La Habana del Partido Comunista. "Les ocurrió lo mismo que a todos: las plantillas infladas, la tendencia al exceso de personal, el paternalismo, la falta de exigencia... y todos los vicios que la revolución creó, digámoslo con franqueza".

Por supuesto, Fidel tiene razón al decir que lo que pasó en el campo reflejó problemas más generales en la dirección comunista de la administración de las fábricas en las ciudades. En el mundo moderno, lo que pasa en el campo está determinado ante todo por lo que pasa en la ciudad, y no a la inversa. A pesar del progreso que se había comenzado a lograr durante el proceso de rectificación a fines de los años ochenta —cuando el gobierno aumentó de forma demostrativa los salarios agrícolas y proyectó elevar enormemente la producción alimenticia y las condiciones de vida en el campo— los comunistas cubanos apenas habían comenzado a encarar el problema desastroso de organizar las granjas estatales y las fábricas copiando las pautas políticas y económicas impuestas en la Unión Soviética y Europa oriental. En aquellos países, dicha política había sido diseñada conscientemente, no para alentar y organizar a los trabajadores para que tomaran iniciativas y mayor control sobre todas las tareas administrativas y directivas, sino para *impedirlo*.

La reorganización actual sí puede dar paso a que los trabajadores agrícolas avancen quitándose de encima la mano muerta de la burocracia. Se trata aquí de una verdadera lucha política y una orientación de clase. Habrá resistencia y hasta sabotaje por parte de los que corren el riesgo de ser desplazados de sus puestos administrativos. Lo último que quieren hacer muchos de ellos, probablemente la mayoría de ellos, es trabajar en el campo como miembros de cooperativas. Han sido entrenados, de acuerdo a la tradición estalinista, para considerarse no como trabajadores sino como agrónomos o ingenieros o técnicos que supuestamente merecen una posición social más alta, reflejada en salarios mucho mayores. Pero estas cooperativas pequeñas —que eligen a sus administradores y a sus comités directivos, que deciden por votación sus propias normas de trabajo, y que comparten los frutos de su labor— por lo menos tienen una mejor oportunidad de abordar algunos de los problemas que hace tiempo se han ido acumulando.

Cualquier avance en la agricultura en este sentido también animaría a los trabajadores de las fábricas y otros centros laborales urbanos para comenzar a confrontar obstáculos similares en la organización de la producción. En nuestras conversaciones en varias empresas, escuchamos comentarios positivos de los trabajadores sobre el hecho de que las nuevas cooperativas eligen a sus administradores, quienes deben recibir el 70 por ciento de los votos para ser electos.

LA DECISION DE RETROCEDER hacia las UBPC refleja también el hecho de que los revolucionarios cubanos no lograron solucionar la creciente escasez de alimentos con la movilización voluntaria de brigadas de trabajo agrícola provenientes de las ciudades entre 1991 y 1993. Todos los años, cientos de miles de trabajadores, estudiantes y profesionales fueron movilizados a granjas estatales para el cultivo y la cosecha de alimentos, generalmente por períodos de dos semanas. Al principio, estas movilizaciones se basaron en el ímpetu de las microbrigadas voluntarias que habían construido miles de apartamentos, escuelas, clínicas, círculos infantiles y otros proyectos durante el proceso de rectificación, entre 1986 y 1991.

En un principio, esta respuesta revolucionaria a la crisis alimenticia aumentó un poco la producción de comestibles. Pero hacia 1993 ya se había disipado en gran parte el apoyo popular a las movilizaciones porque no habían sido dirigidas bien ni en lo político ni en lo organizativo.

En Cuba son controvertidas las brigadas de trabajo voluntario como las que Che reivindicó: auténticas escuelas de conciencia y dirección comunistas. Si se les da dirección política, como complemento e inspiración para otras medidas proletarias, entonces representan una forma de elevar la confianza y cohesión de los productores, de desarrollar una conciencia obrera. Comienzan a restringir la ley del valor y comienzan a transformar la fuerza de trabajo: de una mercancía a una actividad consciente mediante la cual alcanzamos nuestra humanidad. Como dijo Che en sus magníficos apuntes sobre *El socialismo y el hombre en Cuba*, "el hombre alcanza su plena condición humana cuando produce sin la compulsión de la necesidad física de venderse como mercancía".[14]

Sin embargo, como ha destacado Fidel tantas veces en años recientes, los economistas, tecnócratas y administradores entrenados según la tradición soviética temen y detestan las brigadas de trabajo voluntario. Los administradores e ingenieros sociales que realmente no creen que la clase obrera es o debiera ser la clase dominante hacen todo lo posible para suprimir las brigadas, paralizar la iniciativa y marginar a la clase trabajadora de la vida política.

En muchos casos los administradores de fincas estatales que de todas maneras no querían las brigadas voluntarias organizaban el trabajo voluntario con mucho derroche y negligencia; la distribución de los productos cultivados y cosechados por las brigadas era un desastre.

---

14. Ernesto Che Guevara y Fidel Castro, *El socialismo y el hombre en Cuba* (Nueva York: Pathfinder, 1992) pág. 69 [impresión de 2021].

Por consiguiente, lo que comenzó como un movimiento social revolucionario para solucionar la crisis alimenticia se transformó rápidamente en lo contrario. La desorganización y la falta de dirección proletaria tuvieron consecuencias desmoralizadoras.

He hablado con muchos amigos y compañeros, tanto de Cuba como de Estados Unidos y otros países, que han participado en los últimos dos años en las brigadas voluntarias en el campo. Todos cuentan historias similares: que a veces se pasaban la mayor parte del día sentados al lado de un campo de col que recién habían cosechado, esperando que llegara una carreta a recoger las hortalizas, pero el transporte nunca llegaba. Y nadie los organizaba para hacer algo productivo mientras esperaban.

Tales ejemplos de "apurarse para esperar", del desdén burocrático a la importancia del tiempo y las energías de otros seres humanos, se repitieron en gran escala una y otra vez, lo cual inevitablemente trajo resultados desmoralizadores. Por lo tanto, han decaído las brigadas de trabajo voluntario, según estaba destinado a ocurrir si no formaban parte de un movimiento revolucionario más amplio encaminado a transformar la dirección de las granjas estatales, en que los propios trabajadores tomaran control de la producción.

Cuba no es el primer gobierno obrero y campesino cuyo liderazgo revolucionario decide organizar cooperativas a fin de reavivar la producción agropecuaria y fortalecer la alianza de los trabajadores de la ciudad y el campo. Esto fue un aspecto importante de lo que reivindicó Lenin durante el período de la Nueva Política Económica (NEP) de la república soviética de obreros y campesinos hace más de 70 años.

En aquel entonces, la Unión Soviética aún estaba emergiendo de varios años de guerra civil e intervención militar imperialista, las cuales habían diezmado y agotado a la clase trabajadora de las ciudades y destruido la producción industrial y agrícola. La gran mayoría de los trabajadores agrícolas —a diferencia de la Cuba de hoy, por supuesto— eran campesinos que trabajaban sus pequeñas parcelas familiares. Dada esta situación, planteaba Lenin, una política destinada a alentar a los campesinos a formar cooperativas era el camino hacia la organización de los campesinos bajo el liderazgo de la clase obrera para impulsar la construcción del socialismo.

Cabe recordar lo que dijo Lenin en su obra "Sobre el cooperativismo".[15] Estos artículos —escritos en enero de 1923, menos de dos meses antes de sufrir el derrame cerebral que lo debilitó definitivamente— formaron parte de la batalla política que Lenin estaba dirigiendo contra la naciente capa pequeñoburguesa en el seno de la burocracia estatal, del Partido Comunista y de diversas empresas. Lenin escribió:

> Me parece que no se presta atención suficiente al movimiento cooperativo en nuestro país. . . . Al adoptar la NEP hicimos una concesión al campesino en su calidad de comerciante, una concesión al principio del comercio privado; precisamente por ello emana (al contrario de lo que algunos creen) la inmensa importancia del movimiento cooperativo. Lo que realmente necesitamos, en síntesis, es organizar en cooperativas a la población de Rusia, en escala

---

15. V.I. Lenin, *Obras completas* (Madrid: Akal Editor, 1978), tomo XXXVI, págs. 496–97.

suficientemente amplia, bajo la NEP, pues ahora hemos encontrado el grado de conjugación del interés privado, del interés comercial privado, con la verificación y control de estos intereses por el Estado, el grado de su subordinación a los intereses generales, lo que antes constituyó un escollo para muchos socialistas.

En efecto, el poder del Estado sobre todos los grandes medios de producción, este poder en manos del proletariado, la alianza de este proletariado con millones y millones de pequeños y muy pequeños campesinos, la garantía de que la dirección del campesinado la ejerce el proletario, etcétera: ¿No es esto todo lo necesario para construir la sociedad socialista completa partiendo de las cooperativas, solo de las cooperativas... bajo la NEP? ¿No es esto todo lo necesario para construir la sociedad socialista completa? No es todavía la construcción de la sociedad socialista, pero sí todo lo necesario y suficiente para ello.

El desmantelamiento de las fincas estatales y su división en cooperativas es un retroceso. Pero cuando las condiciones económicas se han deteriorado tanto que ya no es posible planificar la producción en el campo, entonces la clase obrera tiene que retroceder. Los trabajadores no pueden pensar que han conquistado las condiciones para promover la colectivización y mecanización de la agricultura en las enormes granjas estatales cuando se ven obligados a usar bueyes en lugar de tractores y otra maquinaria. Bajo esas condiciones sencillamente no se pueden cultivar estos campos extensos. La estructura y administración de las infladas burocracias de las granjas estatales representaban un obstáculo más, impidiendo que los propios trabajadores enfrentaran esta nueva situación y buscaran soluciones.

Es muy temprano para hacer un balance de las UBPC. Hay indicios de que la zafra este año sea aún más baja que la de 4.2 millones de toneladas cosechada en 1993.[16] No ha habido un cambio notable en el abastecimiento de frutas, hortalizas o viandas a las ciudades. Sin embargo, han habido ciertas señales de mejoras sobre varios frentes. Ha mejorado la alimentación de las familias en las UBPC, y la construcción de viviendas para trabajadores agrícolas, organizada en gran parte a base de trabajo voluntario, también aumentó durante el último año. Muchas de estas nuevas viviendas son las que los cubanos llaman de "bajo consumo", que han aprendido a construir usando sustitutos para el cemento y otros materiales que son difíciles de adquirir. Sin embargo, harán falta nuevos retrocesos antes de que la producción y distribución de alimentos y otras cosechas se estabilicen y luego empiecen a crecer.

COMO SUCEDE CON OTRAS medidas actuales, la dinámica y las consecuencias de las UBPC serán determinadas por el resultado de luchas políticas mucho más grandes entre fuerzas de clases antagónicas tanto en Cuba como a nivel internacional. A pesar de la gran envergadura de esta medida, ha habido muy poca discusión pública en Cuba acerca de la formación de las UBPC. Este hecho, en muchos sentidos, es una de las cosas más negativas que

---

16. La zafra de 1994 decayó hasta los 4 millones de toneladas, debido en parte a lluvias torrenciales e inundaciones que impidieron la zafra en algunos campos, así como la escasez de todo tipo de materiales, desde combustible hasta botas.

podemos señalar. Simplemente se anunció en septiembre, e inmediatamente se comenzó a poner en práctica. No se organizó nada comparable a los parlamentos obreros para involucrar a toda la clase trabajadora en la discusión de los problemas y en la búsqueda de soluciones. Sin embargo, es evidente que existen opiniones diversas acerca de las cooperativas.

El presidente de la Comisión de Asuntos Económicos de la Asamblea Nacional, Osvaldo Martínez, recientemente dijo a la revista *Cuba Business,* publicada en Gran Bretaña, que "uno de los problemas actuales es que los propios cooperativistas" —es decir, los trabajadores de las antiguas granjas estatales— "aún tienen que cobrar conciencia de que ellos mismos son los propietarios". En otras palabras, el problema es que los trabajadores todavía piensan como trabajadores, y Martínez piensa que esto es negativo. "No es fácil cambiar un estilo de trabajar, de pensar, que se ha desarrollado por más de 30 años", añadió, lo cual es cierto. Sin embargo, el obstáculo no lo son los trabajadores sino el peso de la burocracia que aún no ha sido desplazada.

Para dar otro ejemplo, esta vez de Estados Unidos, el profesor Jorge Domínguez de la universidad Harvard, un cubanoamericano que se opone a la revolución, dijo al *Miami Herald* que espera que las UBPC sean "el primer paso hacia la privatización de la agricultura estatal" en Cuba. "Si uno no puede ser propietario de la tierra, si no la puede subdividir, si hay que venderle al estado, los cambios no van a ser verdaderamente radicales".

Estos comentarios de Martínez y Domínguez tocan el meollo de la lucha de clases que se está desarrollando hoy en Cuba. Los miembros de las UBPC *no son* propietarios de la tierra. Son propietarios del producto de su trabajo. La tierra permanece nacionalizada en Cuba. Y los miembros de las cooperativas no se han convertido de repente en una clase de "propietarios" en lugar de trabajadores.

A pesar de ser un retroceso, la formación de las UBPC no contradice el rumbo socialista de la revolución cubana. De hecho, dadas las circunstancias, le brinda a la clase trabajadora en el campo la oportunidad de comenzar a asumir más control de la producción agropecuaria y de unirse a la clase trabajadora de las ciudades para atacar el problema de la distribución. Las entrevistas que el *Militant* y *Perspectiva Mundial* realizaron con los miembros de algunas de las nuevas UBPC confirmaron las quejas de individuos como Martínez: los miembros de las UBPC realmente actuaban, hablaban y reaccionaban como trabajadores. Les gustaba el cambio porque pensaban que podrían organizar sus recursos y sus labores de manera de ser más productivos. Querían dejar de cargar con el peso muerto de tantos administradores y "asesores". Esperaban convertir sus cooperativas en instrumentos productivos más democráticos y eficaces de lo que eran las granjas estatales burocratizadas.

La clase obrera en Cuba

Veamos ahora la segunda pregunta: ¿Sigue viva la revolución proletaria en Cuba? ¿Existe todavía un sector decisivo de la clase obrera que tenga la conciencia, voluntad y capacidad necesarias para defender su trayectoria histórica? Ya hemos abordado ciertos aspectos al contestar la primera pregunta. Las dos preguntas son inseparables.

Si la única fuente de información que uno tuviera sobre los acontecimientos en Cuba fuera el semanario *Granma Internacional*, que muchos de ustedes leen, creo que no le daría una respuesta afirmativa a esta pregunta. En los dos últimos años, las páginas de *Granma* se han ido llenando de artículos sobre el más reciente hotel español en la playa de Varadero, o las últimas transacciones mexicanas de deudas por obligaciones, o la visita de una delegación comercial británica, o alguna otra oportunidad de inversión en Cuba. Si se menciona algo referente a la clase obrera, por lo general se trata de un artículo dirigido a posibles inversionistas capitalistas, recalcando lo maravillosos que son "nuestros trabajadores" y lo educados, estables y disciplinados que son.

En cambio, si uno lee *Trabajadores,* periódico de la CTC, la Central de Trabajadores Cubanos, creo que comienza a ver una imagen más acertada de la clase trabajadora en Cuba. Y se observa una perspectiva de clase diferente, expresada en comentarios y en editoriales.

Al leer los principales medios de comunicación burgueses de Estados Unidos o de otros países es imposible entender lo que está ocurriendo en la clase trabajadora cubana. No es únicamente porque los reporteros, locutores y directores conscientemente tergiversan los hechos, cosa que hacen con frecuencia. Ellos comienzan ya con su línea editorial, informan cualquier cosa que parezca confirmar su posición, y hacen caso omiso de lo que no. Pero existe una razón aún más fundamental: existe un prejuicio de clases que los ciega. Muchas veces sus propias condiciones de vida no les permiten saber siquiera qué preguntas hacer. Siempre están un poco desatinados, porque no comprenden lo que es importante y lo que no es importante para el pueblo trabajador cubano.

En el fondo, es lo mismo que enfrentamos en Estados Unidos. ¿Cuántos artículos leemos que nos aclaran algo sobre lo que sucede dentro de la clase trabajadora en Estados Unidos, Suecia o Nueva Zelanda? Salvo pocas excepciones, no tienen la menor idea.

Un diario como el *Miami Herald,* por ejemplo, a pesar

de su hostilidad hacia la revolución, cubre el tema de Cuba sistemáticamente y proporciona datos útiles sobre ciertos aspectos de la política. Sin embargo, es completamente inútil cuando trata de entender las dinámicas sociales y de clases en Cuba.

Unicamente desde *dentro* de las fábricas y los sindicatos industriales —las principales organizaciones defensivas de nuestra clase— es posible presentar un cuadro exacto de lo que ocurre políticamente en la clase trabajadora. El estar allí no garantiza que las respuestas que uno dé sean correctas; pero sin estar allí uno ni siquiera tiene punto de partida. Por eso el movimiento comunista tiene una ventaja. Cuando los obreros conscientes visitamos Cuba, vamos a fábricas y fincas, así como a hospitales, círculos infantiles y universidades. Nuestras conversaciones son de trabajador a trabajador, de combatiente a combatiente. Y hablamos el mismo lenguaje político.

ANTE TODO, LA CONFIANZA con que contestamos estas preguntas —¿Ha sido derrotada la clase trabajadora en Cuba? ¿Se ha quebrantado la conciencia y la voluntad de luchar por una perspectiva socialista?— se basa en nuestras propias experiencias en las fábricas y en los campos. El equipo internacional de una decena de corresponsales obreros del *Militant* y de *Perspectiva Mundial*, que en total pasó casi seis semanas en Cuba hace unos meses, estuvo tratando, ante todo, de contestar a fondo esta pregunta. Sabíamos que no podíamos confiar en nadie más. Y en los artículos que escribimos tratamos de transmitir las conclusiones que sacamos.

Fuimos a numerosos parlamentos obreros. Visitamos varias de las nuevas UBPC. Entrevistamos a decenas de trabajadores. Y sobre todo escuchamos.

En las asambleas escuchamos a los obreros que confrontaban a los administradores por el robo de tabaco, el robo de carne, el robo de pescado, el robo de azúcar de las fábricas, diciendo: ustedes son los responsables; el problema está ahí arriba, donde ustedes están sentados. Les escuchamos exigir de su gobierno que confiscara y devolviera las cosas que habían sido robadas de los centros de trabajo, diciendo: lo hacen ustedes, o lo haremos nosotros.

Les escuchamos rechazar enérgicamente toda medida que propusiera gravar los salarios. Les escuchamos exigir que las alzas de precios o tarifas que fuesen necesarias —por ejemplo, cobrar más por el almuerzo en los comedores de las fábricas, o cobrar por los uniformes escolares— se hiciera a modo de proteger a los trabajadores menos remunerados.

El *Militant* y *Perspectiva Mundial* informaron sobre la respuesta de los obreros de una planta de productos lácteos cerca de La Habana ante las acusaciones de los supervisores de que los trabajadores rompían muchas botellas. Los obreros contestaron que las correas transportadoras estaban mal instaladas y que la gerencia no había escuchado sus sugerencias para arreglarlas y evitar que se rompieran las botellas. Insistieron en que se les dejara corregir el problema sin más demora.

Una y otra vez, los obreros en estas asambleas exigieron que se les permitiera reorganizar la fuerza laboral en las fábricas de manera que todo el mundo pudiera trabajar productivamente. Un ejemplo que mencionaron el *Militant* y *Perspectiva Mundial* fue la respuesta de otro trabajador del mismo combinado lácteo en La Habana. A este trabajador le preocupaba el creciente problema de exceso de personal en la planta causado por la brusca reducción de la producción nacional de leche y la falta de leche en polvo que antes se importaba principalmente de Alemania oriental.

Lo más interesante fue cómo formuló su propuesta. "No quiero ser uno de los que se queden sin trabajo", dijo. "No quisiera pensar en lo que haría si no tuviera trabajo y no pudiera comprar comida para mi familia". Pero llegar a la fábrica todos los días y que no haya trabajo también desmoraliza, subrayó. "Tomemos un poco del terreno baldío al lado de la fábrica y trabajemos juntos para cultivarlo y producir los alimentos que necesitamos. ¿Por qué no hacerlo ahora mismo?", preguntó.

ESCUCHAMOS. Hicimos preguntas. Allí hablamos con obreros acerca de los problemas que enfrentan los trabajadores en Estados Unidos y en otros países capitalistas. Intercambiamos experiencias. Y pudimos constatar que no estábamos hablando con trabajadores que tenían el ánimo quebrantado. La actitud que expresaban los obreros que tomaban la iniciativa en una fábrica tras otra era: "Sí se puede". Nos sentíamos cómodos entre trabajadores dispuestos a luchar, a cambiar las cosas, a producir, a dirigir. Luego de participar en unos cuantos parlamentos obreros, uno comprende por qué Wall Street considera que hoy día las perspectivas de inversiones en Cuba no son muy brillantes. No sería fácil restablecer las relaciones capitalistas de producción allí. Sería imposible sin asestarle una derrota aplastante a un proletariado fuerte, unido, y seguro de sí mismo, a una clase trabajadora que piensa en términos sociales y actúa en términos políticos. Y la historia no está siguiendo ese camino.

Por eso *Granma Internacional* y otras publicaciones cubanas no son muy convincentes cuando señalan el alto nivel de educación y de disciplina de la clase trabajadora para convencer a los capitalistas de que inviertan en Cuba. Como ya sabemos por experiencia propia, lo que buscan los capitalistas no es exactamente una clase trabajadora culta, organizada y segura de sí misma. Están más interesados en trabajadores que se creen afortunados de ser contratados para laborar largas horas, con salarios bajos y a un ritmo de trabajo brutal; obreros que carecen de memoria histórica como clase, de organización eficaz, de un liderazgo templado en la lucha. Los capitalistas no andan buscando a obreros jóvenes que son más internacionalistas que los obreros de cualquier otra parte del mundo; que a diferencia de otras clases obreras están menos divididos por el racismo; que consideran como derecho el hecho de que en tres décadas y media la mujer en Cuba ha avanzado más que en cualquier otro país en un lapso comparable. A nivel mundial, la clase patronal observa a esta clase trabajadora y no queda muy convencida de que hayan muchas perspectivas para la explotación capitalista.

Los 35 años de lucha por el socialismo en Cuba —a pesar de errores, reveses y debilidades— han producido una clase trabajadora mucho más culta en el sentido humano más amplio. Son más ciudadanos del mundo, son más ciudadanos de la historia.

EN TODOS LOS DISCURSOS y escritos de los dirigentes del Partido Socialista de los Trabajadores en los últimos años, hemos hecho hincapié en que hoy día la clase obrera de Cuba —a pesar de los enormes desafíos y dificultades que enfrenta— es más fuerte. Es una clase obrera que se vio fortalecida por el proceso de rectificación, aunque esa renovación proletaria fuese abruptamente suspendida por la crisis económica que comenzó en 1990. Sin el proceso de rectificación, que empezó de lleno en 1986, es muy probable que, al desmoronarse los regímenes burocráticos en Europa oriental y la Unión Soviética, también en Cuba se hubieran producido grandes temblores sociales.

En realidad, el colapso de estos regímenes estalinistas ha fortalecido las perspectivas de la clase obrera en Cuba, no las ha debilitado. En la actualidad, la clase obrera carga menos que nunca con la influencia nefasta de la educación política estalinista. Carga con menos lastre político del fraude contrarrevolucionario que por tantos años se hizo pasar por comunismo. Los trabajadores cubanos están menos aislados de la lucha de clases a nivel mundial. Esto se manifiesta particularmente entre la nueva generación en Cuba que está asumiendo cada vez más el liderazgo y los retos que esto implica. Los comunistas de esta generación joven se sienten menos comprometidos con políticas anteriores si se convencen de que eran erróneas. Buscan una continuidad proletaria y una perspectiva para avanzar. Por otra parte, la dirección comunista en Cuba ha tomado medidas en los últimos años para incorporar a más cuadros de esta generación a cargos de responsabilidad política en el gobierno y el partido.

Encontrar esa continuidad y esa perspectiva para el futuro, naturalmente, también significa ir al pasado. Para muchos compañeros en Cuba significa volver a leer y estudiar las obras básicas del marxismo a la luz de los sucesos de la última década, y reevaluar lo que les habían enseñado. Significa recuperar la auténtica historia y las verdaderas lecciones políticas de las experiencias del movimiento obrero moderno: desde Marx y Engels, hasta Lenin y el gobierno obrero-campesino dirigido por los bolcheviques en la Unión Soviética, así como las consecuencias políticas prácticas de la degeneración estalinista tras la muerte de Lenin. Significa aprender la verdadera historia de la revolución española de los años treinta y por qué fue derrotada; el verdadero papel histórico del Partido Comunista Alemán y el advenimiento del fascismo en el Tercer Reich: el precio que pagó la clase obrera internacional por las traiciones del estalinismo. Significa volver a Che Guevara y a la perspectiva política y económica por la que luchó en Cuba. Significa combinar el estudio con la acción, aprender a través de la práctica. Significa ganarse el derecho de llamarse comunistas, dirigentes de hombres y mujeres que luchan para conducir a su clase por su senda histórica.

Hoy entre los jóvenes hay más interés y más discusiones sobre cuestiones de esta índole que en cualquier momento desde principios de los años sesenta con la generación que condujo al pueblo trabajador cubano al poder.

Por otro lado, hay más jóvenes que se declaran cansados de oír palabras como socialismo y comunismo y que no quieren volver a oír un discurso político en su vida. Se sienten desamparados y desesperados. Esto es otro aspecto del desafío que enfrenta la dirección.

Los cambios actuales en Cuba, la efervescencia política, son posibles únicamente porque la continuidad comunista en Cuba jamás fue interrumpida, a diferencia de lo que finalmente pasó en la Unión Soviética. Esto a pesar de las deformaciones políticas que hemos comentado, producto de la influencia del estalinismo transmitida desde Moscú por tantos años.

EN CUBA VIVE Y LUCHA una amplia vanguardia comunista de la clase obrera, abarcando varias generaciones, desde el campo y las fábricas hasta las universidades, así como los niveles más altos del gobierno y del Partido

Comunista. El legado marxista de Che sigue formando parte de la revolución; es un legado por el que las nuevas generaciones —al defender los pilares socialistas de la revolución bajo las actuales condiciones difíciles, con miras a seguir avanzando— pueden luchar, van a recuperar y conquistar.

Al mismo tiempo, la línea divisoria de clases en Cuba es más profunda ahora que en cualquier momento desde los primeros años de la revolución. El mundo de los profesionales, técnicos, intelectuales, del personal administrativo, queda lejísimo del mundo del campo y de las líneas de producción de las fábricas. No me refiero principalmente a aquellos sectores de la clase media —y son considerables— que solo velan por sus propios intereses y no les da vergüenza decirlo. No me refiero a los gerentes de hoteles en Varadero con sus cadenas de oro y relojes caros. Me refiero a algo mucho más importante. Hay una línea divisoria entre comunistas que son obreros y comunistas que ocupan oficios no relacionadas a la producción.

Es algo que salta a la vista. Claro que no se trata de una división categórica y esquemática. Sin embargo, todos los que hemos pasado cierto tiempo en Cuba hemos tenido experiencias similares: entablamos conversaciones con militantes del partido, defensores de la revolución, que ocupan diversas profesiones, y después de 5 ó 10 minutos nos damos cuenta que estamos hablando con alguien que políticamente está desmoralizado. Las dificultades de la vida cotidiana —comida, transporte, electricidad, agua, vestido, aseo, lo que sea— desgastan a la gente. Y ellos expresan un sentido de desesperación, a veces casi de histeria, acerca del futuro.

No creo que esto sea difícil de comprender. Por su posición social, por su posición de clase, en muchos casos no tienen confianza de que puedan afectar lo que está pasando, de que sus acciones cuentan. Carecen de la tranquila confianza que expresan sectores importantes de la clase obrera, de que *nosotros* somos los productores, de que *nosotros*, por nuestra capacidad de trabajar, podemos crear los medios necesarios para salir de la crisis. Como lo señaló nítidamente un obrero, "No es hora de llantos ni de lamentarse. Tenemos capacidad y coraje para salir del hueco".

Algunos compañeros cubanos bromean diciendo que la composición de clase del país, bajo estas presiones, está mejorando día a día. Un número desproporcionado de los que se van para Estados Unidos o Europa en busca de mejores condiciones provienen de las capas relativamente acomodadas. Muchos de estos cubanos de clase media buscan vías para viajar al exterior, y por una u otra razón simplemente no regresan. Por ejemplo, recientemente se apareció en Miami el director del famoso festival de cine cubano, ¡quejándose de las dificultades de organizar un festival de cine cuando hay apagones diarios!

En realidad, la clase obrera no necesita de gente así para encontrar una manera de avanzar. Tampoco necesita de amigos y vecinos desmoralizados que se lanzan en balsas de llantas, con la esperanza de sobrevivir el viaje por mar y hacerse ricos en Miami. Este año el número de cubanos que salen de la isla así ha alcanzado niveles récord y va a aumentar, especialmente en los meses de verano cuando el mar está más calmado. Muchos de estos balseros son de la clase media, sobre todo jóvenes. Al verlos partir, la mayoría de los cubanos les desean lo mejor y luego regresan a su trabajo, convencidos de que al luchar juntos, la sociedad que han construido con sudor y sangre en las últimas tres décadas no solo sobrevivirá sino que será más fuerte. De hecho, la prueba de los últimos cinco años —el hecho de que han sobrevivido por sus propios esfuerzos colectivos y sin la ayuda económica del antiguo bloque soviético, a pesar de los terribles pronósticos tanto de enemigos de clase como de timoratos— ha reforzado la confianza política de un amplio sector de vanguardia de los trabajadores en Cuba.

Hay una imagen que me gusta, que capta muy bien el espíritu proletario en la Cuba de hoy, que refleja la vitalidad de la revolución y el deseo de imponer justicia proletaria frente a las acciones burocráticas y pequeñoburguesas de resistencia, corrupción y sabotaje. Es la imagen de "los amarillos", los inspectores especiales de tránsito, identificados por el color de su uniforme. Su tarea consiste en parar los autos con placas estatales y llenarlos de pasajeros que necesiten ir en la dirección en que vaya el conductor. Los amarillos se encuentran entre los héroes de la clase trabajadora en Cuba.

Son éstas y muchas otras experiencias similares las que nos permiten afirmar con confianza que en Cuba la clase trabajadora continúa luchando por su rumbo histórico, y que sigue viva la lucha por mantener el espíritu comunista de la revolución cubana. Nada está decidido.

La defensa de la revolución socialista cubana

Las respuestas a nuestras dos primeras preguntas son el punto de partida para contestar la tercera: ¿Cuáles son nuestras tareas y responsabilidades como partido comunista obrero en la defensa de la revolución cubana?

No elaboramos un enfoque distinto hacia este trabajo. Al defender a Cuba, no hacemos nada distinto de lo que hacemos en otras actividades políticas. Al contrario. Hacemos el mismo tipo de trabajo y nos orientamos hacia las mismas fuerzas de clases, ya sea aquí en Estados Unidos, en Nueva Zelanda, en Sudáfrica, en Francia o en cualquier otro lugar del mundo.

Vendemos libros, periódicos y revistas que recogen la continuidad comunista de nuestra clase y aumentan la probabilidad de que, a través de nuestras luchas, nuestra clase forje una dirección capaz de vencer los retos que enfrentamos. Hablamos acerca del socialismo y de las lecciones acumuladas en un siglo y medio de lucha de clases. Juntamos a obreros, campesinos y jóvenes combativos para que intercambien experiencias, aprendan unos de otros, se identifiquen entre sí y se fortalezcan mutuamente al buscar un camino comunista de avance para nuestra clase y toda la humanidad. Colaboramos con todas las fuerzas posibles para organizar actividades públicas basadas en demandas concretas en defensa de la revolución cubana, y así atraemos nuevas fuerzas hacia la clase obrera y su marcha histórica.

En nuestro trabajo político de los últimos años, se ha confirmado repetidamente el hecho de que las mesas de libros que montamos, por ejemplo, en un mitin de solidaridad con la huelga de Caterpillar en Peoria, Illinois, son iguales a las que montamos en la Universidad de Matanzas en Cuba o en una conferencia del Congreso Nacional Africano en Sudáfrica. Las discusiones que tenemos son las mismas; los temas que los obreros y los jóvenes quieren discutir son los mismos.

Esta es la esencia de todo: la reacción mutua de obreros, de compañeros de lucha, entre sí. No importan ni las fronteras ni las diferencias de idioma. No tienen ninguna dificultad en reconocer y responder a la dignidad y combatividad de otros luchadores que son como ellos.

Por eso, para dar un ejemplo, el caso de Mark Curtis[17]

---

17. Mark Curtis, un obrero socialista y sindicalista en la industria procesadora de carne, fue víctima de cargos fabricados de vio-

recibe una acogida tan notable en Cuba. Cuando uno muestra el video sobre el caso fabricado contra Mark Curtis a un grupo de trabajadores en Cuba, de inmediato se identifican con Mark y su lucha por la justicia. Entienden de qué se trata su lucha. No hace falta explicarles por qué la policía y otros funcionarios del gobierno le fabrican cargos a un obrero revolucionario como Mark, y por qué se empeñan tanto en mantenerlo preso. Ven el video, leen algo sobre el caso, se enteran de los hechos, y dicen: Sí, Mark es uno de los nuestros.

ES LA MISMA RAZON por la cual el líder juvenil cubano Pável Díaz recibió una ovación por parte de los obreros que combaten el cierre patronal de la procesadora de maíz A.E. Staley en Decatur, Illinois, cuando realizaba una gira por Estados Unidos hace unos meses.[18] Cuando Pável explicó

---

lación y allanamiento de morada y fue condenado a 25 años de cárcel en 1988. Las autoridades penales del estado de Iowa le han negado repetidamente a Curtis, dirigente del Partido Socialista de los Trabajadores, su derecho a la libertad condicional, a pesar de una campaña internacional que exige su libertad. El Comité de Defensa de Mark Curtis, con sede en Des Moines, Iowa, distribuye información sobre este caso, incluidos dos videos y muchos materiales en inglés, español y francés. También puede leer el folleto de Pathfinder *The Frame-Up of Mark Curtis: A Packinghouse Worker's Fight for Justice* (Los cargos fabricados contra Mark Curtis: un obrero de la carne lucha por la justicia) por Margaret Jayko.

18. En marzo y abril de 1994, Pável Díaz realizó una gira de ocho semanas dando conferencias en 40 ciudades en 15 estados de Estados Unidos. En Decatur, Illinois, habló ante unos 250 sindicalistas, entre ellos muchos obreros en pie de lucha contra la A.E. Staley, y se reunió con funcionarios locales del sindicato automotriz UAW, que organiza a los obreros de la Caterpillar en esa misma ciudad. Díaz también se reunió con obreros de las

de qué se trata su lucha en Cuba, muchos trabajadores de la Staley lo reconocieron como compañero de lucha que combate muchas de las mismas fuerzas poderosas.

Cuando en Cuba se relata la historia de Mark Curtis, o cuando Pável Díaz habla en Estados Unidos con obreros en pie de lucha, nos damos cuenta que hablamos el mismo idioma.

Cuando se presenta una imagen concreta de la actual lucha de clases en Estados Unidos, explicada por trabajadores que conocen esta realidad desde adentro, causa un impacto en Cuba. En los últimos años lo hemos constatado en muchas ocasiones. El ejemplo más reciente fue hace cerca de un mes, en junio, cuando dos obreros comunistas de Estados Unidos —Laura Garza y Aaron Ruby— participaron en el Sexto Encuentro de Filosofía y Ciencias Sociales Cubano-Norteamericano, celebrado en la Universidad de La Habana. Ellos hicieron un reportaje sobre el evento para el *Militant* y *Perspectiva Mundial*. Los comentarios que hizo Laura en el evento tuvieron impacto, y el periódico *Juventud Rebelde* la citó en un artículo sobre la conferencia.

El periódico, publicado por la Unión de Jóvenes Comunistas, la identificó como una "obrera en una fábrica de puertas y ventanas de aluminio en Miami". Citó a Laura cuando ella dijo que debido a los crecientes ataques patronales contra los trabajadores en Estados Unidos, entre ellos muchos inmigrantes de América Latina, "es

---

aerolíneas, con camioneros y obreros siderúrgicos en huelga, y con empacadores de carne, trabajadores agrícolas y agricultores. Además habló en reuniones en 53 universidades y tres escuelas secundarias.

un buen momento para trabajar con esas fuerzas para que comprendan la necesidad de eliminar las medidas coercitivas contra La Habana" por parte del gobierno estadounidense. La "esperanza y una inmensa dignidad" que constató entre los trabajadores cubanos, dijo Laura al periódico, renovaron su convicción en la capacidad de estos trabajadores de resolver los problemas que enfrenta la revolución.

Unicamente al enmarcar nuestra labor en defensa de la revolución cubana dentro del amplio contexto político que estamos planteando en este congreso, podremos apreciar el hecho de que nuestras acciones aquí en Estados Unidos realmente inciden en el desenlace de la lucha en Cuba: no en el sentido material de aliviar las escaseces actuales, sino en el sentido político. Porque la lucha por el futuro de la revolución socialista cubana es ante todo una lucha para que los obreros comunistas de todo el mundo nos vinculemos, nos reforcemos mutuamente en la lucha, y recuperemos nuestra herencia política común. Nuestro movimiento hace un aporte necesario e irremplazable a esa batalla, porque es singular la lucha que hemos librado durante 70 años por mantener la continuidad comunista y, sobre esa base, construir un partido proletario.

Armados con esta orientación de clase en nuestro trabajo en defensa de Cuba, y conscientes de las prioridades y metas de ese trabajo a largo plazo, participamos con otra gente para organizar y dirigir actividades que involucren a nuevas fuerzas de la manera más amplia posible. En este contexto podemos apreciar el lugar que ocupan, el peso que tienen y la proporción que representan los problemas políticos y tácticos que enfrentamos en un momento determinado, así como las perspectivas liberales y estalinistas de las distintas tendencias políticas que integran y a veces dominan los grupos de solidaridad con Cuba.

Nuestra orientación comunista y consecuente en defensa de la revolución cubana abarca todo el período desde 1960, cuando Farrell Dobbs, candidato a la presidencia de Estados Unidos por el Partido Socialista de los Trabajadores, y Joseph Hansen, director del *Militant*, visitaron Cuba; hasta el viaje realizado en 1992 por James Warren, candidato presidencial del PST, y Selva Nebbia, reportera del *Militant*. Se extiende desde el verano de 1960 cuando un grupo de miembros del PST y de la Alianza de la Juventud Socialista participaron activamente en el Primer Congreso Latinoamericano de la Juventud, pasando por el inicio de la Brigada Venceremos en 1969, hasta el momento actual, en que los jóvenes socialistas, al finalizar este congreso, organizarán brigadas de trabajo y giras por Estados Unidos y Cuba. Todo esto forma parte de la misma trayectoria comunista.

Este marco político nos permite responder rápidamente a cada oportunidad real de colaborar con otras fuerzas a fin de organizar actividades educativas para divulgar la verdad sobre la revolución socialista cubana, y salir a la calle para protestar contra el bloqueo económico, la prohibición de viajes, la ocupación de la Bahía de Guantánamo y otros incesantes intentos norteamericanos de debilitar y destruir al gobierno revolucionario. Este enfoque de clase nos prepara a luchar para impedir que entre las fuerzas de solidaridad con Cuba —y entre el movimiento obrero en general— ganen terreno los métodos que recurren a acusaciones infundadas o malintencionadas contra individuos o grupos con los cuales uno tiene desacuerdos políticos: acusaciones macartistas o anticomunistas, así como insinuaciones de que sus contrincantes políticos son agentes policiacos o que actúan por motivos racistas (métodos conocidos en inglés como *red-baiting*, *agent-baiting* y *race-baiting*, respectivamente). Ese tipo de ponzoña política, promovida en el movimiento obrero por estalinistas y otras tendencias colaboracionistas de clase o ultraizquierdistas, no hacen más que debilitar la capacidad de lucha de la clase trabajadora.

Para los obreros comunistas, como en toda nuestra labor política, el reto consiste en aprovechar cada oportunidad para llevar a cabo acciones unitarias, sin abstenernos ni adaptarnos políticamente a las fuerzas liberales y pro-capitalistas que muchas veces predominan. Nuestro objetivo es siempre el mismo: buscar oportunidades e iniciativas para que más y más obreros, pequeños agricultores y jóvenes combativos se incorporen a la lucha siguiendo esta orientación proletaria.

Son éstas las cuestiones que hoy los delegados de este congreso debemos abordar, debatir y decidir.

RESUMEN DE LA DISCUSION

[Los delegados de la convención debatieron este informe por más de tres horas. Antes de la votación, Waters presentó el siguiente resumen.]

Primero, un breve asunto de negocios. Después del informe de esta mañana, una de las participantes en la conferencia me dio una copia de un anuncio que hace poco había recibido por correo. Al parecer, la empresa V.C. Acquisition Limited Partnership, con sede en las Islas Caimanes, ofrece comprar todas las acciones pendientes de la Compañía Azucarera Vertientes-Camagüey. Aparentemente piensan que podrán comprar las acciones a precios bajos a los que eran accionistas antes de la revolución, para luego venderlas a un precio un poco más elevado a empresarios que se hayan tragado los pronósticos del colapso inminente del gobierno revolucionario en Cuba.

El propio presidente de la Compañía Azucarera Vertientes-Camagüey informa a los que recibieron el anuncio por correo que "la Compañía está obligada a avisarles a sus accionistas acerca de su posición respecto a la oferta. Dada la historia de la Compañía, los reclamos entablados contra del gobierno cubano por el pago o la devolución de las propiedades expropiadas, y la situación política en Cuba, la Junta Directiva considera que no puede expresar una opinión y debe, por tanto, mantener una posición neutral respecto a la oferta".

¡Los capitalistas nunca abandonan la esperanza de recuperar, de una u otra forma, sus viejas posesiones!

La juventud y la perspectiva obrera

Voy a comenzar con un punto importante planteado al principio de la discusión, y abordado por algunos delegados, referente a la juventud en Cuba y los problemas de liderazgo que esto supone.

Es importante reconocer que los jóvenes en Cuba no tienen una perspectiva política sobre la revolución que sea distinta a la de otros cubanos. Entre la juventud de Cuba, como entre todas las generaciones, existen diferentes presiones de clases y respuestas contrapuestas, como sucede entre los jóvenes en Estados Unidos o en cualquier otro país.

Lo que sí se constata, por supuesto, es que los jóvenes en Cuba, como los jóvenes de todo el mundo, a menudo son más impacientes por obtener soluciones, están más dispuestos a escuchar nuevas propuestas, y están más abiertos a ideas que para muchos de sus mayores son tabú. Los jóvenes están menos comprometidos a la defensa de políticas erróneas anteriores, y a menudo muestran más energía y más voluntad para abrir nuevos senderos.

El reto fundamental para el liderazgo comunista, como señaló un delegado, no es el de ganar a los jóvenes cubanos a la Unión de Jóvenes Comunistas —que desde luego se debe hacer— sino ganarlos a la lucha de la clase trabajadora. Los que pierden esperanza en el futuro, los que creen que el socialismo ha demostrado ser un fracaso, los que jamás quieren volver a escuchar esa palabra, serán ganados —o volverán a ser ganados— a la revolución solo si la clase trabajadora ofrece una alternativa clara y sus dirigentes saben explicarla y luchar por ella. Una nueva generación se hará revolucionaria —comunista— solo si pueden ver una clase poderosa que dirige y avanza y si se suman a esta fuerza de clase.

¿No es así como todos nosotros nos hicimos comunistas? ¿Por qué habrá de ser diferente en Cuba?

El problema no consiste en la posibilidad de que el avance exija primero un repliegue en gran escala. Todo combatiente está dispuesto a maniobrar. Pero hay que saber adónde uno se dirige, tener confianza en sí mismo, en sus compañeros de armas, y en sus comandantes. En la actualidad, el principal problema en Cuba es que esta perspectiva de clase a largo plazo no se plantea con claridad.

Como expliqué y traté de concretizar en el informe, las divisiones de clases en Cuba se han profundizado, y sectores decisivos de la clase trabajadora, así como importantes sectores de la juventud, no se han ni doblegado ni desmoralizado. Están luchando para limitar el repliegue, para no ceder más terreno del necesario. Pero este proceso es difícil de percibir si uno no lo observa desde dentro de la clase trabajadora, y aun ahí los niveles de experiencia y de conciencia no están generalizados. En la discusión de hoy, uno de los delegados que estuvo recientemente en Cuba hizo la observación acertada de que la falta de una clara perspectiva política es una de las cosas que más pesa sobre el pueblo de Cuba, incluso sobre los cuadros revolucionarios y comunistas: "¿Adónde nos lleva todo esto? Puede que yo esté o no de acuerdo con una determinada medida, pero ¿hacia dónde vamos? No hay un plan de batalla bien definido".

Como hemos venido discutiendo, la desorientación política es mayor afuera de la clase trabajadora. Los profesionales, los intelectuales, el personal administrativo y los funcionarios de gobierno —y sus familiares y otros a quienes influyen— constituyen un gran sector social no proletario. Las diferencias sociales que existen entre ellos mismos, y entre ellos y la clase trabajadora, no han sido reducidas sino más bien ensanchadas por la influencia del sistema educativo, un sistema muy estratificado que fue adoptado del estalinismo. De los 11 millones de cubanos, estamos hablando de un millón de personas o más, no de miles o de cientos de miles. Nos referimos también a un número considerable de miembros y dirigentes del Partido Comunista y de la Unión de Jóvenes Comunistas.

El Partido Comunista de Cuba es un partido de masas. Tiene 700 mil miembros, y la UJC tiene más de 600 mil. Los miembros de estas organizaciones provienen de todas las capas de la sociedad cubana; actualmente, la mayoría no son trabajadores de fábricas ni del campo. Por lo tanto, existe desorientación y confusión, así como una lucha por perspectivas, tanto entre los militantes del partido y de la juventud como a su alrededor.

Dicho esto, debemos recalcar dos puntos.

Primero, a pesar de todas las presiones y dificultades que enfrentan, a pesar de diversos errores políticos y deformaciones sociales, un componente decisivo del Partido

Comunista —aunque esto no significa todos sus militantes— mantiene la perspectiva de defender las conquistas socialistas de la clase trabajadora, continúa organizando y dirigiendo a los trabajadores para que influyan en la determinación de las políticas a seguir. Y hacen esto a la vez que hacen concesiones necesarias al mercado capitalista con el fin de buscar inversiones y comercio.

Segundo, no se han destruido ni la conciencia de clase ni la capacidad de los trabajadores en Cuba para luchar en defensa de sus intereses históricos. Hoy día, las fuerzas sociales que favorecen la restauración del capitalismo en Cuba están ganando terreno, pero también la clase obrera es fuerte, más fuerte de lo que la mayoría de observadores alcanzan a entender.

Sin embargo, debemos estar conscientes de que en Cuba estas cuestiones —que son tan vitales para la defensa de la revolución socialista cubana, y que nosotros mismos estamos tratando de comprender mejor— rara vez se explican claramente en términos de clases.

Nueva Política Económica

En este sentido, es erróneo hacer una analogía política entre el actual repliegue en Cuba y la Nueva Política Económica (NEP) puesta en vigor bajo la dirección bolchevique en la república obrera y campesina soviética a comienzos de los años veinte, tras los estragos de varios años de guerra civil e intervención imperialista. Unos cuantos delegados se refirieron a la NEP durante la discusión. La diferencia, ante todo, radica en la cuestión de liderazgo y claridad política. Lenin y otros de los principales líderes bolcheviques le explicaron repetidamente a la clase trabajadora las causas de ese repliegue necesario; los cimientos proletarios de la revolución que hacían posible el repliegue; y los límites que había que imponer a dicho repliegue frente al inevitable fortalecimiento de los capitalistas y de sectores con mentalidad capitalista. En un informe presentado en octubre de 1921, por ejemplo, Lenin dijo:

> En esencia, nuestra nueva política económica significa que, habiendo sufrido una dura derrota [en el frente económico], hemos comenzado una retirada estratégica. En efecto, decimos: "Antes de que nos hayan vencido completamente, retrocedamos y reorganicemos todo, pero con mayor solidez". Si los comunistas examinan conscientemente la Nueva Política Económica, no les puede caber la menor duda de que hemos sufrido una severa derrota en el frente económico. Y en estas circunstancias es inevitable, desde luego, que ciertas personas se sientan abatidas, casi presas del pánico y que, con motivo de la retirada, esta gente comience a dejarse dominar por el pánico. . . .
> Desde el punto de vista de la estrategia, el problema fundamental es el siguiente: ¿quién se beneficiará primero con la nueva situación? Todo el problema es: ¿a quién seguirá el campesinado? ¿Al proletariado, que quiere construir la sociedad socialista, o al capitalista que dice, "Retrocedamos, es más seguro; no sabemos nada de ese socialismo que han inventado"?[19]

Unos meses más tarde, en el undécimo congreso del Partido Comunista en marzo de 1922, Lenin reafirmó la necesidad de la NEP, pero hizo hincapié sobre la necesidad de "hacer un alto" a ciertos aspectos de la retira-

---

19. "La Nueva Política Económica y las tareas de las comisiones de educación política", en Lenin, *Obras completas*, tomo XXXV, págs. 499–501.

da que ya no eran necesarios y que ponían en peligro la alianza obrero-campesina que era el cimiento del poder estatal proletario:

> El retroceso es difícil, especialmente para los revolucionarios que están acostumbrados a avanzar, y especialmente cuando están acostumbrados a avanzar con éxitos gigantescos durante varios años; especialmente si están rodeados de revolucionarios de otros países que solo sueñan con comenzar la ofensiva. Viendo que retrocedíamos, algunos de ellos estallaron en lágrimas de manera intolerable e infantil, como sucedió en el último pleno ampliado del Comité Ejecutivo de la Internacional Comunista. . . .
>
> Puede ser que ahora me resulte difícil comprender la mentalidad europea occidental, aunque viví bastantes años como exiliado en esos maravillosos países democráticos. Quizás desde su punto de vista esto es tan difícil de comprender, que es suficiente para hacer llorar. De todas maneras no tenemos tiempo para sentimientos. Era claro para nosotros que, por lo mismo que durante muchos años habíamos avanzado con tanto éxito y obtenido victorias tan extraordinarias (¡y en un país asombrosamente arruinado, privado de recursos materiales!), para consolidar ese avance —ya que habíamos conquistado tanto— era indispensable que retrocediéramos. No podíamos retener todas las posiciones tomadas en el primer asalto. . . .
>
> Cuando un ejército retrocede se necesita cien veces más disciplina que cuando avanza, porque durante un avance todos desean lanzarse hacia adelante. Y si en este momento todos comenzaran a huir sería el desastre inmediato e inevitable. Lo más

importante en semejante momento es retroceder en orden, establecer con exactitud los límites del retroceso y no dejarse llevar por el pánico.

En ese informe de 1922, Lenin se refería a los crecientes sectores de mentalidad burguesa dentro del aparato estatal y del partido que anteriormente se habían opuesto al gobierno obrero-campesino y que ahora decían, "Estoy a favor de apoyar el poder soviético porque ha tomado el camino que lo va a conducir a ser un estado burgués ordinario". Lenin continúa explicando:

> [Estos individuos] expresan el estado de ánimo de miles y decenas de miles de burgueses o empleados soviéticos cuya función es llevar a cabo nuestra Nueva Política Económica. Este es el peligro principal, el verdadero. Por eso es preciso concentrar la atención principal en el problema: "Quién vencerá a quién?" Ya me he referido a la emulación. No nos atacan directamente; nadie nos agarra del cuello. Es cierto, aún queda por ver lo que pasará mañana, pero hoy no estamos expuestos a un ataque armado. A pesar de todo, la lucha contra la sociedad capitalista se ha vuelto cien veces más encarnizada y peligrosa, porque no siempre vemos claramente dónde está el enemigo y quién es nuestro amigo.[20]

La lucha por una perspectiva comunista

Lamentablemente, no podemos citar ninguna explicación comunista similarmente clara que se exponga en

---

20. "XI Congreso del Partido Comunista (Bolchevique) de Rusia", en Lenin, *Obras completas*, tomo XXXVI, págs. 249, 251, 256.

Cuba en la actualidad. En algunos discursos de Fidel se plantean ciertos aspectos de tal perspectiva obrera, de acuerdo con lo citado en el informe de esta mañana. Pero las explicaciones son parciales y en muy raras ocasiones las presentan otros de los principales líderes del partido. Lean *Granma Internacional* todas las semanas e imaginen lo confundidos —lo desmoralizados— que estarían ustedes si ésta fuera su única fuente de información sobre lo que está ocurriendo hoy en Cuba, ya no se diga sobre el resto del mundo. Sobre el plano político, *Trabajadores* y *Juventud Rebelde* son más sólidos que *Granma*. Y la edición diaria de *Granma* en Cuba es mejor que la edición semanal internacional. Pero *Granma Internacional* no es una aberración.

Por esta razón, también, es importante lo que escribimos y publicamos, y el trabajo político que hacemos. Explicamos la política a nuestros amigos y compañeros en Cuba de la misma manera que lo hacemos aquí en nuestro congreso, de la misma manera que lo hacemos en las fábricas o universidades. Siempre enmarcamos la situación cubana en la lucha de clases internacional, comenzando con la crisis genuina del capitalismo, los crecientes conflictos entre las potencias imperialistas, la polarización y las presiones explosivas que se van acumulando. En concreto, explicamos lo que está pasando en Estados Unidos, lo que está pasando en Sudáfrica, lo que está pasando en Europa oriental y China, lo que está pasando con nuestros hermanos de clase en las Américas. Planteamos una perspectiva política mundial, una perspectiva comunista mundial, que los obreros y jóvenes revolucionarios en Cuba están deseosos de escuchar y discutir.

A pesar de la confusión y la ausencia de una perspectiva política clara y a largo plazo, es la fuerza de la clase obrera en Cuba, a medida que enfrenta los retos actuales, lo que siempre sobresale. "Sabemos que el capitalismo no es el camino al futuro. Pertenece al pasado, aun si no es el pasado que nos haya tocado vivir personalmente. Debe haber una manera de salir de este atolladero y salir adelante": así responde la mayoría de los trabajadores en Cuba. Ellos creen que las relaciones sociales que han empezado a forjar son superiores a la ley de la selva capitalista. Identifican al gobierno revolucionario como *su* gobierno, como un poder estatal que lucha con ellos y no contra ellos, y que en última instancia responde a ellos.

La mayoría del pueblo cubano actual jamás vivió bajo el capitalismo. Sus abuelos o a veces sus padres les cuentan lo que era el capitalismo, pero se trata de una minoría. Sin embargo, muchos jóvenes sí tienen cierto conocimiento personal del mundo capitalista. Cientos de miles fueron como voluntarios internacionalistas a Angola, Nicaragua, Granada, Etiopía u otros países. Han visto cómo es el capitalismo. No lo aprendieron todo de los libros de texto o de sus padres o abuelos.

Entonces, con convicción, muchos jóvenes cubanos afirman: "Sabemos lo que es el capitalismo. Sabemos que lo que para nosotros representa el pasado es el presente para la mayor parte del mundo, y no queremos que sea el futuro".

Sin embargo, para impedir que este deseo de lucha se disipe, los obreros y jóvenes revolucionarios en Cuba necesitan de las mismas herramientas políticas que ustedes, las mismas que necesitan los obreros comunistas del mundo entero. ¿Cuánta confianza tendrían ustedes sin el arsenal de armas políticas que están a su disposición? ¿Sin su continuidad política comunista? ¿Sin poder aprender de las lecciones acumuladas por nuestra clase en 150 años de lucha?

Unicamente la perspectiva científica histórica lograda así nos permite señalar con confianza —como hicieron Marx y Engels— hacia dónde conduce la lucha de clases. No en el sentido profético: cuándo y dónde ocurrirán las próximas luchas revolucionarias, y si serán o no victoriosas. Eso nadie lo puede predecir. Pero sí sabemos que las contradicciones económicas, sociales y políticas intrínsecas a las relaciones sociales capitalistas se van a multiplicar; que la lucha entre las clases explotadoras y la clase obrera y sus aliados seguirá estallando; y que nuestra clase tiene la capacidad y la voluntad de forjar una dirección proletaria capaz de organizar a los trabajadores para hacer una revolución y triunfar.

Sabemos que nuestra clase tendrá la oportunidad de dirigir a la humanidad para salir del abismo. Sabemos que esta perspectiva no es un concepto utópico inventado por un soñador idealista del siglo XIX. Es una perspectiva mundial científica que hace comprensibles las leyes de la lucha de clases, que hace comprensible toda la historia escrita. Sin esta continuidad comunista que se remonta a la fundación del movimiento obrero moderno, nos iríamos a la deriva como la mayoría de los que hoy se reclaman la "izquierda" alrededor del mundo. Pero es esta perspectiva histórica clara la que también buscan los comunistas en Cuba.

Las UBPC y los impuestos

Al no escucharse una explicación clara, de clase, por parte de la dirección, hay mucha confusión en Cuba sobre muchas de las medidas que el gobierno ha tomado para bregar con la crisis económica.

Tomemos como ejemplo las nuevas cooperativas agrícolas, las UBPC. ¿Son un retroceso necesario, destinado a preparar a los trabajadores en el campo y la ciudad para avanzar hacia la autosuficiencia alimenticia, aumentar su control sobre la producción y reducir el tamaño y la influencia del sector administrativo separado? ¿O son estos los primeros pasos hacia el restablecimiento de las relaciones sociales capitalistas en la agricultura? Muy poca gente está dispuesta a discutir lo que está en juego porque no se ha dado ninguna explicación oficial.

Prácticamente lo único que se dice sobre las UBPC es que se han creado para tratar de aumentar la eficiencia de la producción de alimentos y de cultivos de exportación como el azúcar. La mayoría de los cubanos no ofrecen opinión alguna sobre la medida. Simplemente esperan que dé resultados. Saben que el sistema de granjas estatales está en crisis total y que la situación es desesperante. Rara vez se debate el porqué de la profundidad de la crisis y las lecciones que deben sacarse.

En las dos provincias aledañas a La Habana, unidades especiales de las Fuerzas Armadas Revolucionarias, llamadas el Ejército Juvenil del Trabajo, actualmente cultivan casi la mitad de los vegetales y comestibles necesarios para suplir a 3 millones de personas. Los miembros del EJT están haciendo su servicio militar pero, como señaló recientemente un artículo de *Granma*, los "soldados y oficiales dejan a un lado su status militar para incorporarse a las fincas". Estas unidades trabajan "junto a los civiles y constituyen gran parte de la fuerza laboral", indica el artículo. Solo existe un centenar de estas fincas administradas por el ejército, y comprenden menos del 4 por ciento de la tierra cultivable en Cuba. Pero por ahora, las que rodean La Habana —la zona del país con mayor capacidad de producción de comestibles— son vitales para alimentar a La Habana.

Nadie en Cuba cuestiona el hecho de que se tenía que hacer algo para aumentar el cultivo de comestibles y restaurar la producción azucarera. ¿Pero por qué no se presenta una perspectiva política para las UBPC? Creo que parte de la razón es que no existe consenso.

Muchos de los dirigentes del Partido Comunista de Cuba hoy abordan la decisión sobre las UBPC de la manera que lo hemos planteado aquí, como un retroceso necesario. Se basan en las posiciones de los primeros años que cité en el informe. Están comprometidos a defender la nacionalización de la tierra y también a organizar la producción en las UBPC, impulsándola no por la competencia entre una capa naciente de propietarios sino con la labor cooperativa de trabajadores rurales con conciencia de clase. Están convencidos de que así sentarán las bases para que la revolución siga avanzando cuando las condiciones lo permitan.

No OBSTANTE, HAY otros dirigentes, incluso en la dirección del Partido Comunista de Cuba, que tienen un punto de vista totalmente diferente. Ellos no consideran las nuevas fincas cooperativas como un retroceso en lo más mínimo. Consideran las UBPC como el primero de muchos pasos que han de conducir a la privatización de la tierra y a la expansión de las relaciones capitalistas de producción en la agricultura. Lo ven como un paso de avance que debió haberse dado hace mucho tiempo, no como un retroceso.

Sin embargo, tales posiciones conflictivas no se explican o debaten abiertamente, así que inevitablemente surge confusión y desmoralización. ¿Será éste el primer paso hacia el restablecimiento de las relaciones privadas de propiedad sobre la tierra? ¿O creará espacio que permita fortalecer a la clase obrera? No hay respuesta correcta o errada en lo abstracto. Esto se decidirá en la lucha. Dependerá de cómo se dirijan las cooperativas; si el peso de la clase trabajadora se hace sentir en la organización y la administración del trabajo y la producción; si los propios trabajadores van asumiendo las tareas administrativas, reduciendo así el tamaño y la influencia de una casta administrativa separada, como hicieron los contingentes de trabajo voluntario durante el apogeo del proceso de rectificación.

Es importante entender que las antiguas granjas estatales no son un caso especial. En todas las fábricas del país se plantean problemas similares y las mismas luchas irán surgiendo a la superficie. La producción también se ha desplomado en muchas de ellas. Frente a la resistencia de sectores administrativos inflados, los trabajadores están tratando de asumir más control sobre la producción y administración, y combatir el creciente robo y venta en el mercado negro de las herramientas y los productos de su labor. Lo vimos y oímos claramente en los parlamentos obreros donde los trabajadores le dijeron a la administración: o dan resultados, o se van. Si no pueden cumplir, quítense del camino porque nosotros *sí podemos*.

¿Acaso la clase obrera posee suficiente fuerza y confianza como para asumir cada vez más la dirección? No lo sabemos. En la lucha de clases no hay garantías. Lo único que podemos ofrecer es la certeza de las luchas por venir y la oportunidad de participar en ellas.

LA POLITICA DE IMPUESTOS es también una cuestión de clases, por supuesto. Las diferencias salariales en Cuba hoy varían desde poco más de 100 pesos al mes para los trabajadores menos remunerados hasta los 450 pesos al mes para los mejor pagados, como médicos e ingenieros. Aparte de unas pocas modificaciones importantes, el sistema no ha cambiado en lo fundamental desde comienzos de los años setenta. Ningún otro país del mundo ha reducido tanto la desigualdad de salarios.

Sin embargo, bajo las presiones actuales, al igual que se acentúa la diferenciación de clases, aumentan también las diferencias en los niveles de *ingresos*, y no simplemente las tasas salariales. Por eso los trabajadores están más que dispuestos a considerar algún tipo de impuesto a los ingresos. Como señalamos en el informe, sobre todo para los trabajadores con los salarios más bajos, la inflación y el colapso del sistema de racionamiento ya están produciendo lo equivalente del impuesto más regresivo posible. La clase obrera ve decaer su poder adquisitivo de una semana a otra. En cambio, es muy distinto para los crecientes sectores de la población que tienen acceso al dólar, o que trafican en la bolsa negra con mercancías robadas, o algunos de los que trabajan por cuenta propia, o los que gozan de un ingreso adicional o acceso privilegiado a ciertos bienes. Bajo estas condiciones un gobierno que defiende los intereses de los trabajadores debe decretar un impuesto al ingreso. Y lo que adoptó la Asamblea Nacional en mayo fue una política de este tipo.

Pero la discusión continúa sobre cómo aplicar concretamente dicho impuesto. ¿Quién pagará y cuánto? Como explicó el informe, la clase obrera ganó el primer asalto de esta pelea. Los obreros, en una fábrica tras otra, en un centro de labores tras otro, claramente plantearon su demanda de que no se gravaran los salarios de los obreros, y la sesión de mayo de la Asamblea Nacional estuvo de acuerdo.

Un burócrata o un tecnócrata puede tratar de explicar que la política de impuestos es "neutral respecto a las clases". A lo mejor es cierto que los trabajadores pagan en impuestos una cuota desproporcionada de sus ingresos

—según este argumento— pero en cambio reciben una cuota desproporcionada de servicios y subsidios del gobierno. Sin embargo, pocos trabajadores se tragan tal demagogia. Saben que el problema de quién paga impuestos y para qué se pagan los impuestos es un problema político, es un problema de clases: ciento por ciento. Esta cuestión pone claramente de relieve el conflicto de clases.

EN CUBA A MENUDO se escuchan quejas de que la política del gobierno es "paternalista", es decir, que los trabajadores reciben todo tipo de servicios y beneficios por los cuales no pagan directamente. Pero indirectamente los trabajadores sí pagan por todo. Su trabajo hace posible las escuelas, los hospitales, las fábricas y todo lo demás, *todo*. La libreta de racionamiento, como señaló Fidel, es la alternativa revolucionaria al sistema burgués de impuestos: un sistema de distribución proletario en contraposición al sistema burgués.

Un sistema fuertemente progresivo de impuestos a los ingresos, que exima los salarios de los trabajadores, enfrentará mucha resistencia por parte de los crecientes sectores de mentalidad capitalista en Cuba. Los "asesores" capitalistas internacionales al estilo FMI y español exigirán, como condición para créditos de inversión, una estructura burguesa de impuestos y un modo burgués de distribución. La clase trabajadora combatirá los impuestos que corroan las normas proletarias que ha conquistado, y exigirá impuestos fuertemente progresivos a todos los ingresos no salariales. Los trabajadores sienten —cada vez más— un profundo odio de clase a los "macetas", quienes no hacen más que sentarse al sol y crecer como plantas, enriqueciéndose al traficar con propiedad que le robaron a la clase trabajadora.

Pero también en este caso, la lucha por una política impositiva favorable a los intereses de la mayoría trabajadora exige que los problemas se expliquen en claros términos de clase.

La Asamblea Nacional se reúne mañana para debatir la implementación de diversas propuestas sobre la política de impuestos. Veremos lo que deciden.[21]

---

21. En la reunión de la Asamblea Nacional en agosto de 1994, los delegados debatieron, modificaron y aprobaron una nueva ley de impuestos. A pesar del acuerdo concluido en la reunión de mayo, el proyecto de ley presentado a los delegados en agosto contenía una cláusula que autorizaba impuestos sobre todos los ingresos personales, incluidos los salarios de los trabajadores. Los delegados que representan al movimiento obrero dirigieron la oposición a esta medida. Al final de casi 12 horas de debates, se aprobó una resolución propuesta por el presidente cubano Fidel Castro que representaba un término medio. En ella se establecía que "en principio todos los ingresos, incluidos los salarios, en proporciones asociadas a su cuantía, son susceptibles de impuesto".

Al mismo tiempo, con el firme apoyo de la dirección central, la Asamblea rechazó la propuesta de gravar los salarios en estos momentos. "Una vez que se establece el principio", dijo Castro, "no hay necesidad de establecer —ni hoy, ni mañana y ojalá que nunca— ningún impuesto a los salarios. Espero que las circunstancias jamás nos obliguen a hacerlo". (Traducido de una versión noticiosa en inglés.)

El impuesto al ingreso que se adoptó es aplicable únicamente a los trabajadores por cuenta propia. Los agricultores han pagado por muchos años un impuesto del 5 por ciento sobre sus ingresos.

En principio se aprobó también una segunda propuesta que trata sobre contribuciones de los trabajadores al fondo de seguridad social, aunque se pospuso la adopción de una ley específica para ponerlo en práctica. En 1967 se eliminaron los impuestos a la seguridad social y otro del 11.9 por ciento sobre los salarios. Desde entonces, en Cuba los beneficios de jubilación y de ausen-

Las presiones hacia la desintegración de la alianza de la clase obrera y de los pequeños agricultores en Cuba se han agudizado mucho a consecuencia de la precipitosa caída de la producción y el auge del mercado negro en comestibles.[22] El número de pequeños agricultores que rehusan cultivar, dejando la tierra en barbecho, o que desvían cultivos de la red de distribución estatal hacia el mercado negro ha alcanzado tal nivel que el fenómeno es tema de comentario en la prensa cubana. El ministerio de agricultura ha anunciado que se están considerando medidas para gravar las tierras sin culti-

---

cias por motivos de enfermedad han sido financiados con una contribución pagada por cada empresa, equivalente al 12 por ciento de su desembolso en salarios, compensándose el déficit con el presupuesto estatal.

Dado el enorme y creciente déficit actual del fondo de seguridad social, se pidió a los trabajadores que contribuyesen directamente de sus salarios a dicho fondo. Aún se debaten el porcentaje exacto y la forma de recaudar los pagos.

22. Además de los trabajadores en las demás fincas estatales y los miembros de las nuevas UBPC, hay otros dos grupos de trabajadores en el agro cubano. Hay unas 1 200 Cooperativas de Producción Agropecuaria (CPA) —establecidas en su mayoría a fines de los años setenta— compuestas por pequeños agricultores que voluntariamente unieron sus tierras y las trabajan juntos. Además, todavía hay más de 100 mil pequeños agricultores que producen de forma individual pero que participan en cooperativas limitadas a créditos y servicios. En total, los miembros de las CPA y los pequeños agricultores trabajan cerca del 20 por ciento de la tierra arable en Cuba y cosechan más de un tercio de la producción agropecuaria. Producen la mayoría, en algunos casos la gran mayoría, de ciertos productos alimenticios básicos como el ajo, el tomate, la cebolla, la papa y la zanahoria, así como un alto porcentaje de diversos productos de exportación como café, tabaco y cacao.

var e instituir procesos judiciales contra los agricultores que desvían sus cosechas.

¿Podría ser de otra manera? Como señaló uno de los delegados aquí, si un agricultor puede vender un cerdo en el mercado negro por 10, 20 ó 100 veces el precio que le ofrece la agencia de distribución estatal, lo va a hacer, a menos que tenga conciencia de clase y una perspectiva comunista mundial. Y claro, bajo estas condiciones la alianza obrero-campesina empezará rápidamente a desgastarse.

FUE PRECISAMENTE ESTE proceso de rápida descomposición de la solidaridad social lo que convenció a la dirección comunista en Cuba, después de seis años, a cerrar los mercados campesinos en 1986, al inicio del proceso de rectificación. La mala administración burocrática de la producción estatal de alimentos y del sistema de distribución en Cuba propició el desarrollo de toda una capa de intermediarios parásitos que lograron enormes ganancias al cobrar precios extorsionistas por los alimentos. Las cooperativas comenzaron a desviar cosechas de las agencias estatales hacia los puestos callejeros, y algunas comenzaron a crear negocios para la producción de escobas y otros artículos que escaseaban. Creció el robo de materias primas, equipo y cosechas de las fincas estatales.

No obstante, dadas las actuales condiciones económicas, no debería sorprendernos si el gobierno cubano decide restablecer alguna forma de mercado agrícola. Es imposible pensar, dada la tremenda desintegración de los sistemas estatales de distribución y racionamiento, que esta medida no resulte necesaria para dar incentivos para la reactivación de la producción en el campo. Como demostró la experiencia anterior, la dinámica de estas medidas ejercerá más presiones corrosivas sobre la alianza obrero-campesina. No obstante, podría contribuir a limitar y frenar el avance de la ruptura actual, así como comenzar a aumentar los abastecimientos de comida destinados a las ciudades, lo cual es vital. El restablecimiento de un sistema estable de distribución proletaria será posible únicamente si se logra que la producción de alimentos básicos comience nuevamente a satisfacer la demanda.[23]

Hoy día en Cuba contienden grandes fuerzas sociales sobre la resolución de las contradicciones inherentes a todos estos problemas: las UBPC, los impuestos, los mercados agropecuarios y muchos otros. Hasta ahora, ha sido poco usual que estos conflictos adopten formas políticas que puedan ser vistas y juzgadas claramente por todos.

---

23. Los mercados agropecuarios se iniciaron en todas las provincias y ciudades el 1 de octubre de 1994. Estos mercados, a diferencia de los de los años ochenta, son abastecidos no solo por pequeños agricultores individuales sino por cooperativas y por fincas estatales, incluso las granjas administradas por las fuerzas armadas. Después de cumplir las entregas a las agencias estatales de distribución a precios fijos, las fincas pueden vender el excedente en el mercado a precios no regulados a través de las nuevas tiendas. Las municipalidades les dan la licencia, y se gravan los ingresos que obtienen de esas ventas.

En diciembre se abrió una red similar de mercados para vender artículos y productos industriales. En estos puestos de menudeo se venden bienes hechos por individuos que trabajan por cuenta propia y que poseen licencia. Además se venden los excedentes de las existencias de empresas estatales y artículos hechos a partir de productos derivados de su actividad productiva primaria. Los individuos y las cooperativas con licencia pueden alquilar sus vehículos para transportar productos agrícolas al mercado. Con el mismo fin, se autoriza también que las empresas estatales alquilen sus vehículos si no los usan a capacidad.

Pero esto no puede durar mucho. No debemos sorprendernos cuando irrumpan abiertamente, incluso en las calles. En realidad, los obreros, así como los jóvenes que están dispuestos a defender la revolución, podrán juzgar su propia fuerza y cobrar confianza en su capacidad de dirigir únicamente a medida que se haga más abierta la polarización.[24]

---

24. El 5 de agosto de 1994, una veintena de cubanos trató de secuestrar una embarcación en el puerto de La Habana para irse del país y partir hacia Florida. Durante el mes anterior se habían producido otros cuatro secuestros, incluso el día antes, cuando los secuestradores habían asesinado a un joven policía que había intentado detenerlos.

El secuestro del 5 de agosto fue repelido por trabajadores portuarios y policías. Unas horas más tarde, cientos de personas se aglomeraron en el Malecón, el bulevar sobre el mar, y arrojaron piedras y botellas contra policías, hoteles y otros objetivos. Miles de trabajadores y jóvenes, partidarios de la revolución, se volcaron a la calle en respuesta a la provocación, neutralizando el disturbio. Dos días después, el 7 de agosto, medio millón de cubanos rindieron homenaje al policía martirizado, manifestando en las calles de La Habana su apoyo a la revolución.

En entrevistas con corresponsales de *Perspectiva Mundial* y del *Militant,* jóvenes cubanos que se habían movilizado en respuesta al disturbio antigubernamental del 5 de agosto expresaron con orgullo, "Fue nuestro Moncada", refiriéndose al asalto al cuartel Moncada de 1953 (ver la nota 12). Los jóvenes indicaron que había sido su primera oportunidad de defender la revolución en las calles.

Luego de esos acontecimientos, el gobierno cubano anunció que ya no vigilaría sus costas para impedir la salida de "balseros" hacia Florida, y en las semanas siguientes miles se lanzaron al mar. El éxodo masivo fue desatado no solo por las dificilísimas condiciones económicas en Cuba, sino por la política del gobierno norteamericano. A la vez que rehusaba cumplir con el tratado, acordado en 1984, para otorgar visas de residencia a 20 mil cubanos por año, Washington acogía inmediatamente y daba asilo

Imperialistas odian la revolución cubana

También la clase dominante norteamericana observa crecer todas las presiones y la polarización en Cuba. Por eso no están a punto de retroceder y darles un respiro a los obreros y campesinos de Cuba. Desde el punto de vista de sus intereses de clase, éste no es el momento indicado para aflojar el embargo económico, la prohibición de viajes o las amenazas agresivas contra la isla. Al contrario. Seguirán apretando los tornillos, con la esperanza de dar más fuerza a aquellos elementos en Cuba que están más dispuestos al acomodamiento con el imperialismo. Si acaso los gobernantes deciden hacer cambios tácticos en su política hacia Cuba, lo harán únicamente en la medida

---

político a los cubanos que lograban atravesar el estrecho de la Florida, incluso a los que hubieran cometido asesinatos, secuestros u otros crímenes en el proceso de dejar la isla.

En medio del éxodo de balseros en agosto, Washington escaló sus medidas agresivas contra Cuba. Suspendiendo su política de dar residencia a cualquier cubano que llegara a las costas norteamericanas, envió barcos de la Guardia Costera y de la marina frente a las costas de Cuba para interceptar a cubanos en alta mar. Recogieron a más de 30 mil y los trasladaron a campos de concentración en la base naval norteamericana de Guantánamo —territorio cubano ocupado por el imperialismo— donde se sumaron a los más de 14 mil haitianos allí detenidos. Washington recrudeció el embargo económico que ha mantenido contra Cuba por 35 años. Las nuevas reglas prohiben las remesas de dólares a familiares y amigos en Cuba, y aumentan las restricciones a los viajes a Cuba por parte de familiares, periodistas y académicos.

En septiembre, al ir creciendo el número de cubanos detenidos en Guantánamo, creándole dificultades políticas a la Casa Blanca, Washington firmó un acuerdo con el gobierno cubano para admitir a Estados Unidos a por lo menos 20 mil cubanos al año.

que estén convencidos de que están progresando en esa dirección, o que no pueden avanzar, debido a un nuevo auge en la lucha revolucionaria.

Me alegró que uno de los delegados fraternos de Canadá señalara que los gobernantes capitalistas de Estados Unidos no son los únicos que están empecinados en debilitar y finalmente destruir la revolución socialista cubana. La burguesía imperialista en Canadá —al igual que sus homólogos en Gran Bretaña, España y el resto del mundo— odia tanto a la revolución cubana como la burguesía que rige en Washington y Wall Street. Los patrones apoyan toda medida que sea necesaria y posible para impedir que la clase obrera ejerza el poder estatal y expropie la propiedad capitalista en *cualquier* rincón del mundo, y se esfuerzan incesantemente para aplastarlo cuando lo logramos.

No obstante, ninguna de las otras burguesías posee la misma fuerza militar estratégica —y, por tanto, tampoco tiene los mismos intereses y responsabilidades como gendarme del orden mundial capitalista— que el imperialismo estadounidense. Además, las demás clases gobernantes imperialistas no tenían nada que se acercara a sus homólogos estadounidenses en cuanto a la cantidad de propiedad que le fue expropiada por la acción revolucionaria de la clase obrera en Cuba. Al igual que los buenos señores que habían sido dueños de la Compañía Azucarera Vertientes-Camagüey, nunca se olvidan de lo que pasó. Cuba, a solo 90 millas de Cayo Hueso, era "suya".

Por lo tanto, en la actualidad las burguesías de otros países imperialistas gozan de una ventaja fácil respecto al comercio y a la inversión en Cuba (aunque las cifras correspondientes no representan más que un porcentaje ínfimo de la totalidad de su comercio exterior). Las empresas de Canadá, España y México y demás potencias capitalistas semicoloniales se alegran de poder sacarles ventaja a sus competidores estadounidenses en Cuba por el momento. No tienen nada que perder.

Por otra parte, los gobernantes estadounidenses en realidad no están muy preocupados por la competencia en torno a Cuba. Están seguros de que si acaso llega el día que logran doblegar a los obreros y campesinos cubanos, no tendrán dificultades en recuperar rápidamente su dominio y quitar de su camino a sus rivales de Canadá, España, México, Gran Bretaña y otros países. Entretanto, les resulta despreciable el precio que pagan por la pérdida de unos pocos mercados para sus productos y su capital. A ellos les interesa algo mucho más grande.

Uno de los problemas que mencionaron varios delegados por sus propias experiencias es que alguna gente en Cuba realmente se ha tragado el argumento de que la clase gobernante imperialista norteamericana se beneficiaría si levantara el embargo. Ellos le explican esto a los grupos que visitan a Cuba procedentes de Estados Unidos y otros países. Argumentan que, especialmente con el fin de la Guerra Fría, la política de Washington hacia Cuba es obsoleta y si los gobernantes estadounidenses se guiaran por la lógica, suspenderían el embargo inmediatamente. Esta idea ilusoria encuentra mucha resonancia entre los grupos de solidaridad con Cuba en Estados Unidos y en otros países.

Pero este concepto es erróneo porque —como explican Fidel y Che en las páginas de *To Speak the Truth* (Hay que decir la verdad)— la política estadounidense hacia Cuba *jamás* se basó en la Guerra Fría con Moscú. La revolución cubana jamás ha amenazado la "seguridad nacional" de los gobernantes estadounidenses. El problema nunca fue Moscú; siempre ha sido el ejemplo vivo del pueblo trabajador cubano y de su gobierno revolucionario, su terrible audacia. Y es precisamente lo que no ha cambiado. Como planteamos en el informe, los gobernantes norteamericanos sí levantarían el embargo la semana próxima si el gobierno cubano se comprometiera a una política antiobrera como la de Hanoi o Pekín, o si creyeran que al suavizar su política pudieran cambiar definitivamente la correlación de fuerzas en ese sentido. Pero no les corresponde a los defensores de la revolución socialista cubana la tarea de adivinar la mejor fórmula para que los imperialistas logren sus metas.

E STAMOS CONVENCIDOS de que mientras *más fuerte* sea la revolución cubana —mientras más avance la lucha de clases en Estados Unidos y a nivel mundial— más presionada se verá una debilitada burguesía estadounidense para suspender el embargo y alejarse de otras medidas hostiles contra Cuba. Cuando más cerca estuvimos de esa meta fue en los años ochenta, cuando aún avanzaba la revolución en Centroamérica y el Caribe, y habían fracasado las primeras tentativas militares de Washington de intimidar a la dirección cubana y derrocar al gobierno obrero-campesino en Nicaragua.

Desde luego, sí hay individuos en Cuba que identifican sus intereses con los del imperialismo. Por más o menos conscientes que estén —y algunos están muy conscientes—, ellos comparten la idea de que hay que restaurar el capitalismo en Cuba. Igualmente, algunos de los dirigentes de los grupos de solidaridad con Cuba en Estados Unidos y otros países consideran a Washington (u Ottawa o Londres) como "nuestro" gobierno, y tratan de presionarlos para que rectifiquen su política "equivocada" en beneficio de "nuestros" intereses nacionales. Argumentan con genuina convicción que la política hacia Cuba mantenida por todas las administraciones norteamericanas desde 1959 ha perjudicado los intereses de "nuestro país". Pero para la clase obrera, Washington no es "nuestro" gobierno.

Lo que desorienta a los trabajadores en Cuba y en otras partes del mundo no son los argumentos falsos planteados por diversos sectores liberales y pequeñoburgueses en Estados Unidos u otros países. La desorientación política se produce cuando estos mismos argumentos sobre políticas gubernamentales "anticuadas", y planteamientos de que los capitalistas "están perdiendo oportunidades de inversión", son utilizados por líderes del gobierno y del Partido Comunista de Cuba, quienes en muchas ocasiones anteriores han explicado con suma claridad por qué Washington —al igual que Ottawa, Londres y Madrid— temen al pueblo trabajador de Cuba. Al tratar de emplear un argumento diplomático "astuto" uno termina pasándose por listo. Este argumento subestima los instintos de clase de los diplomáticos y políticos capitalistas. Ante todo, desarma políticamente a los trabajadores y a los jóvenes de pensamiento revolucionario, tanto en Cuba como en otros países, que genuinamente comienzan a preguntarse por qué no cesa la guerra económica contra Cuba.

No debe sorprendernos que entre las fuerzas de solidaridad aquí en Estados Unidos haya una amplia diversidad de opiniones, y mucha confusión, sobre los acontecimientos en Cuba. No debe sorprendernos que la perspectiva obrera que llevamos a los comités y a las acciones unitarias es a menudo un punto de vista minoritario. Algunos de los individuos con los que colaboramos al organizar diversas actividades están auténticamente asombrados de que defendemos la revolución socialista cubana. Ellos plantean abiertamente que se oponen a la política del gobierno norteamericano porque, según ellos, es un obstáculo al deseo del pueblo cubano de acabar con el socialismo.

Nada de esto debe sorprender a los cuadros de un partido obrero comunista. No nos debe llevar ni a abstenernos de actividades unitarias que contribuyan a defender la revolución cubana ni a adaptarnos políticamente a nadie. El estado político de las fuerzas de solidaridad en Estados Unidos u otro país nunca será superior al estado del liderazgo político del movimiento obrero general del cual estas fuerzas forman parte. Cuando la lucha de clases comience a acelerarse, entonces se irá imponiendo también una nueva correlación de fuerzas de clases en muchas esferas políticas afines. Ya sabremos cuándo esto comience a suceder. No debemos preocuparnos. No se nos escapará.

Mientras tanto, vamos a colaborar con quien sea que podamos en torno a acciones concretas de protesta, conferencias educativas públicas y otras actividades en defensa de la revolución cubana.

Solidaridad de clase obrera

Dada la situación política y la actual correlación de fuerzas de clases, el reto que enfrentamos ahora es el de ser claros y consecuentes en nuestras perspectivas y nuestras propuestas de acción y de luchar por ellas de forma competente. Si somos capaces de eso, entonces podremos jugar un papel importante en una amplia gama de actividades unitarias y ganar nuevas fuerzas a la perspectiva política proletaria. Por todas las razones que hemos debatido hoy, y que seguiremos debatiendo en este congreso, los más predispuestos a escuchar nuestras ideas serán principalmente trabajadores y jóvenes con aspiraciones revolucionarias.

A medida que los trabajadores entren en lucha y se intensifiquen sus conflictos con la clase patronal y sus representantes políticos en Washington, los obreros más combativos y con más conciencia de clase se irán identificando más con los trabajadores en lucha en otros países. Verán la importancia de estar hombro a hombro con la clase obrera en Cuba, que lucha en trincheras similares contra el mismo enemigo de clase: la clase explotadora más poderosa y sanguinaria en la historia de la humanidad.

Lo que el pueblo trabajador en Cuba está luchando por defender e impulsar coincide con los intereses históricos de los trabajadores del mundo y de la humanidad entera. Es por lo que luchan los obreros revolucionarios de todo el mundo.

POR ESO LA FRASE "¡Socialismo o muerte!" —que los comunistas cubanos han agregado a sus banderas al enfrentar las condiciones de crisis de los últimos años—, no es simplemente un lema o una idea romántica o un pacto suicida, como dicen burlonamente los enemigos de la revolución. Es la *perspectiva* de la revolución socialista. No hay futuro para la clase trabajadora en Cuba sin luchar por un camino socialista, el camino del internacionalismo proletario, que ellos iniciaron en América hace 35 años y que desde entonces han mantenido a pesar de poderosos obstáculos.

En esta lucha, o triunfamos *todos* —tanto los trabajadores en Cuba como aquellos en otras partes del mundo que entienden la importancia de defender la revolución cubana— o nuestra clase sufrirá una derrota horrible a nivel mundial.

Sin embargo, aún queda por decidirse la victoria o la derrota. Está lejos de resolverse. Dependerá de lo que suceda en los años siguientes en la lucha de clases a nivel mundial y de lo que hagan los comunistas en Cuba, en Estados Unidos y en otros países para prepararnos a dirigir a nuestra clase cuando se planteen y se libren grandes batallas. Esa es la perspectiva: seguir este camino de lucha, conscientes de que todo lo que hacemos para construir un movimiento comunista en la clase obrera en Estados Unidos es un frente vital en la batalla política que se libra hoy en Cuba.

No es el momento para timoratos, como denominan nuestros compañeros cubanos a los que se doblegan bajo las presiones y las tentaciones corruptas del mundo capitalista. No habrán soluciones fáciles. La tensión no va a desaparecer. Va a seguir creciendo más y más, a medida que se agrava la desintegración del orden capitalista a nivel mundial.

Pero si uno es luchador, si uno es comunista, entonces no es un futuro que cause miedo. Es el futuro que anticipamos con entusiasmo, un futuro de luchas. Porque sabemos que en esas futuras batallas, las mayorías trabajadoras de la humanidad tendremos la oportunidad de emular a los obreros y campesinos de Cuba: de derrocar el régimen político de los capitalistas y grandes terratenientes, expropiar las fábricas y tierras que éstos monopolizan en beneficio de un puñado de ricos, y abrir el camino a un mundo socialista que acabará de una vez por todas con la explotación y la opresión de clases.

LA REVOLUCIÓN CUBANA Y SU IMPACTO, DE ÁFRICA A EEUU

¡Nueva edición!
Che Guevara sobre economía y política en la transición al socialismo
CARLOS TABLADA

Es esencial que el pueblo trabajador tome el poder estatal, dijo Ernesto Che Guevara. "Después viene la segunda etapa, quizás más difícil que la anterior": la transición desde el capitalismo —con sus valores despiadados— hacia el socialismo. Esto incluye pasar del trabajo como condición obligatoria para la supervivencia, hacia el trabajo social voluntario a través del cual expresamos nuestra humanidad común. Incluye el discurso de Fidel Castro de 1987 "Las ideas del Che son de una vigencia absoluta". Nueva edición con selecciones ampliadas de los escritos de Guevara. $17. También en inglés y próximamente en francés.

El diario del Che en Bolivia
ERNESTO CHE GUEVARA

La crónica diaria que Guevara escribió sobre la guerrilla en Bolivia de 1966–67, un esfuerzo para forjar un movimiento revolucionario continental de trabajadores y campesinos y extender la revolución socialista en Sudamérica. Edición cubana de la Editora Política. US$20. También en inglés.

Dynamics of the Cuban Revolution
A Marxist Appreciation
(Dinámica de la Revolución Cubana: Una interpretación marxista)
JOSEPH HANSEN
En inglés. US$23

El socialismo y el hombre en Cuba
ERNESTO CHE GUEVARA
FIDEL CASTRO

Uno de los documentos revolucionarios más profundos jamás escritos. "El hombre realmente alcanza su plena condición humana cuando produce sin la compulsión de la necesidad física de venderse como mercancía". —*Ernesto Che Guevara, 1965.* US$10. También en inglés, francés, persa y griego.

In Defense of Socialism
Four Speeches on the 30th Anniversary of the Cuban Revolution, 1988–89
(En defensa del socialismo: Cuatro discursos sobre el 30 aniversario de la Revolución Cubana, 1988–89)
FIDEL CASTRO

El dirigente revolucionario describe el papel decisivo de los combatientes voluntarios cubanos en la etapa final de la guerra en Angola contra las fuerzas invasoras del régimen sudafricano del apartheid. No solo es posible lograr el progreso económico y social sin la competencia a muerte del capitalismo, dice el líder cubano, sino que el socialismo es el único camino para la humanidad. En inglés y griego. US$12

Zona Roja
Cuba y la batalla contra el ébola en África Occidental
ENRIQUE UBIETA GÓMEZ

Cuando tres naciones africanas fueron asoladas en 2014–15 por una epidemia de ébola, el gobierno revolucionario de Cuba brindó lo que ningún otro país intentó aportar: más de 250 médicos, enfermeros y especialistas de salud pública voluntarios. Este recuento testimonial de sus actividades demuestra el tipo de hombres y mujeres que solo una revolución socialista puede producir. US$17. También en inglés y francés.

PATHFINDERPRESS.COM

DIRECCIÓN PROLETARIA Y LA REVOLUCIÓN SOCIALISTA

¡Qué lejos hemos llegado los esclavos!
Sudáfrica y Cuba en el mundo de hoy
NELSON MANDELA, FIDEL CASTRO

Mandela y Castro, hablando juntos en Cuba en 1991, abordan el papel decisivo de Cuba en la historia africana y la victoria en Angola contra el ejército invasor sudafricano, y cómo impulsó la lucha que derrocó el sistema racista del apartheid. US$7. También en inglés y persa.

La revolución traicionada
¿Qué es y adónde va la Unión Soviética?
LEÓN TROTSKY

En 1917 los trabajadores y campesinos de Rusia hicieron una de las revoluciones más profundas de la historia. Sin embargo, al cabo de 10 años, una capa social privilegiada, cuyo principal vocero era José Stalin, ya consolidaba una contrarrevolución política. Un estudio clásico del estado obrero soviético y su degeneración. US$17. También en inglés, persa y griego.

Notebook of an Agitator
(Cuaderno de un agitador)
JAMES P. CANNON

Cubre cuatro décadas de batallas obreras —la defensa de militantes del IWW, Sacco y Vanzetti y otras víctimas de casos fabricados; batallas en los muelles de San Francisco; la lucha del movimiento obrero contra la cacería de brujas macartista. Incluye la convocatoria de 1934 y artículos del *Organizer*, el boletín diario de la huelga de los Teamsters de Minneapolis. En inglés. US$20

LO QUE ANUNCIO LA CAIDA DE LA BOLSA DE VALORES DE 1987

I. LA CAIDA DE LA BOLSA DE VALORES DEL 19 DE OCTUBRE DE 1987 Y LO QUE SEÑALA

LA CAIDA DE LA BOLSA de valores de Nueva York el 19 de octubre de 1987 fue el descenso más abrupto de los precios de las acciones en lo que va del siglo. Fue una caída más grande y más rápida que la que en 1929 anunció la Gran Depresión. El 19 de octubre, entre la apertura y el cierre de las operaciones de Wall Street, el precio promedio de las acciones se desplomó en un 23 por ciento, causando aproximadamente 500 mil millones de dólares en pérdidas. En Chicago, el mercado de futuros cayó más bruscamente aún, bajando en un 36 por ciento en diez horas a lo largo de dos días. La caída fue la culminación de una baja del mercado de acciones que

---

La siguiente resolución fue debatida y aprobada por el congreso del Partido Socialista de los Trabajadores celebrado en agosto de 1988. Los delegados refirieron la resolución, así como el informe correspondiente presentado por Jack Barnes, secretario nacional del PST, a una comisión encargada de revisar estos documentos a la luz de la discusión del congreso. La resolución se publica aquí sin revisiones que reflejen los sucesos ocurridos desde 1988. Los directores de Nueva Internacional *han añadido notas para ayudar al lector señalando publicaciones pertinentes o, en algunos casos, proporcionando datos más recientes.*

había comenzado a fines de agosto; en total, los precios de las acciones cayeron más de un tercio en ese lapso. Esto se añadió a un colapso del mercado de obligaciones, en que los precios de los títulos del gobierno estadounidense habían bajado en un 26 por ciento entre fines de marzo y el 19 de octubre.

A diferencia de la caída de 1929, el bajón abrupto de Wall Street no se detuvo en las fronteras de Estados Unidos. Con una explosiva velocidad computarizada, se propagó a todos los mercados bursátiles del mundo durante las siguientes 24 horas. Se destruyeron títulos valorados en cientos de miles de millones de dólares. Esto refleja las interconexiones cada vez más estrechas que se han ido formando, especialmente desde la Segunda Guerra Mundial, en el sistema imperialista mundial de relaciones monetarias, crediticias, productivas y comerciales capitalistas, que está dominado por intereses norteamericanos. En vez de amortiguar el impacto de la caída en Nueva York, las bolsas de valores en Londres, Hong Kong, Tokio, Toronto, Sydney, Ciudad de México y otros centros contribuyeron recíprocamente a sus propias bajas.

E<small>L DESCENSO MAS DEVASTADOR</small> ocurrió en las bolsas de los países semicoloniales. La bolsa de valores en Hong Kong cesó todas sus operaciones por una semana. En la bolsa de Ciudad de México las acciones cayeron en un 75 por ciento en octubre, precipitando una pérdida de casi la tercera parte del valor del peso mexicano y una fuga de capital al exterior de más de dos mil millones de dólares en los dos meses que siguieron.

La caída del 19 de octubre llegó al borde de lo que los comentaristas financieros denominaron —usando el término *meltdown*, referente a una catástrofe nuclear— un "derretimiento" de los mercados bursátiles del mundo capitalista. Y lo que es más importante aún, dado el grado al que el comercio en los mercados de acciones, obligaciones, mercancías y futuros depende de las inyecciones masivas y continuas de fondos prestados, este derretimiento también hizo peligrar la red bancaria internacional del capitalismo. Al sufrir pérdidas abrumadoras en el transcurso del día, las grandes compañías de valores frenéticamente adquirieron préstamos para comprar acciones con la esperanza de frenar la caída de los precios de las acciones y, por ende, el valor efectivo de sus propios bienes. Al fracasar este intento, las grandes firmas de Wall Street quedaron profundamente endeudadas, con montañas de acciones devaluadas. Los grandes bancos, viéndose de pronto con una creciente cantidad de deudas incobrables, comenzaron a negar nuevas solicitudes de crédito. Para impedir un desastre, el gobierno norteamericano intervino directamente. El 20 de octubre, la Junta de la Reserva Federal inundó el sistema bancario con dinero e impidió que se cerraran las líneas de crédito. Esto apenas evitó un derrumbe total.

Sin embargo, muchos pequeños accionistas quedaron liquidados. La enorme sacudida, que afectó incluso a los grandes corredores de acciones, dejó a casi todos con pérdidas cuantiosas y a algunas compañías —como la E.F. Hutton y la L.F. Rothschild— en una posición extremadamente precaria. Aunque unas pocas firmas de Wall Street sacaron enormes ganancias en octubre, las pérdidas totales sufridas por los agentes de valores en el último trimestre de 1987 fueron 22 veces mayores que la anterior pérdida récord. Sus ganancias para 1987 decayeron en un 80 por ciento comparado con 1986. Los capitalistas aún no han recuperado su confianza en la estabilidad de la bolsa, según lo demuestra la baja en el volumen diario promedio de las acciones que desde entonces se corren en la bolsa de Nueva York. En los meses posteriores a octubre se han dado bajas bruscas de un día, de forma repetida e imprevista, que les recuerda a los amos del capital financiero su incapacidad de impedir que se repita una caída súbita y aún más devastadora.

Al mismo tiempo, la incesante búsqueda de la mayor ganancia terminará por obligar a los explotadores a invertir más capital-dinero en las acciones, lo que hará que los precios y volúmenes de venta de acciones vuelvan a subir vertiginosamente. Bajo el capitalismo, las leyes ciegas del mercado siempre resultan ser, en materia de valores y precios, más poderosas que el más fuerte de los gobiernos. Y en un mundo donde casi todo es una mercancía, eso sí es poderoso.

Por otra parte, el hecho de que casi ocurriera un "derretimiento" el 19 de octubre reveló aún más la vulnerabilidad del mundo capitalista a la enorme montaña de deudas gubernamentales y privadas que se ha acumulado a paso acelerado en el mundo desde principios de los años setenta. El endeudamiento de los países oprimidos de América Latina, Africa, Asia y Oceanía aumentó a un ritmo vertiginoso durante los años ochenta, a medida que estas naciones sufrieron los golpes combinados de la explosión de las tasas de interés a principios de la década, las agudas recesiones de 1981–82 en Estados Unidos y en varios otros países capitalistas, y la baja abrupta en los precios de casi todas las materias primas y otras mercancías que los países del Tercer Mundo venden en el mercado mundial.

La deuda total que los capitalistas y gobiernos de estos países les deben a las adineradas familias dueñas de los principales bancos imperialistas había alcanzado para fines de 1987 la cifra casi inimaginable de 1.2 billones de dólares, más de 12 veces el nivel que había alcanzado en 1973. Así como en Estados Unidos los banqueros presionaron a los agricultores para que asumieran deudas cada vez mayores durante los años setenta, fue el capital financiero —que se beneficiaría enormemente de los pagos de intereses— el que inició, presionó y financió los préstamos masivos que engendró la actual deuda del Tercer Mundo.

La creciente esclavitud internacional de la deuda no solo ha significado la ruina económica y social para cientos de millones de campesinos y obreros, sino que ha aumentado la inestabilidad de todo el sistema bancario imperialista. La llamada crisis de la deuda del Tercer Mundo es en realidad una danza de la muerte entre los capitalistas de los países imperialistas y los del mundo semicolonial, en que la víctima fundamental de una calamidad monetaria internacional será el pueblo trabajador tanto de los países oprimidos como de los opresores.

Capital ficticio y economías imperialistas

En el último siglo el comercio en valores, obligaciones y otros títulos —los instrumentos que Carlos Marx llamó "capital ficticio"[1]— se ha vuelto una parte integral del funcionamiento del sistema capitalista mundial: de la interrelación entre sus operaciones bancarias y monetarias, las finanzas del gobierno, el comercio interno y externo, la producción industrial, la minería, y la agricultura. El capitalismo no funciona en base a una "economía real"

---

1. El capital ficticio —en forma de acciones, obligaciones y otros valores emitidos por empresas o gobiernos— es un título para reclamar capital-dinero. Carlos Marx, *El capital* (México: Siglo XXI Editores, 1975), edición en ocho tomos; tomo VII, págs. 655–56. Ver también págs. 597–606 y 634–35.

en la que los altibajos de la producción determinan las condiciones tanto de los capitalistas como de los trabajadores, y a una "economía de valores" cuya fluctuación de precios afecta solo a los especuladores y a los profesionales de clase media que juegan la bolsa. El comercio de acciones y obligaciones, junto con los flujos entrelazados de crédito y dinero, son parte integral del modo de producción capitalista. Son inseparables de la producción y circulación de mercancías, incluida la compra y venta de la fuerza de trabajo humana. La deuda y los títulos de valores no son *cosas*. Al igual que la propia mercancía, son parte de la producción y reproducción de las *relaciones sociales* capitalistas.

La creciente inestabilidad en Wall Street es síntoma de la profunda crisis de la acumulación de capital que está infectando a todo el sistema imperialista mundial. No se puede impedir una nueva caída con nuevas reglas destinadas a cambiar el comportamiento de los bolsistas en los mercados de acciones, obligaciones y opciones: con prohibiciones a la compraventa "programada" con computadoras; con medidas para cerrar los mercados si las fluctuaciones se tornan muy tumultuosas; con reglamentos crediticios más estrictos, o con el sinnúmero de otras "reformas" que tanto se han debatido en la prensa burguesa desde el 19 de octubre. Y tampoco se puede proteger al sistema bancario de los golpes que ha de recibir.

La explosiva expansión, internacionalización y aceleración de las transacciones del mercado de títulos se han vuelto necesarias para la circulación de capital-dinero y para su compenetración con la producción y el comercio en los sectores industrial, minero y agrícola. Para que la plusvalía creada por el trabajo del pueblo trabajador se pueda transformar en ganancia, los capitalistas deben competir entre sí para vender las mercancías producidas en los campos, las minas, las plantas y las fábricas. Deben competir para sacar el máximo provecho de sus ganancias acumuladas, ya sea reinvirtiendo este capital-dinero en la producción o encontrando otras fuentes de inversión o especulación que, de acuerdo a sus planes, puedan rendirles mayores ganancias.

La circulacion de capital-dinero, observó Marx, es la forma "más concluyente y característica del ciclo del capital industrial, cuyo objetivo y motivo propulsor . . . hacer dinero y acumulación, se presenta de un modo que salta a la vista (comprar para vender más caro)". Bajo el capitalismo, señaló, "El proceso de producción se presenta solo como el eslabón intermedio inevitable, como el mal necesario para alcanzar el objetivo: hacer dinero". Al preparar la segunda edición del tomo dos de *El capital* —una década después de la muerte de Marx en 1883— en vista de experiencias adicionales, Federico Engels agregó: "Por eso a todas las naciones con modo de producción capitalista las asalta periódicamente el vértigo de querer hacer dinero sin la mediación del proceso de producción".[2] Hoy día el sistema capitalista ha evolucionado al grado que tales ataques de vértigo son inevitables. Su duración y volatilidad aún quedan por verse.

Los mercados de valores, de obligaciones y de otros títulos bursátiles no habían ocupado este lugar fundamental en el proceso de producción, circulación, y reproducción y acumulación expandidas de capital durante el surgimiento del capitalismo industrial en la última parte del siglo XVIII y gran parte del siglo XIX. Al corregir el tercer tomo de *El capital* para publicarlo en 1895, Engels

---
2. *El capital*, tomo IV, págs. 67, 64.

escribió un breve bosquejo suplementario sobre la evolución de la bolsa.[3] Casi 30 años antes, cuando Marx había redactado el manuscrito, explicó Engels, "La bolsa era aún un elemento *secundario* en el sistema capitalista". Si bien existía la compraventa de títulos del estado, escribió, "aún su volumen era relativamente exiguo. . . . Por consiguiente, por aquel entonces la bolsa era aún un lugar donde los capitalistas se quitaban mutuamente sus capitales acumulados, y que solo les interesaba directamente a los obreros en cuanto nueva prueba de los efectos desmoralizadores generales de la economía capitalista . . .".

Sin embargo, en los años siguientes, indicó Engels, la acumulación de capital "ha procedido con celeridad constantemente creciente, y ello de tal manera que en ningún país industrial, y menos aun en Inglaterra, la expansión de la producción ha podido mantenerse al ritmo de la acumulación, ni la acumulación del capitalista individual ha podido emplearse plenamente en la ampliación de sus propios negocios". Los mercados de acciones y obligaciones, por tanto, habían cobrado más y más importancia como vías por las cuales los capitalistas podían utilizar su capital-dinero para obtener los mayores intereses y ganancias. Esto ya era un asunto que no solo era de interés para un sector pequeño o degenerado de especuladores. Para mantener un negocio en pie y seguir generando ganancias, muy pocos capitalistas podían evitar la compra y venta de títulos de valores. Por lo tanto, agregó Engels, la bolsa "tiene la tendencia a concentrar la producción global, tanto industrial como agrícola, y todo el tráfico —tanto los medios de comunicación como

---

3. *El capital*, "La Bolsa", tomo VIII, págs. 1147–50.

la función del cambio— en manos de los bolsistas, de modo que la bolsa se convierte en la representante más conspicua de la producción capitalista".

Con la maduración del capitalismo, señaló Engels, estos mercados de títulos de valores se habían vuelto necesarios "a fin de facilitar la inversión de esa masa que flotaba así como capital dinerario". Engels escribía apenas al principio de este proceso, cuando las sociedades de responsabilidad limitada y las sociedades anónimas apenas se estaban convirtiendo en la forma dominante de la empresa capitalista. Sin embargo, la proliferación de tipos y variedades de capital ficticio durante el siguiente siglo confirma y aclara su apreciación inicial de esta tendencia en el capitalismo, la cual se ha acelerado en los últimos 15 años. Además de las acciones, las obligaciones industriales y gubernamentales y los futuros de mercancías, existe toda una serie de títulos de valores que aparecen diariamente en las páginas financieras de la prensa: las llamadas opciones de compra y venta, los mercados de futuros, las obligaciones industriales de alto riesgo conocidos como *junk bonds,* y los nuevos títulos semigubernamentales cuyos fines usureros y cuyo potencial desestabilizador se esconden detrás de graciosos nombres como *Farmer Mac, Ginnie Mae* y *Fannie Mae.*[4]

---

4. Los *Farmer Mac* son títulos sobre préstamos agrícolas emitidos por la Federal Agricultural Credit Corporation (Corporación Federal de Crédito Agropecuario). Los *Ginnie Mae* son títulos sobre hipotecas de casas emitidos por la Government National Mortgage Association (Asociación Gubernamental Nacional de Hipotecas). Los *Fannie Mae* son títulos hipotecarios emitidos por la Federal National Mortgage Association (Asociación Federal Nacional de Hipotecas). Estas tres son instituciones privadas, pero los títulos que emiten son subvencionados parcial e indirectamente por el gobierno federal. La imagen que se da, que de

Ya en 1895 Engels señaló el creciente papel que ocupaba la bolsa en el financiamiento de la explotación en otros países y en el fomento de la expansión y opresión coloniales. La política colonial, escribió, "es, actualmente, una mera sucursal de la bolsa, en cuyo interés las potencias europeas han repartido el Africa hace pocos años".

Hoy día, aunque la regulación de los mercados de valores —al igual que la emisión de moneda— sigue siendo la prerrogativa de las instituciones estatales *nacionales*, el carácter *internacional* del comercio de acciones, obligaciones y monedas es mayor que nunca antes en la historia. Es únicamente por el intercambio incesante de capital-dinero en denominaciones de dólares por marcos, yenes

---

forma alguna están "garantizados" por el gobierno, es ilusoria.

Esta propagación de las formas de capital ficticio ayuda a explicar por qué todas las grandes empresas capitalistas están invirtiendo miles de millones de dólares en los llamados fondos de cobertura (*hedge funds*) y derivativos, a pesar de las enormes pérdidas que en 1994 sufrieron varias de ellas (por ejemplo, Procter & Gamble, 150 millones de dólares; Sears, 237 millones de dólares; Kodak, 220 millones de dólares; Gibson Greetings, 20 millones de dólares). Bajo un sistema impulsado por la competencia de capitales, y en un mercado mundial con muchas monedas pertenecientes a burguesías nacionales rivales, los departamentos financieros de las corporaciones más grandes inevitablemente van a buscar formas de proteger el valor monetario de sus capitales contra la erosión y las fluctuaciones inesperadas. Esto engendra nuevas formas de valores —que a su vez son más complejas— diseñadas para proteger sus inversiones, compensar por devaluaciones monetarias y además obtener ganancias inmensas. Sin embargo, todos estos "productos financieros" son objeto de especulación a una escala que antes era imposible. Se crea así la posibilidad de cambios abruptos que no solo pueden llevar a la quiebra a capitalistas individuales sino —bajo las condiciones inestables de hoy— provocar el colapso de todo el sistema bancario y monetario mundial.

por dólares, dólares de hoy por liras de mañana, pesos de hoy por dólares de mañana, que ocurren el comercio internacional, el comercio interno, la creación de la deuda externa e interna y, por consiguiente, la contratación de obreros y su producción de bienes.

Las 24 horas al día se transfieren electrónicamente enormes cantidades de capital-dinero: desde el mercado de obligaciones en Londres o Tokio a un banco de inversiones en Wall Street, o en acciones en la bolsa de valores de Nueva York, o en títulos gubernamentales propiedad de un banco grande en Bonn o Estocolmo, o a la bolsa de Zurich, o en especulaciones monetarias en Singapur, o en un préstamo al gobierno de Brasil o de Zambia, o en concepto de intereses sobre un préstamo anterior que termina en un banco francés o norteamericano, o en hipotecas de tierras agrícolas canadienses o neozelandesas, y así por el estilo. Los precios del azúcar, del estaño, del algodón, del cobre y de otras mercancías primarias —de las cuales dependen los países oprimidos con economías semicoloniales para poder obtener divisas— están sujetos a fluctuaciones desestabilizadoras en base a lo que sucede en el mercado de futuros en la Junta de Comercio de Chicago u otras bolsas de mercancías. Las deudas de los capitalistas y gobiernos del Tercer Mundo —los cuales tienen que pagar enormes intereses compuestos a los usureros de nuestra época— son revendidas a estos mismos rentistas ricos en el mercado internacional de obligaciones, a precios actuales que varían entre 5 centavos por dólar (Perú) y unos 50 centavos por dólar (Brasil).

La crisis social que se avecina

La caída internacional de la bolsa en octubre de 1987 fue producto de las presiones explosivas que se habían acumulado a raíz de la evolución de la economía mundial, dominada por el imperialismo, desde fines de los años sesenta y principios de los setenta, época en que empezó a decelerarse la acumulación del capital. Tras la aguda recesión de 1981–82 en Estados Unidos, estas presiones se han vuelto mucho más volátiles.

El derrumbe de la bolsa fue una advertencia de que la crisis social progresiva de la época del "boom de Reagan" en los años ochenta —que ha devastado a ciertos sectores del pueblo trabajador y ciertas regiones geográficas en Estados Unidos, así como a cientos de millones de trabajadores en los países semicoloniales— se convertirá en realidad para la inmensa mayoría de obreros y pequeños agricultores en todo el mundo. Independientemente de su curso y ritmo exactos, las próximas crisis parciales —ya sea una contracción abrupta del ciclo comercial, una explosión inflacionaria, otra caída de la bolsa, una mala cosecha de un producto importante, un desastre bancario o una crisis precipitada por la deuda— no serán amortiguadas y absorbidas por una economía capitalista internacional robusta y en expansión, sino que arriesgarán cada vez más con desatar un derrumbe crediticio y una depresión mundial de producción industrial y empleos. Esto provocará una crisis social mundial que inevitablemente producirá masivas batallas y polarización políticas, lo cual, a su vez, unirá como nunca antes en la historia de la humanidad las perspectivas de los trabajadores de la ciudad y del campo en el mundo entero.

CIENTOS DE MILLONES perderán sus trabajos por todo el mundo capitalista. El desempleo en gran escala no solo cundirá en el Tercer Mundo, sino que en los países imperialistas alcanzará niveles que no se han visto desde los años treinta. Un mayor número de agricultores serán expulsados de sus tierras. Millones de campesinos desposeídos —un elemento importante en el actual aumento de lo que Marx describió como la "sobrepoblación relativa"[5] producida por el capitalismo— engrosarán las filas de los trabajadores desempleados y subempleados que habitan los miserables tugurios en los alrededores y los centros de las ciudades de todo el mundo semicolonial. Los pequeños comerciantes se verán abatidos por olas repetidas de ruina económica.

Aumentará el desahucio, la desnutrición y hasta la hambruna. Se acelerará la destrucción del medio ambiente a manos de los capitalistas, como también aumentará el deterioro de las carreteras, los puentes y los medios de transporte que emplea el pueblo trabajador. En las fábricas, minas y plantas los patrones tratarán de imponer condiciones cada vez más intolerables. Aumentarán las enfermedades al ir deteriorándose las medidas de salud pública, y subirán las tasas de mortalidad infantil entre las clases trabajadoras. Disminuirá el acceso a la educación para los productores y sus familias. Todos estos golpes económicos y sociales recaerán con especial intensidad sobre los sectores del pueblo trabajador que son ya los más oprimidos y explotados debido a la discriminación racista y al chauvinismo nacional: los obreros de piel negra, morena o amarilla, y los obreros nacidos en otros países. Las mujeres y los jóvenes de la clase trabajadora sufrirán de forma desproporcionada.

Las guerras y las amenazas de guerra serán más frecuentes en un sistema imperialista afectado por una crisis cada vez más profunda. A medida que los trabajadores se organicen para combatir los crecientes ataques a sus

---

5. Ver "Producción progresiva de una sobrepoblación relativa o ejército industrial de reserva", *El capital*, tomo III, págs. 782–97.

condiciones de vida y de trabajo, aumentarán también los ataques contra los derechos democráticos. Los capitalistas apoyarán métodos cada vez más violentos, tanto legales como extralegales, para mantener su dominio. Comenzarán a surgir movimientos políticos reaccionarios que pretendan combatir y aplastar el ascenso de las luchas de los obreros y sus aliados. Será más visible el rostro brutal del dominio capitalista. Instituciones que durante mucho tiempo fueron estables serán desechadas, a medida que las crecientes luchas de clase hagan añicos a los partidos políticos y a los sindicatos, y transformen la política normal.

Se agravará la crisis social y política que se ha venido desarrollando en la Unión Soviética y en los estados obreros de Europa oriental, a medida que estos países sientan los efectos de las convulsiones económicas y políticas de todo el mundo capitalista. Los estados obreros que heredaron una estructura económica semicolonial, impuesta por muchas décadas de dominio y agresión imperialistas, sufrirán de forma particular las consecuencias de una depresión mundial.

Este es el futuro cuyo arribo inminente fue anunciado por la caída del mercado de valores en octubre de 1987.

Creciente presentimiento de depresión y crisis social

Durante toda la historia del capitalismo, cada una de las grandes crisis económicas y sociales se ha manifestado en el punto más volátil y vulnerable de la economía capitalista: el ámbito de las relaciones crediticias y monetarias. Con el surgimiento del papel centralizador que ocupa la bolsa en las finanzas, la producción y el cambio capitalistas, Wall Street ha registrado los primeros temblores de cada contracción económica aguda. El ejemplo más notable fue el bajón de octubre de 1929, el cual anunció la Gran Depresión que comenzó al cabo del año siguiente. El hecho de que las direcciones obreras de ese entonces no respondieron ante los golpes aturdidores y brutales de la crisis social de los años treinta, y luego ante las oportunidades revolucionarias planteadas por la creciente resistencia de los obreros y agricultores, condujo a la victoria de la reacción en un país tras otro. Esta derrota histórica culminó al cierre de la década con la matanza global de la segunda guerra imperialista mundial.

La caída de la bolsa en octubre de 1987 afectó la manera de pensar y las expectativas del pueblo trabajador en todo el mundo, y más patentemente en Estados Unidos y otros países imperialistas. Por primera vez desde fines de los años veinte, existe entre millones de obreros y agricultores un creciente presentimiento de que la pregunta no es "si" llegará la depresión y la crisis social, sino "cuándo" llegará. Este presentimiento se ve reforzado por el hecho de que un número cada vez mayor de trabajadores reconoce que la crisis de la deuda que actualmente agobia al Tercer Mundo es parte integral de una explosiva estructura internacional de deudas y que amenaza con provocar una catástrofe mundial que destruiría no solo su propia vida sino la de los pueblos de Asia, Oceanía, Africa y América.

Esta anticipación no hará menos abrumador el golpe que ha de recibir la clase trabajadora cuando se desaten una depresión y una crisis social a nivel mundial. No hay forma de que las masas del pueblo trabajador se preparen para ello. Sin embargo, este mayor reconocimiento de la inevitabilidad de una depresión está convirtiéndose en un factor político de mayor importancia para un número creciente de trabajadores que examinan propuestas para organizar la defensa de sus condiciones de vida y del derecho al empleo. Este fenómeno además predispone a un sector de la vanguardia de la clase obrera a emular a aquellos que toman iniciativas decididas y meditadas y, a partir de nuevas experiencias, a escuchar objetivamente y con menos prejuicios las respuestas políticas que anteriormente había descartado. Amplía la comprensión de que el desahucio, el desempleo prolongado y el deterioro de las condiciones de salud —que ya han golpeado a algunos sectores de los obreros y agricultores, y a los trabajadores de ciertas industrias y regiones— ofrecen una muestra de lo que le depara el futuro a todo trabajador. Son asuntos en que ahora apremia más el interés —y la acción— de todos.

La crisis social generalizada no se propagará por la Tierra como un Gran Nivelador, reduciendo las condiciones de todos los trabajadores al nivel de los más explotados, o las condiciones del pueblo trabajador en los países imperialistas al nivel de las masas en el mundo semicolonial. Devastará a los explotados del mundo en su conjunto, golpeando con especial severidad a los más pobres e intensificando la competencia entre los trabajadores. Pero simultáneamente, dicha crisis social mundial también provocará un mayor acercamiento entre los trabajadores tanto en cuanto a sus condiciones como su conciencia. Los propios trabajadores empezarán a forjar una nueva visión mundial. A raíz de las condiciones que enfrentarán cientos de millones de trabajadores en Estados Unidos y otros países imperialistas, muchos de ellos empezarán a considerar a los desempleados, los desamparados, los agricultores y campesinos desposeídos, y a las masas del Tercer Mundo no como parias —no como "subclase" o como "marginados" o "pobres" o "ilegales" o "borrachos y escandalosos"— sino como hermanos trabajadores con quienes comparten intereses, metas y el mismo enemigo de clase.

Alrededor del mundo los trabajadores descubrirán su propio valor y dignidad, realizable por acción conjunta en la lucha de clases. En el transcurso de este proceso, millones de personas serán persuadidas de sumarse a la lucha para construir un liderazgo comunista internacional capaz de dirigir estas luchas hasta la victoria.

Reconstruir una dirección comunista mundial

Si bien la clase obrera en su conjunto no se puede preparar para la crisis que se acerca, la vanguardia política de la clase obrera sí debe prepararse porque, de no hacerlo, será incapaz de enfrentar el reto. La depresión y la crisis social que se avecinan conllevan consecuencias prácticas de índole política, organizativa y estratégicas para los comunistas de hoy, precisamente porque podemos anticipar lo que está por venir.

Los sindicatos y los partidos políticos en el movimiento obrero se verán sacudidos hasta los cimientos. Las cúpulas sindicales y las organizaciones estalinistas caerán aún más en crisis. Careciendo de una composición y orientación proletarias, el "movimiento de izquierda" se atomizará, algunos sectores quedarán desmoralizados y otros gravitarán hacia la extrema izquierda o la extrema derecha. Para un creciente número de luchadores de pensamiento revolucionario, será más evidente la verdad planteada por Fidel Castro de que en el mundo de hoy "ser revolucionario es, y será cada vez más, ser comunista".[6] Para los obreros de vanguardia crecerán las oportunidades y las responsabilidades de reconstruir un liderazgo comunista

---

6. Fidel Castro, discurso al V Congreso de la Unión de Jóvenes Comunistas, 5 de abril de 1987. Fue publicado en el *Resumen Semanal Granma* del 19 de abril de 1987.

internacional de la clase obrera.

Más que anticipar lo que está por venir, los comunistas deben entenderlo, explicarlo y prepararse para ello. Esto requiere profundizar su viraje hacia los sindicatos industriales y la proletarización de las organizaciones comunistas.[7] Esta realidad cambia lo que los comunistas pueden y deben explicarles y plantearles a otros obreros de vanguardia. Define lo que los comunistas deben enfocar en sus periódicos, libros, folletos y campañas políticas, a la vez que luchan hombro a hombro con otros obreros que buscan el rumbo a seguir en las batallas sindicales y luchas políticas y sociales.

Solo las crecientes batallas y la polarización de clases —que inevitablemente acompañarán la depresión venidera— pueden crear las condiciones bajo las cuales se podrán construir verdaderos partidos obreros comunistas de masas en los países imperialistas. Las ilusiones que la aristocracia obrera deposita en el capitalismo resultarán cada vez más quiméricas, lo cual debilitará la base estable de la falsa dirección burocratizada del movimiento obrero. Se dará al traste con la presuposición de que el capitalismo y la democracia van el uno con el otro. Cientos de millones de vidas serán transformadas. Unicamente estas condiciones podrán llevar a situaciones revolucionarias que planteen la lucha por el poder por parte de los obreros y agricultores en los países imperialistas.

El debilitamiento del sistema imperialista de opresión y explotación acelerará la desintegración del dominio político ejercido por las castas burocráticas consolidadas

---

7. Para leer acerca de la orientación política del Partido Socialista de los Trabajadores hacia los sindicatos industriales, ver Jack Barnes, *El rostro cambiante de la política en Estados Unidos: la política obrera y los sindicatos* (Nueva York: Pathfinder, 1999).

en la Unión Soviética y en los estados obreros de Europa oriental. Esto creará condiciones más fértiles para que un movimiento comunista mundial desarrolle organizaciones comunistas también en estos países.

El mayor reconocimiento de que se acerca una crisis social mundial da más importancia a la conciencia de que solo se puede reconstruir una dirección comunista si es verdaderamente internacional. Lo decisivo es la construcción en cada país de núcleos comunistas organizados y templados, que sean parte integral de un movimiento mundial cada vez más homogéneo de organizaciones comunistas. La existencia previa de organizaciones proletarias independientes formadas por estos cuadros experimentados será requisito para aprovechar las oportunidades futuras de construir partidos comunistas de masas al calor de batallas titánicas, partidos capaces de dirigir a los obreros y agricultores hacia la conquista de sus propios gobiernos.

II. LA BAJA DE LA TASA GENERAL DE GANANCIA Y LA DEPRESION MUNDIAL QUE SE AVECINA

LA BAJA DE LA TASA GENERAL de ganancia industrial recibida por las familias capitalistas en los países imperialistas explica la evolución de los factores económicos que hacen inevitable el comienzo de una depresión mundial en los próximos años. Como resultado de esta baja, en todas las principales economías capitalistas del mundo se ha ido profundizando una crisis caracterizada por la deceleración de la acumulación de capital. El comienzo de esta crisis se percibió en Gran Bretaña a mediados de los años sesenta, mientras que en Japón no se observó sino hasta mediados de los setenta.

Durante la posguerra, el punto más alto de la tasa general de ganancia de los capitalistas industriales en Estados Unidos se dio en el primer lustro después de la Segunda Guerra Mundial. En esa época, la clase patronal estadounidense aún gozaba del ímpetu de un ascenso en la acumulación de capital impulsado por la guerra, alimentado inicialmente por una masiva producción militar y por el hecho de que los gobernantes —con la colaboración patriotera de la cúpula sindical— habían logrado aumentar agudamente la explotación de la mano de obra.

Para 1943, el nivel de producción industrial de Estados Unidos se duplicó respecto del alcanzado en 1940, antes de la guerra. Entretanto, la voluntad de la burocracia sindical de hacer valer las medidas impuestas por el gobierno —incluidos el control de salarios, la anulación de leyes laborales y la promesa de no ponerse en huelga mientras durara la guerra— hizo que la semana laboral promedio saltara desde unas 38 horas en 1940 hasta 45 horas en 1943–45. Además, impidió que durante toda la guerra el salario real en la industria manufacturera aumentara más del 20 por ciento. Mientras tanto, entre 1940 y 1948 el monto total de las ganancias netas de las corporaciones estadounidenses ascendió en más del triple, a la vez que la tasa general de ganancia de los capitalistas casi se duplicó.

La evolución de las economías capitalistas del mundo a partir de la Segunda Guerra Mundial

La tasa general de ganancia en la industria norteamericana había alcanzado su punto máximo para 1950. Sin embargo, durante las dos décadas siguientes, un enorme aumento en la masa de sus ganancias logró más que compensar por el lento descenso de la tasa de ganancia de los dueños del capital industrial. Animados por esta circulación de efectivo y por sus expectativas de mayores ganancias, los patrones invirtieron capital para reemplazar los gastados equipos y plantas de la época de la guerra y la preguerra con nuevas fábricas, maquinaria pesada y transporte de carga, que aumentaron tremendamente la capacidad de producción y transporte industrial. Los capitalistas invirtieron en la mecanización y automatización de nuevas ramas de la industria manufacturera. Crecieron enormemente las industrias de automóviles, de bienes de consumo duradero (refrigeradores, lavadoras, secadoras, televisores, etcétera) e industrias relacionadas.

Este cuarto de siglo de expansión general del capitalismo norteamericano fue impulsado además por las inversiones y los créditos dedicados a la reconstrucción de Europa occidental y de Japón; el aumento posterior del comercio internacional; y la superexplotación intensificada de las regiones del mundo semicolonial donde los rivales imperialistas de Washington habían sido desplazados durante la guerra. Todas las clases gobernantes imperialistas sacaron jugosas ganancias del auge de acumulación de capital de la posguerra, ya fuera a partir de 1941 como en el caso de Estados Unidos, Canadá, Australia y Nueva Zelanda, o desde fines de los años cuarenta como sucedió en Europa occidental y Japón.

P<small>ARA FINES DE LOS AÑOS SESENTA</small>, esta expansión prolongada —que abarcó cuatro ciclos comerciales de altibajos en la producción y el comercio capitalistas— comenzó a convertirse en una crisis de deceleración de la acumulación de capital. No solo comenzaron a caer más rápidamente las tasas generales de ganancia, sino que comenzó a estancarse el crecimiento de la masa de ganancias acumulada por los capitalistas. En Estados Unidos, la tasa de ganancia neta para las inversiones en fábricas y maquinaria cayó desde un promedio de 8 por ciento a mediados de los años sesenta hasta un poco más del 4 por ciento en la actualidad.

El crecimiento intermitente, la intensificación de la competencia imperialista de precios y un aumento de la inflación y de la inestabilidad caracterizaron esta nueva etapa en la evolución de las principales economías capitalistas. Desde fines de 1944, la estabilidad de las tasas de cambio entre el dólar y otras monedas imperialistas había sido la base fundamental del sistema monetario y de las relaciones comerciales capitalistas a nivel internacional. Este arreglo se había basado en el monopolio industrial estadounidense después de la guerra.

Sin embargo, antes de terminarse la década del sesenta, ya se había acabado este monopolio. Al mismo tiempo, Washington estaba acumulando déficits presupuestarios cada vez mayores para financiar la guerra de Vietnam. Añadiéndose a las medidas económicas que el gobierno usó para contrarrestar el comienzo de la deceleración de la acumulación de capital y la creciente competencia de precios, estos déficits agravaron las presiones inflacionarias de todas las economías capitalistas del mundo. En agosto de 1971, en momentos en que un número creciente de rivales de los gobernantes norteamericanos trataba de cambiar sus reservas de dólares depreciados por oro del Departamento del Tesoro de Estados Unidos, la administración Nixon puso fin a la convertibilidad del dólar por oro. Esta medida acabó con la tasa de cambio fija del dólar en el mercado internacional de divisas que se había establecido un cuarto de siglo antes, tras el triunfo norteamericano en la Segunda Guerra Mundial.

Para 1973, Estados Unidos se vio afectado por escaseces de petróleo y de carne, y las tasas de inflación en el país sobrepasaron el 10 por ciento. A esto le siguió, en 1974–75, la primera recesión a nivel mundial desde la de 1937–38, golpeando simultáneamente a todas las principales economías capitalistas. Esta combinación de alzas explosivas de precios, escaseces y una recesión internacional comenzó a corroer la confianza que millones de trabajadores habían depositado en las declaraciones de los gobernantes en la posguerra de que el sistema capitalista había iniciado una etapa nueva e irreversible de crecimiento económico, estabilidad y mayor bienestar para todos los sectores de la población.

La EXPANSION DEL CICLO comercial capitalista ocurrida en 1976–80 fue simultáneamente superficial e inflacionaria. Las tasas de crecimiento, que durante los años sesenta y principios de los setenta habían promediado 5 por ciento en todos los países imperialistas, bajaron a poco más del 3 por ciento durante la recuperación. La tasa oficial de desempleo en Estados Unidos y otros países imperialistas se mantuvo muy por encima de los niveles de desempleo del cuarto de siglo anterior. Ante el impacto de la recesión de 1974–75, la tasa de inflación bajó al principio pero, al igual que las tasas de desempleo, se mantuvo a niveles más elevados que el promedio de los años de la posguerra.

Ya para 1979–80 el dólar norteamericano había estado cayendo durante casi media década en relación a las monedas de sus principales rivales imperialistas, y los aumentos de precios en Estados Unidos nuevamente habían sobrepasado el 10 por ciento. La inflación promedió más del 11 por ciento en 1979 y más del 13 por ciento en 1980. Ante este estallido inflacionario, los gobernantes norteamericanos tomaron medidas para apuntalar el dólar y disminuir la inflación durante los últimos dos años de la administración Carter. La Junta de la Reserva Federal restringió bruscamente el suministro de dinero, casi duplicando las tasas de interés en un período de dos años. En 1981 la tasa prima de interés en Estados Unidos había subido a casi el 20 por ciento, el nivel más alto desde la guerra civil norteamericana, lo cual tuvo consecuencias desastrosas para los pequeños agricultores agobiados por las deudas, para los países del Tercer Mundo y para los trabajadores que trataban de pagar sus préstamos por un auto o una casa. Los capitalistas de Japón, Alemania, Gran Bretaña y otros países imperialistas invirtieron grandes sumas de capital en Estados Unidos para aprovechar estas altísimas tasas de interés, mientras que el dólar tuvo un alza desenfrenada con respecto al yen, al marco y a la libra esterlina en los mercados monetarios mundiales.

Las bruscas medidas tomadas por los gobernantes norteamericanos para detener la erosión inflacionaria de sus ganancias debilitó la ligera expansión del ciclo comercial capitalista que había comenzado en 1976. En Estados Unidos la breve baja en 1980 fue seguida rápidamente por una profunda recesión en 1981-82. Bajo el impacto de las elevadísimas tasas de interés, las inversiones en nuevas fábricas y equipo —que ya estaban decayendo— se fueron a pique. Esto fue seguido rápidamente por una ola de cierres de fábricas y cesantías. Las quiebras de bancos y empresas empezaron a subir bruscamente. El valor de la tierra se desplomó justo cuando las deudas de los agricultores comenzaban a subir a un ritmo récord, lo que desencadenó la ola más grande de liquidaciones forzosas de granjas que se haya dado desde los años treinta.

La creciente deuda de los países del Tercer Mundo se

aceleró hasta alcanzar sus actuales niveles impagables, insostenibles e intolerables. Se deceleró el crecimiento del comercio mundial y se intensificó la competencia interimperialista. En Estados Unidos, por primera vez desde fines de los años treinta, el desempleo subió por encima del 10 por ciento. Los salarios reales de los trabajadores en Estados Unidos, que ya venían bajando desde fines de los años setenta, disminuyeron a un ritmo aún mayor. Comenzó a crecer la brecha entre las condiciones generales de la clase obrera y las de los obreros que son discriminados por el color de su piel o su origen nacional.

Los efectos de esta brutal recesion habrían sido cualitativamente más fuertes si la contracción económica hubiese golpeado simultáneamente a todos los principales países imperialistas, como sucedió en 1974–75. Pero resultó que Japón y varios países de Europa occidental no cayeron en una recesión y esto en cierto grado amortiguó la baja en Estados Unidos, Canadá, Gran Bretaña y Alemania occidental. Aun así, las consecuencias de 1981–82, y lo que revelaron sobre la creciente crisis de la acumulación de capital, dejaron su huella en el resto de la década.

El crecimiento económico anual promedio en los países imperialistas, que había sobrepasado el 3 por ciento en los años setenta y el 5 por ciento en los sesenta, bajó a un 2.5 por ciento en los años ochenta. El crecimiento anual de la producción industrial ha bajado abruptamente, como también ha disminuido la tasa de expansión del comercio mundial.

En Estados Unidos, la fuerte recesión de 1981–82 coincidió con una feroz intensificación de la ofensiva patronal contra el movimiento obrero, anunciada en 1981 con la destrucción del sindicato de los controladores de tráfico aéreo, PATCO. La capitulación total de la cúpula sindical ante la arremetida de los patrones y su gobierno precipitó una fuga en desbandada por parte de la clase obrera industrial y de los sindicatos industriales durante los cinco años siguientes.

Para los países semicoloniales, las consecuencias han sido mucho peores. Muchos de estos países nunca salieron de la recesión de 1981–82, y durante la actual década prácticamente no han tenido crecimiento económico alguno. En 1987, el Producto Nacional Bruto real per cápita en América Latina fue un 5.5 por ciento menor que en 1980, y para nueve países (Bolivia, Guatemala, Venezuela, Nicaragua, Argentina, El Salvador, Haití, Honduras y México) la baja osciló entre 10 y 27 por ciento. Esta disminución de crecimiento ha agravado la crisis de la deuda en todo el Tercer Mundo.

Consecuencias acumulativas de la baja de la tasa general de ganancia

La crisis imperialista de acumulación de capital pronto iniciará su tercera década. Al igual que la época de expansión capitalista que le precedió, ha abarcado unos cuantos ciclos comerciales de recesión y recuperación. Sus consecuencias han sido y siguen siendo de gran envergadura:

1. Intensificación de la competencia interimperialista
La presión bajista sobre las tasas de ganancia intensificó la competencia de precios entre los capitalistas, incluso a nivel internacional. Esto rompió el monopolio industrial que los capitalistas estadounidenses mantenían desde el fin de la Segunda Guerra Mundial.

Cuando los gobernantes estadounidenses entraron a

la guerra, estaban produciendo una tercera parte de las manufacturas del mundo; tras la guerra, menos de cuatro años después, la cifra había saltado al 50 por ciento. Alentados por esta ventaja en el mercado mundial, los capitalistas norteamericanos pospusieron grandes y costosas inversiones para la modernización de fábricas y equipo en industrias tales como la automotriz y la siderúrgica. Su ventaja competitiva les permitía mantener los precios en el mercado mundial muy por encima de los costos actuales de producción, cobrando superganancias que representaban rentas monopolistas.

Sin embargo, para fines de los años sesenta, la posición monopolista de los capitalistas estadounidenses había sido desafiada en una industria tras otra: la siderúrgica, la automotriz, la de maquinaria agrícola, la electrónica, la aerospacial, la de tecnología de computadoras, la de ropa y textiles. Al principio los gobernantes norteamericanos enfrentaron mayor competencia en el mercado mundial principalmente de Japón, Alemania occidental y otros aliados imperialistas. Para los años setenta la competencia de precios ya comenzaba a crecer incluso con un sector de capitalistas industriales en un puñado de países semicoloniales como Corea del Sur, Hong Kong, Singapur y Taiwan. La competencia por los mercados de cereales y otras mercancías agrícolas ha venido no solo de los rivales imperialistas, sino de capitalistas en ciertos países semicoloniales, producto de la "revolución verde" y la reorientación de la agricultura hacia el mercado mundial. Esta competencia ha forzado a los capitalistas en Estados Unidos y otros países a reducir los precios de las mercancías manufacturadas y agrícolas, aumentando la presión sobre las tasas de ganancia.

Los acontecimientos de los últimos 25 años han confirmado una vez más la observación de Marx que "la baja en la tasa de ganancia suscita la lucha de competencia entre los capitales, y no a la inversa".[8]

2. Sobreproducción y exceso de capacidad industrial
Esta competencia interimperialista se está agudizando en un mercado plagado por la sobreproducción de mercancías y un exceso de capacidad industrial. Los medios de difusión patronales han subrayado que la manufactura en Estados Unidos, después de haber bajado hasta el 68 por ciento de su capacidad durante la recesión de 1982, ya en mayo de 1988 estaba funcionando a un nivel promedio del 83 por ciento de utilización de fábricas y equipo. Pero lo que rara vez señalan es que este "elevado" porcentaje es en realidad el nivel más bajo de utilización de capacidad durante el apogeo de una expansión del ciclo comercial en Estados Unidos desde mediados de los años sesenta. En contraste, en 1966 la utilización de capacidad fue mayor del 91 por ciento; en 1973 casi el 88 por ciento; y en 1979, un 85 por ciento.[9]

---

8. *El capital*, tomo VI, pág. 329.

9. En octubre de 1994, según las cifras del gobierno estadounidense, el aprovechamiento de la capacidad productiva llegó al 84.9 por ciento. Si bien el índice oficial del aumento de precios al consumidor se mantuvo entre los niveles más bajos desde comienzos de los años sesenta, el aumento de capacidad en 1994 fue uno de los factores que los miembros de la junta del Banco de Reserva Federal mencionaron a mediados de noviembre cuando aumentaron los tipos de interés interbancarios por sexta vez en el año. Al hacerlo evocaron el fantasma de líneas de producción sobreextendidas, escaseces repentinas y una consecuente alza en los precios.

No obstante, la realidad sobre estas cifras del aprovechamiento de la capacidad es que, con el correr del tiempo, revelan menos —y no más— acerca de la producción capitalista. En primer

Los capitalistas siguen teniendo demasiada capacidad industrial. Se ven plagados de sobreproducción de mercancías: o sea, de más producción de la que pueden vender sacando ganancias suficientes para justificar la expansión de sus fábricas y equipo productivo. Los patrones han obligado a los trabajadores a pagar el precio mediante la reorganización del trabajo, la aceleración del ritmo de producción, el cierre de fábricas y las cesantías. Es decir, persiguen la única opción que tienen: incrementar la plusvalía absoluta (prolongando la jornada laboral) y la plusvalía relativa (intensificando el trabajo al acelerar la producción y agregando las llamadas máquinas para economizar mano de obra) hasta donde permita la correlación de fuerzas de clases.

Desde 1979, nada más que en la industria automotriz, la Ford ha cerrado 15 fábricas y eliminado el 30 por ciento de sus empleados; la General Motors ha anunciado planes para cerrar por lo menos el 15 por ciento de su capacidad fabril y eliminar 100 mil trabajadores en los próximos años. Entre 1980 y 1985 se cerraron 75 plantas procesadoras de carne. Aún así, con la aceleración del ritmo de trabajo y la nueva tecnología y maquinaria en

---

lugar, estas cifras no incluyen fábricas, minas y equipo que los capitalistas han dejado de utilizar por el momento pero que podrían reactivar conforme lo dicte la necesidad de ganancias. En segundo lugar, las cifras oficiales no reflejan el aumento de la producción logrado por la prolongación de las horas de trabajo (plusvalía absoluta) y el aumento de la productividad (plusvalía relativa), según los describe esta sección de la resolución. Por último, las cifras se limitan a las minas, plantas y fábricas ubicadas en Estados Unidos, sin tener en cuenta el creciente porcentaje de piezas y materiales que son producidos en plantas de propiedad estadounidense en el exterior y que son utilizados en la producción interna.

las restantes plantas de carne, se incrementó la producción con un cuarto de millón de trabajadores menos. La fuerza laboral en la industria del acero ha sido reducida a la mitad con los cierres de fábricas en Pittsburgh, Birmingham, Baltimore, Gary, Chicago y otras ciudades.

La sobreproducción y exceso de capacidad productiva que afectan a las clases gobernantes en los países imperialistas se reflejan no solo en el aumento de cierres de fábricas y despidos, sino en el estancamiento del comercio mundial. La tasa de crecimiento del comercio mundial bajó de un nivel anual de casi 9 por ciento entre 1963 y 1973 a menos de la mitad de esa cifra en los 15 años siguientes.

Sin embargo, la sobreproducción, el exceso de capacidad, los cierres de fábricas, el desempleo, la intensificación del trabajo y la deceleración del comercio mundial: nada de esto tiene que ver con lo que necesitan y lo que podrían utilizar miles de millones de trabajadores en el mundo. Los obreros y campesinos necesitan alimentos, ropa, vivienda, medios de transporte, libros, medicinas y muchos otros bienes. Sin embargo, aunque los adelantos en la productividad del trabajo reducen el tiempo necesario para producir todos estos artículos, los propios productores tienen cada vez menos recursos para comprarlos.

Según observó Marx acerca de la historia del capitalismo: "Puesto que el fin del capital no es la satisfacción de las necesidades, sino la producción de ganancias . . . debe producirse constantemente una escisión entre las restringidas dimensiones del consumo sobre bases capitalistas y una producción que tiende constantemente a superar esa barrera que le es inmanente. Por lo demás, el capital se compone de mercancías, y por ello la sobreproducción de capital implica la sobreproducción de mercancías. . . .

"No se producen demasiados medios de subsistencia en proporción a la población existente; por el contrario. Se producen demasiado pocos como para satisfacer decente y humanamente al grueso de la población. No se producen demasiados medios de producción para ocupar a la parte de la población capaz de trabajar; por el contrario.... Pero periódicamente se producen demasiados medios de trabajo y de subsistencia como para hacerlos actuar en calidad de medios de explotación de los obreros a determinada tasa de ganancia".[10]

3. Reducción de la inversión de capital en fábricas y equipos que aumentan la capacidad productiva

En la última década ha habido un abrupto descenso en la tasa de nuevas inversiones de los capitalistas norteamericanos en fábricas y equipo que aumentan la capacidad productiva. Los cierres de fábricas y despidos han ilustrado las presiones competitivas que obligan a los gobernantes a deshacerse de la capacidad menos productiva. Así se han destruido enormes cantidades de valor. Pero debido al estancamiento de las ganancias, a los capitalistas les sigue resultando menos provechoso invertir en la construcción de nuevas fábricas y en la compra de nuevas tecnologías industriales que pudieran expandir la capacidad productiva. El capital financiero no ha hecho muchos preparativos para integrar a grandes cantidades de mano de obra nueva en sectores ampliados y modernizados de la producción industrial.

Cuando comenzó la recesión de 1974–75, la inversión en la construcción de nuevas fábricas en Estados Unidos era un 172 por ciento mayor de lo que había sido 13 años atrás. Pero en los siguientes 13 años, la tasa de crecimien-

---

10. *El capital*, tomo VI, págs. 329–31.

to de la construcción de nuevas fábricas se redujo a menos de la mitad. Y desde la aguda recesión de 1981–82, la inversión anual en nuevas fábricas decayó en casi un 25 por ciento: de unos 17 mil millones de dólares en 1981 a unos 13 mil millones en 1987. Al tomar en cuenta la inflación de esos seis años, la caída en términos reales ha sido mucho más abrupta.

En vez de ampliar la capacidad productiva, la inversión manufacturera durante la expansión del ciclo comercial posterior a 1982 se ha concentrado en mejorar el nivel técnico y reequipar algunas de las fábricas y maquinaria existentes.[11] Esta inversión en tecnología que "ahorra mano de obra" ha propiciado, según se proyectaba, una reorganización del trabajo que ha intensificado brutalmente el trabajo, desde el procesamiento de carne hasta la producción de papel. Esta intensificación cobra un precio terrible en cuanto a la seguridad y la salud; implica una prolongación de horas de trabajo para los obreros que aún tienen empleos; y elimina los empleos de muchos otros obreros. Mientras que Washington hace alarde de que la economía norteamericana ha creado 15 millones de nuevos empleos desde la expansión a fines de 1982,

---

11. En 1993 los gastos de lo que el propio Departamento del Comercio de Estados Unidos define como "expansión" —fábricas y edificios nuevos que requieren de más trabajadores— fueron menos de la mitad de lo que habían sido durante los períodos de expansión capitalista de los años sesenta. Cuando, de los gastos por equipo en general, se sustraen los desembolsos por computadoras y otro equipo procesador de información destinados a reducir costos (desde la expansión económica estadounidense de marzo de 1991 hasta el mes de junio de 1994), resulta que las inversiones en nuevo equipo para la expansión de la capacidad bajaron en un 5 por ciento y los gastos de construcción o ampliación de edificios de fábricas bajaron en más del 25 por ciento.

durante ese mismo período se han perdido casi un millón y medio de empleos en la minería y la manufactura. Y el promedio de horas de trabajo en el sector industrial ha subido de 39 horas a 41 horas semanales; inclusive hay muchos obreros que laboran 50 ó 60 horas por semana, o aún más.

La revelación más importante que se desprende de la caída de la bolsa en octubre de 1987 no es lo que sucedía en los mercados mundiales de acciones y obligaciones, sino el impacto desestabilizador global de lo que *no* estaba sucediendo respecto a la expansión de inversiones de capital en plantas y equipo industriales que aumentan la capacidad productiva.

4. La ola especulativa y la explosión de la deuda

La recuperación posterior a 1982 ha sido impulsada por una enorme expansión de capital ficticio. Los dueños de las corporaciones norteamericanas han estado emitiendo obligaciones conocidas como *junk bonds* (con altas tasas de interés pero de alto riesgo) para financiar una orgía de fusiones y adquisiciones de empresas, y virtiendo su capital en toda una nueva variedad de títulos de valores.

En la última década la deuda comercial se ha triplicado, hasta llegar a 3 billones de dólares; muchas corporaciones están gastando el 50 por ciento de sus ingresos en pagos de intereses a los bancos y obligacionistas. En cambio, en 1986 los bancos comerciales —que a diferencia de los llamados bancos de inversiones supuestamente ganan su dinero a partir de intereses sobre préstamos garantizados con bienes productivos reales tales como tierras y fábricas— recaudaron una cuarta parte de sus ganancias a partir de utilidades de capital (es decir, del alza de precios) en los mercados de valores. En seis años, la deuda del gobierno norteamericano subió desde 1 billón de dólares a 2.5 billones de dólares, y actualmente un 20 por ciento del presupuesto federal termina directamente en los bolsillos de los ricos obligacionistas. (Si se incluyen estos pagos de intereses, se deduce que mucho más de la mitad del presupuesto sirve para pagar el costo de las guerras imperialistas pasadas o presentes, y para preparar las próximas.) Ha habido una gigantesca adquisición de préstamos de capital en los mercados internacionales de valores. Por ejemplo, la compra de acciones y obligaciones norteamericanas en el extranjero se multiplicó 13 veces, aumentando de 7 mil millones de dólares en 1980 a casi 90 mil millones a mediados de 1987. Miles de millones de dólares en pagos de intereses exprimidos del sudor y la sangre de los trabajadores del Tercer Mundo han ido a parar a estos bancos. Las deudas hipotecarias y de consumidores se han multiplicado más de 12 veces desde 1980, alcanzando 2.9 billones de dólares en la actualidad.

Aunque en su totalidad el nivel de empleo aumentó en un 15 por ciento entre fines de 1982 y septiembre de 1987, el número de empleos en las casas corredoras y los bancos de inversiones dio un salto de más del 60 por ciento; en las agencias de crédito, de más del 50 por ciento; en el sector de bienes raíces, de más del 30 por ciento; y en las compañías de seguros, de casi un 20 por ciento.

CON CADA SEMESTRE que se postergue la próxima contracción del ciclo comercial capitalista recurriendo a estos medios, se pagará con una crisis aún más estremecedora cuando estalle la próxima recesión. Además, en esta etapa avanzada de la baja de la tasa general de ganancia y del estancamiento de la masa de ganancias, toda crisis parcial —sea una recesión, otro bajón en Wall

Street, una mala cosecha de un producto importante, un desastre de la deuda del Tercer Mundo, o quiebras bancarias— podría desatar una reacción en cadena que eliminaría de la noche a la mañana la actual montaña de títulos de valores, provocando el derrumbe de los mercados para su compra y venta. Ni una gran reducción de la tasa de interés por parte de la Junta de la Reserva Federal de Estados Unidos, ni una inundación de dólares por parte del Departamento del Tesoro podrían impedir tal caída. Por más fácilmente que les llegue el dinero, los capitalistas solo lo usarán si lo pueden convertir en capital e invertirlo para que rinda suficientes ganancias.

La búsqueda de mayores ganancias ante el declive de la tasa general de ganancia industrial fue lo que produjo el alza de los precios de acciones, que terminaron por desmoronarse a fines de 1987. Sin embargo, el "mercado alcista" que caracterizó a Wall Street antes de octubre opacó el hecho de que el estancamiento de ganancias que empezó a fines de los años sesenta ha ido acompañado de un fuerte descenso en los precios reales —tomando en cuenta la inflación— de las acciones. Marx explicó que el precio de las acciones y obligaciones es hasta cierto grado "independiente del movimiento de valor del capital real que representan", pero que al mismo tiempo "fluctúa con el nivel y la seguridad de las utilidades sobre las cuales confieren títulos jurídicos",[12] o sea, fluctúan con las ganancias anticipadas de los capitalistas que emiten estos papeles. A la larga, una crisis prolongada de acumulación de capital debe causar una caída en la bolsa. El índice Dow Jones de acciones industriales fluctúa actualmente alrededor de los 2 100 puntos, por debajo de los más de 2 700 puntos que alcanzó en agosto de 1987. Y actualmente tendría que

---

12. *El capital,* tomo VII, pág. 602.

saltar a casi 3 500 puntos en términos reales, teniendo en cuenta la inflación, a fin de retornar al punto máximo alcanzado por la bolsa de valores en 1966.[13]

5. La quiebra de bancos y empresas norteamericanos

Otra consecuencia de la caída de la tasa de ganancia de los capitalistas estadounidenses se ve reflejada por la mayor ola de quiebras de bancos y empresas desde la Gran Depresión de los años treinta.

Entre 1947 y 1978 quebraban un promedio tres bancos al año en Estados Unidos. El promedio saltó bruscamente a 10 por año entre 1979 y 1981; luego se dio otro salto brusco hasta casi 50 quiebras durante la recesión de 1982 y el año siguiente; en 1984 llegó a 80; y en 1986 a 120. El año pasado quebraron casi 200 bancos (cerca del 1.5 por ciento de los bancos estadounidenses). En Texas quebraron 25 bancos durante el primer trimestre de 1988. En un reflejo de la inestabilidad del sistema financiero mundial bajo la creciente sombra de las deudas del gobierno, de empresas privadas, de consumidores y del Tercer Mundo, cerca de 1 600 bancos se encuentran actualmente en la "lista de problemas" de Washington, un aumento de casi 800 por ciento desde 1980.

---

13. Seis años después, en noviembre de 1994, el Promedio de Industriales Dow Jones seguía aún por debajo del nivel de 1966, teniendo en cuenta la inflación. Los mercados de valores de Wall Street sufrieron una fuerte baja en los primeros meses de 1994, según lo describe el último artículo de este número. Aunque el índice Dow Jones repuntó durante varios meses a partir de junio, la volatilidad del mercado se manifestó nuevamente cuando se estaban preparando estas notas justo antes del Día de Acción de Gracias. Luego de una baja de casi 150 puntos desde fines de octubre, el índice cayó 140 puntos durante los tres días previos a ese día festivo celebrado a fines de noviembre en Estados Unidos.

Además, una tercera parte de las 3120 instituciones de ahorro y préstamo acumularon pérdidas por un monto de 13400 millones de dólares en 1987, con casi 4 mil millones de dólares más en pérdidas durante el primer trimestre de 1988. Más de 500 quebraron durante el año pasado y otras 500 están al borde de la insolvencia. La verdadera situación de estas instituciones es aún peor de lo que revelan las cifras divulgadas, ya que sus dueños y gerentes usan trucos de contabilidad para mantener los préstamos e intereses que se les deben como parte de su activo hasta mucho después de que estas deudas se han vuelto obviamente incobrables.

El gobierno, al "rescatar" los bancos y cajas de ahorro y préstamo que están quebrando, no pretende proteger las modestas cuentas de cheques o de ahorros de los trabajadores y los propietarios de pequeños negocios. Tampoco pretende impedir las liquidaciones forzosas de tierras, edificios, ganado y maquinaria de los agricultores explotados que están endeudados con estos usureros. El objetivo es de rescatar a los accionistas y obligacionistas adinerados que perderían miles de millones de dólares en capital-dinero si quebraran estas instituciones financieras.

La actual racha de quiebras de bancos y de cajas de ahorro desmiente el mito promovido por los capitalistas de que los ingresos depositados por los trabajadores en estas instituciones están eternamente "garantizadas" por el gobierno. El monto de los depósitos en bancos y cajas de ahorro "asegurados" asciende actualmente a 1.6 billones de dólares. Sin embargo, la Corporación Federal de Seguro de Depósitos (FDIC), que "respalda" los depósitos bancarios, actualmente cuenta con solo 18 mil millones de dólares, y se calcula que en 1988 se empleará hasta la sexta parte de esta suma para rescatar a uno de los principales bancos de Texas. La Corporación Federal de Seguro de Cajas de Ahorro y Préstamo (FSLIC) tenía un déficit de 13 700 mil millones de dólares en marzo de 1988, incluso después de que el año anterior el Congreso le prestara 10 800 mil millones de dólares. En junio de 1988 la FSLIC anunció que iba a gastar más del 40 por ciento de su efectivo en existencia para liquidar dos pequeñas instituciones de ahorro en California. Estos hechos indican lo que les espera a millones de obreros y agricultores si se produce un colapso de gran magnitud en el sistema bancario en Estados Unidos, algo que cada vez resulta más probable.[14]

Las quiebras de negocios, que golpearon con especial fuerza a los pequeños propietarios, ascendieron en 1985 a la mayor tasa desde los primeros años de la Gran Depresión. En 1986 la tasa de quiebras subió más aún, estabilizándose a ese alto nivel en 1987.

6. Catástrofe para los países semicoloniales

Los trabajadores en los países oprimidos de Africa, Asia, Oceanía y América han recibido los golpes más duros de

---

14. Para fines de los años noventa, el gobierno norteamericano habrá gastado alrededor de 250 mil millones de dólares para rescatar a los propietarios de instituciones de ahorro y préstamo que han quebrado. El último artículo de este número describe cómo los bancos norteamericanos fueron haciendo cada vez menos préstamos —su función en la sociedad capitalista durante mucho tiempo— y mejoraron sus balances gracias a las ganancias obtenidas con la compra y venta de diversas formas de títulos. Por primera vez desde fines de los años ochenta, el alza en los tipos de interés a corto y a largo plazo ocurrida en 1994 —y la reducción de la diferencia entre estas tasas— están limitando la capacidad de los bancos de obtener ganancias fáciles mediante la adquisición de préstamos a bajos intereses para comprar obligaciones del gobierno que paguen intereses elevados.

la agudización de la crisis imperialista de acumulación durante el último decenio. Estos países, que han heredado economías deformadas por siglos de dominio colonial y semicolonial, están siendo devastados por la acelerada transferencia de valores allí producidos a manos de las clases imperialistas gobernantes.

Marx señaló que el capital que devenga interés es siempre "la madre de todas las formas absurdas" de capital. De ahí que, "por ejemplo, en la imaginación del banquero las deudas pueden aparecer como mercancías".[15]

Así ha ocurrido con la ofensiva de la deuda que los imperialistas han desatado contra el Tercer Mundo. A falta de vías suficientemente rentables para la inversión de capital-dinero en la expansión de la capacidad industrial, los gobernantes capitalistas en Nueva York, Tokio, Londres, Sydney y otras metrópolis han hecho que los gobiernos y grupos de capitalistas en muchos países semicoloniales asuman préstamos gigantescos. Para los banqueros imperialistas estas crecientes deudas aparecen en su balance de cuentas como un activo enorme: como un "derecho" a chuparse miles de millones de dólares en pagos de intereses, todos los años, de las riquezas producidas por los obreros, campesinos y artesanos en todo el mundo.

Estas deudas, que adoptan la forma de hojas de papel, son en realidad el reflejo de una correlación social de fuerzas entre las familias explotadoras del capital financiero y sus estados, por un lado, y los capitalistas y gobiernos de los países oprimidos, por el otro. El interés compuesto rápidamente sobrepasa al principal y la vorágine del endeudamiento succiona cada vez más las riquezas producidas por los trabajadores en los países semicoloniales. A medida que sube la deuda por los intereses, los

---

15. *El capital*, tomo VI, pág. 439.

imperialistas hacen sentir su tremenda fuerza sobre los gobiernos en los países semicoloniales. Los presionan para que expriman más pagos imponiendo medidas de austeridad cada vez más severas a los obreros y campesinos: devaluaciones de la moneda, la abolición de subsidios a los precios de comestibles y otros productos básicos, recortes salariales, jornadas laborales más largas, la aceleración del ritmo de producción y grandes recortes de gastos para la salud, la educación y la vivienda.

A cambio de la reestructuración de los pagos de los intereses y el principal, los gobiernos del Tercer Mundo se ven forzados a entregar la propiedad de fábricas, minas, tierras cultivables y bosques a los intereses imperialistas, o a entregarles un porcentaje fijo de las ganancias de las ventas de mercancías en el mercado mundial. El gobierno de Argentina ha anunciado planes de transferir al capital extranjero un 40 por ciento de las compañías estatales de teléfonos y aerolíneas a cambio de recibir fondos para pagar una pequeña parte de la deuda. En Brasil, de acuerdo a un plan para el "pago de la deuda", se talarán bosques en una superficie del tamaño de Gran Bretaña para mediados de los años noventa. Otro arreglo en ese país pone en peligro un área del tamaño combinado de Francia y Gran Bretaña. Con este tipo de "planes de renegociación" los banqueros imperialistas otorgan más préstamos y además recaudan intereses por estas nuevas deudas.

Sin embargo, en años recientes la carga de la deuda del Tercer Mundo se volvió tan pesada que ciertos sectores del capital financiero han comenzado a preocuparse por incumplimientos repentinos que podrían desatar una desintegración escalonada del sistema bancario internacional. El monto de las deudas que los países semicoloniales les deben actualmente a las familias imperialistas dominantes es de 1.2 billones de dólares. Entre 1982 y 1987 les robaron 140 mil millones de dólares a estos países en pagos de intereses a esos bancos.

El monto de 228 mil millones de dólares de la deuda de los países africanos equivale a la mitad del Producto Nacional Bruto (PNB) anual del continente; en 17 países al sur del Sahara la deuda representa más del 100 por ciento de su PNB anual y para cinco países más del 200 por ciento. Los pagos de intereses sobre la deuda de Africa absorben un 40 por ciento de los ingresos de sus exportaciones anuales. Sin embargo, la deuda continúa creciendo año tras año.

Para América Latina, los pagos a los bancos imperialistas sobre su deuda de 410 mil millones de dólares consumen como promedio un tercio de los ingresos por exportaciones de las clases poseedoras, y aún así el monto de la deuda aumentó otro 4.5 por ciento en 1987. Entre 1982 y 1987 México perdió 50 mil millones de dólares por pagos de intereses. Entre los países latinoamericanos más endeudados, el año pasado Argentina dedicó más de la mitad de sus ingresos por exportaciones al pago de los intereses, México gastó un 40 por ciento y Brasil un 28 por ciento.

A UNQUE LA CARGA DE LA DEUDA en los países semicoloniales ya estaba alcanzando dimensiones de crisis en los años setenta, no alcanzó su actual proporción monumental sino hasta principios de los años ochenta. En 1973, el monto de la deuda del Tercer Mundo era menos de 100 mil millones de dólares y la de América Latina era de 42 mil millones de dólares. Para 1979 la deuda total de los países semicoloniales había llegado a 300 mil millones de dólares, lo cual aún era solo el 75 por ciento de la actual deuda de los países latinoamericanos. En menos de 10 años, la deuda se cuadruplicó. El garrote de los préstamos, usado por los bancos imperialistas para saquear al Tercer Mundo, se había convertido en sí en una generadora de crisis, inseguridad e inestabilidad en todo el sistema capitalista mundial.

La explosión de las tasas de interés en Estados Unidos y la subida aguda de la cotización del dólar en 1979 infló rápidamente las deudas pendientes, haciendo que los gobiernos de los países semicoloniales recurrieran de nuevo a los bancos en una carrera por obtener préstamos adicionales para mantenerse al corriente en los pagos. Luego, la recesión de 1981–82 redujo en los países imperialistas el mercado para las exportaciones agrícolas y de materias primas procedentes de los países semicoloniales, provocando la caída de los precios de estas mercancías. A su vez, la reducción de los ingresos por exportaciones privó a estos países de los dólares, yenes, libras esterlinas y marcos que necesitaban para cubrir el creciente pago de los intereses y para importar de los países imperialistas los alimentos y productos manufacturados que necesitaban. La abrupta baja de los precios de las materias primas aceleró un descenso más a largo plazo causado por factores tales como el desarrollo de sustitutos manufacturados más baratos, entre los cuales están los textiles, dulcificantes y caucho sintéticos, y nuevas aleaciones metálicas. Según un informe del Banco Mundial, los precios de las materias primas (exceptuando el petróleo) en el mercado mundial en 1986 habían llegado, teniendo en cuenta la inflación, a su nivel más bajo desde fines de los años treinta. El aumento modesto de los precios de ciertas mercancías en la primera mitad de 1988 no significa que vaya a cambiar esta tendencia descendiente a largo plazo.

Mientras tanto, en el mercado mundial los precios de los artículos manufacturados importados por los países semicoloniales —que entre 1979 y 1982 se fueron por las nubes— siguen siendo mayores que los decadentes ingresos de exportación de estos países. Ante este doble golpe, el poder adquisitivo de los ingresos de exportación de Africa se ha desplomado en más del 30 por ciento desde 1980; el de Latinoamérica en un 25 por ciento; y el de Asia (excluyendo a Japón) en casi un 10 por ciento. Esta evolución ha empeorado las relaciones desiguales de comercio entre las familias gobernantes imperialistas y los capitalistas en el Tercer Mundo.

Aún bajo las mejores condiciones monetarias y comerciales para las familias gobernantes de los países semicoloniales, el intercambio desigual es un factor inherente en el nivel de productividad de la mano de obra en los países capitalistas industrializados, que es más elevado porque gozan de un mayor desarrollo económico y técnico en general. Una mercancía producida con una hora de trabajo en un país imperialista generalmente se cambia por otra producida con muchas horas de trabajo en un país semicolonial, canalizando plusvalía creada por los obreros y campesinos en el Tercer Mundo a los bolsillos del capital financiero internacional.

LOS CAPITALISTAS en los paises imperialistas también compiten con los productores semicoloniales por compradores de muchas materias primas y mercancías agrícolas. Cerca del 70 por ciento de las exportaciones de materia prima procede de Norteamérica, Europa occidental, Australia y otros países imperialistas. En la última década las clases dominantes imperialistas han recurrido cada vez más a cuotas, aranceles y otras medidas restrictivas contra las importaciones procedentes del Tercer Mundo para favorecer sus propias ventas y ganancias a costa de los productores semicoloniales. Se calcula que la mitad de las exportaciones de estos países africanos, asiáticos y latinoamericanos son sometidos a restricciones comerciales de ese tipo.

El gobierno norteamericano, por ejemplo, ha protegido a las familias capitalistas dueñas de los gigantescos monopolios azucareros reduciendo anualmente la cuota de importación de azúcar a Estados Unidos. En 1988, la cuota fue reducida en un 25 por ciento, la cantidad más baja de azúcar importada en más de 100 años. En 1988 Estados Unidos importará solo 685 mil toneladas de azúcar, la séptima parte de los 5 millones de toneladas importadas en 1981. Combinada con el *dumping* de azúcar no proveniente de la caña así como de dulcificantes artificiales por parte de los capitalistas norteamericanos y europeos, la cuota norteamericana ha reducido drásticamente los ingresos por exportaciones de muchos países productores de azúcar en el Caribe y América Latina, así como Filipinas y otros países. En lo que va de los años ochenta, las exportaciones de azúcar y otros productos del Caribe a Estados Unidos han sido reducidas en más del 30 por ciento.

EL CAPITAL FINANCIERO también saca jugosas ganancias de la propiedad y control que ejerce sobre los enormes monopolios de la distribución, las redes de transporte y las compañías de seguros, de los cuales dependen los capitalistas en el mundo semicolonial para conseguir acceso al mercado mundial.

La baja del dólar entre fines de 1985 y principios de 1988 respecto a las monedas de otras potencias imperialistas tampoco ha mejorado la situación de la deuda del Tercer Mundo. En el mercado mundial los países semicoloniales venden la mayoría de sus mercancías en dólares; por lo tanto su ingreso neto de exportación se hundió paralelamente con la moneda estadounidense. Sin embargo, como solo una tercera parte de la deuda externa del Tercer Mundo está valorada en dólares, el monto total se ha inflado al fortalecerse el yen, el marco y otras monedas imperialistas. Además, ya que las monedas de casi todos los países del Tercer Mundo se han devaluado con relación al dólar, la porción de su deuda denominada en dólares también se ha vuelto más agobiante.

Al aumentar el peligro del incumplimiento de la deuda del Tercer Mundo en años recientes, los bancos imperialistas han otorgado nuevos préstamos con menos frecuencia. Al mismo tiempo, han presionado más agresivamente para cobrar todo lo que puedan de los intereses atrasados y hacer que los gobiernos del Tercer Mundo acepten condiciones onerosas a cambio de cualquier concesión en la reestructuración de pagos y el otorgamiento de nuevos préstamos.

Tanto en 1986 como en 1987, los países del Tercer Mundo entregaron unos 30 mil millones de dólares más en pagos sobre la deuda de lo que recibieron en nuevos préstamos. Según el Banco Mundial, desde 1982 los países del Tercer Mundo han sufrido una pérdida neta de 85 mil millones de dólares por una combinación de pagos de intereses y fugas de capital por parte de los explotadores nacionales y extranjeros. El Fondo Monetario Internacional y el Banco Mundial —este último establecido supuestamente para ofrecer "créditos para el desarrollo" baratos a los países semicoloniales— han jugado un papel fundamental en esta transferencia de capital de Asia, Africa y América Latina a los cofres de las familias dominantes de Norteamérica, Europa occidental, Japón, Australia y Nueva Zelanda.

Aunque son las burguesías y los tecnócratas de clase media del mundo semicolonial los que se reúnen con los representantes del capital financiero imperialista para renegociar el creciente endeudamiento, son los obreros, campesinos y pequeños productores de estos países oprimidos los que pagan por este robo. Según el Banco Mundial, desde 1980 el peso de la deuda ha reducido en un 25 por ciento el ingreso real en los países semicoloniales más pobres, la mayoría de ellos en Africa, y en un 15 por ciento en países de América Latina y Asia oriental que se hallan en una situación relativamente mejor.

7. Crisis agrícola en los países imperialistas

En mayo de 1988, en un artículo de primera plana del *New York Times* se hizo la grotesca aseveración de que "los agricultores del mundo producen muchísimos más alimentos y otros productos agrícolas de los que el mundo puede utilizar". En un mundo donde unos 10 millones de personas padecen de hambre, cientos de millones sufren desnutrición y cientos de millones más carecen de vivienda y vestimenta adecuadas, nada podría estar más alejado de la verdad. Por otro lado, nada podría señalar tan nítidamente las consecuencias que sufren tanto los agricultores como toda la humanidad por la creciente competencia de precios entre los capitalistas de las grandes potencias imperialistas en el procesamiento, empaque, transporte y mercadeo de productos agrícolas.

El nivel de vida de los agricultores explotados en Estados Unidos ya estaba bajando en los años setenta, a medida que los precios de maquinarias, semillas, fertilizantes, combustible y otros insumos subían mucho más rápidamente que los precios que los agricultores recibían por las mercancías que producían. Al aumentar el precio de la tierra aumentó también el valor de las granjas como garantías de préstamos, lo cual atrajo a los explotadores, que buscaban formas de frenar el descenso de la rentabilidad de su capital. De esta manera, los bancos privados y federales, sedientos de ganancias, presionaron a los agricultores explotados para endeudarse cada vez más a fin de comprar nuevo equipo y ampliar la producción y las tierras agropecuarias.

El ingreso real de los pequeños agricultores ya había comenzado a decrecer para fines de los años setenta. Sin embargo, la calamidad llegó cuando el precio de la tierra se derrumbó durante seis años seguidos, a raíz de la recesión de 1981-82. Entre 1980 y 1986, el precio promedio de la tierra en cinco estados de la región norcentral del país se había desplomado en un 58 por ciento; en Iowa en un 63 por ciento. Durante este período, el precio de la tierra cultivable bajó en un 35 por ciento a nivel nacional, significando una pérdida total de unos 300 mil millones de dólares.

Para los agricultores que vieron subir sus deudas de forma vertiginosa con el alza de las tasas de interés entre 1979 y 1982, el colapso del valor de sus tierras como garantía para mantener los créditos pendientes y obtener préstamos futuros les vaticinó un desastre. La baja continua de los precios de los productos agrícolas durante todo este período exacerbó la crisis de los agricultores.

Los pequeños agricultores sufren ya condiciones de depresión. Más y más de ellos reciben ingresos anuales por debajo de lo necesario para subsistir. Para mantener a sus familias, un número cada vez mayor se ha visto forzado a buscar trabajo en fábricas u otros empleos a tiempo completo. Y cientos de miles han sido expulsados de sus tierras.

De los 2.43 millones de granjas que existían en Estados Unidos a mediados de 1981, unas 260 mil —el 11 por ciento— ya no funcionaban a mediados de 1987. A fines de ese año, la superficie de las tierras que estaban hipotecadas y en manos de los dueños de los grandes bancos, compañías de seguros y agencias del gobierno equivalía a una tercera parte de la tierra cultivable en Iowa.

LAS VENTAS HIPOTECARIAS de granjas pertenecientes a decenas de miles de agricultores endeudados, junto con la baja de las tasas de interés a partir de 1982, redujeron la deuda agrícola total en Estados Unidos: de más de 200 mil millones de dólares a principios de 1980, a menos de 150 mil millones hoy día. Como indicó un economista de la Junta de la Reserva Federal, la situación agrícola "ha mejorado porque los débiles se fueron a la quiebra".

Pero el azote de las liquidaciones forzadas está lejos de acabar. En mayo de 1988 la Farmers Home Administration (FmHA), una agencia semigubernamental supuestamente establecida para ayudar a los agricultores más necesitados, anunció que posiblemente 65 mil de estos productores tendrían que liquidar bienes o serían forzados a la liquidación total de sus granjas. Otros miles de agricultores endeudados con los bancos privados o con otras agencias del gobierno aún siguen siendo expulsados de sus tierras. Se calcula que hoy día más del 15 por ciento de los pequeños agricultores están tan endeudados que corren peligro de perder sus tierras, instalaciones, ganado y equipo, incluso antes de que comience una nueva recesión.

En Estados Unidos decenas de miles de agricultores están siendo arrastrados más rápidamente hacia la liquidación de sus granjas por la desastrosa sequía que desde la primavera y el verano de 1988 ha afectado a casi toda Norteamérica. A fines del primer semestre de 1988, unos 1 900 condados en 37 estados —bastante más de la mitad de los condados en Estados Unidos— habían sido declarados zonas de desastre por el Departamento de Agricultura. En los estados de la pradera central del país, se perdió alrededor del 60 por ciento de la cosecha de cereales de este año. Durante el verano, el rendimiento nacional de las cosechas de maíz, soja, avena, cebada, trigo y otros cereales podría reducirse en un 50 por ciento o más. Para fines de junio una fuerte erosión de suelos había devastado más de 5.3 millones de hectáreas de tierras para cultivo y pastoreo. La humedad del suelo había disminuido en un 32 por ciento por debajo de lo normal, peor que en el punto más bajo de la sequía de la Gran Depresión, que en 1934 creó el *Dust Bowl*, o Cuenca del Polvo.

El dominio capitalista sobre la distribución y venta de productos agrícolas transforma los desastres naturales como una sequía en catástrofes sociales, llevando a la ruina a muchos pequeños agricultores y aumentando el precio de los comestibles para el pueblo trabajador. Al mismo tiempo, un puñado de capitalistas —dueños de los grandes monopolios que procesan y comercializan los alimentos y especulan en el mercado de futuros— saca enormes ganancias.

A pesar de toda la publicidad que han recibido en años recientes, los enormes subsidios agrícolas y otras medidas estatales, supuestamente destinadas a rescatar a los agricultores endeudados, en realidad están diseñados para beneficiar a los ricos dueños de los monopolios alimenticios, de obligaciones y títulos bancarios, y de las principales granjas capitalistas. Ejemplo de esto fue el "rescate" en 1979 del Sistema de Crédito Agrario, que posee la tercera parte de la deuda agrícola norteamericana: el Congreso autorizó la emisión de obligaciones por valor de 4 mil millones de dólares para asegurar no solo el pago a los capitalistas que retienen las obligaciones emitidas previamente por los bancos, sino el pago de los intereses a los rentistas ricos que compren los nuevos valores. Estas obligaciones, mal nombradas "Farmer Mac" (el granjero Mac), ofrecen a los capitalistas financieros una enorme bonanza cuyo valor en dólares excede el monto de los anteriores "rescates" federales de la Chrysler, la Lockheed y del gobierno de la ciudad de Nueva York.

A LA VEZ QUE PROTEGEN de las pérdidas a estos capitalistas, los bancos de crédito agrícola diariamente siguen liquidando las granjas de los pequeños agricultores. Cuando en mayo de 1988 Washington cerró el banco de crédito agrícola federal que manejaba préstamos en Luisiana, Alabama y Misisipí —el primero en quebrar en los 70 años que tiene el sistema— los funcionarios federales advirtieron que un 40 por ciento de los agricultores con deudas pendientes a la institución podrían sufrir la venta hipotecaria de sus granjas o la liquidación de sus bienes. Los 30 mil agricultores negros que quedan en Estados Unidos están concentrados en esta región, y de seguro serán afectados desproporcionadamente por una ola de expropiaciones de este tipo.

Los subsidios agrícolas del gobierno han subido desde el 11 por ciento del ingreso promedio obtenido por los agricultores con la venta de sus mercancías en 1979, hasta más de la tercera parte en la actualidad. Pero los miles de millones de dólares que se entregan bajo estos programas son canalizados desproporcionadamente a las cuentas bancarias de los comerciantes agrícolas capitalistas y de los ricos agricultores explotadores. El 4 por ciento más rico de los agricultores en Estados Unidos recogen cada año un 60 por ciento del ingreso agrícola total y reciben casi la cuarta parte de los subsidios federales. El 1 por ciento que encabeza la lista recoge el 40 por ciento del ingreso agrícola total y recibe casi el 10 por ciento de los subsidios. Por otro lado, los agricultores explotados, que suman alrededor de las tres cuartas partes de las granjas en Estados Unidos, reciben solo el 3 por ciento del ingreso agrícola total y menos del 20 por ciento de los pagos del gobierno.[16]

---

16. A pesar que en general los tipos de interés declinaron desde fines de los años ochenta hasta comienzos de 1994, la situación aquí descrita experimentada por los pequeños agricultores no ha mejorado mucho. Dos de cada tres agricultores en Estados Unidos obtienen la mayor parte de sus ingresos de labores fuera del campo, en fábricas u otros centros de trabajo. Según el último censo agrícola realizado por el gobierno federal, el número de granjas en 1992 bajó a menos de 2 millones, por primera vez desde antes de la Guerra Civil estadounidense en la década de 1860. Al mismo tiempo, los agricultores y sus familias constituyen el 70 por ciento del empleo agrícola (comparado con el 60 por ciento en 1980); el 30 por ciento del empleo agrícola lo comprenden trabajadores asalariados.

En 1992, el 83 por ciento de las granjas realizaron ventas anuales de menos de 100 mil dólares cada una, aunque en su conjunto realizaron solo el 17 por ciento del total de ventas en el país. Por otro lado, las granjas con ventas anuales de 500 mil dólares o más correspondieron a solo el 2 por ciento del total de granjas aunque representaron el 46 por ciento del total de ventas. Si bien en los últimos años el precio de la tierra y de las instalaciones de los agricultores ha aumentado desde el punto bajo al que llegó a mediados de los años ochenta, todavía es un 17 por ciento inferior a los precios de comienzos de esa década, y la baja sería mayor aún si se tomase en cuenta la inflación.

A pesar de que la deuda agrícola en su conjunto ha bajado des-

Tanto los obreros como los pequeños agricultores en los países capitalistas desarrollados son víctimas de la intensificación de la competencia interimperialista por las ganancias obtenidas del procesamiento de productos agrícolas. Las ganancias de los crecientes precios de alimentos van a parar mayormente a los bolsillos de los dueños de los monopolios capitalistas que procesan, empacan, transportan y comercializan alimentos. El aumento en el costo de los alimentos —que de ninguna manera aumenta los ingresos de los agricultores explotados— es

---

de mediados de los años ochenta debido a la disminución de los tipos de interés, los agricultores con ventas inferiores a los 100 mil dólares debían el 43 por ciento de la deuda total, aunque recibían apenas el 43 por ciento de los subsidios agrícolas federales. Un 15 por ciento de los desembolsos federales se destina al 2 por ciento de los agricultores cuyas ventas anuales superan los 500 mil dólares. Además, los precios que pagan los agricultores por diversos implementos y servicios siguen creciendo más rápidamente que los precios que perciben por sus productos.

A comienzos de 1994, la administración Clinton suspendió una moratoria temporaria de juicios hipotecarios impuesta 11 meses atrás por la agencia federal Farmers Home Administration (FmHa). Durante ese lapso, 1 800 agricultores amenazados con juicios hipotecarios no apelaron ante la FmHa, y la agencia dictaminó en contra de 692 de los 1 090 agricultores que sí apelaron. En total, más de 50 mil agricultores estaban atrasados en sus pagos al momento que se suspendió la moratoria.

Para leer más sobre la expulsión de los agricultores de la tierra por parte de los monopolios y gobiernos capitalistas, ver "The Crisis Facing Working Farmers" (La crisis que enfrentan los pequeños agricultores) por Doug Jenness en el número 4 de *New International;* ese artículo se publicó en español en los números del 19 de agosto y 9 de septiembre de 1985 de *Perspectiva Mundial.* Ver también el folleto escrito por Jenness, *Farmers Face the Crisis of the 1990s* (Los agricultores enfrentan la crisis de los 90; Nueva York: Pathfinder, 1992).

el impuesto más regresivo imaginable que paga el pueblo trabajador tanto en las áreas urbanas como en las rurales, en Estados Unidos y el resto del mundo.

En Japón, por ejemplo, las restricciones impuestas por el gobierno capitalista a las importaciones agrícolas aumentan los precios del arroz, trigo y carne que paga el consumidor a cinco o seis veces el precio promedio mundial. Los patrones y la burocracia sindical tratan de convencer a los trabajadores de que los pequeños agricultores son los culpables de estos altos precios de los alimentos, y así buscan debilitar la conciencia de los obreros sobre la necesidad de forjar una alianza con los agricultores explotados.

En Europa occidental, el respaldo gubernamental a los precios corresponde actualmente a casi el 50 por ciento del ingreso agrícola anual. Como en el caso de Estados Unidos, estos enormes subsidios estatales benefician al capital financiero y a un puñado de agricultores capitalistas, mientras que a la mayoría explotada se le hace cada vez más difícil ganarse la vida del cultivo de la tierra. Tres cuartas partes de la población agrícola en Europa y Japón tienen que depender de otras fuentes de ingreso para ganarse la vida.

E<small>N LA MAYORIA</small> de los países imperialistas, los programas agrícolas estatales también presionan a los agricultores para que mantengan tierras ociosas, en un momento en que cientos de millones de personas en el mundo necesitan alimentos desesperadamente. Por ejemplo, en Estados Unidos en 1987 la cantidad de tierra que quedó ociosa a raíz de tales programas estatales equivalía a la superficie combinada de los estados de Dakota del Norte y Florida, y aún más tierra habrá de permanecer sin cultivar en 1988. En su esfuerzo por aumentar las ganancias de los capitalistas del agro y los gigantescos monopolios de distribución y de procesamiento, los gobernantes imperialistas fomentan la hambruna y la desnutrición en un mundo donde los agricultores, si usaran la tierra disponible y los métodos modernos de cultivo, podrían producir más que suficiente fibra y comida para proveer a cada ser humano con una dieta cuantiosa y vestimenta adecuada.

8. Disminución del salario real y aceleración del ritmo de trabajo

Para contrarrestar la deceleración de la acumulación de capital, los gobernantes en Estados Unidos y otros países imperialistas han tratado de aumentar las tasas de ganancias incrementando la explotación de la clase trabajadora. El valor de la fuerza de trabajo ha sido deprimido en Estados Unidos por primera vez desde la Gran Depresión de los años treinta. La aceleración del ritmo de trabajo ha exprimido más ganancias de la clase obrera a costa de sus condiciones de seguridad y salud en los centros de trabajo y en la sociedad en general. La semana laboral en el sector manufacturero ha alcanzado el nivel más alto desde la Segunda Guerra Mundial.

Los salarios reales en Estados Unidos han sido reducidos al nivel que tenían a principios de los años sesenta. Esta baja ocurrió mayormente desde fines de los setenta, primero bajo el impacto de la explosión inflacionaria y luego con la recesión de 1981–82. Durante el repliegue en desbandada de los sindicatos que se produjo después de 1981, el nivel promedio anual de los aumentos salariales negociados en nuevos convenios cayó a su nivel más bajo desde los años treinta, quedando cada vez más rezagado en relación al costo de vida. Inclusive, muchos contratos sindicales que se firmaron después de 1981 contenían congelaciones o recortes salariales.

Por ejemplo, hasta fecha tan reciente como la primera mitad de 1986, al 31 por ciento de los trabajadores incluidos en contratos firmados desde 1981 se le congelaron los salarios durante el primer año; otro 10 por ciento sufrió recortes salariales el primer año del convenio; y casi una tercera parte no recibió aumento salarial durante la totalidad del convenio.

Entre 1981 y 1984, los obreros sindicalizados en la industria de la carne sufrieron recortes que redujeron su salario promedio de 10.69 dólares a 8.24 dólares por hora. Los convenios firmados a fines de 1986 y principios de 1987 congelaron los salarios a estos niveles y en algunos casos establecieron una doble escala salarial donde el salario de los empleados nuevos comenzaba a partir de 6 dólares por hora. Los salarios de los trabajadores de la carne no sindicalizados fueron reducidos aún más, bajando hasta 5 dólares por hora e incluso menos.

El sindicato siderúrgico USWA, al firmar un convenio en 1983 para la industria básica del acero, concedió un recorte salarial inmediato de 1.25 dólares por hora a siete de las principales compañías. Luego, en 1986–87, el USWA negoció por separado, empresa por empresa, una serie de contratos de austeridad en que concedió recortes de 3.15 dólares por hora a la LTV, 1.96 dólares por hora a la Bethlehem Steel y 99 centavos de dólar por hora a la USX y a la National Steel. Los obreros en las minas de cobre, las aerolíneas y muchas otras industrias y centros de trabajo también sufrieron recortes salariales.

Hoy día uno de cada tres trabajadores asalariados en Estados Unidos recibe menos de 5 dólares por hora.

Los contratos sindicales firmados en 1987 representaron la primera vez desde 1982 que la mayoría de los acuerdos incluyó aumentos salariales en dólares con porcentajes mayores que los obtenidos en el contrato anterior. Estos aumentos salariales, que solo promediaron un 2.1 por ciento en el transcurso del contrato, aún no compensaron por la inflación, asegurando así una mayor reducción del salario real en los años por venir.

Asimismo ha aumentado la desigualdad en la distribución de ingresos entre las clases en Estados Unidos. Los años recientes han sido muy prósperos para millones de familias de las clases medias y profesionales. Para los que se encuentran entre el 10 por ciento superior de la escala de ingresos de la población norteamericana, sus ingresos declarados aumentaron en un 16 por ciento en comparación a 1977, y para el 1 por ciento más alto, subieron en un 50 por ciento. Sin embargo, durante ese mismo período, el 80 por ciento de la población ha sufrido un descenso en su poder adquisitivo real. Y los que están en el 20 por ciento inferior han visto su porción del ingreso total real decrecer del 6.8 por ciento en 1980 a 4.6 por ciento en 1986.

El crecimiento de salarios reales en Japón también ha decaído: de casi un 6 por ciento anual en los años setenta, a poco más del 1 por ciento desde 1979. En Japón también ha habido un aumento progresivo en el uso de obreros subcontratados temporales en la manufactura, cuyos salarios son 30 ó 50 por ciento inferiores que los del resto de la fuerza laboral. Los obreros subcontratados abarcan ahora en Japón al 40 por ciento de los obreros en la industria del acero y al 75 por ciento en la industria automotriz.

El salario real decayó en todos países imperialistas de Europa occidental entre 1979 y 1985, aunque han habido logros modestos en varios de estos países gracias a la disminución de la inflación en los dos últimos años. En

Gran Bretaña, el número de personas que viven por debajo del nivel oficial de pobreza aumentó en un 55 por ciento entre 1979 y 1985.

9. Creciente desempleo y aumento de la sobrepoblación relativa

La baja de la tasa general de ganancia de los capitalistas no solo produce "excedente" de fábricas, "excedente" de alimentos y otros "excedentes" de capital y mercancías, sino un excedente de población, lo que Marx llamó la "sobrepoblación relativa". Las cesantías de obreros asalariados y la expropiación de los productores agrícolas continúan a un ritmo acelerado y exceden la capacidad del capitalismo de crear nuevos empleos para asimilar esta fuerza de trabajo excedente. El creciente ejército de reserva de los desempleados se convierte en un elemento de presión que los capitalistas usan para intensificar el trabajo y contener los salarios de los obreros empleados, y para incrementar la competencia entre todos los obreros.

"El trabajo excesivo de la parte ocupada de la clase obrera engruesa las filas de su reserva", explicó Marx, "y, a la inversa, la presión redoblada que esta última, con su competencia, ejerce sobre el sector ocupado de la clase obrera, obliga a éste a trabajar excesivamente y a someterse a los dictados del capital. La condena de una parte de la clase obrera al ocio forzoso mediante el exceso de trabajo impuesto a la otra parte, y *vice versa*, se convierte en medio de enriquecimiento del capitalista singular".[17]

Este proceso se ha acelerado no solo en cada país imperialista sino también a nivel mundial desde que comenzó la crisis capitalista de acumulación a fines de los

---

17. *El capital*, tomo I, pág. 538.

años sesenta y principios de los setenta. En Estados Unidos, Washington se jacta de haber reducido el índice de desempleo a menos del 6 por ciento en comparación con el 10 por ciento de 1982, el nivel más alto desde 1938. Lo que los voceros del gobierno no mencionan es que esta cifra "baja" sigue siendo bastante mayor que el promedio de 4.8 por ciento que predominó durante el cuarto de siglo entre 1948 y 1973. A partir de 1973 la tasa de desempleo ha promediado 7.3 por ciento. La tasa anual de desempleo superó el 6 por ciento solo dos veces entre 1948 y 1973; en cambio, en los 15 años transcurridos desde 1973 solo ha caído por debajo del 6 por ciento en dos ocasiones.

Es más, la cifra gubernamental "oficial" de desempleo que aparece en los periódicos no incluye ni al creciente número de obreros que trabajan a tiempo parcial y que siguen buscando un empleo de jornada completa, ni a los llamados trabajadores desanimados que han perdido la esperanza de jamás encontrar un empleo. Sin embargo, el gobierno sí divulga estas cifras: según fuentes gubernamentales, a partir de diciembre de 1987 el nivel de desempleo calculado de esa manera era de 8.8 por ciento. Y si a esto sumamos los trabajadores inmigrantes, las mujeres y los jóvenes que buscarían empleo si hubieran mejores posibilidades de conseguirlo, y los demás que las cifras del gobierno no toman en cuenta, el verdadero cuadro del desempleo en los mejores años del "boom de Reagan" es mucho más sombrío de lo que presentan las estadísticas oficiales.

Hoy, los obreros cesantes también están condenados a pasar más tiempo sin trabajar que en el pasado. La duración promedio de cada período de desempleo subió de 11 semanas durante los 27 años anteriores a 1974; a 13 semanas entre la recesión mundial de 1974-75 y fines de 1981; y a 16.5 semanas desde la recesión de 1981–82. Actualmente más de la cuarta parte de los desempleados, según las cifras del gobierno, pasan más de 15 semanas sin trabajo, en comparación con solo el 15 por ciento en 1967; y hoy casi el 15 por ciento se encuentran desempleado más de la mitad del año, comparado con solo el 6 por ciento en 1967. Aún así, estas cifras sobre la duración de cada *período* de desempleo subestiman esta situación cambiante, ya que en los últimos años ha sido más común que los obreros queden desempleados varias veces en un solo año. De los 10.8 millones de obreros cesanteados entre enero de 1981 y enero de 1986, casi la tercera parte estaban aún sin empleo a fines de ese período y otro 30 por ciento trabajaban aún por salarios que eran 80 por ciento o menos de su salario anterior.

En abril de 1988 la tasa oficial de desempleo en Japón era de 2.6 por ciento, mucho menos que en la mayoría de los países imperialistas. Pero cuando se incluye a los obreros que trabajan a tiempo parcial y que buscan empleos a tiempo completo, y a los llamados obreros desanimados, la cifra salta a más del 8 por ciento, la misma que en Estados Unidos. Además, la semana laboral legal en Japón sigue siendo de 48 horas.

A<small>NTES DE LA RECESION MUNDIAL</small> de 1974–75 el desempleo era menor del 5 por ciento en España, menor del 4 por ciento en Italia y Gran Bretaña, menor del 3 por ciento en Francia y menor del 1 por ciento en Alemania occidental. En contraste, durante la *expansión* del ciclo comercial capitalista a partir de 1982, el desempleo en toda Europa ha permanecido alrededor del 11 por ciento. En abril y mayo de 1988 las cifras oficiales de desempleo eran del 19.9 por ciento en España; 15.6 por ciento en Italia; 13.9 por ciento en Holanda; 10.8 por ciento en Bélgica; 10.3 por ciento en Francia; y 8.8 por ciento en Gran Bretaña. En Canadá, Nueva Zelanda y Australia el desempleo es mayor del 7 por ciento.

Los efectos más devastadores de la producción de una sobrepoblación relativa bajo el capitalismo ocurren en el Tercer Mundo. Las tasas oficiales de desempleo, que de por sí son muy altas, esconden la enormidad del número de seres humanos que viven al borde de la supervivencia, desprovistos de medios de ganarse la vida. Las principales ciudades en todos los países semicoloniales están rodeadas de barrios improvisados donde viven familias campesinas que fueron expulsadas de la tierra y que a duras penas subsisten como vendedores ambulantes o desempeñando oficios menores cuando logran conseguirlos. Estos millones de trabajadores desposeídos son campesinos que regresarían al campo en grandes números si tuvieran acceso a tierra cultivable y crédito barato, pero al mismo tiempo son obreros desocupados que engruesan las filas de la sobrepoblación relativa en el capitalismo.

En India, por ejemplo, hay 25 millones de obreros asalariados que tienen trabajo, así como decenas de millones que están inscritos oficialmente como desempleados. ¡Pero se trata de una población de 800 millones! Las estadísticas oficiales esconden completamente la inmensidad del desempleo y del subempleo en India, tanto en el campo como en la ciudad, ya que las cifras gubernamentales sobre el empleo ni siquiera toman en cuenta a la gran mayoría de los trabajadores.

En Latinoamérica, que tiene una población de 400 millones, el desempleo oficial subió en casi un 50 por ciento entre 1980 y 1987, de 47 millones a 70 millones. Según la Organización Internacional del Trabajo, el porcentaje de trabajadores latinoamericanos que ni siquiera aparecen en las listas de desocupados y que apenas subsisten al margen de la vida económica subió del 29 por ciento en 1980 al 39 por ciento en 1985.

Dado que el desempleo ha alcanzado los niveles más altos desde los años treinta a pesar de ser una expansión del ciclo comercial, la próxima recesión internacional tendrá graves repercusiones económicas y sociales por todo el mundo capitalista. La rivalidad interimperialista por mercados cada vez más reducidos se va a intensificar. Se agudizará la competencia de precios. Se agravarán la sobreproducción y el exceso de capacidad productiva capitalistas, conduciendo a una nueva ola de cierres de fábricas y cesantías. La inversión en la expansión de fábricas y equipo decrecerá aún más bruscamente que durante el último decenio. Dado que las deudas del gobierno y del sector privado han alcanzado niveles récord, se acelerarán las quiebras de bancos y empresas, y aumentarán los incumplimientos de pagos de las crecientes deudas corporativas y del Tercer Mundo. El capital financiero se verá empujado a buscar mayores préstamos y lanzarse a más negocios especulativos para tratar de salirse del atolladero.

La intervención estatal en este proceso desestabilizador crecerá a pasos agigantados. Pero no existe ninguna política económica que las clases patronales, o sus estados o partidos políticos, puedan usar para impedir estas consecuencias de la evolución de la baja en la tasa general de ganancia industrial. No es que los capitalistas se abstengan de hacer grandes inversiones para expandir la capacidad productiva porque hayan decidido canalizar demasiado capital hacia el mercado de valores, la especulación de bienes raíces, la usura o la aceleración del ritmo de producción en fábricas anticuadas. La causa y el efecto funcionan a la inversa. Los explotadores están invirtiendo su capital en mejoras de equipo para "economizar mano de obra" y en obligaciones de valores especulativas porque esto les da un mejor rendimiento que las inversiones en la construcción de fábricas nuevas, la instalación de nuevas tecnologías y la contratación de grandes cantidades de fuerza de trabajo adicional.

La depresión mundial que se avecina

La baja en la tasa general de ganancia y el estancamiento de la masa de ganancias ha socavado el equilibrio del capitalismo mundial. La caída mundial de los mercados de valores en octubre de 1987 anunció las consecuencias: los explotadores ya no pueden tener confianza de que una quiebra, una deuda incumplida, una mala cosecha, un derrumbe bancario, una baja deflacionaria, una caída bursátil u otra crisis parcial sea amortiguada y absorbida por la fortaleza de la producción, inversión y comercio de la economía capitalista en su conjunto. Hoy día, en esta etapa avanzada del estancamiento de la acumulación de capital, cualquiera de estas crisis parciales encierra más y más la posibilidad de salir fuera de control y desencadenar una depresión y una crisis social generalizada a nivel mundial.

III. LA DINAMICA DE LA REVOLUCION MUNDIAL EN LA ACTUALIDAD

EL PERIODO POLITICO que vivimos ahora comenzó con el ingreso de Washington a la Segunda Guerra Mundial. Su carácter y trayectoria han sido determinados por la correlación internacional de fuerzas de clases y la estructura con la que el sistema imperialista surgió de esa guerra.

Política y economía del desarrollo capitalista

Nuestro entendimiento de la interrelación entre el desarrollo del mercado mundial y la dinámica de la revolución mundial se fundamenta en la continuidad política del movimiento comunista obrero moderno. Las lecciones iniciales, derivadas de esta acumulación de experiencias en la lucha de clases, han sido generalizadas en los escritos de Marx y Engels y en las conquistas programáticas del Partido Bolchevique y de la Internacional Comunista bajo la dirección de Lenin.

Al comienzo de los años veinte, después de la crisis social y el tumultuoso auge revolucionario de 1917–19 que fueron precipitados por la guerra, la dirección de la Internacional Comunista tuvo que enfrentar la estabilización temporal de los principales estados capitalistas en Europa. La dirección internacional tenía que convencer a los nuevos partidos comunistas de la necesidad de comprender esto y realizar un viraje en su orientación táctica que correspondiera a la nueva situación.

En el tercer congreso de la Internacional Comunista (Comintern) en junio de 1921, los líderes bolcheviques iniciaron una discusión sobre los motivos de este viraje. Esta discusión abordó también un problema más amplio para los comunistas que está relacionado a este tema: cómo reconocer y actuar sobre la base de los fenómenos económicos y sucesos políticos estrechamente relacionados que definen períodos políticos, exigen virajes tácticos coyunturales y marcan hitos en el desarrollo a largo plazo del capitalismo mundial y la lucha de clases.

Los delegados al congreso debatieron y aprobaron una resolución y un informe sobre la crisis económica mundial y las tareas de la Internacional Comunista: "Informe sobre la crisis económica mundial y las nuevas tareas de la Internacional Comunista" y "Tesis sobre la situación mundial y la tarea de la Internacional Comunista". León Trotsky preparó y presentó el informe y la resolución ante este congreso en nombre de la dirección bolchevique. Trotsky profundizó los temas principales en un informe al cuarto congreso de la Comintern celebrado 18 meses después, en diciembre de 1922: "Informe sobre la nueva política económica soviética y perspectivas de la revolución mundial". En abril de 1923, resumió los principales aspectos teóricos de estos informes y resoluciones de la Internacional Comunista en una carta breve y condensada. Esta carta fue publicada ese mismo año bajo el título: "La curva del desarrollo capitalista".[18]

El informe de 1921 de la Comintern explica que para que los comunistas puedan analizar acertadamente la coyuntura política y la tendencia del desarrollo del mundo capitalista, no basta con trazar los altibajos del ciclo comercial, es decir, los ciclos de recesión y recuperación

---

18. "La curva del desarrollo capitalista" se reproduce después de este artículo. Los informes y las tesis presentados por Trotsky ante el tercer y cuarto congresos de la Internacional Comunista se encuentran en *The First Five Years of the Communist International* (Los primeros cinco años de la Internacional Comunista; Nueva York: Pathfinder, 1972), tomo 1, págs. 174–261; y el tomo 2, en particular las págs. 258–63. Los informes de Lenin al tercer y cuarto congresos de la Comintern aparecen en los tomos XXXV y XXXVI de sus *Obras completas* (Madrid: Akal Editor, 1978). Todos estos libros se pueden obtener a través de Pathfinder Press. La "Tesis sobre la situación mundial y la tarea de la Internacional Comunista" aparece en español en el segundo tomo de *Los cuatro primeros congresos de la Internacional Comunista* (Buenos Aires: Cuadernos Pasado y Presente, 1973), págs. 7–29.

de comercio y existencias que son "inherentes al capitalismo desde su nacimiento" y que "lo han de acompañar hasta su sepultura".[19] Tampoco es posible deducir un ciclo más largo —es decir, que ocurra a lo largo de varios ciclos comerciales más cortos, siguiendo ciertas leyes— que en sí defina las perspectivas económicas y políticas de los explotadores y los explotados.

No existe un "ritmo rígidamente legítimo" del desarrollo a largo plazo del capitalismo mundial, señaló Trotsky en el artículo de 1923. Los ciclos económicos capitalistas, independientemente de su duración y amplitud, insistió, "no son fenómenos económicos fundamentales, sino derivados. Surgen como resultado del desarrollo de las fuerzas productivas por medio de las relaciones de mercado". El capitalismo, subrayó, "no se caracteriza solo por ciclos periódicos recurrentes; si así fuera, lo que resultaría sería solo una repetición compleja y no un desarrollo dinámico".

Es cierto, dijo Trotsky, que los grandes cambios en la política mundial y en las relaciones de clases se basan "en los cambios de la fundación económica" de la sociedad "y en ningún otro lado". Sin embargo, les recordó a los delegados la observación hecha por Engels de que estos factores económicos fundamentales "actúan, en la mayoría de los casos, escondidos durante largo tiempo antes de salir repentinamente y de un modo violento a la superficie".

Trotsky explicó que al emplear estadísticas sobre la producción de los principales bienes agrícolas y manufacturados, la evolución del comercio mundial, y otros

---

19. Trotsky, *The First Five Years of the Communist International*, tomo 1, pág. 200.

índices que miden en términos generales los avances en la productividad del trabajo humano al expandirse el mercado mundial, es posible trazar una curva del desarrollo económico del capitalismo mundial, yendo desde la Revolución Industrial a fines del siglo XVIII hasta nuestros días. Sin embargo, una vez trazada la curva, un observador cuidadoso notará que sus puntos críticos, así como la duración e inclinación de sus segmentos ascendentes, descendentes y planos —correspondientes a etapas o períodos específicos en la historia del sistema capitalista internacional— no dependen solamente, ni fundamentalmente, de fenómenos económicos capitalistas basados en leyes.

"Respecto a los segmentos largos de la curva del desarrollo capitalista", dijo Trotsky, "su carácter y duración están determinados, no por la interacción interna de las fuerzas capitalistas, sino por las condiciones externas por las cuales pasa el desarrollo capitalista. La adquisición por parte del capitalismo de nuevos países y continentes, el descubrimiento de nuevos recursos naturales y, como consecuencia de esto, hechos mayores de orden 'superestructural' como guerras y revoluciones, son lo que determina el carácter y la sustitución de las épocas ascendentes, estancadas o declinantes del desarrollo capitalista".

La evolución de la trayectoria de la historia humana moderna ha sido determinada, a fin de cuentas, por el desarrollo desigual y combinado que refleja la propagación y, desde 1917, también la restricción, del modo capitalista de producción y cambio. La evolución de estas relaciones capitalistas no puede ser abstraída de las formas concretas en que el capitalismo asimila y se interrelaciona con las diversas formas preexistentes de organización social, explotación y opresión, formas que fueron integradas a su creciente dominio mundial a lo largo de varios siglos. El modo de producción capitalista usa como materia prima todas las diferentes relaciones sociales heredadas por el capitalismo.

EL CAPITALISMO AFECTA de formas distintas estas diferentes materias, por ejemplo, las diferentes categorías de trabajo social: poblaciones indígenas que mantienen formas tribales de organización social; exesclavos, siervos o peones; campesinos y otros trabajadores rurales; nacionalidades oprimidas compuestas en su mayoría por obreros; diferentes olas de inmigrantes; etcétera. El capitalismo incorpora forzosamente el trabajo de estos productores a la creación y circulación mundial de plusvalía, mientras que al mismo tiempo mantiene y reproduce aspectos y rezagos importantes de las relaciones sociales precapitalistas como adjuntos a sus propios métodos y formas de explotación y opresión. Más importante aún, crea nuevas combinaciones a partir de estas interacciones.

Al triunfar la revolución dirigida por los bolcheviques en Rusia en 1917, se hizo realidad, por primera vez en la historia, la perspectiva de una revolución verdaderamente mundial. La primera república obrera y campesina fue como un faro para los productores explotados del mundo, entre ellos los de los países oprimidos en todo el mundo colonial. El triunfo en Rusia animó a movimientos revolucionarios así como la formación de gobiernos de los trabajadores en las oprimidas regiones asiáticas del viejo imperio zarista. Brotaron luchas por la liberación nacional contra la superexplotación y opresión imperialistas por toda Asia y otras partes del mundo colonial. Estas luchas se entrelazaron irreversiblemente con la defensa y la extensión de la revolución socialista.

De este modo, desde octubre de 1917 el curso de la historia se ha definido cada vez más por la dinámica de la revolución mundial: por la interacción de la lucha de clases y el proceso de poner a prueba a las vanguardias políticas de los obreros y agricultores en los países imperialistas, en el mundo colonial y semicolonial, y en los estados obreros. Como explican los documentos de la Comintern de 1921, la tendencia del equilibrio o desequilibrio del capitalismo mundial "no ocurre en un vacío político y social", sino que depende de "la lucha de fuerzas activas: las clases en contienda y sus partidos".

La historia del sistema capitalista mundial durante la mayor parte del siglo XX ha sido marcada por los auges de lucha de los trabajadores del campo y la ciudad —en los centros imperialistas y en los países oprimidos— contra el capital y el sistema de dominación imperialista; por los altibajos de estas luchas; por sus derrotas, empates y victorias; y por los efectos recíprocos que ejercen todos estos factores entre sí. Esa historia ha sido profundamente cambiada por los obreros y campesinos que han derrocado las relaciones de propiedad capitalistas, conduciendo a la formación de un creciente número de estados obreros fuera del mercado capitalista mundial.

Las características fundamentales de un determinado segmento en la curva del desarrollo capitalista no repiten, ni en términos generales ni en nuevas variaciones, las características de uno u otro período histórico que le precedió. Las características de cada período reflejan en formas nuevas y concretas la interrelación de las fuerzas económicas, sociales y políticas bajo las nuevas condiciones. Se plantean nuevos problemas a ser resueltos por la clase obrera.

Al entender esta dinámica, la sección de la clase obrera que es el partido comunista está mejor capacitada, no solo para descubrir el carácter de la coyuntura que vivimos, sino para anticipar saltos repentinos que aceleran la política nacional y mundial y que cambian las reglas y las consecuencias de las acciones tomadas en la lucha de clases. Ante todo, este entendimiento nos prepara para organizarnos conscientemente y cambiar el mundo.

La caída del último imperio del mundo

La creciente crisis capitalista internacional de hoy representa parte de una decadencia más amplia: la caída del último imperio capitalista del mundo, el del capital financiero, cuya potencia dominante es el imperialismo estadounidense.

Esta decadencia fue precedida por la caída sucesiva de cada uno de los imperios coloniales europeos más poderosos que surgieron en la historia del capitalismo mundial. Cada uno de ellos, durante un cierto período, dominó las otras potencias imperialistas. El ascenso explosivo de imperios europeos del capital financiero, rivales entre sí, durante las últimas décadas del siglo XIX y la primera década del siglo XX, provocó los primeros cañonazos de la Primera Guerra Mundial y la matanza que acompañó esa desesperada guerra interimperialista cuyo fin era la redistribución de las colonias y la dominación de las naciones oprimidas. El desenlace de esa guerra y el establecimiento de la república obrera y campesina soviética en octubre de 1917 crearon las condiciones que debilitaron al colonialismo hasta finalmente derrumbarlo en las décadas siguientes.

A raíz de estos acontecimientos, los gobernantes de Estados Unidos pudieron aprovechar el debilitamiento de sus rivales imperialistas. La creciente fuerza de Wall Street y de Washington frenó temporalmente la decadencia del sistema imperialista. El capitalismo norteamericano, a quien Lenin describió como "el único que se ha beneficiado totalmente con la guerra",[20] surgió en los años veinte no solo como el acreedor del mundo capitalista, sino como su principal potencia industrial. Se habían establecido las bases para que el imperialismo norteamericano desafiara la decadente supremacía política y militar de Gran Bretaña.

Los gobernantes de Estados Unidos aguardaron un momento oportuno durante las dos décadas siguientes. Al desarrollarse la Segunda Guerra Mundial hicieron su movida decisiva, tanto en el Atlántico como en el Pacífico, en pos del dominio mundial sobre los otros países imperialistas. Ese baño de sangre global fue el horrible precio que pagó la humanidad por la incapacidad del movimiento obrero de resolver la crisis del capitalismo mundial y su sistema imperialista que caracterizó los años veinte y treinta. Esta crisis abarcó dos decenios de depresión agrícola, un decenio de profunda depresión industrial a nivel internacional, desempleo masivo, una guerra comercial interimperialista, el surgimiento de movimientos fascistas y una escalada de agresiones imperialistas.

Al inicio de los años veinte y durante los treinta, la clase trabajadora libró gigantescas luchas que convirtieron la segunda mitad de los años treinta en un período prerrevolucionario y que plantearon nuevas oportunidades

---

20. V.I. Lenin, "Informe al II Congreso de la Internacional Comunista", *Obras completas* (Madrid: Akal Editor, 1978), tomo XXXIII, pág. 241. En inglés, *Collected Works* (Moscú: Progress Publishers, 1966), tomo 31, pág. 217; y también en el libro editado por John Riddell, *Workers of the World and Oppressed Peoples, Unite!: Proceedings and Documents of the Second Congress of the Communist International, 1920* (Obreros del mundo y pueblos oprimidos, ¡uníos!: actas y documentos del Segundo Congreso de la Internacional Comunista, 1920; Nueva York: Pathfinder, 1991), págs. 144–166 [impressión de 2019].

y tareas para un movimiento comunista mundial. Sin embargo, ante la desmovilización y desorganización de estas luchas por los dirigentes socialdemócratas y estalinistas, la incapacidad de ganar victorias —y por tanto, de resolver la crisis capitalista en beneficio de la gran mayoría de la humanidad— creó las condiciones en toda Europa para las derrotas de los obreros y agricultores a manos de la reacción fascista. Estas derrotas fueron las más abrumadoras en la historia del movimiento obrero contemporáneo.[21]

L<small>A SEGUNDA GUERRA MUNDIAL</small> fue el producto devastador de esas derrotas históricas. Este conflicto interimperialista por el dominio mundial del mercado y del sistema de explotación y opresión capitalistas no fue, según alegaron los propagandistas de Washington, una guerra para liberar a los pueblos coloniales. Su propósito era repartir entre sí los frutos de su dominio. Además, sectores importantes de las principales burguesías dominantes entre los países aliados tenían la esperanza de que la guerra lanzada por el imperialismo alemán contra la Unión Soviética debilitaría suficientemente al estado obrero como para posibilitar su derrocamiento y la reimposición de la explotación capitalista sobre su enorme

---

21. Para leer un recuento de estas luchas, y cómo las traicionaron los dirigentes estalinistas y socialdemócratas, ver las siguientes obras de Trotsky: *The Struggle against Fascism in Germany* (La lucha contra el fascismo en Alemania; Nueva York: Pathfinder, 1971), en español, *Alemania, la revolución y el fascismo* (México: Juan Pablos Editor, 1973); *The Spanish Revolution 1931–39* (La revolución española, 1931–39; Nueva York: Pathfinder, 1973) *España 1930–36* y *España 1936–39* (Madrid: Akal Editor, 1977 y 1978); *Leon Trotsky on France* (León Trotsky sobre Francia; Nueva York: Pathfinder, 1979). Todos son distribuidos por Pathfinder.

población trabajadora y su vasto territorio. La transformación de la fuerza laboral norteamericana durante la Segunda Guerra Mundial, seguida de la victoria de Washington a la cabeza de los gobiernos capitalistas aliados en 1945, preparó el fortalecimiento cualitativo de la preponderancia económica del capitalismo estadounidense y estableció su arrolladora superioridad militar entre las potencias imperialistas. Los propagandistas del capitalismo estadounidense hablaban ya de un "siglo americano".[22]

El ascenso de los movimientos de independencia nacional durante la guerra debilitó aún más a los imperios capitalistas europeos (así como a los japoneses, que llegaron tardíamente a la escena), provocando la pérdida de la gran mayoría de sus colonias en los años siguientes. El imperialismo norteamericano aprovechó esta oportunidad, expandiendo rápidamente sus intereses económicos y su influencia militar por todas las antiguas colonias. Al mismo tiempo Washington retuvo y reforzó su control directo sobre su colonia en Puerto Rico y en numerosas otras islas del Caribe y del Pacífico; consolidó su dominio económico y militar de muchos años sobre los regímenes neocoloniales en Centro y Sudamérica y en la antigua

---

22. En realidad, la consigna había sido inventada en 1941, en vísperas del ingreso de Washington a la guerra, por el magnate editorial norteamericano Henry Luce. En un editorial en el número del 17 de febrero de 1941 de su revista *Life*, Luce escribió que había llegado la hora de "aceptar cabalmente nuestro deber y nuestra oportunidad como la nación más poderosa y vital del mundo, y en consecuencia ejercer sobre el mundo todo el impacto de nuestra influencia, para los fines que consideremos necesarios y por los medios que creamos necesarios.... Ha llegado nuestra hora para ser el centro de poder del cual emanen los ideales por todo el mundo".

colonia norteamericana de Filipinas; y transformó los territorios coloniales de Hawai y Alaska en estados de la unión, expandiéndose formalmente así en el Artico y en el Pacífico.

No obstante, este "siglo americano" ya había comenzado a decaer antes de que siquiera pudiera surgir. Un ascenso histórico estable de la posición mundial de Washington hubiera requerido que se revirtiera la caída de los imperios coloniales europeos. Un "siglo americano" tenía que ser un nuevo siglo imperialista, un nuevo siglo del capital financiero internacional. Tenía que basarse en la extensión del sistema imperialista mundial, y no en nuevos retrocesos y derrotas. Unicamente sobre esa base hubiera sido posible que la nueva posición dominante de los gobernantes norteamericanos sobre sus rivales capitalistas correspondiera al fortalecimiento general del imperialismo mundial a cuya cabeza se encontraban, dado que su destino estaba inevitablemente entrelazado con el de estas otras potencias. Sin embargo, a mediados de la Segunda Guerra Mundial se comenzaron a desvanecer las posibilidades de semejante desenlace:

• A principios de 1943 la victoria sobre el imperialismo alemán en Estalingrado señaló que los trabajadores soviéticos, con y sin uniforme, habían asegurado la supervivencia del primer, y en aquel entonces el único, estado obrero del mundo.

• En 1945 los guerrilleros antifascistas dirigidos por el Partido Comunista de Yugoslavia derrotaron al ejército alemán de ocupación y tomaron el poder en ese país, impidiendo el establecimiento de un régimen burgués y creando las condiciones para el establecimiento de un gobierno obrero y campesino. Para 1947 las relaciones sociales capitalistas habían sido abolidas y reemplazadas por un sistema nacionalizado de industria, un monopo-

lio estatal sobre el comercio exterior y una economía
planificada.[23]

- El ejército soviético ocupó Europa oriental durante
su contraofensiva de 1944–45 contra la invasión imperialista lanzada por el Eje, y en 1949 las relaciones de
propiedad capitalista ya habían sido abolidas en Polonia,
Checoslovaquia, Hungría, Rumania, Bulgaria, Albania y
Alemania oriental.[24]

- La ola de huelgas de 1945–46 en Estados Unidos le
frustró a la clase patronal su objetivo de eliminar las conquistas logradas por la clase obrera durante la segunda
mitad de los años treinta.[25] Si bien el movimiento sindical norteamericano no logró continuar estas batallas, la
reacción capitalista fue neutralizada a tal grado que permaneció abierta la posibilidad de que, para mediados de
los años cincuenta, volviera a surgir el movimiento por
los derechos de los negros, que se había iniciado en los
últimos años de la guerra. Fue esta la fuerza social que,
más que otra, determinó el rumbo político de la lucha
de clases en Estados Unidos en las décadas posteriores.

---

23. Acerca del establecimiento del gobierno obrero y campesino
en Yugoslavia, ver George Fyson y otros, *The Truth about Yugoslavia: Why Working People Should Oppose Intervention* (La verdad
sobre Yugoslavia: por qué los trabajadores deben oponerse a la
intervención; Nueva York: Pathfinder, 1993).

24. Acerca del derrocamiento del capitalismo en Europa oriental,
ver Joseph Hansen y otros, *Class, Party, and State and the Eastern
European Revolution* (Clase, partido y estado, y la revolución en
Europa oriental; Nueva York: Pathfinder, 1969).

25. Acerca del auge de huelgas después de la Segunda Guerra
Mundial, ver Art Preis, *Labor's Giant Step: The First 20 Years of the
CIO: 1936–1955* (El paso de gigante del movimiento obrero: los
primeros 20 años del CIO: 1936–1955; Nueva York: Pathfinder,
1964) págs. 365–573 [impresión de 2015].

Además, el movimiento de los soldados norteamericanos —conocido como el movimiento "Regresen las Tropas a Casa"— que surgió al final de la Segunda Guerra Mundial obstaculizó los planes de Washington de enviar soldados estadounidenses a China para apuntalar al régimen latifundista-capitalista en la guerra civil de ese país.[26]

- En 1949 la revolución china le arrancó al dominio imperialista un quinto de la población mundial. A principios de los años cincuenta, el nuevo régimen obrero y campesino logró frustrar los esfuerzos de Washington de reimponer el control imperialista sobre el norte de Corea y usar este territorio como trampolín para derrocar a la revolución china. Con el ímpetu creado por la movilización en torno a la guerra en Corea, se estableció también un estado obrero en China en 1953.
- En 1954, los combatientes por la liberación de Vietnam derrotaron al ejército imperialista francés apoyado por Washington. Dos años más tarde, la nueva República Democrática del Vietnam se convirtió en un estado obrero.
- El hecho de que las fuerzas combinadas de Gran Bretaña y Francia fracasaran en su intento de retener el control sobre el Canal de Suez egipcio en 1956, y que en este esfuerzo tampoco lograran mantener el apoyo de la clase trabajadora en sus países indicó que los aliados más poderosos de Washington habían dejado definitivamente de jugar un papel central como policías del sistema imperialista mundial. Washington, con cientos de miles de tropas estacionadas en bases norteamericanas alrededor

---

26. Sobre el movimiento que exigió el retorno de las tropas en los últimos meses de la Segunda Guerra Mundial, ver "1945: Cuando las tropas norteamericanas dijeron 'No' " por Mary-Alice Waters, en el número 1 de *Nueva Internacional*.

del mundo, tuvo que asumir la responsabilidad de esa tarea contrarrevolucionaria mundial.

• En las décadas posteriores, el sistema imperialista y colonial dominado por Washington ha sufrido nuevos reveses: Indochina, Argelia, Cuba, Palestina, Etiopía, las antiguas colonias portuguesas en Africa, Irán, Granada, Nicaragua y otros países más.

Nueva etapa en el sistema imperialista
El desenlace de la Segunda Guerra Mundial inició una nueva etapa en la historia del sistema imperialista. Los gobernantes norteamericanos salieron victoriosos y predominantes entre las potencias imperialistas. Sin embargo, la Unión Soviética había sobrevivido y el imperialismo había comenzado a sufrir otros reveses —propinados especialmente por la revolución colonial— durante el propio auge del poderío de Washington en la posguerra. Estos reveses han continuado y se han extendido durante las siguientes cuatro décadas y media.

Las luchas por la liberación nacional y por el socialismo se entrelazaron aún más tras la Segunda Guerra Mundial, reforzando la dinámica que habían desatado la revolución de octubre de 1917 y su impacto por toda Asia y otras partes del mundo colonial. En China, Corea, Vietnam y Cuba, las luchas revolucionarias contra la dominación imperialista, contra la tiranía política y por la reforma agraria emprendieron un rumbo anticapitalista, condujeron al establecimiento de gobiernos obrerocampesinos y se convirtieron en revoluciones socialistas contra los explotadores capitalistas extranjeros y nacionales.

A principios de los años sesenta, la victoria en Cuba inició la revolución socialista en América en las puertas mismas del imperialismo norteamericano. Desde el principio, los líderes del nuevo estado obrero cubano buscaron vías para poner su autoridad política y el poder del gobierno revolucionario al servicio de la lucha internacional contra el imperialismo. Ellos reconocieron la creciente compenetración de las batallas libradas por los obreros y campesinos por todo el mundo contra la dominación imperialista y la explotación capitalista. Asumieron plena responsabilidad política por el papel que Cuba socialista desempeñaba como ejemplo para los pueblos oprimidos y explotados, no solo en América, sino en Africa, Asia y el Pacífico. Desde esa óptica integraron a Cuba al Movimiento de Países No Alineados y a su liderazgo.

Durante sus primeros 10 años, la revolución cubana sobrevivió muchos golpes propinados por el imperialismo y otras fuerzas reaccionarias, incluyendo el asesinato de Ernesto Che Guevara en 1967. A pesar de estos golpes, ya en la segunda mitad de los años sesenta los líderes de la revolución cubana habían comenzado a construir un partido comunista de masas basado en la vanguardia de los obreros y campesinos. Asimismo, habían comenzado a usar su conducción de un estado obrero para trazar un curso político que ha impulsado la renovación de la dirección comunista a nivel mundial por primera vez desde la destrucción estalinista de la Internacional Comunista.[27]

---

27. Joseph Hansen escribe sobre las lecciones de la primera década de la revolución cubana en *Dynamics of the Cuban Revolution* (Dinámica de la revolución cubana; Nueva York: Pathfinder, 1978). Ver también las introducciones de Mary-Alice Waters a *To Speak the Truth: Why Washington's 'Cold War' against Cuba Doesn't End* (Hay que decir la verdad: Por qué no cesa la 'Guerra Fría' de Washington contra Cuba; Nueva York: Pathfinder, 1992), por Fidel Castro y Ernesto Che Guevara; y a *Che Guevara: economía y política en la transición al socialismo* (Nueva York: Pathfinder, 1997), por Carlos Tablada.

No hay sustituto para el imperialismo estadounidense

El monopolio industrial con el cual Estados Unidos emergió de la guerra comenzó a desgastarse rápidamente. Para principios de los años cincuenta, los capitalistas japoneses y germanoccidentales estaban modernizando y expandiendo su capacidad en la manufactura más rápidamente que sus rivales norteamericanos. A mediados de los años sesenta, se había renovado la competencia de precios y había cambiado la correlación económica de fuerzas en el mercado capitalista mundial.

No obstante, esta decadencia relativa del imperialismo norteamericano desde el final de la Segunda Guerra Mundial no ha fortalecido a sus rivales imperialistas en Europa occidental, Japón u otros países. Ni tampoco ha permitido que ninguno de ellos esté más próximo a imponer su propio predominio en el mundo capitalista.

A pesar de la intensificación de la competencia por ganancias en el mercado mundial, las burguesías nacionales rivales están encadenadas entre sí en su decadencia común, encabezadas por los gobernantes capitalistas de Estados Unidos. Están ligados entre sí por la necesidad de frenar el viraje, desigual pero constante, de la correlación mundial de fuerzas de clases a favor de los obreros y agricultores que se ha venido registrando desde la Segunda Guerra Mundial; y por la necesidad de aumentar la tasa de explotación de los trabajadores a nivel nacional e internacional. Para impulsar estas metas comunes, no hay ninguna potencia en la alianza imperialista que pueda reemplazar el poderío militar de Washington, el peso de la economía estadounidense o el papel que ocupa el dólar como moneda de reserva internacional.

Desde luego, cada una de las clases dominantes imperialistas en Japón, Alemania y otros países fomenta sus propios intereses contra los de los demás imperialistas y contra los de los gobernantes de Estados Unidos y los monopolios que éstos controlan en el mercado mundial. Sin embargo, cualquier avance que logren en este sentido es temporal y parcial, comparado políticamente con el debilitamiento del sistema imperialista en su totalidad.

Esta situación es nueva en la historia del capitalismo mundial. La decadencia del dominio económico, monetario, político y militar de cada una de las anteriores potencias imperialistas que encabezaban el sistema abrió paso a un sucesor que ya estaba bien preparado. Estas transiciones eran caracterizadas por realineamientos de alianzas y guerras entre los regímenes decadentes y ascendentes. El ganador se convertía en el eje de las nuevas alianzas militares y políticas. Sus productos de exportación dominaban el comercio mundial y su moneda las finanzas del mundo.

Los imperios español y holandés —al realizar una sangrienta expansión colonial en América y en Asia— acumularon en los siglos XVI y XVII gran parte de la riqueza que le permitió al capitalismo su explosión inicial de crecimiento. En el siglo XVIII ya habían sido reemplazados por Gran Bretaña y Francia; y a fines de ese mismo siglo el capital agrícola, financiero y fabril de Gran Bretaña había sentado las bases para lo que llegaría a ser casi siglo y medio de predominio capitalista mundial —en diversos grados— antes de cederle el paso a Wall Street y a Washington.

La falta actual de alternativas al dominio estadounidense es una manifestación de la debilidad terminal del sistema de dominación imperialista del capital financiero. Las opciones políticas de los gobernantes estadounidenses no representan la conducción internacional de una clase social en ascenso, sino tácticas pragmáticas de supervivencia por parte de una clase social rica y poderosa pero en decadencia al timón de un imperio decadente. Las familias capitalistas gobernantes carecen de perspectiva histórica, de estrategia histórica por la cual intenten dirigir a la sociedad. Carecen de estrategias a largo plazo. Toman decisiones a corto plazo para lidiar con los problemas inmediatos, tantear las posibilidades y enfrentar nuevos problemas —siempre inesperados— según lo exige la defensa de sus ganancias y privilegios.

Estas familias dominantes no tienen "ideas nuevas" ni "soluciones" para la crisis que está afectando a su sistema social. No escogen a los líderes que "necesitan" sino a los líderes que ellos pueden producir. Dependen de su peso económico nacional, y de la corrupción y la conciliación que les permite comprar, incluso entre amplios sectores de la clase obrera. Dependen de su poderío militar masivo; de su monopolio del poder estatal; y de la violencia legal y extraoficial que usan contra todo aquel que se oponga a su explotación y opresión. Sobre esta base, los propagandistas, académicos y voceros de los gobernantes capitalistas producen, no "ideas" sino justificaciones ideológicas respaldadas por la fuerza de la realidad existente.

Poderío militar estratégico de Washington

Las fuerzas armadas norteamericanas son la espina dorsal de la OTAN y de las alianzas militares con los imperialistas en Japón, Australia y Nueva Zelanda. Asimismo, representan la última defensa de Israel y Sudáfrica, bastiones imperialistas en el Medio Oriente y en Africa austral. Washington cuenta con el 63 por ciento del tonelaje de las fuerzas navales imperialistas del mundo; el 46 por ciento de sus aviones de combate con bases terrestres y el 91 por ciento de los aviones desplazados por mar; y el

39 por ciento de sus tropas terrestres.

Sin embargo, el dominio militar de Washington no se basa simplemente en que tiene el poderío estratégico armado más grande dentro de un sistema de alianzas militares con otros gobiernos imperialistas. Washington tampoco se basa primordialmente, como lo hiciera el imperio británico en su época de apogeo, en su posición indisputable como la armada naval más poderosa del mundo. A diferencia de sus predecesores, el poderío militar del imperialismo norteamericano alcanza directamente todos los rincones del mundo.

La cuarta parte del conjunto de las fuerzas armadas de Estados Unidos —unas 550 mil tropas— se encuentra en cerca de 400 instalaciones militares en Europa occidental, el Medio Oriente, Africa, el Océano Indico, Japón, Filipinas, Corea del Sur, Australia, las islas del Pacífico, Panamá, Puerto Rico y en la Bahía de Guantánamo en Cuba. Otro 7 u 8 por ciento de las fuerzas armadas norteamericanas, alrededor de 180 mil tropas, patrulla las aguas del Golfo Pérsico y otras partes del mundo. Cinco de las 18 divisiones de servicio permanente del ejército norteamericano están destacadas en Europa occidental, y hay 277 bases u otras instalaciones norteamericanas que se extienden de Islandia a Gran Bretaña, cruzando todo el continente hasta llegar a Turquía.[28]

---

28. Desde que se desintegró el Pacto de Varsovia, la alianza militar dominada por Moscú, a principios de los años noventa, Washington ha disminuido el número de sus fuerzas militares estacionadas en el exterior, especialmente en Europa. Al mismo tiempo, los gobernantes norteamericanos han intensificado sus demandas para que sus rivales en Europa y Japón asuman una mayor parte de la responsabilidad financiera y los riesgos políticos que supone el papel de gendarme mundial para los intereses imperialistas. El imperialismo norteamericano, no obstante,

Para principios de los años cincuenta el estado obrero soviético había comenzado a construir un arsenal nuclear para romper el monopolio que Washington había desarrollado cuidadosamente inmediatamente tras la Segunda Guerra Mundial. En cambio, los competidores económicos más fuertes del imperialismo estadounidense —Japón y Alemania occidental— no pueden desarrollar un arsenal nuclear por factores históricos y políticos. Si Alemania intentara construir tal arsenal produciría un enfrentamiento directo con la Unión Soviética, así como un levantamiento social en toda Europa occidental. En Japón, cuyo pueblo fue la primera víctima del horror de las armas atómicas a manos de los gobernantes norteamericanos, todo intento de construir un arsenal nuclear dividiría a la población tan profundamente que llevaría a la sociedad a una guerra civil.

Los imperialistas británicos y franceses, así como el régimen israelí, tienen cada cual su propio arsenal nuclear. También los gobernantes del régimen del apartheid en Sudáfrica tienen algunas armas nucleares. Estos arsenales

---

sigue resuelto a preservar su dominio global, incluido el desplazamiento considerable de tropas y material bélico en todos los continentes y en los principales océanos y mares.

Desde 1987, las fuerzas armadas norteamericanas han reducido en más del 20 por ciento el número de sus tropas activas. El número de tropas estacionadas en el exterior ha sido reducido de más de medio millón a 306 mil, constituyendo ahora un 18 por ciento del total del personal militar norteamericano, comparado con la cifra anterior de 25 por ciento. Actualmente se encuentran estacionadas dos divisiones del ejército estadounidense en Europa y la Sexta Flota está en el Mediterráneo. En Asia los marines tienen divisiones en el Pacífico y en una base en Okinawa, Japón; la Séptima Flota permanece en el Océano Indico, y además el ejército norteamericano tiene divisiones en Corea del Sur y Hawai.

secundarios, a pesar del peligro que representan para el pueblo trabajador del mundo, no disminuyen el hecho de que todo el sistema imperialista mundial depende de los armamentos nucleares estratégicos y sistemas de lanzamiento de Washington.

LA SUPERIORIDAD MILITAR de Washington excluye una repetición de los conflictos interimperialistas como los de la primera y la segunda guerra mundial, aún tomando en cuenta las crecientes tensiones económicas y políticas entre las clases dominantes nacionales rivales y sus estados.[29] Además, los imperialistas saben que las dos guerras mundiales anteriores le cobraron un precio elevadísimo al capital financiero internacional: la revolución rusa, la revolución china, el derrocamiento de las relaciones de propiedad capitalista en Europa oriental, Corea del Norte, China y Vietnam; y las luchas de liberación nacional que estallaron en Asia, el Pacífico, Africa, Centro y Sudamérica y el Caribe.

Por otro lado, la paridad nuclear con la Unión Soviética obliga a los imperialistas a descartar, al menos en el futuro inmediato, su meta histórica de derrocar los estados obreros y restablecer la explotación capitalista sobre los pueblos de esos países.

Por lo tanto, en los últimos 40 años el imperialismo, al tratar de contener la revolución mundial, se ha con-

---

29. Para leer sobre el cambio fundamental en la situación política mundial de la posguerra, que comenzó a plantear nuevamente la posibilidad de una guerra interimperialista, ver "La marcha del imperialismo hacia el fascismo y la guerra" en este número, y el artículo principal del número 1 de *Nueva Internacional*, "Los cañonazos iniciales de la tercera guerra mundial".

centrado en actuar como gendarme en Asia, el Pacífico, Africa, América Latina y el Caribe. Desde la Segunda Guerra Mundial, es en el mundo semicolonial donde se ha usado la más gigantesca y brutal fuerza militar imperialista: desde Corea hasta Argelia, Kenia, República Dominicana, Vietnam, Angola, Palestina, Irlanda, Nicaragua, Zaire, el Canal de Suez, el Golfo Pérsico, Granada y Nueva Caledonia, entre otros lugares.

TODAS LAS CLASES gobernantes imperialistas dependen de la presencia masiva de las fuerzas terrestres, aéreas y navales norteamericanas en todos los continentes y océanos para mantener el orden capitalista mundial frente a las luchas de liberación nacional y justicia social que libran los obreros y campesinos. Ciertos aliados imperialistas de Washington aún desempeñan un papel militar directo en este esfuerzo contrarrevolucionario, aunque su función se limita a territorios cercanos a sus propias fronteras y a regiones que permanecen o que recientemente estaban bajo su dominio colonial. Francia actúa así brutalmente en Chad y algunas otras ex colonias en Africa, así como en Nueva Caledonia y en sus demás colonias en el Pacífico y el Caribe (Tahití, Guadalupe, Martinica, Guayana Francesa); Gran Bretaña lo hace en las Malvinas e Irlanda; Israel en los territorios árabes que rodean el nicho que ha ocupado; y Sudáfrica en Namibia, Angola, Mozambique, y otras partes de Africa austral.

Aun en estos casos, cuando los conflictos aumentan de envergadura, la fuerza militar norteamericana es decisiva. Por ejemplo, sin la participación militar directa de Washington en el transporte, apoyo logístico, abastecimiento de pertrechos y servicios de espionaje, el imperialismo británico no habría podido librar —mucho menos ganar— la guerra para mantener su control sobre las islas Malvinas. Fue por eso que la reina de Inglaterra condecoró en 1987 al secretario de defensa de Estados Unidos, Caspar Weinberger. Los obstáculos políticos que excluyen que Washington entregue ayuda masiva al régimen del apartheid en Sudáfrica han impedido que Pretoria pueda hacer frente a las fuerzas combinadas de los voluntarios cubanos, el ejército angolano, la Organización Popular de Africa Sudoccidental (SWAPO) y el Congreso Nacional Africano en el sur de Angola.

Varios gobiernos capitalistas europeos, habiendo perdido sus últimas colonias en los años sesenta y setenta, han quedado reducidos a desempeñar una mínima —o prácticamente ninguna— participación militar independiente en el Tercer Mundo en comparación con las principales potencias imperialistas. Así sucede, por ejemplo, con Bélgica y Portugal. Junto con otros países imperialistas menores, algunos de los cuales nunca tuvieron colonias, ahora su principal contribución a la defensa de los intereses capitalistas mundiales consiste en su complicidad política y militar con operativos abiertos o secretos de Washington.

Por otra parte, ni siquiera el mejor armado y más servil de los estados neocoloniales sirve de sustituto militar estable para Washington, ni tampoco puede serlo. En la última década, por ejemplo, fue derrocado el sha de Irán, cayó la dictadura de Marcos en Filipinas; ha crecido la inestabilidad del régimen en Corea del Sur; Brasil y Argentina se ven sacudidos por la crisis de la deuda; y la crisis político-económica en México amenaza cualquier papel estable que pueda jugar la clase dominante de ese país.

Solo las fuerzas militares del propio imperialismo norteamericano son capaces de patrullar todas la regiones del mundo. Washington puede presionar y seguirá presionando a sus aliados para que asuman más del costo de este creciente esfuerzo militar. Se verá forzado a retroceder de posiciones militares avanzadas en el mundo que se vuelven menos y menos fáciles de respaldar económica y políticamente. Pero esto no cambiará fundamentalmente la ecuación militar entre las potencias imperialistas. Aunque todo avance de la revolución mundial continuará haciendo retroceder a las burguesías imperialistas, éstas jamás podrán abandonar sus intentos de preservar la mayor parte posible del mundo para la explotación capitalista.

La creciente crisis económica aumentará las presiones imperialistas hacia la guerra, al tiempo que los obreros y campesinos organizan luchas para defenderse de la intensificación de los ataques contra sus condiciones sociales y su soberanía nacional. Las victorias más decisivas para la revolución mundial desde la Segunda Guerra Mundial han ocurrido en los países semicoloniales. Sin embargo, las guerras libradas por los imperialistas en estos países —aun en los casos en que ganaron— no han frenado el descenso fundamental de su sistema mundial, ni les han traído una estabilidad duradera. Tampoco los triunfos sangrientos del capital financiero internacional en el Tercer Mundo han mejorado sus posibilidades de derrocar a los estados obreros, donde las relaciones de propiedad capitalista han sido abolidas.

Es más, la derrota histórica de Washington en Vietnam debilitó drásticamente el apoyo de los trabajadores en Estados Unidos a esa clase de agresión militar. Esta derrota ha reforzado actitudes similares en otros países imperialistas y ha obstaculizado considerablemente el uso de la fuerza militar imperialista en Centroamérica y el Caribe, otras partes del continente americano, Asia, el Pacífico y Africa.

Además, la creciente oposición del pueblo trabajador a las armas nucleares, sobre todo en Europa occidental, así como en Estados Unidos y otros países imperialistas, se ha convertido en un poderoso factor político objetivo que limita las opciones militares de Washington y sus aliados. Les presenta a los imperialistas el riesgo de reacciones explosivas e inesperadas ante el despliegue de armas nucleares y sistemas de lanzamiento, o de barcos y submarinos dotados de armas nucleares.

El poderío económico de Estados Unidos y el dólar

Además del poderío militar de Washington, el enorme tamaño y peso del mercado y de la capacidad productiva de Estados Unidos excluyen la sustitución del dominio del imperialismo norteamericano en el mundo capitalista. Las condiciones de producción, financiamiento y comercio en Estados Unidos —mucho más que cualquier otro país imperialista— son el principal factor determinante de la dirección y las perspectivas de la economía capitalista internacional en su conjunto.

El descenso relativo del capitalismo estadounidense acentúa la vulnerabilidad de todas las economías imperialistas a las crisis parciales. Ninguna otra potencia tiene suficiente peso económico como para servir de contrapeso y proteger el equilibrio del sistema capitalista mundial.

A pesar de que se haya acabado rápidamente el monopolio industrial del cual gozara el imperialismo estadounidense tras la Segunda Guerra Mundial, hoy día la producción anual del capitalismo norteamericano es el triple de la de su rival más inmediato: Japón. La porción norteamericana de las exportaciones mundiales decayó del 15 por ciento a principios de los años sesenta al 11 por ciento a mediados de los ochenta. Sin embargo, esta cifra, que se menciona mucho, exagera la erosión del poder económico de Estados Unidos porque no cuenta las mercancías producidas y exportadas por compañías de propiedad norteamericana en otros países.

Las corporaciones de propiedad estadounidense producen actualmente el 17 por ciento de las exportaciones en el mundo, más o menos lo mismo que hace dos décadas. En 1985, por ejemplo, las filiales norteamericanas en otros países vendieron 410 mil millones de dólares en mercancías a compradores en el país donde estaban ubicadas, y otros 294 mil millones de dólares en productos exportados. Al mismo tiempo, las exportaciones directas de Estados Unidos sumaron 216 mil millones de dólares. La gran mayoría de las mercancías producidas en Estados Unidos se vende en el mercado interno, y en muchos casos les resulta más rentable a los capitalistas estadounidenses producir en el exterior para la venta en los mercados externos.[30]

La inmensidad de la economía estadounidense se puede medir por lo que compra y por lo que vende. El mercado norteamericano absorbe un 25 por ciento de los bienes importados por todos los países imperialistas juntos. Estados Unidos, por ejemplo, constituye la mitad del mercado internacional de productos electrónicos para el consumidor, y entre 25 y 30 por ciento de las ventas

---

30. Como lo describe el artículo de 1994 que aparece en este número, la campaña del imperialismo norteamericano para reducir costos le permitió a partir de fines de los años ochenta recuperar cierta ventaja sobre sus rivales imperialistas. Entre 1985 y 1994, la cuota norteamericana en el mercado mundial de exportaciones (sin incluir las exportaciones de las filiales norteamericanas en el exterior) aumentó del 11 por ciento al 14 por ciento, mientras que las cuotas del mercado mundial de Japón y Alemania y otros países de la Unión Europea se han reducido.

mundiales de repuestos para automóviles. La fuerza económica del imperialismo estadounidense respalda al dólar y excluye la posibilidad de que éste sea reemplazado como la moneda internacional de reserva del comercio y las finanzas capitalistas. A fines de 1987, más de dos tercios de las reservas de divisas de todos los gobiernos del mundo se hallaban depositados en dólares norteamericanos, mientras que el 15 por ciento estaba en marcos alemanes y el 7 por ciento en yenes japoneses.[31]

LOS GOBERNANTES NORTEAMERICANOS incluso son capaces de usar el declive histórico del dólar como un arma contra sus rivales imperialistas. Por ejemplo, en 1987 los bancos centrales de otros gobiernos imperialistas compraron 130 mil millones de dólares para sostener el valor de la moneda estadounidense que se iba a pique y para defender la competividad de sus propias exportaciones. Sumando a esto los dólares comprados en años anteriores, Tokio, Bonn, Londres y otros rivales del imperialismo norteamericano terminaron con más de 450 mil millones de la devaluada moneda norteamericana a fines de 1987. Sin embargo, esto a los rivales de Washington les resultaba un mal menor que la opción de permitir que la libre caída del dólar arriesgara al sistema monetario internacional en su totalidad.

Es así que el capitalismo estadounidense usa su peso para obligar a sus competidores a que sostengan la porción norteamericana —una porción decisiva aunque

---

31. A fines de 1993, el 61 por ciento de las reservas estaban en dólares, y tanto el marco alemán como el yen japonés comprendían porcentajes levemente superiores a los de 1987.

declinante— de la repartición de la suma internacional de plusvalía producida por los trabajadores del mundo. Los rivales de la burguesía norteamericana movilizaron su propio capital nacional para apoyar la acumulación adicional de capital en Estados Unidos. Es una de las maneras en que funciona actualmente la competencia interimperialista, en una situación donde Wall Street y Washington retienen su posición predominante y los crecientes conflictos entre las clases dominantes rivales no pueden ser resueltos mediante guerras como las que ocurrieron en dos ocasiones en este siglo.

Esta correlación de fuerzas entre las potencias imperialistas no puede ser cambiada mucho por los pactos entre los 12 países de Europa occidental que integran la Comunidad Europea (CE), conocida popularmente como el Mercado Común europeo. La CE proyecta eliminar todas las barreras al comercio, a la fuerza laboral y a la circulación de capital en 1992, creando un mercado común para 350 millones de personas. Sin embargo, ante las maniobras de los rivales capitalistas para proteger sus propias ganancias, esta meta de 1992 ya enfrenta dificultades.

La próxima recesión o explosión inflacionaria hará que la competencia entre estas 12 burguesías europeas se intensifique, no que se mitigue. Ni hablar de lo que sucederá durante una crisis económica y social más devastadora. Los capitalistas nacionales rivales no van a ceder sus estados separados, que protegen sus intereses contra las demás burguesías y sobre todo contra el pueblo trabajador de cuya labor se enriquecen.

Sin un estado europeo común no puede haber una moneda común que compita con el dólar, ni pueden haber políticas monetarias y financieras comunes. Por más que traten de ampliar el mercado europeo para sus mercancías y capital, los explotadores alemanes nunca hipotecarán sus ganancias a la suerte de la economía francesa, ni los franceses a la suerte de los británicos, ni los británicos a la de los portugueses, daneses, españoles o griegos. Así que ninguna de las monedas europeas, por sí sola, tiene posibilidad alguna de reemplazar estas diversas "monedas del reino", ni mucho menos reemplazar al dólar como la moneda de reserva mundial.

Por otro lado, los gobernantes norteamericanos, ante la posible rivalidad de un mercado común europeo, están empeñados en formar uno propio con los capitalistas canadienses. El capital financiero de Estados Unidos también está tratando de usar la deuda de México como garrote para obligar al gobierno de ese país semicolonial —que ya es el tercer mercado más grande para las exportaciones norteamericanas— a que abra aún más las puertas a la penetración y dominación imperialistas.[32]

Efectos de la expansión de la posguerra y de la penetración internacional de capital en la estructura de clases del mundo capitalista

La correlación internacional de fuerzas entre las clases cambió en perjuicio del imperialismo en los últimos años de la Segunda Guerra Mundial. Los trabajadores de Asia,

---

32. Aunque las barreras formales al comercio en la Comunidad Europea fueron eliminadas el 1 de enero de 1994, el compromiso de establecer una moneda común ha sido pospuesto otros cinco años, y tanto a Londres como a Copenhague se les ha otorgado de antemano el derecho de abandonar su compromiso. El Tratado Norteamericano de Libre Comercio —un pacto firmado por los gobiernos de Estados Unidos, México y Canadá que reduce los aranceles y otras restricciones fronterizas sobre el flujo de mercancías y capital— también entró en vigor el 1 de enero de 1994.

el Pacífico, Africa y América han conquistado victorias importantes desde entonces. El pueblo trabajador en algunos países semicoloniales desarrolló luchas revolucionarias que establecieron gobiernos obrero-campesinos, dieron fin a la dominación imperialista y culminaron al cabo de varios años en la expropiación de los terratenientes y capitalistas.

Cuba es un ejemplo sobresaliente de los avances que esta trayectoria socialista hace posible. El desarrollo económico y social de Cuba no solo contrasta completamente con el resto de América Latina y otros países del Tercer Mundo, sino que el liderazgo de la revolución cubana ha jugado un papel decisivo al iniciar la renovación de una dirección comunista a nivel mundial. Estos avances se han logrado frente a enormes obstáculos causados por un legado de siglos de opresión colonial y semicolonial así como incesantes presiones económicas y militares por parte del imperialismo.

En cambio, la gran mayoría de los países del mundo semicolonial continúa dominada por el mercado capitalista mundial y oprimida por el sistema imperialista. La mayoría cuenta con gobiernos neocoloniales que representan a clases explotadoras nacionales sometidas —a diversos grados— al imperialismo. El funcionamiento de la ley del valor, combinada con la política del capital financiero y sus diversos poderes estatales, ha mantenido y reforzado la división del mundo capitalista entre un puñado de potencias imperialistas, por un lado, y la gran mayoría de países oprimidos y explotados, por el otro. Este hecho fue señalado inicialmente por Lenin, y luego por la Internacional Comunista.

Desde la Segunda Guerra Mundial ha habido una expansión de la industria manufacturera en los países semicoloniales y una importante diferenciación en sus tasas de desarrollo, e inclusive una notable industrialización en ciertos casos. A pesar de estos cambios, ni uno de estos países semicoloniales ha cruzado el puente para sumarse a las filas de los estados imperialistas industrializados, ni siquiera como socio menor.

Los países oprimidos de Asia, Africa, el Pacífico y América
La gran mayoría del pueblo trabajador en los países coloniales y semicoloniales permanece en el campo. En los países oprimidos de Africa y Asia más de dos tercios de la población todavía viven y trabajan en el campo. En América Latina y el Caribe la cifra es de un tercio, aunque en algunos de estos países, entre el 40 y el 70 por ciento de la población vive en las áreas rurales (Barbados, Haití, Honduras, Guatemala, Bolivia, Ecuador, República Dominicana, Paraguay, Nicaragua, Costa Rica, El Salvador y otros). Las mercancías y materias primas agrícolas representan un 80 por ciento de los ingresos por exportación de los países semicoloniales, en contraste con menos del 25 por ciento en los países imperialistas.

En muchos de los países oprimidos la mayoría de los trabajadores rurales labran la tierra bajo condiciones semifeudales u otro tipo de condiciones precapitalistas o semicapitalistas, sometidos a caciques o a familias de ricos terratenientes. En otros países las "reformas agrarias" burguesas han sometido a los trabajadores a formas más directas de explotación capitalista: los trabajadores asalariados que laboran por sueldos de hambre en las plantaciones de terratenientes nativos o de empresas imperialistas, al mismo tiempo que cultivan una pequeña parcela para subsistir; los arrendatarios que pagan renta a esos mismos terratenientes explotadores; o los productores independientes que trabajan, esclavizados por la deuda, para capitalistas nativos o extranjeros quienes les prestan dinero, controlan su hipoteca, les venden insumos agrícolas y les compran sus productos para revenderlos sustrayendo ganancias.

Independientemente de la forma de explotación de estos trabajadores rurales, una parte cada vez mayor de la riqueza producida por su trabajo termina en manos del capital financiero imperialista. A veces los terratenientes no son más que empresas capitalistas en Estados Unidos, Canadá, Europa occidental, Japón, Australia o Nueva Zelanda. Entre el 60 y el 90 por ciento del comercio mundial de café, algodón, cacao, piña, banano, azúcar y otras mercancías está controlado por un puñado de entre tres y seis monopolios imperialistas. Inclusive, de la riqueza extraída de estos trabajadores por los capitalistas y terratenientes nativos, una gran parte se convierte en superganancias del imperialismo mediante los pagos de intereses y el intercambio desigual.

En el mundo semicolonial hay dos procesos entrelazados. Por un lado, millones de trabajadores rurales que formaban parte de relaciones sociales precapitalistas están siendo integrados al sistema capitalista de rentas e hipotecas y al trabajo asalariado en el campo. Por otro lado, millones más están siendo expulsados de sus tierras y forzados a inmigrar a tugurios donde engruesan las filas de un creciente proletariado urbano, y de ahí, muchos emigran en busca de trabajo a países semicoloniales más avanzados económicamente o a uno de los centros imperialistas.

La expansión de la industria y del comercio en muchos de estos países ha creado también un creciente proletariado urbano empleado. Los trabajadores —cuyos salarios y condiciones promedio son mucho peores que los de los obreros en cualquier país imperialista— han formado sindicatos; muchos se han convertido en experimentados combatientes en luchas obreras y políticas. Si bien hay sectores capitalistas en países del Tercer Mundo que han logrado insertarse en el mercado capitalista internacional de productos manufacturados —no solo bienes ligeros de consumo y artículos duraderos, sino acero, automóviles, camiones, computadoras y barcos—, en ninguno de estos países ha crecido un mercado interno suficientemente amplio como para absorber una parte significativa de su producción industrial nacional. La mayoría —y en general la gran mayoría— de los obreros y campesinos tiene un nivel de vida tan bajo que el mercado de consumo creado por la burguesía y las relativamente pequeñas clases medias simplemente no puede compensar por esa situación. En muchos casos, la mayoría del pueblo trabajador no forma parte de los sectores modernos de la economía, no está plenamente integrado a una estructura de clases moderna.

A DIFERENCIA DE las potencias imperialistas, la mayoría de los países con estructuras económicas semicoloniales no cuentan siquiera con un precio único de mayoreo para la mayor parte de los productos agrícolas, ni tampoco cuentan con una tasa general única de ganancia industrial para los capitalistas del país. Los mercados de acciones y valores, en la medida que existen, no han asumido la función que describe Engels de centralizar la acumulación y redistribución del capital nacional en los sectores agrícola, industrial y comercial. Esto obstaculiza la movilización de las diversas concentraciones locales de capital nacional a un nivel que permita un desarrollo económico prolongado comparable al de los países capitalistas avanzados.

Los medios de difusión capitalistas han dado mucha atención a un puñado de países semicoloniales de América Latina y Asia —Brasil, México, Corea del Sur, Taiwan, Hong Kong y Singapur— que han logrado incrementar en unos cuantos puntos porcentuales su parte de la producción industrial mundial durante las más de cuatro décadas desde la Segunda Guerra Mundial. Sin embargo, la parte de la producción industrial mundial correspondiente a todo el resto del mundo semicolonial ha disminuido en ese mismo lapso. Además, hasta en los llamados países en nuevo proceso de industrialización, las condiciones económicas y sociales del pueblo trabajador limitan drásticamente el mercado interno.

Por ejemplo, las prolíferas maquiladoras de propiedad norteamericana y de otros países imperialistas, que supuestamente están "desarrollando" el norte de México, le pagan al trabajador entre 3 y 5 dólares por día. En Brasil y Corea del Sur el salario promedio de los obreros industriales es menos de 1.50 dólares por hora.[33] La expansión de la manufactura en estos países se ha basado en el despojo del campesinado y la superexplotación de un proletariado creciente, que ha rebajado el promedio de los salarios reales, en vez de desarrollar una amplia clase trabajadora capaz de comprar toda una gama de enseres y bienes duraderos.

Ninguna de las supuestas reformas agrarias realizadas por gobiernos neocoloniales ha significado una profunda

---

33. Gracias a una ola de recias huelgas a fines de los años ochenta y comienzos de los noventa, los salarios industriales en Corea del Sur aumentaron en más del 55 por ciento entre 1987 y 1991, mientras que los salarios industriales en Brasil siguieron bajando, finalizando los años ochenta a un nivel más bajo que a comienzos de la década. Para 1993, los aumentos salariales en Corea del Sur se habían moderado; en 1994 el nivel de huelgas industriales ha sido el más bajo desde 1987.

distribución de tierras y préstamos estatales a bajo interés. Por lo tanto, en ninguno de estos países se ha desarrollado una clase amplia y moderna de pequeños agricultores cuyos ingresos y condiciones de vida sean equivalentes a los de obreros especializados. En cambio, se ha creado un reducido sector de agricultores acomodados y ha aumentado la superexplotación, el despojo y la pauperización de la mayoría de los trabajadores rurales.

Esta ausencia de mercado interno pone a los capitalistas de estos países en gran desventaja en la competencia comercial mundial. Hace que las economías de estos países sean particularmente vulnerables a la inflación, a las recesiones, a fluctuaciones monetarias, a restricciones comerciales y otros factores que disminuyen la demanda de productos importados en el mundo capitalista. Sin embargo, el imperialismo continúa acelerando la orientación de la agricultura y la industria —tanto nacional como extranjera— hacia la exportación. Los países semicoloniales, cuya mayoría contaba antes con vastas tierras fértiles, bosques abundantes y recursos acuíferos, han sido convertidos en países importadores de alimentos, ropa y otras necesidades básicas.

LOS MONOPOLIOS IMPERIALISTAS sacan ganancias de ambos extremos del negocio: por un lado controlan la distribución, el transporte, el seguro y el financiamiento de los productos de exportación; por el otro, controlan los productos industriales y de consumo que los países del Tercer Mundo se ven obligados a importar. La mayoría de los gobiernos neocoloniales están expandiendo las llamadas zonas francas, donde las compañías imperialistas pueden explotar a los obreros prácticamente sin reglamentos de ningún tipo, sin pagar impuestos

—o pagando muy poco— sobre las ganancias que exprimen de los trabajadores. En muchos de estos países, el capital financiero también fomenta el turismo organizado en gran escala, enfocado en visitantes de los países imperialistas y controlado por monopolios locales y extranjeros de hoteles, restaurantes, casinos, narcotráfico y prostitución.

Los banqueros imperialistas y las agencias financieras internacionales han deformado aún más la estructura económica de los países del Tercer Mundo en esta última década, en aras de aumentar los ingresos de exportación y turismo que se puedan canalizar hacia el pago de los intereses de la inmensa deuda externa. Los proyectos de "desarrollo" patrocinados por el imperialismo han dado resultados desastrosos, incluyendo el cultivo excesivo de tierras y la tala extrema de bosques. A esto se debe la expansión gradual del desierto Sahara que está destruyendo mucha tierra previamente cultivable en el norte de Africa; la situación precaria de los bosques y sistemas fluviales de Centroamérica; la virtual despoblación de árboles en gran parte de Haití; y la destrucción acelerada de la selva brasileña.

La creciente crisis de la deuda agrava todos los aspectos de la dominación imperialista de los países oprimidos, bloqueando el desarrollo económico y condenando a cientos de millones de personas —la gran mayoría de la población trabajadora del mundo dominado por el capitalismo— a condiciones sociales inhumanas.

• Aunque el 85 por ciento de la población del mundo capitalista vive en los países semicoloniales, solo recibe un 20 por ciento de los ingresos.

• Más del 60 por ciento de la población mundial vive sin electricidad.

• En el continente africano, dos tercios de la población

son analfabetos, llegando a más del 90 por ciento de la población en algunos países. En los países oprimidos de Asia, un 40 por ciento de los adultos no saben leer o escribir, llegando también allí en algunos países a más del 80 por ciento. En Centro y Sudamérica el analfabetismo afecta a casi un cuarto de la población, y en algunos países afecta a más del 40 por ciento.

• La mortalidad infantil —que en Estados Unidos promedia 11 muertes en el primer año de vida por cada mil nacidos— asciende a 125 por cada mil en Africa, y llegando a más de 200 por cada mil en varios países de ese continente. En los países semicoloniales de Asia la tasa es de unos 90 por cada mil, pero en algunos se aproxima a 200. En Centro y Sudamérica la tasa es de 50 muertes por cada mil niños nacidos, sobrepasando 100 por cada mil en algunos países.

• Cinco millones de niños mueren de diarrea cada año y dos millones de sarampión, la gran mayoría de ellos en el Tercer Mundo.

• En los países semicoloniales el consumo de calorías por persona es un 36 por ciento inferior al promedio en Estados Unidos; y el consumo diario de proteínas es más de un 45 por ciento inferior. Dos millones de personas mueren de hambre cada año en el mundo.

Estados Unidos y otros países imperialistas

La fuerza laboral en Estados Unidos es más del doble hoy de lo que era al comienzo de la Segunda Guerra Mundial. La estructura y composición de la clase obrera han experimentado cambios cualitativos desde la Gran Depresión.

• La masiva expansión de la industria relacionada a la producción militar durante la Segunda Guerra Mundial creó tal demanda de mano de obra que trajo del campo a la ciudad a millones de trabajadores que habían sufrido dos décadas de condiciones de depresión. Esto redujo abruptamente en un 20 por ciento a la población agrícola entre 1940 y 1945, el cambio más grande y más rápido en la historia del país.

Desde entonces, el desarrollo rápido de la productividad de la mano de obra agrícola ha proletarizado a millones de agricultores y sus familiares. El porcentaje actual de la fuerza laboral que trabaja en la agricultura ha bajado a menos del 3 por ciento de la población, comparado con más de un 15 por ciento en 1940.

Hoy, además de estos cambios, la mayoría de los pequeños agricultores se ven forzados por razones económicas a conseguir trabajo de media jornada o de jornada completa, y muchos son miembros de sindicatos industriales. La brecha entre las condiciones generales de vida y sociales de los obreros y las condiciones de los agricultores explotados en Estados Unidos es menor que en cualquier momento anterior.

• Durante los últimos 30 años la manufactura ha mantenido más o menos el mismo porcentaje del total de la producción interna bruta. En 1987, unos 25 millones de obreros trabajaban en la manufactura, en las minas y en la construcción, un aumento del 43 por ciento en comparación con 1946.

La creciente tasa de plusvalía en la industria manufacturera a partir de 1941 —es decir, el porcentaje del valor producido por el trabajo que los patrones se embolsan como excedente, en vez de recibirlo los trabajadores como salario— y el crecimiento a largo plazo de la masa de ganancias permitieron un crecimiento más rápido en los oficios de ventas, oficinas y "servicios" (gobierno, comercios al por mayor y al detalle, escuelas, hospitales, oficinas, etcétera) en relación al empleo en las fábricas, minas, acerías y otras plantas. Desde mediados de los años setenta los capitalistas han venido destruyendo valores en forma de plantas y equipo industrial obsoletos al eliminar una buena parte del exceso de capacidad, a la vez que han invertido menos y menos en plantas y equipo nuevos. Por consiguiente, también ha decaído la tasa de contratación de mano de obra adicional. Sin embargo, una depresión mundial no va a limitarse a causar desempleo masivo en la minería y la manufactura. Será también un golpe devastador para los sectores de la economía que no producen valor nuevo para los capitalistas, provocando millones de despidos adicionales.

La crisis progresiva de los últimos 15 años ha causado grandes despidos de trabajadores de la salud, de la educación y de otros servicios sociales vitales. El despido de casi 15 mil trabajadores de las firmas bursátiles de Wall Street en Nueva York, a raíz de la caída de la bolsa en octubre de 1987, da una idea de lo que una nueva caída de la bolsa o una quiebra bancaria va a significar para los trabajadores de una gama más amplia de instituciones financieras en el país, ni hablar de los tantos otros sectores comerciales de la economía que serían golpeados.

• Durante la Segunda Guerra Mundial cientos de miles de pequeños agricultores, aparceros, y arrendatarios negros se incorporaron a la industria, conforme la inmensa expansión de la producción creó oportunidades para escapar de la ruina económica que por décadas había plagado las zonas rurales del sur de Estados Unidos. Después de la guerra, los negros siguieron siendo expulsados de la tierra y emigraron en cantidades mayores a las ciudades del norte y sur en busca de empleos.

La prolongada aceleración de acumulación de capital de la posguerra, junto con las batallas por los derechos civiles y contra el sistema de segregación racial en el sur —conocido como el sistema *Jim Crow*— en los años cincuenta y el sesenta, eliminaron más barreras a las posibilidades de empleo. El porcentaje de hombres negros que tenían empleos industriales subió del 17 por ciento en 1940 al 40 por ciento en 1971. Los obreros que son negros constituyen el 11 por ciento de la fuerza laboral en su conjunto y un 15 por ciento de la fuerza laboral industrial. También los chicanos y los puertorriqueños constituyen un porcentaje bastante mayor que antes de la Segunda Guerra Mundial en la clase obrera industrial.

Estos obreros que son de las nacionalidades oprimidas continúan siendo discriminados por motivos de raza y nacionalidad en la contratación, la promoción, y en el lugar de trabajo y dentro del movimiento sindical: una realidad que hace que el valor de su fuerza de trabajo sea menor del promedio salarial de la clase obrera. Estas desigualdades racistas que confrontan a los obreros que son negros, chicanos, puertorriqueños, chinos, indígenas norteamericanos o de otras nacionalidades y minorías oprimidas, son reproducidas y reforzadas constantemente por el mercado de empleos capitalista, y son usadas por los patrones para mantener a la clase trabajadora dividida y, por lo tanto, débil.

Esta es la base objetiva para explicar que solo la lucha del movimiento obrero a favor de programas de acción afirmativa (trato preferente) basados en cuotas puede forjar un movimiento fuerte y unificado de la clase obrera, capaz de defender a todos los productores explotados contra los efectos de la actual ofensiva patronal y de la crisis social y ofensiva capitalista más profundas que ocurrirán en el futuro.

• En el último cuarto de siglo, Estados Unidos ha recibido la mayor ola de inmigración desde comienzos de siglo. A mediados de los años sesenta, en el apogeo de la expansión de la posguerra, el capital norteamericano estaba atrayendo rápidamente a mano de obra nueva. Fue entonces que el Congreso aflojó un poco las cuotas de inmigración para incrementar al ejército laboral de reserva y mantener reducidos los salarios. En la década siguiente, al acelerarse la baja de la tasa general de ganancia, los patrones buscaron formas de disminuir los costos y descubrieron que necesitaban una reserva de trabajadores que pudieran ser explotados intensamente mediante salarios bajos, jornadas largas y condiciones de trabajo inferiores.

Al mismo tiempo, el desposeimiento de millones de campesinos y el creciente desempleo y subempleo en todo el mundo semicolonial estaban forzando a millones de personas a emigrar en busca de alguna forma de ganarse la vida. A ellos se unieron otros que huían del terror de las dictaduras respaldadas por Washington en muchos países.

Al mantener a estos obreros en calidad de parias, calificándolos de *aliens* (extranjeros) e "ilegales", los patrones intentaron crear un sector amplio y permanente de la clase obrera con pocos derechos políticos y sociales. Estos obreros enfrentan una discriminación sistemática en base al idioma, al color de su piel y su nacionalidad, así como la constante amenaza de hostigamiento o deportación por "la migra". La amenaza de persecución sirve muchas veces de barrera que impide que los obreros inmigrantes ejerzan su derecho a luchar por protección sindical, servicios sociales o atención médica.

Durante los años setenta unos 6.6 millones de inmigrantes llegaron a Estados Unidos, casi dos tercios de ellos con documentos. Se esperan hasta nueve millones más a fines de los años ochenta. En 1987 más de 600 mil inmigrantes documentados entraron a Estados Unidos. Esa cifra, que ni siquiera cuenta a las decenas de miles de inmigrantes que entraron al país sin documentos, es mayor que el total de inmigrantes admitidos el año pasado por todos los demás gobiernos del mundo juntos.

En contraste con las primeras décadas del siglo, cuando la gran mayoría de los que inmigraron a Estados Unidos llegó de Europa, en la actualidad más del 90 por ciento llega de Asia, México, Centro y Sudamérica, el Caribe y las islas del Pacífico. Hoy día se habla un idioma diferente del inglés en el 11 por ciento de los hogares en Estados Unidos, en casi la mitad de estos hogares se habla español.[34]

Las demás potencias imperialistas también han atraído a números crecientes de obreros inmigrantes en el período de la posguerra. Si bien la mayoría de los inmigrantes que llegaron a Canadá en los años sesenta eran de Europa del sur y oriental, la mayoría de los inmigrantes en el último cuarto de siglo han llegado del

---

34. En el Condado de Los Angeles, que tiene la mayor concentración de inmigrantes de América Latina en el estado de California, el número de latinos ascendió del 28 por ciento en 1980 al 38 por ciento en 1990; el porcentaje de asiáticos creció del 6 por ciento al 10 por ciento.

En las elecciones de noviembre de 1994, la Proposición 187 —que les negaría a los trabajadores indocumentados y a sus hijos derechos fundamentales como la educación, atención médica y otros servicios sociales— fue aprobada por un margen de 3 a 2. Los políticos capitalistas que hicieron campaña a favor de la medida reaccionaria manipularon la inseguridad económica y los crecientes resentimientos de la clase media y de ciertos sectores de la clase obrera, incluidos latinos y negros.

Caribe, Asia y Latinoamérica.

A pesar de las medidas impuestas en Europa occidental a mediados de los años setenta para restringir un mayor flujo de trabajadores del mundo semicolonial la población inmigrante ha seguido creciendo. El porcentaje de obreros inmigrantes en Francia es mayor que en Estados Unidos. Además de la continua inmigración de trabajadores del Caribe y del subcontinente indio a las ciudades británicas, ha habido una nueva ola de inmigración irlandesa, ya que la superexplotación imperialista y la opresión colonial británica han empeorado las condiciones en Irlanda del norte.

En Nueva Zelanda, además de la población indígena oprimida de los maoríes, en las últimas dos décadas ha habido una creciente inmigración de trabajadores procedentes de las islas del Pacífico. Los obreros de origen no europeo constituyen un alto y creciente porcentaje de la clase trabajadora industrial en Nueva Zelanda. La política a favor de una "Australia blanca" estaba reflejada abiertamente en las leyes del gobierno de ese país hasta los años sesenta. Sin embargo, en el último cuarto de siglo ha habido una mayor inmigración desde Asia, el Medio Oriente, el resto del Pacífico y América Latina, así como una continua inmigración europea, vigente desde hace mucho tiempo. La mayoría de los que emigran a Australia son obreros, muchos de ellos obreros industriales.

En Japón, donde la inmigración total ha sido menor en comparación al resto de los países imperialistas más poderosos, está alcanzando la cifra de un millón de habitantes nacidos en el exterior, entre ellos 700 mil de Corea. Una nueva y mayor ola de inmigración ha ido creciendo en Japón en la segunda mitad de los años ochenta, en su mayoría del sureste de Asia, India y Paquistán. Además, hay tres millones de personas de origen japonés que constituyen una casta llamada *burakumin*, considerados parias y objeto de discriminación y superexplotación.

Incluso los centros imperialistas más pequeños como Islandia han importado mano de obra inmigrante en años recientes y han comenzado a desarrollar, aunque a mucho menor escala, tendencias similares para la explotación de obreros inmigrantes.

Los inmigrantes viven y trabajan en concentraciones particularmente grandes en los gigantescos centros proletarios de estos países imperialistas —Nueva York, Londres, París, Berlín, Los Angeles, Montreal, Auckland, Sydney, Estocolmo, Toronto, Miami, Amsterdam— dándoles un carácter multinacional, multilingüe y cada vez más cosmopolita a estas ciudades. Un cuarto de la población de la ciudad de Nueva York es nacida en otros países. Más de 700 mil habitantes de Londres son negros o asiáticos. La mitad de los estudiantes de escuela primaria en Amsterdam no son de origen holandés, y un porcentaje creciente de jóvenes de origen turco asisten a las escuelas de Berlín occidental. Los obreros árabes y africanos forman una parte grande del proletariado parisino, y un porcentaje aún mayor de la clase obrera en Marsella y en gran parte del sur de Francia.

• En Estados Unidos, la incorporación de la mujer a la fuerza laboral dio un salto durante la Segunda Guerra Mundial. El ingreso de 5 millones de mujeres a empleos civiles y militares elevó la tasa de su participación en la fuerza laboral del 25 por ciento en 1940 al 36 por ciento en 1945. Aunque disminuyó durante la desmovilización y reorganización industrial de la posguerra, el porcentaje de mujeres en la fuerza laboral jamás volvió a descender a los niveles previos a la guerra. El ascenso acelerado en el empleo de mujeres, que comenzó en 1941, ha continuado desde entonces.

Las mujeres no solo proporcionaron un creciente porcentaje de la fuerza de trabajo requerida por el capital estadounidense durante su larga expansión, sino que su incorporación a la fuerza laboral aumentó de ritmo a medida que aumentó la crisis de acumulación de capital en las dos últimas décadas y los patrones buscaron vías para rebajar el precio de la fuerza de trabajo. Desde mediados de los años sesenta hasta la fecha, las mujeres han obtenido más del 60 por ciento de los nuevos empleos creados en Estados Unidos.

En 1987 cerca del 70 por ciento de las mujeres entre las edades de 16 y 65 años formaba parte de la fuerza laboral en Estados Unidos, y el 45 por ciento de todos los trabajadores eran mujeres. El promedio de años que la mujer se mantiene en la fuerza laboral también ha subido drásticamente. Hoy día una joven que consiga su primer trabajo puede anticipar que trabajará más de 25 años, comparado con 12 años en 1940. También ha habido un fuerte incremento en el número de mujeres casadas con hijos menores de 18 años que participan en la fuerza laboral. En 1950, solo trabajaba el 22 por ciento de las mujeres en esta categoría. En 1987, un 70 por ciento de las mujeres casadas y con hijos entre las edades de 6 y 17 años estaban en la fuerza laboral, y de las mujeres divorciadas, cerca del 85 por ciento. Para las mujeres con niños menores de 6 años el porcentaje era de 56.8 por ciento para las casadas y 70 por ciento para las divorciadas. ¡Y actualmente, un 51.9 por ciento de las mujeres con niños menores de un año están en la fuerza laboral, en comparación con un 31 por ciento apenas en 1976!

En Estados Unidos, las trabajadoras de jornada completa que trabajan todo el año reciben el 64 por ciento de los salarios que ganan los hombres con trabajos similares; hace unos 10 años era el 59 por ciento. Aunque el precio relativo de la fuerza de trabajo de la mujer ha subido en los últimos años en Estados Unidos gracias a los logros de las luchas a favor de la acción afirmativa, el valor de la fuerza de trabajo de la mujer continúa siendo considerablemente más bajo que el de los hombres. Esto ha sido una realidad durante toda la historia del capitalismo, en todos los países. Hoy día permanece más bajo debido al legado histórico de opresión de la mujer, heredado por el capitalismo, perpetuado y reproducido por las relaciones sociales de producción capitalista, y reforzado por la ideología burguesa.

LAS TRABAJADORAS NO RECIBEN salarios inferiores porque sus trabajos "no pagan bien". Al contrario. Son los patrones los que "no pagan bien", y logran mantener reducidos esos salarios al preservar ciertos trabajos como bastiones segregados para una fuerza femenina de trabajo más barata. Esta superexplotación es posible *porque estos trabajos los desempeñan mujeres, y no porque sean "monótonos y repetitivos" o "trabajos que pagan poco".*

Sin embargo, a medida que las mujeres luchan y logran romper las barreras de la segregación sexual en el trabajo —como lo hicieron durante la escasez de mano de obra de la Segunda Guerra Mundial— esta situación comienza a cambiar. La incorporación de millones de mujeres a la fuerza laboral y a los sindicatos ha llevado a una creciente proporción de mujeres a participar en la vida social y política. Ellas se han vuelto parte de la clase trabajadora de una forma cualitativamente nueva, cobrando mayor confianza y aumentando su capacidad de lucha y la del conjunto de la clase trabajadora.

Con el auge de las luchas por la igualdad de derechos en los años setenta, un amplio sector de vanguardia de trabajadoras logró incorporarse nuevamente a empleos donde antes habían trabajado principalmente —en algunos casos casi exclusivamente— hombres. Entre éstos estaban los empleos industriales sindicalizados en las minas de carbón, acerías, refinerías de petróleo, transporte, ensamblaje de autos y construcción. Por lo general, las mujeres que conseguían tales empleos trabajaban al lado de hombres y recibían los mismos salarios por los mismos trabajos, salarios mucho más grandes que los de sus empleos anteriores. Durante los años setenta se produjo, por primera vez en este siglo, una baja modesta pero significativa en los indicadores que se usan para medir la segregación de empleos entre mujeres y hombres.

La recesión de 1981-82 y la posterior reestructuración de ciertos sectores industriales por parte de los patrones mermaron algunos de los avances logrados por la mujer en la desegregación de los empleos, pero no los eliminaron del todo. En los años ochenta, las obreras han logrado, por lo general, mantener su posición en la industria. Desde luego, muchas de estas trabajadoras industriales, al igual que millones de otros obreros, han tenido que ocupar empleos diferentes de los que tenían hace una década, con salarios más bajos, peores condiciones y jornadas más largas. Las bajas económicas más pronunciadas que están por venir implicarán golpes más fuertes contra la desegregación de empleos en el contexto de la ofensiva antiobrera.

Toda manifestación de segregación sexual en el trabajo es un obstáculo a la igualdad de la mujer y a la unidad de la clase trabajadora. Esto subraya la necesidad de integrar la lucha por la aplicación de las cuotas de acción afirmativa —para defender y ampliar las conquistas de la mujer en la lucha por la igualdad en la contratación y el trabajo— como aspecto fundamental de la lucha del movimiento obrero para proteger el nivel de vida y las condiciones de trabajo de la clase obrera. Solo mediante este tipo de batallas sociales y políticas dirigidas por el movimiento obrero podrá cerrarse la brecha histórica entre el valor de la fuerza de trabajo del hombre y de la mujer y finalmente conquistar la igualdad de la mujer.

La incorporación de la mujer a la fuerza laboral ha aumentado en todos los países imperialistas desde la Segunda Guerra Mundial y, como ha sucedido en Estados Unidos, incluso se ha acelerado desde que comenzó la crisis capitalista mundial a mediados de los años setenta. En 1983, por ejemplo, el 72 por ciento de las mujeres en edad laboral activa en Dinamarca formaban parte de la fuerza laboral; el 77 por ciento en Suecia; el 67 por ciento en Noruega; el 60 por ciento en Canadá; el 58 por ciento en Gran Bretaña; el 57 por ciento en Japón; el 50 por ciento en Bélgica, Francia y Alemania; el 52 por ciento en Australia; el 47 por ciento en Nueva Zelanda; y el 40 por ciento en Italia.

En estos países, como en los demás, el valor de la fuerza de trabajo de la mujer es inferior al de los hombres. En Gran Bretaña, por ejemplo, el salario promedio de la mujer es solo el 75 por ciento del de los hombres, y el 40 por ciento de las mujeres clasificadas como "trabajadoras manuales de jornada completa" gana menos de 100 libras por semana, comparado con apenas el 6 por ciento de los hombres con trabajos similares. En Nueva Zelanda, el promedio salarial de las mujeres es un 73 por ciento de lo que ganan los hombres. En Japón, la trabajadora recibe solo la mitad del salario promedio del hombre. Además, en todos los países imperialistas las mujeres ocupan un número desproporcionadamente elevado de los nuevos empleos a media jornada o temporales.

También en los países semicoloniales, un número creciente de mujeres se está integrando a la fuerza laboral. En América Latina, el porcentaje de mujeres que son obreras asalariadas o empleadas a sueldo subió del 17.9 en 1950 al 26.6 por ciento en 1980. Un estudio de las llamadas zonas francas del Tercer Mundo determinó que un 80 por ciento de los trabajadores en estas fábricas de capital imperialista son mujeres jóvenes. Al contratar una fuerza laboral compuesta predominantemente por mujeres, los capitalistas sacan ganancias tanto de los salarios inferiores como de las exenciones de impuestos y otras concesiones extraídas de los regímenes neocoloniales. En México, la mayoría de los más de 350 mil obreros en las maquiladoras —principalmente de propiedad estadounidense— a lo largo de la frontera con Estados Unidos son mujeres, que en muchos casos ganan salarios de 40 ó 60 centavos por hora.[35]

Nuevas fuerzas para el movimiento obrero mundial

Estos cambios irreversibles en la estructura de clases, producto de la expansión y penetración internacional del capital, tienen consecuencias importantes para los obreros y agricultores.

---

35. Para leer más sobre los cambios en las condiciones sociales de la mujer desde la Segunda Guerra Mundial, así como la ofensiva patronal contra estas conquistas, ver la introducción de Mary-Alice Waters al libro de Joseph Hansen, Evelyn Reed y Mary-Alice Waters, *Los cosméticos, las modas y la explotación de la mujer* (Nueva York: Pathfinder, 2014), y la colección de tres tomos editada por Waters, *Communist Continuity and the Fight for Women's Liberation: Documents of the Socialist Workers Party, 1971–86* (La continuidad comunista y la lucha por la liberación de la mujer: documentos del Partido Socialista de los Trabajadores, 1971–86; Nueva York: Pathfinder, 1992).

En el campo a nivel mundial, la expansión del sistema capitalista de rentas e hipotecas y del trabajo asalariado continúa integrando al mercado capitalista mundial a millones de trabajadores explotados, tanto campesinos como obreros agrícolas. Al mismo tiempo, cada vez más trabajadores del Tercer Mundo están siendo expulsados de sus tierras e integrados por el capital a las minas, acerías y fábricas, no solo en sus tierras natales sino en los países imperialistas.[36]

Los efectos de la creciente explotación no afectan de forma igual a los diversos sectores del pueblo trabajador. Los trabajadores en gran parte del mundo semicolonial ya están viviendo condiciones de depresión que, en su conjunto, no son más que una creciente señal premonitoria para los trabajadores en los países imperialistas.

En los países imperialistas, los más golpeados por esta crisis social progresiva son los obreros que son negros, que pertenecen a otras nacionalidades oprimidas, inmigrantes, jóvenes y algunos sectores de mujeres trabajadores. Y no son éstos los únicos sectores del pueblo trabajador que han sido afectados. Grandes sectores de pequeños agricultores han sido llevados a la ruina y despojados de sus tierras. Los gobiernos capitalistas, al recortar los gastos sociales, han reforzado la función de la ley del valor, redistribuyendo los ingresos aún más desproporcionadamente en beneficio de los capitalistas y las clases medias adineradas. La campaña patronal por las ganancias ha

---

36. Acerca del sistema de rentas e hipotecas, ver "The Crisis Facing Working Farmers" (La crisis que enfrentan los pequeños agricultores), por Doug Jenness, en el número 4 de *New International*, especialmente las págs. 179–82 y 200–204 [impresión de 2019]. El artículo también se publicó en español en los números del 19 de agosto y 9 de septiembre de 1985 de *Perspectiva Mundial*.

alimentado una ofensiva ideológica contra la mujer dirigida contra los avances que ha logrado en la igualdad de derechos en la contratación y el empleo.

Todos estos factores intensifican la competencia entre los trabajadores y al principio retardan la voluntad y la capacidad de pensar y actuar en términos de clases: saber identificar en "nosotros" a los productores explotados, estemos o no empleados, independientemente del color de la piel, el origen nacional, el sexo, la edad, o la categoría de trabajo; y reconocer en "ellos" al enemigo de clase de todos nosotros, es decir, las familias gobernantes imperialistas y los explotadores capitalistas tanto en los países donde vivimos como en el resto del mundo.

Aun así, los trabajadores en los países tanto oprimidos como opresores están hoy más entrelazados que nunca en un solo mercado capitalista mundial. Con mayor frecuencia combatimos los mismos monopolios imperialistas. Los negocios que determinan nuestras vidas y sustento son realizados en las mismas bolsas de valores, obligaciones y mercancías. Nuestro futuro común se ve amenazado por la crisis de la deuda que el capital financiero le ha impuesto al mundo semicolonial. Los efectos de la creciente crisis capitalista, y de la depresión mundial que inevitablemente va a generar, rebajarán las condiciones de vida y de trabajo de todo el pueblo trabajador. Sin embargo, también crearán las bases objetivas —y una necesidad cada vez más urgente— para una lucha internacional común, si han de triunfar las batallas en cada uno de los frentes de esta guerra.

El funcionamiento del sistema capitalista continúa integrando a nuevas masas de trabajadores a la fuerza laboral en todos los países imperialistas: inmigrantes que huyen condiciones de vida insoportables en sus patrias; mujeres que salen a trabajar para poder mantener a sus familias y que quieren tener una vida más independiente y menos restringida; familias de agricultores que han sido expulsados de la tierra. Actualmente, en Estados Unidos los obreros que son negros, latinos o asiáticos representan casi la cuarta parte de los nuevos integrantes de la fuerza laboral.

Estos cambios hacen cada vez menos reales e importantes las tradiciones "nacionales" de la clase obrera. ¿Qué significa hoy hablar de un "típico obrero estadounidense"? ¿Un obrero "francés"? ¿Un obrero "británico"? ¿Un obrero "holandés"? ¿Un obrero "neozelandés"? ¿Un obrero "canadiense"? ¿Un obrero "alemán"? ¿O un obrero "europeo" o "norteamericano"?

Por su composición, la clase obrera en los países imperialistas es cualitativamente diferente de la clase obrera que enfrentó la Gran Depresión y que participó en las luchas de masas entre el trabajo y el capital. En la actualidad, no se puede describir a la clase obrera en términos nacionales sin excluir a una parte decisiva y cada vez mayor de la propia clase. Es una clase mucho más multinacional. Los obreros de distintos orígenes nacionales, distintos idiomas y distintos colores de piel trabajan hombro a hombro con más frecuencia, asimilando experiencias comunes en sus luchas contra los patrones. La clase obrera empleada incluye a muchas más mujeres que nunca antes.

Al prepararnos para las batallas de clase que inevitablemente llegarán, los comunistas no deben virar su mirada hacia las diversas tradiciones "nacionales" de los años treinta, ni hacia ilusiones reaccionarias sobre una futura conciencia "norteamericana" o "europea". Nuestros ojos deberán dirigirse hacia las realidades de la clase obrera y de sus aliados en los años noventa, y hacia la perspectiva internacional de combate que debe ser explicada, generalizada y dirigida en cada país del mundo actual.

Posibilidades para un repunte en la baja de la tasa general de ganancia industrial y para preparar una nueva aceleración de acumulación de capital

Para reiniciar un proceso en que la acumulación de capital se acelere y se pueda autogenerar, los explotadores tendrán que propinar derrotas aplastantes a la clase obrera; sacar de circulación cantidades gigantescas de los capitales más débiles y obsoletos a nivel nacional e internacional en una despiadada competencia por mercados y ganancias; e invertir en nuevas industrias y tecnologías que puedan expandir cualitativamente su capacidad productiva.

Este curso exigiría que los capitalistas aumentaran la tasa de explotación de la clase obrera a un nivel que solo podría realizarse prolongando la jornada de trabajo e intensificando el ritmo de producción. Esto, a la vez, requeriría un desempleo crónico y habría que propinar unas derrotas a los sindicatos de suficiente envergadura como para debilitar la confianza de los trabajadores, intensificar la competencia y profundizar las divisiones entre los obreros y con sus aliados, reducir su nivel de organización y destruir así su capacidad de lucha. Tales derrotas tendrían que ser de carácter internacional, extendiéndose de los países imperialistas a todo el Tercer Mundo.

El capital financiero tendría que destruir el exceso de capital y de capacidad productiva, no solo con cierres masivos de instalaciones obsoletas, sino sobre todo con la destrucción implacable de *capitales* rivales a nivel nacional, en otros países imperialistas y por todo el mundo semicolonial. La eliminación de empresas capitalistas, incluso de empresas muy grandes, aceleraría la concentración y centralización de capital, tanto a nivel nacional como internacional.

Los capitalistas tendrían que abrir mercados nuevos y grandes, obtener enormes masas de ganancias gracias a mayores ventas, y acelerar la renovación de capital. Tendrían que encontrar nuevas formas de reducir aún más los costos de materias primas, energéticos, fábricas y maquinaria.

Solo al realizar estas metas estarían los capitalistas en condiciones de incrementar la tasa general de ganancia y la acumulación de la masa de ganancias a un nivel suficiente como para lanzar y mantener una gran ola de inversiones en la construcción de nueva capacidad fabril y una masiva computarización —ni hablar de "robotización"— de sectores enteros de la producción industrial. Solo así se podría preparar un nuevo período ascendente de expansión capitalista, absorber crisis parciales, evitar explosiones inflacionarias y moderar el ciclo comercial.

La expansión acelerada del capitalismo norteamericano, que duró 30 años a partir de 1941, creó un sector aristocrático dentro de la clase obrera de tamaño tal que se pudo imponer una burocracia colaboracionista en el movimiento sindical; extinguir las brasas del amplio movimiento social proletario que se había comenzado a formar en el curso de las luchas que forjaron a los sindicatos industriales y combatieron el racismo y la reacción; eliminar la necesidad de que los gobernantes abandonasen el marco de la democracia imperialista para mantener un control político estable; y fomentar el debilitamiento de los sindicatos que aún continúa. Con cierto desfase, en todos los países imperialistas ocurrió un proceso con aspectos convergentes durante los años de la posguerra.

A PESAR DE haber debilitado gravemente al movimiento sindical, los golpes que el sistema capitalista internacional le ha asestado a los trabajadores por todo el mundo durante y después de las recesiones de 1974–75 y 1981–82 no son nada comparado con el tipo de golpes que los capitalistas tendrán que asestar contra el nivel de vida y a las condiciones de trabajo como precondiciones para lanzar y mantener una nueva ola de acumulación de capital. Los gobernantes tampoco han logrado imponerles a los pueblos de los países coloniales y semicoloniales la reorganización brutal de las relaciones de clase o la devastación social adicional que serían necesarias para recaudar la deuda del Tercer Mundo.[37]

Para evaluar las posibilidades que tienen los capitalistas de preparar una nueva aceleración de la acumulación de capital, vale la pena examinar algunas de sus posibles opciones. Varias de estas opciones son factores que jugaron un papel significativo en la acumulación inicial de capital que dio paso a la dominación mundial del capi-

---

37. En "La defensa de Cuba, la defensa de la revolución socialista cubana", publicado en este número, Mary-Alice Waters describe las consecuencias políticas del hecho de que los dirigentes del movimiento obrero y de las organizaciones populares de América Latina no respondieron al llamado del gobierno cubano para lanzar una campaña por la anulación de la deuda. La forma en que el capital financiero internacional evitó un colapso bancario a fines de los años ochenta al "titularizar", o sea, convertir los préstamos incumplidos en nuevas formas de bienes bursátiles ("bonos Brady"), se describe en "La marcha del imperialismo hacia el fascismo y la guerra".

talismo industrial en las primeras décadas del siglo XX. Otras de estas opciones han sido factores —o frecuentemente se ha creído que fueron factores— que ayudaron a los capitalistas a salir de anteriores crisis de acumulación de capital. Y otras más son factores que, bajo ciertas condiciones históricas y políticas, podrían darle un gran impulso a la tasa general de ganancia industrial.

Al analizar estas distintas opciones, necesitamos contestar la pregunta de si son factibles, dadas la estructura de clases y la correlación de fuerzas en el mundo actual.

Energía nuclear

Desde fines de los años cuarenta hasta los años sesenta, en todo el mundo capitalista se presentó el "uso pacífico del átomo" como una bendición económica casi ilimitada. La energía nuclear iba a reducir drásticamente el costo de la energía en todas sus aplicaciones y permitir un incremento general de la tasa general de ganancia industrial. Las inmensas inversiones necesarias para construir y equipar los reactores nucleares —dado su potencial de ganancias a largo plazo— darían un estímulo adicional a la expansión económica.

Sin embargo, en las dos últimas décadas, la energía nuclear ha resultado ser un fracaso. La política de energía nuclear se convirtió en lo opuesto de lo que los gobernantes capitalistas habían esperado. Por ende, les resultó un desastre económico. La energía nuclear ha enfrentado más y más oposición pública, conforme los accidentes como los de Three Mile Island en Estados Unidos y de Chernobil en la Unión Soviética han expuesto sus inevitables peligros catastróficos. Encima de la amenaza constante de un derretimiento nuclear, los reactores nucleares producen a diario enormes cantidades de desechos nucleares (en 1987 ascendían a 22 mil toneladas en Estados

Unidos) que seguirán siendo un riesgo mortal durante decenas de miles de años, sin que se pueda almacenarlos o eliminarlos de una manera segura.[38]

La oposición popular a la energía nuclear se ha convertido en un factor político permanente en todos los países imperialistas. Ha reducido drásticamente las ganancias industriales al forzar a los capitalistas a cerrar muchas plantas o a cancelar su construcción, y al elevar enormemente los costos del equipo y las medidas de seguridad necesarias. Los capitalistas han llegado cada vez más a la conclusión de que la energía nuclear es una causa perdida. En Estados Unidos no se ha ordenado la construcción de una sola planta nueva desde 1978, y más de 100 —algunas de las cuales estaban a punto de ser terminadas— han sido canceladas. Solo hay tres que están proyectadas a ser completadas e inauguradas después de 1989, e incluso éstas podrían correr la misma suerte ya que su seguridad operacional ha sido cuestionada.[39]

---

38. Para leer un relato conciso de los peligros que representa la energía nuclear para la salud, la seguridad y la vida humana, ver Fred Halstead, *What Working People Should Know about the Dangers of Nuclear Power* (Lo que los trabajadores deben saber sobre los peligros de la energía nuclear; Nueva York: Pathfinder, 1981).

39. Cinco años después, a fines de 1993, aún no se había ordenado ningún reactor nuclear nuevo en Estados Unidos y solo uno más había sido completado y había obtenido licencia para operar. Esta tendencia no se limita a Estados Unidos, según lo indica un artículo encabezado "Preocupación por pausa en construcción de centrales" en un suplemento especial sobre la industria nuclear mundial de la edición del 21 de noviembre de 1994 del diario londinense *Financial Times*. El artículo informó que no se estaba construyendo ninguna central nuclear en ningún país de Europa occidental, excepto Francia, "e incluso [Francia] está cerca del final de su programa". La Agencia In-

Hay un enorme exceso de capacidad productiva en la industria manufacturera de reactores nucleares de Estados Unidos. Esta industria produce ahora casi exclusivamente para plantas que han sido impuestas a los países semicoloniales. En la mayor parte de Europa occidental la inversión de capital en la energía nuclear ha decelerado, especialmente después del desastre de Chernobil. Y en muchos países se lleva a cabo un debate en torno a la eliminación progresiva de los reactores existentes. Incluso en Francia, donde la energía nuclear produce el 65 por ciento de la electricidad, la industria carga con una deuda de 32 mil millones de dólares.

Por la concientización sobre sus peligros irremediables, la energía nuclear no puede hacerse rentable. Aunque los ricos dueños de los monopolios eléctricos ya se están organizando para recuperar parte de sus gigantescas inversiones mediante deducciones tributarias, aumentos de precios al consumidor y deducciones de contabilidad, no hay manera que puedan transformar una pérdida masiva en una nueva fuente rentable que desarrolle la capacidad productiva. Actualmente los capitalistas están enfrascados en una batalla, no para dividir las ganancias sino para repartir las pérdidas de cuatro décadas de inversiones en la energía nuclear.

En los años cincuenta y sesenta, los capitalistas anti-

---

ternacional de Energía Atómica calcula que la cuota del mercado de la producción energética correspondiente a la energía nuclear va a bajar del 17.5 por ciento en 1993 a unos 13–15 por ciento para el año 2000.

Sin embargo, en tanto los capitalistas permanezcan en el poder, jamás van a llegar a la conclusión definitiva de que la energía nuclear es un caso perdido. Esta lucha política va a experimentar altibajos paralelamente al desarrollo de la lucha de clases y las necesidades energéticas y de ganancias del capital.

cipaban que la energía nuclear reduciría drásticamente los costos de circulación del capital constante (es decir, el costo de materia prima, en este caso de energéticos). En cambio, en la última década del siglo XX la industria nuclear y las compañías de servicios públicos cargaban con un enorme incremento de costos fijos de capital constante (o sea, costos de plantas y equipo nucleares). Gran parte de este capital ha sido anulado; muchos reactores han sido cerrados en los últimos años. Al mismo tiempo, la "promesa" de la energía nuclear ha dejado un legado de decenas de miles de toneladas de desechos radiactivos mortíferos, así como cientos de inútiles monumentos de acero y cemento que confirman la visión de Marx cuando habló de la tendencia del capitalismo a transformar las fuerzas de producción en fuerzas de destrucción.

Una nueva fiebre del oro

La apertura de enormes minas de oro en California y Australia a fines de la década de 1840 y en Sudáfrica y Alaska en la década de 1890 fue uno de los factores que permitió que los capitalistas en el siglo XIX salieran de dos segmentos deflacionarios de la curva del desarrollo capitalista. Hoy día, el descubrimiento de depósitos de oro en Brasil u otro país no puede jugar ese mismo papel.

En el siglo XIX, la explotación de depósitos de oro aún no había sido monopolizada por un puñado de capitalistas grandes. Actualmente, los dueños de unos pocos trusts gigantescos explotan el oro y lo comercializan usando los mismos criterios de rentabilidad usados por los capitalistas en otros sectores de la producción. La producción de oro está dominada por los costos de extracción y el cálculo de precios a nivel mundial, no por "descubrimientos". Basándose en esos costos y ganancias, los monopolios deciden cuánto oro van a producir, cuántos mineros van a contratar o desocupar, y qué parte de la producción no van a excluir del mercado. Ya no habrá más "fiebres del oro" imprevistas que reduzcan el valor del oro a tal nivel que el mundo capitalista se inunde de dinero, elevando los precios y las ganancias en general.

Revolución en la agricultura capitalista

En el origen del capitalismo, como descubrió y explicó Marx, las nuevas clases explotadoras "conquistaron el campo para la agricultura capitalista, incorporaron el suelo al capital y crearon para la industria urbana la necesaria oferta de un proletariado enteramente libre".[40] Los capitalistas hicieron esto principalmente a través de expropiaciones masivas de pequeños productores agrícolas, y confiscaciones de las propiedades de la iglesia y otras tierras feudales.

Siglos más tarde, el capital sigue despojando a los productores rurales, tanto en los países imperialistas como en el mundo semicolonial. No obstante, hace mucho tiempo que la mayoría de la mejor tierra del mundo ha estado concentrada en manos de los explotadores. La riqueza acumulada por nuevas expropiaciones no alcanzará para impulsar un nuevo y amplio auge de acumulación de capital.

La rápida mecanización y adopción de nuevos métodos de cultivo al final de la Segunda Guerra Mundial produjo una explosión de producción agropecuaria en Estados Unidos y otros países imperialistas, alimentando la expansión capitalista. Sin embargo, las familias dominantes capitalistas ya no pueden contar con una repetición de este fenómeno. El mercado capitalista mundial

---

40. *El capital*, tomo III, pág. 918.

ya padece una sobreproducción crónica de mercancías agrícolas, provocando más competencia de precios y medidas arancelarias proteccionistas en gran escala. A pesar de los altibajos coyunturales, los precios de los productos agrícolas seguirán siendo bajos en los próximos años de crisis económica y social.

Más y más naciones del Tercer Mundo contribuirán a este exceso de mercancías agrícolas para la exportación, al tiempo que más obreros y campesinos de estos países sufrirán y morirán de desnutrición y hambre, víctimas de hambrunas creadas por la sed de ganancias del capital financiero.

Un 'Plan Marshall' para los países semicoloniales

Entre 1948 y 1952, los gobernantes norteamericanos proporcionaron miles de millones de dólares en préstamos a largo plazo que se usaron para reconstruir los cimientos de una renovada producción industrial y estabilización en Europa capitalista, asolada por la guerra. La expansión capitalista de las dos décadas siguientes cerró rápidamente la gran brecha que había existido, al principio de la posguerra, entre la tasa industrial de ganancia y la correspondiente masa de ganancias de los capitalistas de Estados Unidos y los de Europa occidental.

Hoy los gobiernos, bancos y agencias financieras imperialistas han presionado a los países semicoloniales a que asuman préstamos que ascienden a cientos de miles de millones de dólares. Sin embargo, no solo se ha comprobado que las burguesías nacionales son incapaces de reproducir en sus países los éxitos que se registraron en Europa durante la posguerra, sino que ha ocurrido lo contrario. Se ha abierto la brecha entre la fuerza económica de los países imperialistas y la de los países semicoloniales. La deuda del Tercer Mundo no es una bendición y preludio a una expansión histórica, sino una trampa que aprieta cada vez más y preludio a una crisis devastadora. No hay mejor prueba que el contraste de estas experiencias para mostrar que la deuda es una *relación social*, cuyos efectos varían dependiendo del poder relativo del prestamista y del prestatario.

A comienzos de los años sesenta, el gobierno de Estados Unidos anunció con bombos y platillos la Alianza para el Progreso, presentándola como una vía de desarrollo económico e industrial para América Latina. Un cuarto de siglo después, el balance es evidente por las condiciones de deterioro económico y social en toda América. La Alianza para el Progreso asignó 20 mil millones de dólares en "fondos de desarrollo" por un período de 10 años. En cambio, en los últimos siete años las familias gobernantes imperialistas han extraído mucho más riqueza de América Latina mediante los pagos de la deuda y la fuga de capital.

Más recientemente, Washington hizo mucho alboroto a principios de los años ochenta sobre su Iniciativa de la Cuenca del Caribe, presentándola como una vía al desarrollo y como alternativa "democrática" a las vías emprendidas por Cuba, Nicaragua y Granada. Pero a pesar de esta iniciativa, que supuestamente abriría el mercado estadounidense a más productos del Caribe, las importaciones del Caribe han disminuido en un 30 por ciento desde entonces.[41]

---

41. Independientemente de los altibajos, los ingresos por exportación de los principales productos tradicionales de la región —azúcar, ron y bananas— han sido perjudicados permanentemente por la combinación de la caída de precios y la reducción de las cuotas de mercado, ya que Londres y otros gobiernos de la Unión Europea han rehusado seguir dando acceso preferente

La dominación imperialista de los países semicoloniales impide el desarrollo de una estructura de clases y un valor de la fuerza de trabajo capaces de sostener un mercado interno que satisfaga las necesidades de ganancias de una amplia burguesía nacional en desarrollo, o que absorba importaciones masivas de capital y mercancías de los países imperialistas. Estas relaciones de clase semicoloniales permiten el surgimiento de zonas aisladas de prosperidad, grupos de capitalistas muy adinerados basados en los sectores de exportación y de servicios, y una reducida clase media. Pero no existen, ni pueden existir, una numerosa clase media, clase obrera empleada y población relativamente acomodada de agricultores que puedan comprar toda una gama de bienes de consumo duradero —y mucho menos casas o automóviles— a un nivel comparable al de los países imperialistas.

ADEMAS, PARA LOS DUEÑOS de los monopolios imperialistas, el mundo semicolonial ha sido un mercado que en términos relativos se contrae, no se expande. Las ventas a estos países por parte de las corporaciones norteamericanas se redujeron del 36 por ciento de las exportaciones totales en 1975, al 32.5 por ciento en 1986.[42]

---

a los mercados a sus ex colonias en el Caribe. Ningún cambio en los términos de comercio pueden contrarrestar las consecuencias de este despojo acelerado. Como en los demás países capitalistas del Tercer Mundo, los obreros y campesinos tendrán que establecer su propio gobierno revolucionario para reorganizar la agricultura, aumentar el desarrollo industrial y unirse a la lucha mundial por el socialismo.

42. Como explica el artículo de 1994 publicado en este número, las exportaciones estadounidenses a Latinoamérica y a varios

Los países semicoloniales recibieron duros golpes durante la recesión de 1974-75 y aún más duros con la de 1981-82. Los capitalistas en estos países, que dependen mucho de las divisas de exportación, han tenido que enfrentar mercados mundiales cada vez más reducidos y una competencia cada vez más intensa frente a las empresas imperialistas. Aunque los bienes producidos en el Tercer Mundo en 1975 representaban el 40 por ciento de las importaciones de Estados Unidos, en 1986 ya habían caído a poco más del 30 por ciento. Esto ha dañado gravemente el crecimiento económico en todos los países semicoloniales, incluso los que gozan de condiciones económicas relativamente mejores.

Entre 1979 y 1984, el crecimiento anual de la producción industrial de Corea del Sur, Taiwan, Singapur y Hong Kong se desplomó a solo un 15 por ciento de lo que había sido su tasa de crecimiento para el período 1966-73. Para Brasil y México la tasa promedio de crecimiento industrial en el período 1979-84 bajó a solo un 20 por ciento de los niveles alcanzados en 1966-73. Esta situación ha dado como resultado el aumento del desempleo y subempleo y el deterioro de las condiciones de vida —tanto en el campo como en la ciudad— para cientos de millones de obreros y campesinos.

A principios y mediados de los años setenta, las clases dominantes de los países semicoloniales con grandes yacimientos petrolíferos pudieron arrebatar una tajada más grande del mercado a los monopolios energéticos imperialistas. Rápidamente se evaporó la ilusión de que

---

países semicoloniales en Asia crecieron a principios de los años noventa. En 1993, cerca del 40 por ciento de las exportaciones de Estados Unidos fueron a compradores en países del Tercer Mundo.

cualquiera de estas clases dominantes pasaría a integrar las filas del capital financiero internacional, o que el aumento de los ingresos por las ventas de petróleo alimentaría un desarrollo económico y social duradero en estos países, ni hablar de convertirse en socios menores de la "familia de naciones" del imperialismo.[43]

LOS CAPITALISTAS EN los países imperialistas respondieron a esta alza de precios de energéticos aumentando la exploración y producción de petróleo en sus propios países, acentuando la competencia de precios y captando una mayor porción del mercado mundial. Los obreros y campesinos de los países semicoloniales productores de petróleo no sacaron beneficios amplios o duraderos de la buena suerte de las clases explotadoras nacionales, y las

---

43. Por ejemplo, hubo quienes en el movimiento de izquierda en los años setenta se refirieron a la monarquía saudita como ejemplo del "capital financiero árabe" ascendente. Hoy día, los reaccionarios gobernantes sauditas enfrentan una grave crisis financiera, habiéndose reducido sus reservas a unos 15 mil millones de dólares, comparado con los más de 120 mil millones de dólares que tenían a comienzos de los años ochenta. Sus amigos en Washington y otros países imperialistas demostraron su "agradecimiento" por los servicios prestados durante la Guerra del Golfo de 1991, cobrándole a la familia real 55 mil millones de dólares en contribuciones para costear dicho esfuerzo. El régimen actualmente está tratando de pagar esa suma con la ayuda de préstamos de la empresa J.P. Morgan & Company de Wall Street. Lo que es más, el régimen en Riad está pagando a un ritmo más lento a la Boeing y a la McDonnell-Douglas por un contrato de aviones comerciales, por un valor de 6 mil millones de dólares, fraguado por la administración Clinton, y que se describe más detalladamente en "La marcha del imperialismo hacia el fascismo y la guerra".

condiciones de los trabajadores en el resto de los países semicoloniales empeoraron con el alza de los precios de los energéticos.

Excluida la posibilidad de que se conviertan en motores para la acumulación de capital y que así puedan rescatar al sistema capitalista mundial, los países semicoloniales están recibiendo los azotes más duros del descenso económico que comenzó hace dos décadas. Los pagos de interés por la creciente deuda externa absorben cada vez más de la riqueza producida por los trabajadores, creando más obstáculos para el desarrollo económico y llevando a las burguesías nacionales a reducir más aún los niveles de vida.

La próxima recesión mundial reducirá aún más los ya limitados mercados para los productos de exportación de los países semicoloniales, y deteriorará más aún los términos comerciales bajo los que deben negociar con los explotadores imperialistas. Ante todo, la creciente esclavitud de la deuda a que están sometidas las naciones del Tercer Mundo puede ser el detonador de una crisis mundial en la que el pueblo trabajador de todos los continentes será la víctima.

El Plan Marshall *ya* se ha repetido. Su principal resultado es la crisis de la deuda del mundo semicolonial. Y para la inmensa mayoría de los obreros y campesinos de estos países, ha sido un desastre.

Los mercados soviético, chino y de Europa oriental
A pesar de la enorme población combinada de la Unión Soviética, China y los estados obreros de Europa oriental, una mayor apertura de sus mercados a las mercancías y al capital de los países imperialistas no resolvería la creciente crisis del capitalismo mundial.

En primer lugar, el comercio actual con los estados

obreros representa una minúscula fracción del monto de importaciones y exportaciones de Estados Unidos. En 1975 el comercio con estos países correspondió al 2 por ciento de las compras y ventas de compañías estadounidenses en el extranjero, y en 1986 se redujo al 1.3 por ciento. Las inversiones de capital en estos países, si bien son más grandes que hace 10 años, representan un porcentaje infinitesimal del capital que Estados Unidos y que otros imperialistas tienen en el extranjero.

Aunque es posible que en el futuro aumenten el comercio y las inversiones, incluso en grandes cantidades en términos de dólares, estos lazos económicos no podrán representar un cambio cualitativo a menos que se den cambios acordes en las relaciones sociales en la Unión Soviética, China y otros estados obreros. Esta realidad es particularmente importante con relación a cualquier aumento importante en las inversiones de capital, que —a diferencia de solo un aumento en el mercado comercial— podría tener un impacto considerable en la aceleración de su tasa de acumulación de capital.

Como precondición de cualquier aumento cualitativo en la penetración imperialista en los estados obreros, habría que desmantelar en gran parte el monopolio estatal sobre el comercio exterior. El rublo y otras monedas deberían poder convertirse en el mercado monetario mundial, haciendo que estos países se tornaran vulnerables a la especulación, a la fluctuación de precios, y al desempleo cíclico y estructural en gran escala.

Sobre todo, los gobiernos de los estados obreros tendrían que abandonar el control sobre la inversión de capital imperialista y su explotación de la fuerza de trabajo. Estos regímenes tendrían que permitir que los salarios, las condiciones de trabajo y la jornada laboral fuesen decididos por los capitalistas sin mucha reglamentación.

Tendrían que permitirles a estos monopolios el acceso masivo a tierras, bosques y otros recursos. Tendrían que permitir que los capitalistas tomasen decisiones sobre la distribución y reinversión de ganancias y —lo más fundamental— tendrían que permitir que la circulación de capital fuese determinada por el mercado, no por el plan.

Mientras no se realicen tales medidas, el capital financiero internacional seguirá buscando en los estados obreros concesiones para sus mercados e inversiones, pero en general estos vínculos económicos serían mucho más arriesgados y menos atractivos que los que obtienen en países donde prevalecen las relaciones de propiedad capitalistas.

Al agravarse la crisis causada por el monopolio político de las castas burocráticas privilegiadas en la Unión Soviética, Europa oriental y China, el estrato gobernante en estos estados obreros deformados y degenerados ha comenzado a llevar a cabo ciertos aspectos limitados de algunas de la medidas antes mencionadas. Sin embargo, no pueden ni van a realizar los cambios requeridos, debido a dos razones fundamentales.

En primer lugar, hacerlo equivaldría a firmar un pacto suicida. Las castas estarían accediendo a presenciar el acto de destrucción de su propio poder. Una cosa es que los sectores burocráticos compartan una parte mayor del comedero del que sacan sus propios beneficios y comodidades materiales; otra muy distinta es permitirle al imperialismo que les robe todo el comedero.

La segunda razón, y la más importante, es que, independientemente de las medidas que tome la dirigencia estalinista para reimponer los métodos de explotación capitalista, le será imposible poner en práctica semejante programa en gran escala sin provocar un enfrentamiento político con crecientes sectores de la clase obrera y los campesinos. Cualquier intento de desechar el plan y reintroducir el mercado como factor determinante de la inversión industrial traería rápidas consecuencias económicas y sociales devastadoras para los obreros y campesinos, que suscitarían levantamientos revolucionarios y hasta guerras civiles.

Por más de medio siglo los estados obreros y sus conquistas sociales han demostrado ser más fuertes que estas burocracias privilegiadas, y esta realidad no va a cambiar en un período en que su control político se está debilitando.

El imperialismo no solo resultará incapaz de salir de sus problemas a expensas del pueblo trabajador en la Unión Soviética, Europa oriental y China, sino que las convulsiones en todo el mundo capitalista harán añicos los planes de las castas burocráticas, incluso las ilusiones y esperanzas reaccionarias que han depositado en el capitalismo mundial, y ahondarán la crisis de sus regímenes.

Una nueva revolución tecnológica

¿Pueden los explotadores trastocar la actual deceleración de acumulación de capital si invierten en una gran expansión de capacidad industrial nueva y automatizada?

Después de la recesión de 1974–75 y la contracción aún peor de 1981–82, los capitalistas lograron destruir una cantidad considerable de capital. Se deshicieron de una buena parte de las fábricas y equipo obsoletos que ya no eran competitivos en el mercado mundial. Han invertido bastante en tecnologías avanzadas que "economizan mano de obra" para renovar la capacidad productiva existente, acelerar la producción y reducir gastos salariales. Han logrado debilitar los reglamentos de trabajo y reorganizar el proceso productivo a expensas de la salud y seguridad de los trabajadores. Han expandido el ejército de reserva de los desempleados y han reducido el valor de la fuerza de trabajo. Han instituido medidas limitadas para reducir costos, por ejemplo el sistema de existencias llamado "justo a tiempo", destinado a reducir el costo de almacenamiento y acelerar el ciclo de circulación del capital.

A pesar de estos logros, los patrones no han podido imponer el tipo de condiciones necesarias para facilitar inversiones masivas de capital en la construcción de fábricas nuevas y una mayor expansión de la automatización y computarización de la producción. Para conseguirlo, necesitan incrementar mucho más el nivel de explotación de la clase obrera y sobre esa base comenzar a anticipar una tasa general de ganancias ascendente.

La "robotización" podría acelerar una expansión capitalista, pero no puede generarla. La "robotización" masiva de la industria bajo el capitalismo solo podría realizarse como producto de una arrolladora embestida patronal contra las condiciones de trabajo de la clase obrera. No aliviaría el trabajo excesivo de los productores, sino que intensificaría su explotación al máximo. Solo el trabajo vivo crea la masa de plusvalía de donde se derivan las ganancias, y los capitalistas tratan de usar todo descubrimiento científico y tecnológico para extraer más y más tiempo de trabajo del cerebro y de los músculos de los productores.

Además, hay una contradicción irresoluble entre el enorme desempleo crónico y la devastación del nivel de vida de la población trabajadora que inevitablemente acompañarían la "robotización" bajo el sistema capitalista, por un lado, y la incapacidad de los explotadores de realizar sus ganancias a menos que encontraran compradores para las cantidades masivas de mercancías que supondría una producción automatizada, por el otro. La "robotización" capitalista es una fantasía reaccionaria. Para realizarse, la clase trabajadora y sus organizaciones tendrían que sufrir derrotas de tipo fascista.[44]

Los obreros tendrán su oportunidad

Ni las previas fuentes de acumulación rápida de capital ni otras opciones les permiten a las clases dominantes imperialistas restaurar la acumulación a largo plazo del capitalismo mundial e impedir una depresión y una crisis social general a nivel internacional.

Las dificultades que viven sectores cada vez más amplios del pueblo trabajador, y los golpes aún más devastadores que nos depara el futuro, no son síntomas del dificultoso nacimiento de un nuevo orden capitalista mundial. Al contrario, estos tiempos marcan la tumultuosa decadencia de un sistema imperialista que se sobrecalienta y pierde fuerza, un sistema formado bajo el dominio de Wall Street y Washington durante y después de la Segunda Guerra Mundial.

La época de la historia del desarrollo capitalista que vivimos hoy se encamina hacia intensas batallas de clase a nivel nacional e internacional, incluyendo guerras y situaciones revolucionarias. Para exprimir más riqueza del trabajo de los productores explotados, los capitalis-

---

44. La campaña de computarización impulsada por los capitalistas en los últimos años no es una fantasía; es una medida destinada a reducir costos que a corto plazo ha aumentado sus ganancias. Sin embargo, como se explica en "La marcha del imperialismo hacia el fascismo y la guerra", este aumento en los gastos de capital constante —sin un aumento en la capacidad productiva y, sobre todo, sin la contratación de más obreros que produzcan una mayor plusvalía— termina acentuando la baja en la tasa de ganancia y retrasando la acumulación de capital.

tas van a aumentar sus ataques contra los trabajadores asalariados, los pequeños agricultores y los campesinos *de todo el mundo*.

Los patrones tratarán de debilitar y, donde les sea posible, aplastar los sindicatos para cambiar de manera radical la correlación de fuerzas entre el capital y el trabajo. Las clases dominantes imperialistas tratarán de intensificar la esclavitud de la deuda a la que están sometidas las naciones oprimidas, exigiendo más subordinación económica, política y militar de los pueblos coloniales para satisfacer las necesidades de ganancias del capital internacional. Seguirán buscando oportunidades de debilitar a los estados donde fueron derrocadas las relaciones de producción capitalistas, preparando el terreno para intentos futuros de reconquistar estas partes del globo para su explotación directa.

Estos ataques se toparán con una creciente resistencia del pueblo trabajador en todo el mundo, desde luchas por empleos y por una semana laboral más corta, hasta luchas revolucionarias de liberación nacional. Los capitalistas no escatimarán esfuerzos con tal de defender sus ganancias y prerrogativas; y descartarán las formas democrático-burguesas de dominio conforme tengan que luchar para retener su poder.

Sin embargo, antes de que los explotadores puedan desatar un victorioso reino de reacción, la primera oportunidad será de los trabajadores. Las luchas más poderosas en la historia de la humanidad les brindarán a los obreros y agricultores explotados en Estados Unidos y en muchos otros países la oportunidad de poner soluciones revolucionarias al orden del día.

US$12 US$15 US$20

Tres libros para ser leídos juntos . . .

sobre la construcción de un partido que es proletario en su programa, composición y conducta. Que reconoce, con palabras y acciones, el hecho más revolucionario de esta época . . .

. . . que los trabajadores tenemos la capacidad de crear un mundo diferente cuando actuamos juntos para defender nuestros intereses, no los de la clase que se enriquece explotando nuestra mano de obra, ni los de aquellos que nos temen como "deplorables" o incluso "basura".

Al seguir un rumbo revolucionario hacia el poder obrero, vamos a transformarnos y descubrir nuestro valor propio. También en inglés, francés, persa y griego.

¡Oferta especial!
Los tres por US$30

El viraje a la industria junto con *Los tribunos del pueblo y los sindicatos* US$20

Cualquiera de estos dos libros junto con *Malcolm X, la liberación de los negros y el camino al poder obrero* US$25

PATHFINDERPRESS.COM

AMPLÍE SU BIBLIOTECA REVOLUCIONARIA

El trabajo, la naturaleza y la evolución de la humanidad
La visión larga de la historia
FEDERICO ENGELS, CARLOS MARX
GEORGE NOVACK
MARY-ALICE WATERS

Sin comprender que el trabajo social, al transformar la naturaleza, ha impulsado la evolución de la humanidad durante millones de años, los trabajadores no podremos ver más allá de la época capitalista de explotación de clases que deforma todas las relaciones, ideas y valores humanos. Solo la conquista revolucionaria del poder estatal por la clase trabajadora podrá abrir la puerta a un mundo libre de la explotación capitalista, degradación de la naturaleza, subyugación de la mujer, racismo y guerras. Un mundo basado en la solidaridad humana. Un mundo socialista. US$12. También en inglés y francés.

La última lucha de Lenin
Discursos y escritos, 1922–23
V.I. LENIN

En 1922 y 1923, V.I. Lenin, dirigente central de la primera revolución socialista, libró su última batalla política, lucha que tras su muerte se perdió. Lo que estaba en juego era si esa revolución, y el movimiento comunista internacional que ésta dirigía, mantendría el curso proletario que había llevado al poder a los trabajadores y campesinos en octubre de 1917. US$17. También en inglés, persa y griego.

La lucha por un partido proletario
JAMES P. CANNON

"Los trabajadores de Estados Unidos tienen fuerza suficiente para tumbar la estructura del capitalismo aquí en este país y para alzar con ellos al mundo entero cuando se levanten". US$8. También en inglés y persa.

Las luchas del sindicato Teamsters
FARRELL DOBBS

Cuatro libros sobre las huelgas, luchas de sindicalización y campañas políticas que transformaron a los Teamsters en los años 30 en un combativo movimiento sindical industrial.

Farrell Dobbs fue organizador de estas batallas sindicales y dirigente del Partido Socialista de los Trabajadores.

Una herramienta para trabajadores que quieren usar la fuerza sindical en los centros laborales e impulsar la lucha por un partido obrero independiente. US$16 cada tomo, US$50 los cuatro. También en inglés. *Rebelión Teamster* además existe en francés, persa y griego.

En defensa del marxismo
Contra la oposición pequeñoburguesa en el Partido Socialista de los Trabajadores
LEÓN TROTSKY

Una respuesta a aquellos en el movimiento obrero revolucionario a fines de los años 30 que claudicaron ante el patriotismo burgués cuando Washington se aprestaba a ingresar a la Segunda Guerra Mundial. Trotsky explica que solo un partido que luche por integrar a trabajadores a sus filas y dirección podrá mantener un rumbo comunista. Trotsky defiende las bases materialistas y dialécticas del marxismo. US$17. También en inglés, francés y persa.

The Transitional Program for Socialist Revolution
(El programa de transición para la revolución socialista)
LEÓN TROTSKY

En inglés y persa. US$17

PATHFINDERPRESS.COM

DIRIGENTES REVOLUCIONARIOS EN SUS PROPIAS PALABRAS

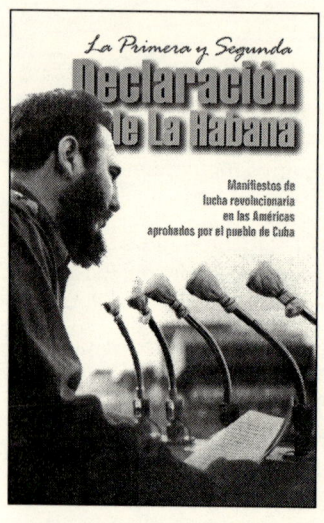

La Primera y Segunda Declaración de La Habana
En ninguna parte se abordan con mayor franqueza y claridad los problemas de estrategia revolucionaria que hoy afrontan los hombres y mujeres en las primeras filas de luchas en América que en estos dos documentos de 1960 y 1962, aprobados en sendas asambleas de más de un millón de cubanos. Estas intransigentes condenas del saqueo imperialista y de "la explotación del hombre por el hombre" siguen vigentes como manifiestos de lucha revolucionaria del pueblo trabajador en todo el mundo. US$10. También en inglés, francés, persa, árabe y griego.

La revolución granadina, 1979–83
Discursos de Maurice Bishop y Fidel Castro

El triunfo en 1979 de la revolución en la isla caribeña de Granada tuvo "importancia para todas las luchas alrededor del mundo" dijo Bishop, su dirigente central. Valiosas lecciones del gobierno de trabajadores y agricultores derrocado en 1983 mediante un golpe de estado estalinista. Contiene discurso de Castro ante más de un millón de personas en La Habana tras la invasión norteamericana que siguió al derrocamiento de la revolución. US$10

Puerto Rico: La independencia es una necesidad
RAFAEL CANCEL MIRANDA

Este dirigente independentista puertorriqueño, uno de los cinco encarcelados por Washington por más de 25 años, hasta 1979, habla sobre la realidad brutal del coloniaje norteamericano, el ejemplo de la revolución socialista cubana y la lucha actual por la independencia. US$5. También en inglés y persa.

The History of the Russian Revolution
(La historia de la Revolución Rusa)
Cómo el Partido Bolchevique, bajo el liderazgo de Lenin, dirigió a millones de trabajadores y campesinos a derrocar el poder estatal de los latifundistas y capitalistas en 1917, y a llevar al poder un gobierno que promovía sus propios intereses de clase a nivel nacional y mundial. Escrito por uno de los dirigentes centrales de esa revolución socialista. Edición completa en inglés, tres tomos en uno. US$30. También en francés y ruso.

Marianas en combate
Teté Puebla y el Pelotón Femenino Mariana Grajales en la guerra revolucionaria cubana, 1956–58
TETÉ PUEBLA

La general de brigada Teté Puebla, la mujer de más alto rango en las Fuerzas Armadas Revolucionarias de Cuba, se integró a los 15 años a la lucha para derrocar a la dictadura de Batista. Esta es su historia: desde la clandestinidad urbana, hasta su papel de oficial en el primer pelotón femenino del Ejército Rebelde. Por seis décadas, la lucha por transformar la condición social y económica de la mujer en Cuba ha sido inseparable de la revolución socialista. US$10. También en inglés y persa.

Che Guevara habla a la juventud

Guevara desafía a los jóvenes de Cuba y del mundo a que trabajen. A que sean disciplinados. A que se sumen a la vanguardia de luchas tanto pequeñas como grandes. A que se conviertan en seres humanos diferentes al luchar junto a trabajadores de todas las tierras para transformar el mundo. US$12. También en inglés y griego.

PATHFINDERPRESS.COM

LA CURVA DEL DESARROLLO CAPITALISTA

por León Trotsky

21 de junio de 1923

EN SU INTRODUCCION al libro de Marx, *Las luchas de clases en Francia*, Engels escribió:

> Cuando se aprecian sucesos y series de sucesos de la historia diaria, jamás podemos remontarnos hasta las *últimas* causas económicas. Ni siquiera hoy, cuando la prensa especializada suministra materiales tan abundantes, se podría, ni aun en Inglaterra, seguir día a día la marcha de la industria y del comercio en el mercado

Esta carta, publicada en la Unión Soviética en 1923, apareció por primera vez en inglés en mayo de 1941 en Fourth International *(Cuarta Internacional), una predecesora de* Nueva Internacional. *Se incluye en la recopilación de León Trotsky,* Problems of Everyday Life *(Problemas de la vida cotidiana; Nueva York: Pathfinder, 1973). Trotsky fue uno de los principales líderes del gobierno y Partido Comunista soviéticos, del Ejército Rojo que derrotó a las fuerzas latifundistas-capitalistas en la guerra civil de 1918–21, y de la Internacional Comunista (Comintern) en sus primeros años. Dirigió la oposición en la Unión Soviética y en la Comintern ante la traición de la perspectiva comunista de Lenin por parte de las nacientes capas parásitas encabezadas por José Stalin en la burocracia estatal y del partido. Forzado por Stalin a exiliarse en 1929, Trotsky siguió organizando la construcción de un movimiento comunista hasta que fue asesinado en 1940 por la policía secreta del Kremlin.*

mundial y los cambios operados en los métodos de producción, hasta el punto de poder, en cualquier momento, hacer el balance general de estos factores, múltiplemente complejos y constantemente cambiantes; máxime cuando los más importantes de ellos actúan, en la mayoría de los casos, escondidos durante largo tiempo antes de salir repentinamente y de un modo violento a la superficie.

Una visión clara de conjunto sobre la historia económica de un período dado no puede conseguirse nunca en el momento mismo, sino solo con posterioridad, después de haber reunido y tamizado los materiales. La estadística es un medio auxiliar necesario para esto, y la estadística va siempre a la zaga, rengueando. Por eso, cuando se trata de la historia contemporánea corriente, se verá uno forzado con harta frecuencia a considerar este factor, el más decisivo, como un factor constante, a considerar como dada para todo el período y como invariable la situación económica con que nos encontramos al comenzar el período en cuestión, o a no tener en cuenta más que aquellos cambios operados en esta situación, que por derivar de acontecimientos patentes sean también patentes y claros.

Por esta razón, aquí el método materialista tendrá que limitarse, con harta frecuencia, a reducir los conflictos políticos a las luchas de intereses de las clases sociales y fracciones de clases existentes determinadas por el desarrollo económico, y a poner de manifiesto que los partidos políticos son la expresión política más o menos adecuada de estas mismas clases y fracciones de clases.

Huelga decir *que esta desestimación inevitable de los cambios que se operan al mismo tiempo en la situación económica —verdadera base de todos los acontecimientos que se investigan— tiene que ser necesariamente una fuente de errores*.[1]

Estas ideas, que Engels enunció poco antes de su muerte, no fueron desarrolladas por nadie después de él. Hasta donde yo recuerdo raramente se las cita —mucho más raramente de lo que deberían serlo—. Aún más, su significado parece haber eludido a muchos marxistas. De nuevo, la explicación de este hecho debe encontrarse en las causas indicadas por Engels, las cuales concurren contra toda clase de interpretación económica precisa de la historia *actual*.

Es una tarea muy difícil, imposible de resolver en toda su dimensión, la de determinar aquellos impulsos subterráneos que la economía le transmite a la política de hoy; y sin embargo no se puede postergar la explicación de los fenómenos políticos, porque la lucha no puede aguardar. De aquí surge la necesidad de recurrir en la actividad política cotidiana a explicaciones tan generales que a través de un largo uso se las transforma en verdades abstractas.

Mientras la política siga fluyendo por las mismas formas y el mismo cauce, y mantenga más o menos la misma velocidad, es decir, mientras la acumulación de la canti-

---

1. En "Las luchas de clases en Francia de 1848 a 1850", *Obras escogidas* de Carlos Marx y Federico Engels (Moscú: Editorial Progreso, 1973) tomo I, págs. 190–91. Las cursivas son nuestras—L. Trotsky.

dad económica no se convierta en un cambio de calidad política, este tipo de abstracción clarificadora ("los intereses de la burguesía", "el imperialismo", "el fascismo") aún cumple más o menos su tarea: no la de interpretar un hecho político en toda su esencia, sino la de reducirlo a un tipo social familiar, que, desde luego, es intrínsecamente de una importancia inestimable.

Sin embargo, cuando ocurre un cambio serio en la situación, aun más cuando es un viraje agudo, tales explicaciones generales revelan su completa insuficiencia y se ven transformadas totalmente en verdades vacías. En tales casos resulta invariablemente necesario explorar de una forma mucho más profunda y analítica para determinar el aspecto cualitativo, y si es posible, también para medir cuantitativamente los impulsos que la economía da a la política. Estos "impulsos" representan la forma dialéctica de las "tareas" que se originan en la fundación dinámica y que son propuestas en busca de solución a la esfera de la superestructura.

Las oscilaciones de la coyuntura económica (auge-depresión-crisis) ya indican de por sí los impulsos periódicos que dan origen a cambios ora cuantitativos, ora cualitativos, y a nuevas formaciones en el campo político. Las rentas de las clases propietarias, el presupuesto del estado, los salarios, el desempleo, la magnitud del comercio exterior, etcétera, están íntimamente ligados a la coyuntura económica, y a su vez, ejercen la más directa influencia sobre la política. Esto basta para entender cuán importante y fructífero es seguir paso a paso la historia de los partidos políticos, las instituciones estatales, etcétera, respecto a los ciclos del desarrollo capitalista. Con esto de ninguna forma queremos decir que estos ciclos lo explican *todo:* eso queda excluido por la sencilla razón que los ciclos mismos no son fenómenos económicos fundamentales, sino derivados. Surgen como resultado del desarrollo de las fuerzas productivas por medio de las relaciones de mercado. No obstante, los ciclos explican una *buena parte,* constituyendo mediante pulsaciones automáticas un resorte dialéctico indispensable en la mecánica de la sociedad capitalista. Los puntos críticos de la coyuntura comercial e industrial nos acercan más a los nudos críticos en la trama del desarrollo de las tendencias políticas, la legislación y toda forma de ideología.

SIN EMBARGO, el capitalismo no se caracteriza solo por ciclos periódicos recurrentes; si así fuera, lo que resultaría sería solo una repetición compleja y no un desarrollo dinámico. Los ciclos comerciales e industriales son de un carácter distinto en períodos distintos. La principal diferencia entre ellos la determinan las interrelaciones cuantitativas entre el período de crisis y el de auge de cada ciclo considerado. Si el auge restaura con un excedente la destrucción o la austeridad ocurrida durante el período anterior, entonces el desarrollo capitalista va en ascenso. Si la crisis, que significa destrucción, o en todo caso contracción de las fuerzas productivas, sobrepasa la intensidad del auge correspondiente, obtenemos como resultado un descenso en la economía. Por último, si la crisis y el auge son de magnitud similar, obtenemos un equilibrio temporario y estancado en la economía. A grandes rasgos, ésta es la idea.

Observamos en la historia que los ciclos homogéneos están agrupados en series. Existen épocas enteras de desarrollo capitalista cuando varios ciclos se caracterizan por auges claramente delineados y crisis débiles y efímeras. En consecuencia, observamos un fuerte movimiento ascendente de la curva básica del desarrollo capitalista.

Observamos épocas de estancamiento cuando esta curva, si bien atraviesa oscilaciones cíclicas parciales, permanece aproximadamente en el mismo nivel durante décadas. Y por último, durante ciertos períodos históricos, la curva básica, aunque atraviesa como siempre oscilaciones cíclicas, en su conjunto se inclina hacia abajo, indicando el descenso de las fuerzas productivas.

Ahora es posible postular *a priori* que las épocas de enérgico desarrollo capitalista deben poseer características —en la política, en las leyes, en la filosofía, en la poesía— muy distintas de aquellas que corresponden a las épocas de estancamiento o de descenso económico. Es más, la transición de una época de este tipo a otra diferente debe producir necesariamente las más grandes convulsiones en las relaciones entre clases y entre estados. En el Tercer Congreso Mundial de la Comintern tuvimos que subrayar este punto,[2] en la lucha contra la concepción puramente mecánica de la desintegración capitalista que hoy se desarrolla. Si las sustituciones periódicas de auges "normales" con crisis "normales" se reflejan en todas las esferas de la vida social, también la transición de una época entera de ascenso a otra de declinación, o viceversa, engendra grandes tumultos históricos; y no es difícil demostrar que en muchos casos las revoluciones y las guerras atraviesan la línea divisoria entre dos épo-

---

2. Ver "Report on the World Economic Crisis and the New Tasks of the Communist International" (Informe sobre la crisis económica mundial y las nuevas tareas de la Internacional Comunista) en *The First Five Years of the Communist International* (Los primeros cinco años de la Internacional Comunista; Nueva York, Pathfinder, 1973) por León Trotsky, tomo 1, págs. 227–293.

cas diferentes de desarrollo económico, o sea, la unión de dos segmentos diferentes de la curva capitalista. El análisis de toda la historia moderna desde este punto de vista es realmente una de las tareas más gratificadoras del materialismo dialéctico.

Al concluir el Tercer Congreso Mundial de la Comintern, el profesor Kondratiev abordó este problema —como es usual, evadiendo cuidadosamente la presentación del problema aprobada por el propio congreso— e intentó agregar al "ciclo menor", cubriendo un período de 10 años, el concepto de un "ciclo mayor", abarcando aproximadamente 50 años.[3] Según esta construcción estilizada simétricamente, un ciclo económico mayor consiste en unos cinco ciclos menores y, además, la mitad de ellos tienen el carácter de auge, y la otra mitad de crisis, con todas las etapas de transición necesarias. Los cálculos estadísticos de los ciclos mayores recopilados por Kondratiev deberán ser objeto de una verificación cuidadosa y no demasiado crédula, tanto respecto a países particulares como al mercado mundial en su conjunto. Es posible refutar por adelantado el intento del profesor Kondratiev de atribuir a las épocas que ha calificado como ciclos mayores el mismo "ritmo rígidamente legítimo" que se observa en los ciclos menores; es una generalización obviamente falsa de una analogía formal.

La reaparición periódica de ciclos menores está condicionada por la dinámica interna de las fuerzas capitalistas, y se manifiesta siempre y en todas partes una vez que

---

3. Nikolai D. Kondratiev fue profesor de la Academia Agrícola y encabezó el Instituto de Investigación Comercial en Moscú después de la revolución. En 1930 fue arrestado por la policía política de Stalin como supuesto dirigente del proscrito Partido de los Pequeños Campesinos, y fue exiliado a Siberia.

el mercado comienza a existir. Respecto a los segmentos largos de la curva del desarrollo capitalista (de 50 años), que el profesor Kondratiev propone imprudentemente que también se definan como ciclos, su carácter y duración están determinados no por la interacción interna de las fuerzas capitalistas, sino por las condiciones externas por las cuales pasa el desarrollo capitalista. La adquisición por parte del capitalismo de nuevos países y continentes, el descubrimiento de nuevos recursos naturales y, como consecuencia de esto, hechos mayores de orden "superestructural" como guerras y revoluciones, son lo que determina el carácter y la sustitución de las épocas ascendentes, estancadas o declinantes del desarrollo capitalista.

¿Qué rumbo debería emprender entonces la investigación?

La primera parte de la tarea consiste en establecer la curva del desarrollo capitalista en lo que respecta a sus fases no periódicas (básicas) y periódicas (secundarias) y a sus puntos críticos, tanto en relación a los países particulares que nos interesen como al mercado mundial en su conjunto. Una vez que hemos fijado la curva (el método de fijarla es, por supuesto, un problema especial, y de ninguna manera sencillo, que corresponde a la técnica de la estadística económica), la podemos dividir en períodos, dependiendo del ángulo de ascenso o declive con respecto a un eje determinado en un gráfico. De esta forma obtenemos un cuadro visual del desarrollo económico, o sea, la caracterización de la "base de todos los acontecimientos que se investigan" (Engels).

Dependiendo de lo concreto y detallado de nuestra investigación, podemos necesitar una cantidad de tales esquemas: uno relativo a la agricultura, otro a la industria pesada, etcétera. Partiendo de estos esquemas, debemos a continuación sincronizarlos con sucesos políticos (en el sentido más amplio del término), y así podemos buscar no solo una correspondencia —o dicho de una manera más cuidadosa, una interrelación entre las épocas definitivamente delineadas de la vida social y los segmentos nítidamente expresados de la curva del desarrollo capitalista—, sino aquellos impulsos subterráneos directos que provocan los sucesos. Por este camino, desde luego, no es nada difícil caer en una esquematización vulgar y, sobre todo, hacer caso omiso de los condicionamientos internos tenaces y de la sucesión de los procesos ideológicos, llegando a olvidar que la economía solo es decisiva en *última instancia*. ¡No han escaseado las conclusiones caricaturescas derivadas del método marxista! Pero renunciar por esta razón al planteamiento del problema antes señalado ("huele a economismo") significa demostrar una completa incapacidad para entender la esencia del marxismo, que busca las causas de los cambios de la superestructura social en los cambios de la fundación económica, y en ningún otro lado.

A RIESGO DE INCURRIR en la ira teórica de los opositores del "economismo" (y en parte con la intención de provocar su indignación) presentamos aquí un diagrama esquemático que traza arbitrariamente una curva del desarrollo capitalista para un período de 90 años siguiendo los lineamientos antes mencionados. La dirección general de la curva básica la determina el carácter de las curvas parciales coyunturales que la componen. En nuestro esquema hay tres períodos nítidamente demarcados: 20 años de desarrollo capitalista muy gradual (segmento A–B); 40 años de auge enérgico (segmento B–C); y 30 años de crisis prolongada y descenso (segmento C–D).

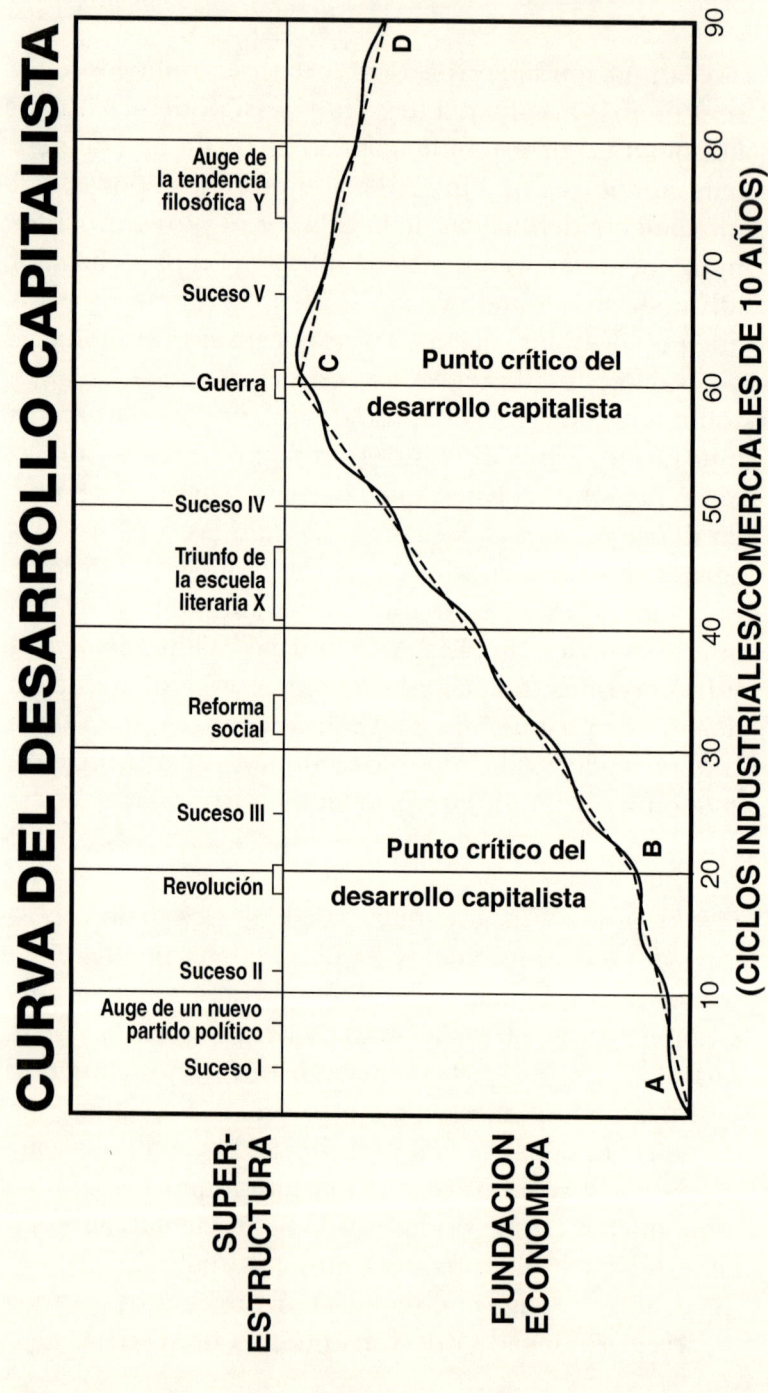

Si introducimos en este diagrama los sucesos históricos de más importancia para los períodos correspondientes, entonces la yuxtaposición gráfica de los principales sucesos políticos con las variaciones de la curva basta para darnos una idea de los inapreciables puntos de partida para investigaciones materialistas históricas. El paralelismo de los sucesos políticos y los cambios económicos es sin duda muy relativo. Como regla general, la "superestructura" recoge y refleja nuevos fenómenos en la esfera económica solo después de un retraso considerable. Pero esta ley debe ser puesta al descubierto mediante una investigación concreta de esas complejas interrelaciones, de las cuales aquí ofrecemos un indicio gráfico.

En el informe al Tercer Congreso Mundial, ilustramos nuestra idea con ciertos ejemplos históricos tomados de la época de la revolución de 1848, la época de la primera revolución rusa (1905) y el período por el que atravesamos (1920–21).[4] Referimos al lector a estos ejemplos. Aunque no proporcionan nada acabado, sí caracterizan de forma adecuada la importancia extraordinaria del enfoque propuesto por nosotros, sobre todo para entender los saltos más críticos en la historia: las guerras y las revoluciones. Si en esta carta empleamos un esquema gráfico puramente arbitrario, sin intentar utilizar como base ningún período real de la historia, es por la sencilla razón de que todo intento de esa índole asemejaría

---

4. Además del informe al Tercer Congreso antes citado, se puede leer acerca de la revolución de 1848, la revolución rusa de 1905, y el período iniciado por la revolución de octubre de 1917 en el artículo de Mary-Alice Waters titulado "Communism and the Fight for a Popular Revolutionary Government: 1848 to Today" (Comunismo y la lucha por un gobierno popular revolucionario: de 1848 al presente) en el número 3 de *New International*.

demasiado una anticipación imprudente de aquellos resultados que emanan de una investigación compleja y ardua, la cual aún queda por realizarse.

En la actualidad, es evidente que aún resulta imposible prever precisamente cuáles esferas de la historia serán iluminadas, o cuánta luz arrojará una investigación materialista que proceda de un estudio más concreto de la curva capitalista y de la interrelación que ésta guarda con todos los aspectos de la vida social. Las conquistas que se puedan obtener en este sentido se podrán determinar solo como resultado de la investigación misma, que debe ser más sistemática, más ordenada que las excursiones histórico-materialistas emprendidas hasta ahora.

E<small>N TODO CASO</small>, tal enfoque de la historia moderna promete enriquecer la teoría del materialismo histórico con conquistas mucho más preciosas que el muy cuestionable malabarismo especulativo realizado con los conceptos y términos del método materialista que, bajo la pluma de algunos de nuestros marxistas, ha trasplantado los métodos del formalismo al dominio de la dialéctica materialista; y ha reducido la tarea a la confección de definiciones y clasificaciones más precisas y a dividir abstracciones vacías en cuatro partes igualmente vacías; y que, en resumen, ha adulterado el marxismo con los modales elegantemente indecentes de los epígonos de Kant. ¡Es realmente tonto afilar y reafilar incesantemente una herramienta diseñada para cincelar el acero marxista, cuando la tarea consiste en usar dicha herramienta para labrar la materia prima!

En nuestra opinión, este tema podría ofrecer material para la más fructífera labor de nuestros seminarios marxistas sobre el materialismo histórico. Las investigaciones independientes emprendidas en esta esfera arrojarían indudablemente nueva luz, o al menos arrojarían más luz, sobre sucesos históricos aislados y sobre épocas enteras.

Por último, el mero hábito de pensar en términos de las categorías antes propuestas facilitaría enormemente la orientación política en la época presente, una época que revela más abiertamente que nunca la conexión entre la economía capitalista, que ha llegado el punto máximo de saturación, y la política capitalista, que se ha tornado completamente desenfrenada.

Hace mucho que prometí desarrollar este tema para el *Vestnik Sotsialisticheskoi Akademii*.[5] Hasta la fecha las circunstancias me han impedido cumplir esta promesa. No estoy seguro que vaya a poder cumplirla en el futuro inmediato. Por esta razón, me limito por el momento a esta carta.

---

5. Boletín de la Academia Socialista, el periódico soviético en que apareció este artículo en 1923, con el subtítulo "Carta al director en lugar del artículo prometido".

LA CUESTIÓN JUDÍA, LA LUCHA CONTRA

La cuestión judía
Una interpretación marxista
ABRAM LEON

La batalla contra las fuerzas reaccionarias que buscan exterminar a los judíos sigue siendo crucial en la política mundial, como lo demostró el pogromo genocida en octubre de 2023 en Israel. ¿Por qué sigue resurgiendo el odio antijudío? ¿Cuáles son sus raíces de clase? ¿Por qué, como explica Abram Leon, no hay solución "independientemente de la revolución proletaria mundial"? Con una traducción revisada, nueva introducción y 40 páginas de ilustraciones y mapas. US$17. También en inglés y francés.

The Founding of the Socialist Workers Party
(La fundación del Partido Socialista de los Trabajadores: Actas y resoluciones, 1938–39)
JAMES P. CANNON

"El ataque contra los judíos es solo la punta de lanza del ataque contra la clase trabajadora americana", dice una resolución adoptada por el congreso del PST en 1938. El partido exigió que Washington "¡abra las puertas de EEUU a las víctimas del régimen hitleriano de pogromos!" En inglés. US$23

El desorden mundial del capitalismo
Política obrera al milenio
JACK BARNES

"El fascismo es un movimiento iniciado por la clase gobernante para mantener el dominio capitalista. No es una forma de régimen capitalista", dice Barnes. "Una vez que los trabajadores entienden a cabalidad lo que es el fascismo, la magnitud de la responsabilidad de combatirlo se vuelve más clara". US$20. También en inglés y francés.

EL FASCISMO Y LA CLASE TRABAJADORA

Ha comenzado el invierno largo y caliente del capitalismo
JACK BARNES

Explica que la crisis capitalista global de hoy es la etapa inicial de décadas de convulsiones económicas, financieras y sociales y de batallas de clases. Los trabajadores con conciencia de clase necesitamos trazar un curso revolucionario para afrontar esta coyuntura histórica del imperialismo. En *Nueva Internacional* no. 6. US$14. También en inglés, francés, persa, árabe y griego.

The Fight Against Fascism in the USA
(La lucha contra el fascismo en Estados Unidos)
JAMES P. CANNON

Refiriéndose a la movilización anti-nazi de 50 mil personas en 1939 que aparece en la portada de *La cuestión judía*, el semanario *The Militant* escribió: "La respuesta a la interrogante de combatir el fascismo se dio en tonos estruendosos con la magnífica manifestación que enarboló la demanda: ¡Guardias de defensa obrera para aplastar el peligro fascista!" En inglés. US$5

La lucha contra el fascismo
El proletariado y la revolución
LEÓN TROTSKY

Aplicando lecciones de su experiencia como dirigente de la Internacional Comunista en tiempos de Lenin, Trotsky explica el origen y carácter de clase del fascismo en Europa en los años 30. Trotsky rescata esa continuidad —frente a las traiciones de Stalin que allanaron el camino para Hitler— y presenta una estrategia proletaria para combatir a los fascistas y derrotarlos. US$20

PATHFINDERPRESS.COM

LA CRISIS CAPITALISTA Y LA LUCHA POR EL PODER OBRERO

Malcolm X habla a la juventud

"La joven generación de blancos, negros, morenos y demás: ustedes viven en tiempos de revolución", dijo Malcolm X en diciembre de 1964. "Yo me sumaré a quien sea, no me importa de qué color seas, siempre que quieras cambiar la condición miserable que existe en este mundo". Cuatro charlas y entrevistas que Malcolm dio en los últimos meses de su vida. US$12. También en inglés, francés, persa y griego.

El historial antiobrero de los Clinton
Por qué Washington le teme al pueblo trabajador
JACK BARNES

Lo que el pueblo trabajador necesita saber sobre el curso, impulsado por el lucro, que han seguido los demócratas y republicanos por igual en los últimos 30 años. Y el despertar político de los trabajadores que buscan entender y resistir los ataques de los gobernantes capitalistas. US$10. También en inglés, francés, persa y griego.

En defensa de la clase trabajadora norteamericana
MARY-ALICE WATERS

Basándose en las mejores tradiciones combativas de trabajadores de todos los colores de piel y orígenes nacionales, decenas de miles de trabajadores en Virginia del Oeste, Oklahoma, Florida y otros estados libraron huelgas victoriosas en 2018 y restauraron el derecho a votar para ex presos. Los que Hillary Clinton tacha de "deplorables" han comenzado a resistir. US$7. También en inglés, francés, persa y griego.

LA MARCHA DEL IMPERIALISMO HACIA EL FASCISMO Y LA GUERRA

por Jack Barnes

I. LIDERAZGO DE CLASE OBRERA Y LA JUVENTUD

EN LOS ULTIMOS siete años han ocurrido algunos de los cambios políticos más profundos del último medio siglo. La caída mundial de las bolsas de valores en octubre de 1987 señaló que se había iniciado un nuevo segmento, con pendiente negativa, en la curva a largo plazo del desarrollo capitalista. Pocos años después, uno tras otro se derrumbaron los aparatos estalinistas en Europa oriental y la Unión Soviética. Luego, la guerra contra Iraq, que Washington trató de presentar como una gloriosa victoria militar, acabó por agudizar los conflictos del orden mundial imperialista. A principios de los años noventa el capitalismo entró en una depresión mundial, por primera vez desde las vísperas de la Segunda Guerra Mundial.

Las consecuencias políticas más importantes de este desarrollo cada vez más comprimido y volátil del capitalis-

---

Este informe fue debatido y adoptado por el Partido Socialista de los Trabajadores en el congreso que celebró en agosto de 1994. Se basa en presentaciones dadas por Jack Barnes, secretario nacional del PST, en conferencias educativas en Chicago (abril de 1994), Nueva York (marzo) y Miami (febrero).

mo mundial, y las conclusiones prácticas que los obreros comunistas y los jóvenes deben entender para orientar su actividad, no solo están vigentes para los años noventa. Están vigentes desde hoy hasta el día en que las cuestiones económicas, sociales y políticas más fundamentales que enfrenta la humanidad hayan sido resueltas en históricas batallas de clases entre el movimiento obrero revolucionario y las fuerzas que tratan de mantener o imponer el dominio del capitalismo en países de todo el mundo.

La respuesta que dé la clase obrera en los años venideros ante las consecuencias políticas de esta dialéctica acelerada del mundo capitalista decidirá si se puede o no detener la marcha del imperialismo hacia el fascismo y la guerra. A su vez, esa respuesta dependerá de la formación de una dirección comunista a nivel mundial a partir de los luchadores proletarios más conscientes y abnegados. En el sentido más inmediato, depende de los esfuerzos que hoy día realicen las fuerzas aún relativamente reducidas que están comprometidas con la perspectiva de construir partidos proletarios y revolucionarios de masas —batallones de un movimiento comunista internacional— capaces de dirigir a los obreros y a sus aliados para arrebatarles el poder a los gobernantes capitalistas, fundar un gobierno de obreros y agricultores, y emprender un rumbo socialista que libere a la humanidad del cataclismo al que, de lo contrario, la ha de arrastrar el capitalismo.

AL PLANTEAR LOS PROXIMOS PASOS modestos que pueden y deben darse para avanzar en esa dirección, quiero comenzar analizando el estado actual de la expansión del ciclo comercial en Estados Unidos que surgió de la recesión de 1990–91. Comienzo con esto porque la contratación de mano de obra que ha ocurrido desde la segunda mitad de 1993 nos da la oportunidad —que no habíamos tenido por muchos años— de reforzar el movimiento comunista de maneras importantes. Es la primera ola importante de contratación de mano de obra que por todo el país realizan los patrones de las industrias manufactureras, minera y del transporte de carga desde que comenzó oficialmente la recuperación en abril de 1991. Durante los primeros dos años, en Estados Unidos esta expansión fue denominada "la recuperación sin empleos". Al cabo de dos años de esta recuperación, las nóminas eran incluso más reducidas que al principio de ese período. (Nunca olvidemos que lo que define una recuperación capitalista es la recuperación de las tasas de *ganancia* y del movimiento del efectivo.)

Durante esos dos años los capitalistas midieron su éxito recortando el número de turnos; intensificando el trabajo; despidiendo a empleados; reduciendo o congelando salarios; reestructurando fábricas; vendiendo divisiones no rentables de sus empresas; y computarizando tareas administrativas, financieras y comerciales. Los patrones trataron de ver cuántas horas extras aceptaría la fuerza laboral antes de ofrecer resistencia efectiva. Los principales diarios y la prensa financiera machacaban el tema del "envejecimiento" de la clase obrera industrial, especialmente en las plantas automotrices, acerías, minas y otros sectores de la industria pesada. Según los comentaristas, a menos que se consiguiera trabajo en Wal-Mart o McDonald's, uno no tendría muchos compañeros de trabajo jóvenes. La imagen que presentaban, aunque sí era una caricatura, se basaba en una realidad: el decrecimiento de la contratación industrial a fines de los años ochenta y comienzos de los noventa.

La recesión de 1990-91 y la falta de incremento de trabajos en los primeros años de la recuperación económica acentuaron las presiones existentes sobre el movimiento comunista, presiones que se originan en los golpes que la clase capitalista le asestó a la clase obrera y al movimiento sindical durante los años ochenta. Frente a los ataques de los patrones contra el nivel de vida y las condiciones de trabajo, y con una dirección colaboracionista, los sindicatos continuaron replegándose, a pesar de algunas huelgas importantes y otras muestras de resistencia por parte de las bases. A fines de esa década, el gobierno obrero y campesino en Nicaragua fue derrotado cuando la dirección del Frente Sandinista de Liberación Nacional sucumbió políticamente ante las presiones de clase ejercidas tanto a nivel local como por los imperialistas. Con la derrota de la revolución granadina a manos del estalinismo en 1983 y con el revés en Nicaragua, Cuba quedó como la única revolución socialista en el mundo a cuyo ejemplo de dirección comunista se podía recurrir, del cual se podía aprender, y en el cual se podía creer.

Había menos y menos jóvenes que se sentían atraídos al movimiento comunista, a la vez que aumentaba la edad promedio de la militancia del Partido Socialista de los Trabajadores. Se redujo también nuestra representación geográfica al cerrarse varias ramas del PST para que sus cuadros fueran a reforzar ramas en otras localidades. A los jóvenes que se sentían repelidos por los horrores del capitalismo, les costaba más trabajo encontrar un rumbo político que les permitiera organizarse y organizar a otra gente para combatir dichos males. Les resultaba más difícil ver que las luchas en las que estaban involucrados estaban entrelazadas con la lucha por un sistema social diferente, por el socialismo. Se les hacía aún más difícil ver cómo podían unirse a una fuerza social —la clase trabajadora y el movimiento obrero— que tuviese la fuerza necesaria para efectuar cambios. Les resultaba mucho más difícil aún vincularse con una tradición amplia de lucha, con un movimiento comunista que se organiza con una presencia a nivel nacional y que incorpora las lecciones de las batallas libradas por los oprimidos y explotados a lo largo de la historia moderna.

Sin embargo, durante el último año hemos comenzado a percibir indicios de un cambio. El reto que se le presenta a todo el movimiento comunista internacional consiste en evaluar este cambio y hacer los ajustes necesarios y apropiados.

Mayores oportunidades de empleo

En primer lugar, ha comenzado una mayor contratación en el sector industrial, incluso en los centros de trabajo donde el Partido Socialista de los Trabajadores tiene fracciones de militantes: en obras de construcción de minas de carbón cuyos trabajadores pertenecen al sindicato minero UMWA, en los ferrocarriles, en las industrias automotriz, del acero, de maquinaria eléctrica y otras más. Una nueva generación de obreros está siendo contratada, en muchos casos para su primer trabajo industrial o, con frecuencia, para su primer trabajo sindicalizado. Los obreros comunistas tenemos la oportunidad no solo de estar entre estos nuevos empleados, sino de compartir con ellos experiencias en el trabajo, en los sindicatos, y como parte de la política mundial y nacional que nos afecta a todos. Y tenemos la responsabilidad de organizarnos para aprovechar esta oportunidad.

En estos momentos hay una verdadera expansión coyuntural de la economía capitalista en Estados Unidos (lo mismo sucede en Australia, Nueva Zelanda, Canadá, Gran Bretaña y otros países europeos). Esto no contradice el hecho de que el capitalismo mundial se ha sumido en una depresión. Los altibajos del ciclo comercial van a continuar. Para describir lo que está sucediendo debemos usar sin temor el término que usan los capitalistas: se trata de una *expansión*. Los gobernantes norteamericanos están expandiendo la producción y están expandiendo sus ganancias. Están expandiendo el uso de contratos sindicales debilitados para evadir las cláusulas de empleo y así contratar a trabajadores más jóvenes con salarios reducidos. En especial, están expandiendo su cuota del mercado a expensas de sus rivales internacionales. Están expandiendo el uso de la fuerza para aventajar a sus rivales capitalistas —y a los que anhelan ser capitalistas— alrededor del mundo.

Para nosotros lo importante no es que la edad promedio de los trabajadores en muchas plantas automotrices y siderúrgicas continúe siendo mayor que hace 10 ó 15 años. Sí es cierto. También es cierto que muchos jóvenes siguen consiguiendo trabajo en McDonald's, en Wal-Mart y en agencias de trabajo temporal. Pero nosotros nos enfocamos en el hecho de que durante más de seis meses consecutivos de crecimiento en los niveles de empleo —de septiembre de 1993 hasta la fecha— unos 100 mil obreros fueron contratados en labores de manufactura en Estados Unidos, y el ritmo de contratación no parece disminuir.

Pero no tenemos por qué depender únicamente de las estadísticas. Este fin de semana, los obreros aquí presentes, provenientes de varias regiones del país, nos informan que las plantas automotrices en las que trabajan o en las que tienen amigos están agregando un tercer turno. Informan que se ha dado una ola de contratación en la industria de la construcción de minas, y que hay plazas vacantes en grandes plantas de acero donde por muchos años no habían aceptado solicitudes de empleo. Hemos sido más lentos de lo deseado en responder a este cambio y en reconocer la importancia que tiene para la revitalización de nuestras fracciones industriales, pero los hechos no son un misterio para un partido compuesto mayormente de obreros industriales.

AL MISMO TIEMPO que se ha producido esta nueva contratación, las grandes empresas han seguido "reestructurando", anunciando una cantidad récord de 3100 cesantías diarias en lo que va del año. Una mayoría notable de los que quedaron cesantes el año pasado eran administradores intermedios y oficinistas. Sin embargo, también disminuyó el número de empleos en la manufactura durante los 28 primeros meses de la recuperación económica, y en determinadas industrias y regiones continúan despidiendo a obreros de fábrica. En las condiciones actuales de depresión, los niveles de desempleo son elevados en comparación con la recuperación posterior a la Segunda Guerra Mundial, especialmente si se incluye a los obreros que se ven forzados a ocupar trabajos temporales o de media jornada y a los que por el momento han dejado de buscar trabajo y que por lo tanto no se les incluye en las cifras gubernamentales de desempleo.

No obstante, desde fines del año pasado el número de trabajadores que ha sido contratado en plantas, minas y acerías es mayor que el número que ha sido cesanteado, y a mediados de 1994 el nivel de contratación sigue creciendo. Esto es importante para la clase obrera y los sindicatos en estos momentos. Y es muy importante para la pequeña vanguardia comunista de nuestra clase.

Los capitalistas industriales toman muy en serio su reestructuración, reducción de costos y restricción de las inversiones destinadas a aumentar la capacidad productiva. Pero nunca debemos olvidar por qué la clase patronal está cesanteando empleados, deshaciéndose de secciones enteras de industrias y reduciendo precios, a veces hasta el borde de la bancarrota. Lo hace para arrebatarles a sus rivales capitalistas una cuota suficiente del mercado que les permita comenzar a contratar a trabajadores para producir muchos bienes que rindan más ganancias. Esa es la meta de la reestructuración. Los que no logran esa meta se hunden; los que sí, contratan a más trabajadores.

Para los obreros comunistas lo importante no son las cifras sobre la contratación en un mes determinado. Lo que importa es mantenerse al tanto de la contratación actual y buscar formas de que nos contraten.

Jóvenes se oponen a males del capitalismo

El segundo cambio que hemos notado durante el último año es el creciente número de jóvenes obreros y estudiantes que comienzan a reaccionar en contra de las devastadoras consecuencias sociales y políticas del desorden capitalista mundial. Los pasos que los jóvenes de varias ciudades en Estados Unidos han dado a principios de 1994 para construir una organización socialista juvenil a nivel nacional es producto —de hecho, el producto más importante— de esta efervescencia.

Un centenar de jóvenes de todo el país están reunidos aquí en Chicago —además de contarse entre los 300 participantes de esta conferencia educativa socialista— para discutir sobre su participación en un comité organizador para iniciar una organización de jóvenes socialistas a nivel nacional. Hace un par de meses, cuatro jóvenes socialistas —dos de Nueva York y dos de Minneapolis/St. Paul— iniciaron un comité organizador con el fin de convocar esta reunión más amplia en Chicago. A partir de esta conferencia, habrá unos 20 núcleos de jóvenes socialistas realizando actividades políticas y estudiando libros y folletos comunistas en varias ciudades y recintos universitarios del país. Recurriendo a esfuerzos para atraer a otros jóvenes luchadores en sus respectivas áreas y en otros lugares, planean organizar una conferencia para la fundación de una organización de jóvenes socialistas.[1]

Este fenómeno refleja el hecho de que, comparado con lo que se ha visto desde hace un buen rato, hoy día hay más jóvenes que se interesan en la política y que están dispuestos a luchar. Detestan las consecuencias del capitalismo que ven a su alrededor y por el mundo entero. Detestan el racismo, la brutalidad policiaca, los ataques contra los derechos de la mujer, la destrucción del medio ambiente, el desempleo, las guerras y las amenazas de guerra. Están convencidos de que todo esto, en vez de mejorar, empeora. Algunos de ellos se están interesando en el socialismo y quieren unirse a otros luchadores que piensen igual que ellos. Estos jóvenes luchadores quieren establecer lazos con los obreros y jóvenes que en Cuba libran una batalla para proteger los fundamentos de la revolución socialista. Quieren ser parte de un movimiento mundial junto con jóvenes luchadores de Sudáfrica. Quieren sumarse a cualquier batalla en la que haya resistencia a la opresión y a la explotación. Ante todo se inspiran y reaccionan al descubrir que en este país y otras

---

1. Los jóvenes socialistas organizaron una segunda reunión en Oberlin, Ohio, en agosto de 1994, como parte de una conferencia socialista internacional que coincidió con el 37 congreso del Partido Socialista de los Trabajadores. El centenar de participantes en la reunión de jóvenes votó a favor de adoptar el nombre Juventud Socialista, convocó a la conferencia fundadora de una organización socialista juvenil internacional y eligió un Comité Nacional encargado de dirigir sus actividades políticas hasta el siguiente encuentro internacional.

partes del mundo existen fuerzas poderosas que, según observan, siguen el mismo rumbo político.

VEMOS INDICIOS del mismo descontento en otras partes del mundo. En marzo, por ejemplo, jóvenes obreros y estudiantes asestaron un nuevo golpe a las políticas antiobreras del gobierno francés. Durante varias semanas, según ha venido informando el semanario *The Militant*, cientos de miles de jóvenes se movilizaron por toda Francia durante varias semanas —respaldados por millones de trabajadores y por las tres federaciones sindicales más importantes— para que el gobierno abandonara sus planes de recortar el salario mínimo de los trabajadores menores de 26 años de edad. Gracias a estas luchas obligaron al régimen del primer ministro Edouard Balladur a retroceder. Apenas unos meses atrás, en octubre de 1993, los trabajadores de la Air France habían cerrado los aeropuertos Charles de Gaulle y Orly cerca de París, forzando al gobierno a abandonar sus planes antiobreros de privatizar la aerolínea e imponer la cesantía de miles de trabajadores y otras concesiones. El gobierno de Balladur planeaba utilizar la Air France como trampolín para toda una nueva serie de ataques contra los empleos, los salarios, las condiciones de trabajo y el movimiento sindical.

Esta resistencia ha hecho más difícil que los gobernantes capitalistas franceses persigan su estrategia encaminada a fortalecer el franco y proteger su cuota del mercado y sus márgenes de ganancias contra los capitalistas alemanes, estadounidenses, británicos y demás rivales. Se alivió un poco la presión que los capitalistas han estado ejerciendo contra la clase trabajadora por más de una década, bajo gabinetes y presidentes tanto "socialistas" como conservadores. Los llamamientos hipócritas de los patrones para que se hiciera "un poquitito más de sacrificio" habían dado resultados por tanto tiempo que les dio demasiada confianza y comenzaron a cometer errores. Ahora han tenido que hacer concesiones precipitadas y abandonar algunos de sus planes, por el momento. Sin embargo, al hacerlo animan a más trabajadores a resistir, socavando así la estabilidad de sus ganancias e incluso de su gobierno.

Los jóvenes en Corea del Sur han aparecido también en las noticias. En estos momentos, estudiantes y jóvenes obreros coreanos están manifestándose en Seúl para protestar contra el emplazamiento de misiles Patriot en el sur del país por las fuerzas armadas de Washington. Los gobernantes norteamericanos no han podido encontrar a mucha gente en Corea del Sur dispuesta a arriesgarse a provocar una guerra contra la República Democrática Popular de Corea, ya que podría acarrear rápidos ataques defensivos en gran escala del gobierno de Pyongyang contra ciudades en el sur.

Un número creciente de obreros y jóvenes coreanos entiende lo hipócrita y cínico de la posición de Washington, que le exige al gobierno norcoreano que detenga la construcción de misiles de mediano alcance; saben que las fuerzas armadas norteamericanas durante muchas décadas han mantenido un poderío aéreo mortífero —que incluye cohetes prestos a ser lanzados— en bases terrestres y navales en la península coreana y otras partes de la región. Fue el imperialismo norteamericano el que completamente arrasó Pyongyang y otras ciudades coreanas durante la Guerra de Corea, y Washington es la única potencia mundial que ha usado armas nucleares: contra las poblaciones de Hiroshima y Nagasaki en Japón. Muchos coreanos también saben que el gobierno japonés ha estado almacenando plutonio, que el objetivo de Tokio es de desarrollar su propio arsenal nuclear a pesar de sus declaraciones oficiales, y que sus cohetes apuntarán, entre otros lugares, hacia la codiciada península coreana.

Los propios capitalistas sudcoreanos temen que algún día Washington desate una guerra que en cuestión de días cause la destrucción de sus fábricas y equipo. A un número creciente de jóvenes les repugna moral y políticamente la posibilidad de un ataque militar en el norte por la misma gente en Washington que maquinó la división de su patria hace medio siglo. Corea es la última de las naciones que fueron brutalmente divididas por las potencias vencedoras en la Segunda Guerra Mundial, por un contubernio entre el imperialismo estadounidense y la burocracia estalinista en Moscú. En Corea, millones de jóvenes —independientemente de que sean o no procomunistas e independientemente de lo que opinen del régimen en Pyongyang— ansían eliminar de una vez por todas el dominio imperialista norteamericano y restaurar la soberanía y la unidad nacional de Corea.

Reconocer lo que ha cambiado y actuar consecuentemente

Cuando los obreros revolucionarios han venido haciendo trabajo político bajo condiciones relativamente difíciles por un buen rato, a menudo les cuesta reconocer cuando estas condiciones comienzan a cambiar. Esto se debe a por lo menos dos razones.

La primera razón podrá parecer extraña, pero cometeríamos un error de no prestarle atención. Se trata del temor de que si nos equivocamos acerca de una posible oportunidad, si la exageramos, entonces solo vamos a quedar desilusionados, y eso complicaría las cosas más aún.

En los últimos años, debido al bajo nivel de actividad política, al movimiento de obreros comunistas le ha sido difícil reclutar e integrar a una nueva leva de jóvenes obreros y estudiantes. Así que es una actitud responsable el que un revolucionario evite conclusiones precipitadas a partir de acontecimientos que pudieran ser temporales o casuales. Hay que aprovechar cualquier apertura política, nos decimos. Unámonos a manifestaciones y otras protestas que ocurran; participemos en cualquier muestra de resistencia que ocurra en el trabajo; vayamos a las universidades y hagamos contacto con quien se pueda; diseminemos publicaciones socialistas lo más ampliamente posible para explicar científicamente que lo que parecen ser distintos males sociales son endémicos al sistema capitalista, y presentar entonces la opción socialista. Sin embargo, no hay que dar por sentado que cada oportunidad que se nos presenta representa un cambio amplio en la política que debemos analizar y al cual debemos adaptar todo nuestro trabajo y prioridades. De lo contrario, estaremos saltando de un lado a otro, en vez de basar nuestra actividad en un entendimiento objetivo y considerado de la política y en una forma de organización disciplinada, realizable y proletaria. Y así vamos a terminar diluyendo nuestros logros y desorganizando nuestra labor.

Esta cautela se basa en un buen atributo —un atributo sensato y conservador— de los obreros comunistas experimentados.

Hay una segunda razón que hace difícil reconocer cuándo está ocurriendo un cambio importante en la política. Nos cuesta más juzgar tales cambios a corto o mediano plazo cuando ocurren —como sucede actualmente— en el contexto de una situación donde las tendencias a largo plazo aún no han repuntado. Pueden darse y se darán cambios políticos repentinos y explosivos en la lucha de clases. Pero no es lo que está ocurriendo ahora, y ningún dirigente competente se las daría de poder predecir la fecha en que vayan a suceder. Nos preguntamos entonces, ¿en qué momento reconoceremos que se han acumulado suficientes cambios —aún si en un grado menor— como para exigir un ajuste en nuestro trabajo?

Es el problema que hoy necesitamos discutir, discutiéndolo juntos y a fondo. Tenemos que analizar los dos fenómenos que acabamos de describir: el aumento de la contratación y las crecientes oportunidades políticas entre los jóvenes. Y entonces debemos decidir qué hacer frente a esta nueva situación: desde el miembro más nuevo del movimiento comunista hasta la persona que cuente con varias décadas de experiencia política.

Tenemos la obligación de hacernos estas preguntas: ¿Existen factores objetivos en la situación económica y política que expliquen lo que estamos viendo? ¿Hay razones para creer que estos cambios son de suficiente profundidad y duración como para justificar que los obreros comunistas y los jóvenes revolucionarios se reorganicen —y mucho si resulta necesario— para aprovechar esos cambios y recuperar el terreno perdido?

Jóvenes y el movimiento comunista

Ninguno de los principales dirigentes del movimiento comunista moderno, desde su origen hace siglo y medio, ha creído jamás que fuese posible construir una organización comunista sin atraer a sectores cada vez más amplios de luchadores jóvenes —provenientes de diversas clases sociales y experiencias políticas iniciales— hacia el movimiento obrero. Debemos recordar que el documento de fundación de la primera organización obrera revolucionaria a nivel internacional, comisionado en un congreso realizado en Londres entre noviembre y diciembre de 1847, fue redactado por dos personas que aún no cumplían los 30 años.

Ese documento, que se llegó a conocer como el Manifiesto Comunista, fue escrito por Carlos Marx a los 29 años y Federico Engels a los 27. Además, fue escrito por individuos que en aquel tiempo tenían relativamente poca experiencia en el movimiento obrero. De estudiantes, Marx y Engels se habían introducido a la política como demócratas revolucionarios, como parte de una amplia radicalización de jóvenes que se daba en Alemania en aquel entonces.

Desde el comienzo Marx y Engels resultaron capaces, dedicados, llenos de energía, trabajadores —muy trabajadores— y disciplinados en su labor. Organizaron su vida a fin de luchar por lo que creían, en lugar de insistir que sus convicciones eran menos importante que sus prioridades personales y una vida cómoda. En todos estos aspectos, actuaron como millones de jóvenes a lo largo de las décadas y por todo el mundo.

Sin embargo, Marx y Engels más tarde explicaron un hecho muy importante sobre su evolución política, para que no hubiera malentendido. A mediados y fines de la década de 1840, estos jóvenes rebeldes habían entrado en mayor contacto con grupos de trabajadores de pensamiento revolucionario, no solo en Alemania sino en París, Bruselas, Londres y otros lugares. Marx y Engels explicaron que, de no haber encontrado un grupo organizado de trabajadores revolucionarios y experimentados —y de no haber sido encontrados por dicho grupo—, no se habría iniciado un movimiento comunista a mediados del siglo XIX, o por lo menos estos dos jóvenes revolucionarios no habrían sido parte de él, y el movimiento habría sido más débil.

Los trabajadores que reclutaron a Marx y a Engels ya habían estado organizándose durante muchos años para combatir el capitalismo y sus efectos sobre la vida de los de su clase. Estos trabajadores habían sido heridos en el campo de batalla. Habían estado presos. Sabían de la policía y de los provocadores: parte del mundo real que todo revolucionario debe afrontar y aprender a manejar. Muchas de sus ideas y formas de organización estaban influenciadas por métodos conspirativos y por el utopismo e izquierdismo pequeñoburgués que dominaron la política radical entre los trabajadores en las décadas después de la revolución francesa: un problema que los hizo vulnerables a los propios provocadores que intentaban combatir.

No obstante, estos trabajadores revolucionarios fueron la verdadera vanguardia de la naciente clase obrera de la época. En la década de 1830 habían sufrido algunas derrotas, y para fines de la década de 1840 habían pasado por tiempos muy difíciles. Necesitaban una inyección de jóvenes luchadores, y que se renovaran y rejuvenecieran sus instituciones proletarias. Para los jóvenes Marx y Engels, la decisión de unirse a esta organización de trabajadores revolucionarios fue un paso necesario para verse como protagonistas de la historia que, para ser eficaces en la política, tenían que formar parte del movimiento de vanguardia de una clase.

Hacia el final de su vida, Engels describió el impacto permanente de su primer encuentro con tres de los líderes obreros que más tarde lo reclutaron, junto a Marx, a la Liga de los Comunistas en 1847. "Eran los primeros revolucionarios proletarios que veía", escribió Engels, "y, a pesar de lo mucho que por aquel entonces discrepaban en cuanto al detalle nuestras opiniones —pues a su limitado comunismo igualitario oponía yo todavía, en aquella época, una buena dosis de soberbia filosófica, no menos limitada—, jamás olvidaré la formidable impresión que aquellos tres hombres de verdad me causaron, cuando yo empezaba precisamente a hacerme hombre".[2]

LA LIGA DE LOS COMUNISTAS fue la primera organización moderna de obreros revolucionarios. Dotó al movimiento obrero de ideas científicas y escritas que no morirían sino con el fin de la sociedad de clases, por más comunistas que murieran en combate, generación tras generación, luchando por llevar esas ideas a la práctica. El programa y la estrategia que fueron codificados por primera vez en el Manifiesto Comunista se siguen enriqueciendo en virtud de las lecciones de la lucha de clases de los obreros y sus aliados. Ningún estado capitalista, ningún movimiento reaccionario de los explotadores, por más fuerte que sea por un período determinado de tiempo, logrará jamás destruir esa continuidad programática, porque está basada en la verdadera marcha histórica de la clase obrera.

Aquellos de ustedes que recientemente hayan leído y estudiado el Manifiesto Comunista, indudablemente habrán quedado impresionados por la disciplina, el conocimiento, la labor ardua que debe haber requerido redactarlo. Nos impresiona la profundidad de su comprensión de la historia, su perspicacia sobre las condiciones de la clase obrera y de las clases explotadas que le precedieron. Y sin embargo, su lenguaje también evoca una frescura sorprendente, una franqueza, una mano tendida a los

---

2. Federico Engels, "Contribución a la historia de la Liga de los Comunistas", en Marx y Engels, *Obras escogidas* (Moscú: Editorial Progreso, 1974), tomo III, pág. 186.

que luchen contra toda forma de despotismo y opresión. Guarda un tono desafiante no solo hacia los explotadores y opresores, sino especialmente hacia aquellos que en el movimiento obrero se adaptan a estas clases privilegiadas y hacen de sus apologistas.

Marx y Engels tenían unos veintitantos años cuando entraron en contacto con estos experimentados cuadros obreros. Estos líderes proletarios colaboraron con los dos jóvenes revolucionarios por varios años, a la vez que leyeron y aprendieron de sus escritos políticos sobre temas como el libre comercio y el proteccionismo, y de sus polémicas contra socialistas pequeñoburgueses como Proudhon y otros.[3] A partir de esta experiencia común a lo largo de varios años, Marx y Engels aceptaron en el congreso de la Liga de los Comunistas, a fines de 1847, la tarea de redactar el programa mundial de una organización internacional de trabajadores de toda Europa. Hizo falta pasar por ese proceso de reclutamiento para que naciera el manifiesto de la Liga de los Comunistas así como el movimiento que se construiría en torno a ese programa. Hizo falta la energía y la capacidad de jóvenes revolucionarios para examinar con una visión fresca y clara los principales problemas de política y organización que enfrentaba la clase obrera, junto con la experiencia de los cuadros obreros que dirigían un movimiento obrero revolucionario ya existente.

---

3. Ver, por ejemplo, *Miseria de la Filosofía* (Moscú: Editorial Progreso, 1979) y "Discurso sobre el libre cambio" (publicado en español en el número de febrero de 1994 de *Perspectiva Mundial*) por Carlos Marx, y "The Communists and Karl Heinzen" (Los comunistas y Karl Heinzen) por Federico Engels, en el tomo 6 de *Collected Works* (Obras completas de Marx y Engels; Moscú: International Publishers, 1976); y otros escritos de esa colección entre 1845 y 1848.

Radicalización y polarización política entre la juventud

La historia de este siglo ha demostrado que antes de que surjan luchas obreras a una escala generalizada, reforzadas entre sí, primero comienzan a rebelarse grupos de jóvenes contra los efectos más brutales y deshumanizantes de las contradicciones económicas y sociales del capitalismo. Independientemente de su punto de partida, y por más confusas y eclécticas que sean sus ideas iniciales, algunos de estos jóvenes radicalizados comienzan a examinar en serio la idea de que el capitalismo es la raíz del problema y empiezan a considerarse socialistas. Muestran más interés en las actividades de las organizaciones socialistas y las propuestas de los obreros comunistas sobre lo que hay hacer. En un caso tras otro —los años previos a las revoluciones de 1905 y 1917 en Rusia, las primeras expresiones de la radicalización obrera de masas de los años treinta en Estados Unidos, el renacimiento del movimiento revolucionario en Cuba a fines de los años cuarenta y comienzos de los cincuenta, la rebelión de la juventud sudafricana a mediados de los años setenta— el comienzo de la efervescencia política entre la juventud fue señal de que existían fuerzas sociales más poderosas que se estaban transformando en el fondo.

Esta tendencia no tiene nada de misterioso; su base material es la condición social de la juventud. Los jóvenes se ven menos atados por el trabajo, la familia u otras responsabilidades. Por un tiempo relativamente breve, son a menudo más libres que sus mayores para reaccionar contra los males del capitalismo que los rodea. Las cosas que presencian les resultan cada vez más insoportables. Tienen toda la vida por delante. No quieren vivir en un mundo así. Y rechazan la hipocresía de los valores burgueses y de los predicadores, políticos, "personajes" y académicos que defienden dichos valores.

Cada vez hay más jóvenes que se horrorizan por la brutalidad de las relaciones sociales capitalistas. Se niegan a ser cómplices en tolerar la degradación de los seres humanos y la destrucción de la naturaleza que se multiplican año tras año. Algo anda muy mal, y quieren ayudar a remediarlo. Comienzan a tratar de entender qué es lo que provoca estas cosas que les resultan cada vez más intolerables. Empiezan a leer libros, revistas y periódicos esperando encontrar explicaciones. Empiezan a buscar movimientos u organizaciones políticas que parecen entender lo que está sucediendo y que plantean soluciones.

A FALTA DE UN LIDERAZGO obrero revolucionario, esta rebeldía de la juventud adopta formas espontáneas. Algunos quieren protestar, volcarse a las calles, manifestarse. Otros recogen una piedra y la tiran contra algún símbolo del orden existente, un edificio, un policía. Tal frustración y espontaneidad pueden convertirse fácilmente en un foco de ultraizquierdismo ineficaz, de terrorismo individual. Si la clase obrera no entra en acción y si parece incapaz de dirigir a fuerzas sociales cada vez más amplias hacia la resolución de la crisis, entonces el radicalismo anticapitalista de los jóvenes puede llevar a algunos de ellos hacia la derecha, a vincularse a fuerzas reaccionarias que emergen de los partidos e instituciones de la sociedad burguesa. Dichos sectores de la juventud radicalizada ven con desdén a la "clase política" establecida y se toman las calles para presionar a los "decadentes" y "repugnantes" portavoces de los que gobiernan.

En realidad, lo que hoy día sucede entre los jóvenes en las escuelas es ante todo una *polarización* política. Por cada joven que hoy se ve atraído al movimiento comunista, uno o dos se ven atraídos a diversos grupos reaccionarios y derechistas, e incluso de ultraderecha. Y esto también sucede entre estudiantes de muy diversos orígenes sociales, debido al desarrollo de sectores de clase media entre los negros y otras nacionalidades oprimidas y minorías nacionales en Estados Unidos (como también sucede en otros países imperialistas). En un período de crisis social, los grupos radicales de derecha inicialmente van a crecer más rápidamente que las organizaciones comunistas o las corrientes con orientación de lucha de clases, ya que la derecha surge directamente de la política burguesa y de sus estructuras políticas existentes.

Los jóvenes que se radicalizan empiezan a reaccionar contra algo más que simplemente los males del capitalismo. Comienzan a percibir sus debilidades. Empiezan a darse cuenta de que los gobernantes capitalistas, a pesar de lo que presumen, *no* son todopoderosos. No son lo que pretenden. No tienen un futuro estable. Si contra ellos se moviliza una fuerza social con suficiente pujanza, entonces se podrá hacer algo para cambiar los efectos de su régimen. Los jóvenes empiezan a buscar estas fuerzas sociales y, de no encontrarlas en el movimiento obrero, algunos se orientarán hacia otras fuerzas de clase y a su demagogia radical. En este sentido, lo que sucede entre la juventud es un adelanto de la polarización que se producirá entre la población rural, las mujeres y sectores de la clase media.[4]

---

4. Sobre el tema de cómo los movimientos derechistas buscan el apoyo de los pequeños agricultores, ver "La alianza de obreros y agricultores: una estrategia para combatir la crisis de los granjeros", por Doug Jenness, en el número del 9 de septiembre de 1985 de *Perspectiva Mundial;* en inglés, en el número 4 de *New In-*

Por eso es importante que los comunistas intentemos convencer políticamente a todo joven y toda joven rebeldes que podamos, antes de que se entreguen a ideas excéntricas, se vean atraídos a la derecha radical o simplemente con el tiempo se resignen al capitalismo y se hundan en el trabajo cotidiano de la sociedad burguesa. En términos numéricos, no son muchos los que en estos momentos podemos reclutar al movimiento revolucionario, pero están esparcidos por todo Estados Unidos. Se necesita una organización juvenil nacional que les permita conocerse, debatir la política juntos, aprender a trabajar juntos y a dirigir juntos, tomar decisiones democráticamente y luego actuar de forma colectiva para llevar a cabo las decisiones que han tomado.

Una interpretación acertada de la situación objetiva

Esto nos lleva de nuevo a la interrogante que planteamos hace poco: ¿Son acertadas nuestras observaciones

---

ternational págs. 186–87 [impresión de 2019], y en el artículo "Farmers' struggle: who are its allies?" (La lucha de los agricultores: ¿quiénes son sus aliados?) escrito por Jenness bajo el seudónimo de Chester Nelson, en el número del 25 de febrero de 1983 del *Militant*. La susceptibilidad a la demagogia fascista y reaccionaria entre sectores considerables de mujeres —especialmente mujeres de las clases medias y las que no ocupan empleo y no son parte del movimiento obrero— se explica en el mismo número de *New International* en el artículo "The Revolutionary Perspective in the United States", pág. 70; este documento apareció en el número del 4 de febrero de 1985 de *Perspectiva Mundial* bajo el título "Las perspectivas revolucionarias y la continuidad leninista en Estados Unidos", pág. 112. El tema lo plantea además Mary-Alice Waters en la introducción al libro *Los cosméticos, las modas y la explotación de la mujer* (Nueva York: Pathfinder, 2014), págs. 27–58. Esta introducción fue publicada en *Perspectiva Mundial* en los números de agosto y septiembre de 1986.

sobre lo que ha empezado a cambiar entre un creciente número de jóvenes? Debemos tomar en serio esta pregunta, sobre todo porque los socialistas y otra gente de pensamiento revolucionario queremos que la respuesta sea afirmativa. De ahí que debiéramos preguntarnos: ¿Hay en el mundo acontecimientos objetivos, cambios políticos, que puedan explicar la receptividad a las ideas socialistas entre un sector pequeño pero creciente de jóvenes en la actualidad?

Podemos descartar lo que sería una explicación fácil de tal cambio: actualmente no existen movimientos ascendentes de protesta social, ni grandes batallas sindicales que expliquen el nuevo interés en las ideas anticapitalistas. Tenemos que adentrarnos más en el asunto. Sin embargo, así nos topamos con un problema. Debido a la rapidez de los acontecimientos desde la caída mundial de las bolsas de valores en octubre de 1987, nos encontramos en una coyuntura de la política mundial en la que, según creo, le resulta imposible al movimiento socialista hacer valoraciones políticas acertadas sin nutrirse de una leva de jóvenes. A lo mejor suena como una opinión extrema, pero estoy convencido de que es cierto. La mayoría de la gente entiende que le sería imposible a una organización socialista mantener cierto nivel de actividad si dejara de atraer a militantes jóvenes. Sin embargo, estoy planteando algo muy distinto: que hoy no podemos pensar claramente acerca del mundo a menos que nos encaminemos hacia una organización juvenil.

¿Por qué? Porque además de las experiencias y la continuidad, sin las cuales toda organización comunista se descarrilaría políticamente, también hay momentos en la historia en que hay tantas cosas que cambian tan rápidamente que hasta los mejores luchadores se desorientan si no rompen con los hábitos mentales que desarrollaron en el pasado y si no ven el mundo con los ojos de una nueva generación que empieza a adentrarse a la vida política. Los acontecimientos que señalé al comienzo de esta charla nos señalan uno de tales momentos en la historia: la caída de la bolsa de octubre de 1987; el fracaso de los aparatos estalinistas, junto con la aceleración de las fuerzas a favor de la restauración capitalista y la creciente polarización social y de clases; la Guerra del Golfo; el inicio de la primera depresión mundial desde los años treinta.

Para la gente pensante que tiene más de 30 años o incluso unos años menos, estos acontecimientos marcan cambios políticos gigantescos. Uno tiene que ajustar ahora la manera en que había observado el mundo. Pero para los jóvenes que apenas se inician en la política, es la única situación política mundial que han conocido y en la que han actuado. Lo dan por sentado.

De manera similar, para los obreros jóvenes en las plantas y minas en la actualidad, el punto de partida es distinto del de los trabajadores de más edad. Los golpes que los patrones han asestado a la clase obrera y a los sindicatos durante los últimos 15 años son parte de las experiencias que los trabajadores deben asimilar para actuar en la política y el movimiento obrero de hoy. Cualquiera que haya participado en el movimiento sindical durante ese período vivió repliegues y derrotas, empates frustrantes y victorias parciales, que han afectado a un número creciente de obreros en diversos centros de trabajo y sindicatos locales. Sería casi imposible no interiorizar ciertas conclusiones cautelosas a partir de estas experiencias.

No obstante, esta tendencia no pesa tanto sobre los obreros que apenas han estado uno, dos o tres años en un puesto de trabajo. Ellos no reaccionan a partir de una percepción de lo que haya vivido el movimiento obrero durante la última década y media. No es así cómo juzgan sus oportunidades y responsabilidades para combatir *hoy* un nuevo ataque de los patrones. Esto en sí no cambia la correlación de fuerzas, por supuesto, pero abre nuevas posibilidades de resistencia ante la incesante ofensiva capitalista contra la clase obrera y los sindicatos. Además abre un nuevo espacio para los que usen estas posibilidades como punto de partida.

Podemos sacar estas conclusiones porque en Estados Unidos en el último año hemos logrado reclutar un pequeño grupo de jóvenes luchadores. Esto no solo confirma nuestras conclusiones iniciales sino que nos permite juzgar con más exactitud las oportunidades que se nos presentan.

¿Entonces qué nos hace pensar en el mundo actual que un creciente número de jóvenes *continuará* rebelándose contra el orden existente y se verá atraído hacia el movimiento socialista?

AL CONTESTAR ESTA PREGUNTA, debemos alejarnos de lo más inmediato y comenzar, como hacen siempre los marxistas, no con el trabajo sino con el capital. Si entendemos los flujos del capital y los problemas del capital, entonces podremos entender las posibilidades que tienen los trabajadores y cómo aprovecharlas.

Debemos recordar que de ninguna manera los comunistas somos los únicos que han observado un gran cambio en la política mundial en los últimos años. Muchos personajes políticos y comentaristas burgueses también lo han hecho; hoy hasta es común hablar de un "nuevo desorden mundial".

Sin embargo, aparte de nosotros, casi todos señalan como hito el período 1989–90, con la caída del Muro de

Berlín y el colapso de los regímenes estalinistas en todo el ex bloque soviético. Somos la única corriente política que empieza con el capitalismo; con la caída de la bolsa de valores de 1987 y lo que anunció acerca de la nueva etapa en la tendencia declinante del capitalismo mundial y las crecientes tensiones de clases y la polarización política que sus crisis desatarían. Es el único contexto que permite entender e intervenir en la política mundial y en la lucha de clases de hoy, incluidos los factores que explican el "fracaso del socialismo" y que impiden la transformación de este "socialismo" en un capitalismo estable.

II. DEFLACION Y REESTRUCTURACION

YA HEMOS COMENTADO el hecho de que hemos iniciado el tercer año de una expansión del ciclo comercial capitalista en Estados Unidos, la cual apenas hasta ahora está comenzando a crear un número considerable de empleos. Este tipo de recuperación superficial y lenta es y será normal bajo condiciones de depresión. Sin embargo, las generaciones que llegamos a la madurez y a la vida política después del fin de la Segunda Guerra Mundial estamos viviendo algo nuevo, algo fuera de toda experiencia directa que hayamos tenido hasta ahora.

Los capitalistas en Estados Unidos y en otros países imperialistas no están invirtiendo capital para realizar una gran expansión de la capacidad productiva, como lo hicieron desde los años cincuenta hasta los setenta. Por casi 20 años los capitalistas han enfrentado una crisis acelerada de decrecientes tasas de ganancia, como se explicó en la resolución de 1988 del Partido Socialista de los Trabajadores, "Lo que anunció la caída de la bolsa de valores de 1987".⁵ Los capitalistas están empeñados en reducir costos —"reestructurando" (*downsizing*), "redimensionando" o "racionalizando", según el argot comercial del momento— y no en expandir la capacidad productiva porque no pueden asegurarse una cuota de ganancia competitiva sobre sus inversiones en plantas y equipos que tengan ese fin.

Tanto dentro de Estados Unidos como en el resto del sistema capitalista mundial, los capitalistas intensifican la competencia de precios, conforme se disputan mercados limitados. Por lo tanto, habrá una tendencia hacia la deflación, haciendo que bajen los precios de muchos productos. Los capitalistas siguen temerosos de un colapso deflacionario como el que marcó los primeros años de la Gran Depresión de los años treinta. Hoy resulta mucho más difícil extorsionar las enormes rentas —es decir, las utilidades que obtienen por encima de la ganancia promedio— cobradas por los fabricantes de los principales productos de marca, y en muchos casos hasta se evaporan, al tener que competir por una cuota del mercado junto con todas las demás mercancías.

Es lo opuesto de lo ocurrido en el mundo imperialista durante la vida consciente de la mayoría de los adultos de hoy. Durante esos años, los inmensos monopolios imperialistas compitieron por los mercados mundiales expandiéndose, adquiriendo nueva capacidad, construyendo nuevas fábricas y añadiendo nueva maquinaria. Aquellos sectores del capital que *mejor se prepararon para el crecimiento* lograron los mayores beneficios. Así funcionó durante las primeras dos décadas y media luego de la Segunda Guerra Mundial, hasta que los motores comenzaron a agotarse paulatinamente al final de los

---

5. Publicada en este número.

años sesenta y mediados de los setenta. Ya en los años ochenta había dejado de ser así, pero la nueva realidad emergente fue ocultada en gran parte por un inmenso globo de deudas, lo que a su vez preparó el camino para lo que ocurre hoy: el "gran desapalancamiento" (*de-leveraging*), como dicen.

Durante la prolongada expansión capitalista, los grandes fabricantes en Estados Unidos y en otros países imperialistas utilizaron su dominio de los mercados para imponer los nombres de marca. Competían por una cuota del mercado mediante anuncios que inculcaban el nombre de un producto determinado. Para ganarnos como clientes, lo que hacían no era recortar precios. Uno conocía el nombre de marca y estaba convencido, correctamente o no, de que aquel era un mejor producto. Muchos de nosotros nos criamos en los días de apogeo de la vaca Elsie de la Borden, el Hombre Marlboro de la Philip Morris, los Pampers de la Procter & Gamble, los Corn Flakes de la Kellogg, y otros más. El nombre de marca a menudo se convirtió en sinónimo del propio producto. En muchas partes de Estados Unidos, la "Coca" *era* como se llamaban los refrescos, no importa qué sabor tenía o quién lo producía. Kleenex era el nombre de los pañuelitos de papel. La cinta adhesiva era la cinta Scotch. Eran los únicos nombres que yo identificaba con estos productos cuando era pequeño.

¿Por qué comprábamos el Kleenex en vez de otros pañuelos de papel, aun si costaba más? Porque reconocíamos ese nombre, que había establecido un monopolio en el mercado. Los fabricantes de Kleenex cobraban una renta por el nombre de marca. Y cuando uno la sumaba a nivel mundial, esa renta era enorme.

Pero todo esto está llegando a su fin. Actualmente la competencia de precios por una cuota del mercado es cada vez más intensa. No vas a dejar de fumar si sube el precio de los Marlboro; simplemente cambiarás de marca. No vas a dejar de comer cereal para el desayuno si la Kellogg les sube el precio; comprarás la marca genérica de cereal.

La competencia por los enormes mercados nuevos que los capitalistas están abriendo en el exterior es aún más reñida. A la naciente clase media en China le podrán gustar las Cocas y las Sprite. Pero los chinos también pueden fabricar refrescos, y no solo para la creciente clase media. En China, la persona ordinaria que de vez en cuando pueda comprarse un refresco no va a titubear en comprarlo a un tercio del precio de la Coca. Los campesinos que llegan a la ciudad no van a estar apegados a los nombres de marca.

Es evidente que la Coca-Cola sí va a luchar por un mercado en China. La portada del informe a los accionistas de la Coca-Cola sobre el tercer trimestre del año pasado mostraba una foto en color de una joven en Pekín que andaba en bicicleta con una botella de Sprite en la mano. "Para la compañía, China es uno de los mercados emergentes que más rápidamente están creciendo", dijo la Coca-Cola a sus accionistas. En los primeros nueve meses de 1993, señaló, había expandido sus ventas por casi 25 millones de cajas, "o el equivalente de crear un mercado que genere un volumen anual actual del tamaño de Irlanda".

Pero debemos recordar que el sueño de la Coca-Cola no depende de la sed de los mil millones. Depende de una clase media creciente y estable, protegida de los conflictos de clases, que gaste su ingreso disponible en nombres de marca comercializados y distribuidos por las gigantescas corporaciones imperialistas.

Sobreproducción capitalista

Si uno lee o escucha las noticias financieras, oirá la frase: "Este trimestre la Sears se adjudicó un 'cobro único' de

1 300 millones de dólares". O la Philip Morris, o la Borden, o la NCR, o cualquier otra compañía. Es simplemente una frase de contabilidad que describe las consecuencias de la creciente sobreproducción capitalista. Refleja la inmensa devaluación y destrucción de capital, en que los propietarios convierten productos en mercancías a precios de liquidación, al tratar de reducir sus existencias con las mejores utilidades posibles dadas las circunstancias.

En Estados Unidos, los tipos de interés son bajos, aún con las pequeñas alzas decretadas en febrero y marzo por la Junta de la Reserva Federal. También han estado bajando en Europa capitalista y en Japón. Pero aun si los tipos reales de interés llegan a cero o bajan más todavía (como ha sucedido varias veces en este siglo, cuando se toma en cuenta la inflación), los capitalistas no van a adquirir préstamos para invertir en plantas y equipo nuevos a menos que puedan obtener una tasa de ganancia superior a la que obtendrían si invirtiesen su capital-dinero de otra forma.

¿Por qué habrían de adquirir los capitalistas un préstamo para invertir en una nueva fábrica, si al fin y al cabo no solo tienen que pagar el préstamo —aunque sea a bajo interés o incluso sin interés— sino que terminan perdiendo dinero con su inversión? La respuesta es: ni lo están haciendo ni lo van a hacer. Las empresas no están adquiriendo préstamos. En este siglo en Estados Unidos, solo en dos ocasiones ha bajado el monto de préstamos comerciales e industriales por tres años consecutivos: de 1934 a 1937, y de 1991 a 1993. Este dato por sí solo merece reflexión.

La Merrill Lynch, la enorme firma corredora de acciones e inversiones, publicó en 1993 un informe de fin de año titulado, "De los humildes será la Tierra". Ahí pintaban un cuadro espantoso —desde el punto de vista de su clase— de la economía capitalista mundial. El informe indicaba que en los principales países industrializados siguen bajando las tasas de ganancia y siguen encogiéndose los mercados donde es rentable la inversión en producción expandida. El informe señalaba que continúan multiplicándose los obstáculos a la expansión de capital, aunque sin usar esas palabras. Dada esta situación, aconsejaba que el rumbo hacia las ganancias era lo que la clase patronal llama "mayor productividad", es decir, exprimir a un número menor de trabajadores para que produzcan más valor con salarios más bajos, a la vez que reducen otros costos de producción.

"El largo ciclo comercial de la posguerra parecía, retrospectivamente, un inmenso juego de Monopolio", afirmaba el informe de la Merrill Lynch. "La demanda se fue en una sola dirección, hacia arriba, y la inversión, financiada a menudo con el dinero de la casa, la deuda, le siguió los pasos". (Muchos hemos jugado al Monopolio, donde gana el jugador que consigue el máximo de efectivo y lo convierte rápidamente en hoteles y otras propiedades de alquiler que le rindan ganancias.)

"Esta dinámica ahora está haciendo marcha atrás", afirmó el informe. "Evidentemente, los años noventa se comportan de una manera diferente. En tanto la economía inicia su tercer año de expansión, siguen rondando las fuerzas deflacionarias. . . . Creemos que las reglas del Monopolio han cambiado. La adquisición imprudente de bienes productivos y la búsqueda implacable de crecimiento ahora acarrean ganancias angustiosamente bajas. Las empresas detallistas que crecen se topan con competencia en todas partes conforme los niveles de existencias se mantienen constantemente por encima de las ventas, las aerolíneas enfrentan implacables guerras de precios, y a los banqueros les cuesta hallar un buen préstamo.

"En el mundo actual", concluía el informe, "cambian las pautas de consumo, se disminuye el crecimiento de las ganancias de las corporaciones, decae el rendimiento de las inversiones y no cesan las presiones para reestructurar, optimar la utilización de bienes y aumentar la productividad.... En los años noventa, mientras más pequeño mejor, las cosas marchan hacia atrás, de los humildes será la Tierra".

Aparte de que la humildad bíblica no es característica del capital financiero —ni en época de vacas gordas ni en época de vacas flacas— ese cuadro es bastante acertado, no solo para Estados Unidos sino para todo el mundo imperialista.

Sin embargo, lo único que logra la reestructuración en sí es ejercer más presión sobre la tasa de ganancia, en tanto los patrones intentan extraer más valor de la labor de un número relativamente menor de trabajadores. Además presenta un riesgo más grande para los préstamos pendientes y todo tipo de bienes cuyo valor bursátil está inflado. Lo que los capitalistas llaman *downsizing* limita la expansión de la masa de plusvalía y aumenta el porcentaje de capital que Marx llamaba capital constante: la parte que cubre todo menos los salarios pagados por la fuerza de trabajo. Y esto deprime aún más las tasas de ganancia. Ahora, además de ser un problema teórico de importancia, tiene implicaciones sumamente prácticas.

LA UNICA FORMA en que los capitalistas pueden aumentar la plusvalía al grado necesario es incorporando a más trabajadores, más fuerza de trabajo, a una producción expandida; la simple prolongación de la jornada laboral y la intensificación del ritmo de trabajo no les resuelve el problema. A su vez, la expansión de la producción requiere la contratación de más trabajadores y una mayor inversión de capitales en fábricas nuevas, maquinaria productiva, y repuestos y materias primas. En la coyuntura actual es lo que vemos en Estados Unidos, y en menor grado en otros países.

Cuando comienza una expansión, con la amplitud que sea, la clase obrera y los sindicatos se encuentran en una situación más favorable para luchar por mejores salarios y condiciones de trabajo, y para reconquistar un poco del terreno cedido a los patrones durante los tiempos más difíciles. Como hablaremos más adelante, en Estados Unidos ya hay muestras de una mayor resistencia obrera.

La actual expansión del ciclo comercial no cambia el cuadro amplio que estamos describiendo. La reducción de costos no fomenta la autoexpansión del capital, que es lo único que puede iniciar un período prolongado de desarrollo capitalista que esté relativamente libre de crisis, como el que vimos durante casi un cuarto de siglo desde fines de los años cuarenta. Cuando el capitalismo se expande así, la clase obrera y el movimiento sindical pueden, sin prisa y sin pausa, arrebatarle concesiones económicas y sociales a la clase patronal, así como más derechos democráticos.

Pero eso no es lo que le va a tocar ahora a nuestra clase. Esa época quedó atrás.

De los nombres más conocidos de la industria capitalista en Estados Unidos, son pocos los que están expandiendo su capacidad productiva. Al contrario, están reduciendo los costos de lo que producen y compitiendo más para venderlo. Los que mejor lo hacen son los que a corto plazo pueden aumentar sus ganancias y contrarrestar hasta cierto punto la presión negativa en su tasa de ganancia. La Caterpillar, por ejemplo, está teniendo éxito a corto plazo en la producción de maquinaria de construcción a un menor costo para socavar a la Komatsu y a otros competidores para quitarles una mayor cuota del mercado mundial. (Los trabajadores-bolcheviques de hoy, como otros obreros pensantes, estamos muy conscientes de cómo los patrones de la Caterpillar lo han logrado, atacando las condiciones de trabajo y los derechos sindicales. El éxito inicial les despertó el apetito a los dueños de la Caterpillar para lanzar mayores ataques contra los miembros del sindicato automotriz UAW.)

En estos momentos, no son obreros industriales quienes resultan más afectados por la reestructuración y la reducción de costos de las principales corporaciones norteamericanas, no son los que producen la plusvalía para la clase patronal. Los patrones están aumentando la mecanización, y la computarización, de toda clase de labores improductivas: improductivas en el sentido marxista de no producir valor nuevo para la clase patronal. Los capitalistas están reduciendo costos mediante la computarización de ciertos aspectos del comercio al detalle y al por mayor, de operaciones bancarias y de seguros, y despidiendo a empleados de estos sectores. Tanto empleados administrativos de bajo nivel como empleados técnicos, comerciales y otros enfrentan el peligro de despidos permanentes en números récord. Por ejemplo, si uno pasa un rato en regiones donde la IBM fue la que empleó a más gente por un cuarto de siglo, podrá leer en los periódicos todas las semanas acerca de lo que está golpeando a muchos de estos trabajadores que creían haber escapado permanentemente junto con sus familias hacia la clase media. Los despidos están teniendo un efecto terrible entre grandes sectores de la población en una serie de ciudades y pueblos pequeños.

Si bien el *downsizing* disminuye los costos de las firmas capitalistas individuales, no necesariamente aumenta las tasas de ganancia. Durante la depresión de los años treinta, muchos negocios se estaban haciendo más eficientes de un año a otro, pero sus tasas de ganancias seguían bajando. La única forma que podían cambiar tal situación era mediante la expansión de su tasa de producción y de sus ventas. Fueron los preparativos para la segunda matanza imperialista en el mundo, la tremenda movilización económica durante la guerra y la reconstrucción de la vasta capacidad productiva de sus rivales en Europa y Japón, lo que sacó a los capitalistas norteamericanos de la profunda recesión económica de 1937–38 y sentó las bases para la expansión de la posguerra que les permitió dejar atrás la depresión.

Explosión de valores

En estos momentos, los capitalistas no necesitan que esté circulando una gran cantidad de dinero en la economía, ni en Estados Unidos ni en otro país imperialista. Puesto que las empresas no se están expandiendo, los bancos no están dando muchos préstamos y tratan de hallar formas más lucrativas de obtener ganancias. Actualmente, cuando las corporaciones venden nuevas emisiones de acciones, no utilizan los ingresos de estas ventas para construir nuevas fábricas sino para saldar sus deudas. Aunque no lo pueden analizar científicamente, los capitalistas saben en la práctica que quienes hoy cuentan con el mejor balance son quienes tendrán las mejores posibilidades de sobrevivir. Es lo opuesto de lo que ocurrió durante varias décadas.

Actualmente, lo que más amenaza la estabilidad de la economía capitalista no es la inflación, como lo fue hace 15 ó 20 años, sino la posibilidad de una creciente deflación. Muchos precios están bajando, y la tasa general de inflación —un 3 por ciento anual (o menos) en muchos de los países imperialistas— es la más baja que ha ocurrido en cualquier época desde los años cincuenta hasta comienzos de los sesenta.

Los precios de lo que Wall Street llama mercancías —petróleo, productos agrícolas, metales y otras materias primas para la industria— se han mantenido a niveles muy bajos, habiendo bajado a menos de la mitad desde 1980. A pesar de un aumento a principios de 1994, estos precios se mantienen a un nivel históricamente bajo.

Los precios de los bienes raíces comerciales también se desplomaron, reduciéndose a la mitad a fines de los años ochenta y comienzos de los noventa. Los capitalistas que no podían obtener ganancias satisfactorias con inversiones en la expansión de la capacidad productiva dedicaron su capital excedente, entre otras áreas, a una construcción desmesurada de rascacielos, centros comerciales y edificios de oficinas. Sin embargo, a principios de los años noventa, la tasa de locales vacantes en las zonas céntricas de las principales ciudades llegó a ser extraordinariamente alta. Los grandes dueños de propiedades comerciales dejaron de exigir pagos de alquiler de sus arrendatarios que pasaban apuros, y hasta competían entre sí para retener a los inquilinos hasta que las condiciones mejoraran. No me refiero a los arrendadores con los que ustedes y yo tenemos que lidiar; si nosotros no pagamos el alquiler, el dueño nos echa. Pero eso no es lo que enfrentan las empresas. Este colapso de los precios de bienes raíces ocurrió no solo en Estados Unidos sino en Gran Bretaña y Japón.

Detrás de estas tendencias deflacionarias se asoma el colapso económico. Así se caracteriza una expansión del ciclo económico en medio de una depresión: niveles elevados de desempleo y de trabajos temporales y de media jornada, incluso en épocas cuando están contratando nuevamente; y presiones negativas sobre los precios.

LA DEFLACION AFECTA a nuestra clase de una manera especial. Nuestros salarios e ingresos familiares reales han estado decayendo desde comienzos de los años setenta, ya que nuestros sueldos netos no se han mantenido a la par de los aumentos de precios, aun cuando la inflación disminuyó después de 1982. Pero en años recientes, los patrones muchas veces nos han congelado o incluso recortado los salarios. Hoy no pueden aprovechar la inflación para robarnos tan fácilmente como antes; no es eso lo que ocurre.

¿Qué sucede? Actualmente los bancos no están muy interesados en nuestro dinero. ¿Alguno de ustedes ha tratado de abrir una cuenta bancaria últimamente? ¿Cuánto ofrecen para una cuenta de cheques que devenga interés, uno y medio por ciento o algo así? ¿O para una cuenta de ahorros, entre dos por ciento y dos y medio por ciento? Es menos que la tasa de inflación. No quieren nuestro dinero. Incluso han cerrado un mayor número de sucursales bancarias locales.

Hoy día los bancos no están muy interesados en las operaciones bancarias, es decir, lo que nosotros consideramos negocios bancarios normales: atraer depósitos y dar préstamos. En Estados Unidos, actualmente hay 2 500 bancos menos del número que había a mediados de los años ochenta. Y la tendencia es que hay menos bancos y hay bancos más grandes. Los bancos se enriquecen al adquirir préstamos baratos del gobierno para comprar obligaciones del mismo gobierno que devengan mayores intereses. (¡Y luego hablan de los que abusan de la asistencia pública!) Y se dedican a más y más especulación de divisas a nivel internacional.

Eso es lo que los banqueros han estado haciendo. Y es lo que van a seguir haciendo mientras el dólar siga fuerte, mientras la inflación y las tasas de interés sigan bajas, y mientras no haya una explosión política en otro país que les desbarate los planes.

Descenso del mercado de valores en 1994

Si bien los capitalistas no han generado mucho dinero en los últimos años mediante los préstamos bancarios, sí lo han generado de otra forma —escondida— mediante una masiva emisión de títulos. Hasta febrero de este año, cuando empezó a descender de nuevo el mercado de valores, los años noventa habían presenciado una explosión de precios de acciones en Estados Unidos. En 1993 las bolsas de valores en la mayoría de los países capitalistas avanzados también subieron de forma vertiginosa. La excepción notable fue el colapso —a lo largo de tres años— de la bolsa de valores de Japón, que este año ha experimentado por primera vez un alza ligera. A fin de cuentas el capital especulativo y los derechos de propiedad —según señala Engels en su suplemento sobre la bolsa de valores en el tercer tomo de *El capital*[6] de Marx— son los medios que emplea la clase dominante en la época capitalista para sacar ganancias del dominio que ejerce sobre montañas de capital.

Todos los días, en Wall Street y otros mercados de va-

---

6. Ver "La bolsa" en el tomo III, volumen 8 de *El capital* (México: Siglo XXI Editores, 1985), págs. 1147–50, y la referencia a dicho documento en la resolución política de 1988 del PST titulada, "Lo que anunció la caída de la bolsa de valores de 1987", publicada en esta edición.

lores del mundo, se compran y venden bloques inmensos de acciones, junto con obligaciones —deudas gubernamentales y corporativas que devengan interés— y, en años recientes, un número mayor de "productos financieros" derivados de las acciones y obligaciones ("derivativos", según se llaman). De repente, los inversionistas empiezan a canalizar cantidades masivas de capital a la cadena de restaurantes Boston Chicken. Luego, a la compañía de refrescos Snapple, o a la compañía de té Celestial Seasonings. En el último año, las acciones de las casas de juego han sido una de las inversiones más lucrativas: acciones sobre la propiedad de casinos flotantes, hoteles gigantescos en Las Vegas que imitan esfinges egipcias, casas de azar en las reservas indígenas y empresas que administran las loterías estatales. Los poseedores de capital comienzan incluso a acaparar títulos sobre la actividad comercial futura: no acciones u obligaciones en sí, sino títulos sobre lo que podría pasarle al precio de estas hojas de papel en el futuro. Y los capitalistas adquieren inmensos préstamos con este propósito, partiendo de la base de que el valor comercial de estos títulos no puede hacer más que subir.

Así que por un lado crece una gigantesca burbuja en el mercado de valores: una forma de inflación que se esconde en las enormes sumas de dinero invertidas en acciones por la burguesía y sectores acomodados de la clase media, y que son apalancadas (*leveraged*) por una inmensa y creciente cantidad de préstamos. Por otro lado, la desinflación arriesga convertirse en un colapso deflacionario. Esta contradicción explosiva se va acumulando.

Los campesinos, a lo largo de la historia de la circulación de mercancías, han desarrollado una intuición social que presiente estas burbujas especulativas y el peligro de su colapso. Toman sus pocos ahorros en dinero y empiezan a comprar joyas de oro, pedazos de jade, trozos de metales preciosos —cualquier cosa que algún día puedan vender— y lo esconden. Ahora es posible que entre muchos propietarios de capital en los países imperialistas pronto empiece a crecer una mentalidad similar, con una urgencia especial entre los obligacionistas relativamente más pequeños y vulnerables: "¿Debo sacar ahora mi dinero de las acciones y obligaciones más riesgosas e invertirlo en 'cosas'?" El peligro es que en vez de un simple traspaso de dinero prestado de unas manos a otras, una masiva liquidación y un colapso de títulos podrían coincidir con un alza de los títulos de mercancías, amenazando con el descalabro de la producción y del comercio.

Por supuesto, es problema de ellos, no nuestro. Sin embargo, los obreros no debemos olvidar algo que sí es problema nuestro: dentro de esa burbuja crediticia también andan flotando todas las promesas que le han hecho al pueblo trabajador acerca de pensiones de jubilación "garantizadas" y planes médicos "seguros". Miles de millones de dólares que conforman estos fondos de "beneficios suplementarios" también han sido vertidos en la bolsa de valores. ¡Nuestro futuro también se halla dentro de esa burbuja! No hay que creer nunca que tenemos una pensión, que tenemos un plan médico. Lo que tenemos es la *promesa* hecha por los capitalistas de una pensión, la *promesa* de un plan médico. Nos dan una *promesa* basada en el "valor" de las inversiones depositadas en un fideicomiso. ¡Pero no fiemos en eso!

No HACEMOS NINGUN pronóstico de lo grande pueda llegar a ser esta burbuja o cuándo vaya a estallar. Pero esa creciente contradicción, esa catástrofe inminente que forma parte de esta etapa de los ritmos a largo plazo del decadente sistema capitalista, es lo que fue anunciado por el colapso mundial de las bolsas de valores en 1987.

A principios de 1994 hemos atravesado otra baja del mercado de valores, aunque no tan aguda como la caída de 1987. Los precios de las acciones en Wall Street, según el Promedio de Industriales Dow Jones, bajó cerca de 400 puntos desde su punto más alto a fines de enero, o sea casi un 10 por ciento, antes de repuntar un poquito: y es lo que sucedió con las acciones de 30 de las corporaciones más cotizadas. El indicador de los precios de acciones de 6 mil compañías cayó más del 15 por ciento de su punto más alto.

Durante los ultimos dos años, parecía que a los ricos de Estados Unidos les iba todo de maravilla. Con su reestructuración y reducción de costos estaban dándole de palos a sus rivales en los demás países imperialistas. Estaban acelerando la producción, prolongando la semana laboral y deprimiendo los salarios, beneficios y condiciones de trabajo de los obreros. Los tipos de interés eran los más bajos en casi 15 años. Los mercados de valores y los de obligaciones estaban en pleno apogeo. Parecía que nunca bajarían. Se estaban haciendo miles de millones en Wall Street, incluso "con dinero ajeno" —como dicen— e incluido el de muchos fondos de pensiones de trabajadores.

No parecía haber forma de perder. No había límites. Podían tomar prestado 10 veces más de lo que poseían para comprar acciones, obligaciones y otros títulos, porque el mercado no podía hacer más que subir y ellos podrían cubrir los préstamos. Podían tomar prestado 50 ó 100 veces más de lo que poseían si estaban comprando obligaciones gubernamentales, porque éstas eran "seguras" e iban a subir. Los fanáticos de la bolsa se olvidaron del mundo real. Hasta tenían una cantaleta que entonaban después de un día bueno: "¡Cinco y cinco en el noventa y cinco!" Es decir que para 1995 el tipo de interés a largo plazo debía bajar al 5 por ciento y el promedio de acciones del Dow Jones sobrepasaría los 5 mil puntos. ¡Y todo esto se basaba en niveles históricamente bajos de inversiones en plantas y equipos destinados a aumentar la capacidad productiva y en mano de obra![7]

A mediados de febrero, se produjo pánico en Wall Street y otros mercados de valores cuando la Junta de la Reserva Federal de Estados Unidos elevó el tipo de interés a corto plazo en mucho menos del uno por ciento. Los grandes obligacionistas y accionistas comenzaron a vender y a pelearse por compradores, y los precios comenzaron a resbalar. Allí fue cuando muchos tuvieron que pagar el precio de haber vivido una mentira. Al final alguien les dijo: "A propósito, este mes el precio de esas obligaciones no subió sino que bajó. Así que usted me debe 10 veces, ó 100 veces, más de lo que pagó por ellas, porque eso es lo que le presté para que las comprara". Fue lo que le sucedió a una gran cantidad de corredores de Wall Street.

EN LA HISTORIA DEL CAPITALISMO se dan estos ataques de pánico; hoy podemos ver pequeños pero intensos elementos de los relámpagos de lo que será la próxima tormenta. Marx y Engels explicaron las bases objetivas

---

7. Unas semanas más tarde, en abril de 1994, la revista *Business Week* comentó en su artículo principal, "En retrospectiva, estas estrategias se basaban demasiado en apalancamiento, contenían mucho más riesgo y estaban mucho menos protegidas de lo que sus creadores habían supuesto".

de dichos ataques de pánico. Desde el punto de vista del capitalista, escribió Marx en *El capital,* "El proceso de producción se presenta solo como el eslabón intermedio inevitable, como el mal necesario para alcanzar el objetivo: hacer dinero". A esto Engels añadió una nota parentética: "Por eso a todas las naciones con modo de producción capitalista las asalta periódicamente el vértigo de querer hacer dinero sin la mediación del proceso de producción".[8]

Más y más derivativos, menos y menos trabajadores. ¡Qué milagro! Sin embargo, al tratar de estabilizarse desde estas alturas vertiginosas, es posible que el "milagro" se convierta en lo opuesto.

La codicia y el miedo impulsan los mercados de valores capitalistas, y lo han hecho desde el principio. Durante el último lustro se han visto impulsados por la codicia, y la codicia podía rescatar a los capitalistas de cualquier pequeño trastorno que se presentara. No más tengan confianza, tomen prestado lo que necesiten, compren ahora que el mercado está bajando y esperen a que vuelva a subir.

Al tratar de entender la sicología social de cómo funciona el capitalismo, no debemos perder de vista lo que a veces se conoce como la "teoría del tonto más grande". Una persona razonable se preguntará: "¿Cómo es posible que algo se venda a un precio tan alto? Es evidente que no vale tanto. ¿Por qué pagaría alguien ese precio?" Pero la respuesta es sencilla: Lo va a pagar porque está seguro de que llegará otra persona que le va a pagar *aún más*. Así ha funcionado el capitalismo desde sus primeros días. Por una época en la Holanda del siglo XV, durante

---

8. *El capital,* tomo II, volumen 4, (México: Siglo XXI Editores, 1985), pág. 64.

lo que se conoció como "la manía de los tulipanes", ¡un solo tulipán podía venderse por el equivalente de varios miles de dólares!

Si hace tres siglos hubo un tonto que pagara esa cantidad por un tulipán porque suponía que un tonto más grande le pagaría mil dólares más al día siguiente o a la semana siguiente, la magnitud de este fenómeno ha alcanzado proporciones infinitamente mayores por el dominio actual del capital financiero y de las telecomunicaciones casi instantáneas. En el día de hoy, se negocian diariamente billones de dólares en los mercados mundiales de valores, obligaciones, mercancías y divisas. Es más, uno puede tomar prestado el dinero para hacer la compra, multiplicando así sus ganancias . . . o sus pérdidas. ¿Para qué abandonar la Boston Chicken cuando el precio de sus acciones sube a 45 dólares, si uno cree que alguien se las va a comprar la semana siguiente a 55 dólares? Eso no es broma. No es una aberración. Es la verdadera sicología social de cómo funcionan los mercados de acciones, obligaciones y otros valores, y sin la cual no puede funcionar el capitalismo.

Sin embargo, cuando desaparece la confianza de los dueños de valores, cuando ya no se puede hallar un tonto más grande, entonces sí cunde el pánico. Resulta entonces que uno es el mayor de los tontos. Todo lo que en un momento dado parecía estar calculado con gran precisión se vuelve un caos. El miedo reemplaza la codicia como sentimiento predominante entre los que compran y venden valores para extraer —como rentas— parte de la plusvalía que nosotros producimos con nuestro trabajo. Los precios que se pagaron por acciones y obligaciones apenas una semana antes —o un día antes o una hora antes— solo "tenían sentido" porque los que poseían el capital estaban dispuestos a creer que eso era lo que valían esas hojas de papel. Las creencias, los temores y los anhelos de la clase dominante se convierten en factores objetivos en la evolución a corto plazo del capitalismo.

Lo que hemos visto en los primeros meses de 1994 en los mercados mundiales de obligaciones es un pequeño anticipo de ese tipo de pánico. Es un reflejo más —como lo es el creciente número de jóvenes que comienzan a reaccionar ante los males del capitalismo— de las debilidades que se van acumulando debajo del orden mundial imperialista.

La política de la economía

Debemos tener siempre en cuenta que las grandes explosiones *políticas* —no solo el colapso de las bolsas, las crisis bancarias, las escaseces repentinas y semejantes desastres económicos— seguirán desatando catástrofes económicas y sociales en el mundo capitalista.

Sobre todo en la época imperialista, como nos enseñaran Lenin y Trotsky, la política es economía concentrada; los fenómenos económicos no simplemente se desarrollan independientemente de las luchas de clases, las guerras y las revoluciones. Los grandes cambios en la curva del desarrollo capitalista han sido provocados por acontecimientos más allá de la economía en sí o, mejor dicho, más allá de las operaciones normales del ciclo comercial capitalista.[9] Nadie puede predecir la cadena de acontecimientos que ocurrirá. Nadie puede saber de antemano qué combinación de sucesos económicos y políticos desatará tal catástrofe, aunque la historia nos da muchas razones para creer que las guerras y los preparativos de

---

9. Ver "La curva del desarrollo capitalista" por León Trotsky, y "Lo que anunció la caída de la bolsa de valores de 1987", ambos en este número.

guerra jugarán un papel influyente.

No tenemos nada que retractar de la resolución adoptada por el PST en 1988 ni del popular folleto que le acompaña, *Un programa de acción para enfrentar la crisis económica que se avecina*. El capitalismo es cada vez más vulnerable a una crisis mundial que traerá consigo el desempleo en masa, la ruina de los pequeños agricultores, el desahucio de millones, la destrucción de pequeños comercios y un nivel de miseria que no se ha visto desde los años treinta. Esta crisis devastará al Tercer Mundo, donde la mayoría de los trabajadores ya ha vivido el deterioro de sus condiciones económicas y sociales por casi un cuarto de siglo. Asimismo, abrirá una nueva etapa en la crisis social y política de los países imperialistas.

Hoy día, millones de trabajadores creen que semejante futuro realmente podría ocurrir. Ya están siendo sacudidos por la inestabilidad producto de la evolución del capitalismo mundial. Por eso existe tanta receptividad a las publicaciones revolucionarias aun antes de que estalle una catástrofe social o enormes batallas de clases.

La "inestabilidad", escribió el líder bolchevique León Trotsky en los años veinte, "la incertidumbre de lo que el futuro le pueda deparar a la vida personal de todo trabajador, es el factor más revolucionario de la época en que vivimos". "La vida sosegada" de la cúpula sindical durante casi un cuarto de siglo antes de la Primera Guerra Mundial, escribió Trotsky, "también influyó en la sicología de un amplio sector de obreros más acomodados".

Todo eso cambió, explicó Trotsky, con la crisis económica y social del capitalismo, que las burguesías rivales de Norteamérica, Europa y Japón no habían resuelto mediante la matanza mundial que le habían infligido a la humanidad. La "falta de estabilidad desequilibra al obrero más imperturbable", escribió Trotsky. "Es la fuerza motriz revolucionaria".[10]

III. VIRAJE HISTORICO EN LOS FLUJOS MUNDIALES DEL CAPITAL

DEBEMOS EXAMINAR dónde fluye hoy día el capital: de dónde y hacia dónde fluye. Esto nos permitirá entender más concretamente los efectos que estos flujos del capital tienen sobre la política internacional y el futuro de la lucha de clases.

Durante la mayor parte del siglo, la gran mayoría del capital imperialista invertido en el exterior se ha dirigido a otros países capitalistas avanzados. Esto a pesar de que al mismo tiempo se ha exportado grandes cantidades de capital a los países coloniales y semicoloniales, a fin de extraer superganancias mediante la explotación de los trabajadores rurales y urbanos. Especialmente desde el fin de la Segunda Guerra Mundial, el capital estadounidense ha fluido en cantidades enormes a Canadá, Europa, Japón, Australia y Nueva Zelanda.[11] Por otra parte, el capital de diversos países de Europa occidental ha fluido a todas partes de Europa capitalista, Norteamérica, Japón y otros países de Asia y el Pacífico. El capital japonés ha fluido tanto a Estados Unidos y Europa como a Australia y Nueva Zelanda.

---

10. Trotsky, *First Five Years of the Communist International* (Los primeros cinco años de la Internacional Comunista; Nueva York: Pathfinder, 1972), tomo 1, p. 304.

11. Por ejemplo, el 80 por ciento de los activos de las compañías estadounidenses en el exterior se encuentran en Europa occidental, Canadá, Japón, Australia y Nueva Zelanda.

Desde principios de los años noventa se ha producido un cambio considerable en este flujo, hacia más y más inversión imperialista —incluida de Estados Unidos— en los países más industrializados del Tercer Mundo, como también en ciertos países de Europa central y oriental. Según lo expresó el informe investigativo de la Merrill Lynch, desde el punto de vista del capital financiero, "el flujo principal del capital... será hacia el mundo en vías de desarrollo, y en los años noventa ésa será la principal fuente de ganancias de rendimiento superior al promedio". (El cambio señalado en la primera mitad de la oración es un hecho; la segunda mitad no es más que una esperanza).[12]

A principios de los años noventa, por primera vez en su historia, Estados Unidos se convirtió en exportador neto de capital. El capital estadounidense está fluyendo al exterior, especialmente a Latinoamérica y otras regiones del Tercer Mundo, en busca de tasas de ganancia que a los capitalistas les cuesta cada vez más obtener dentro de Estados Unidos.

Durante toda su historia, Estados Unidos ha sido un importador neto de capital. Durante la segunda mitad del siglo XIX, las familias dominantes de Estados Unidos importaron cantidades masivas de capital extranjero para financiar el desarrollo de la industria y los ferrocarriles. En la última década del siglo pasado, cuando Estados

---

12. En 1993 el porcentaje de la inversión extranjera directa en los países del Tercer Mundo fue de casi 40 por ciento, comparado con un promedio anual de un 20 por ciento en los años ochenta. Las nuevas inversiones anuales de capital extranjero en estos países crecieron en más del doble entre 1990 y 1993.

Unidos surgía como potencia imperialista, los capitalistas norteamericanos comenzaron a exportar cantidades crecientes de capital, entrando en competencia con sus rivales por mercados y fuentes baratas de materias primas y mano de obra. Desde el triunfo del imperialismo estadounidense en la Segunda Guerra Mundial, este país ha sido el principal exportador individual de capital en el mundo.

Sin embargo, durante toda esta época entraba un volumen aún mayor de capital a Estados Unidos, debido al tamaño absoluto de la economía y del mercado interno del país así como el predominio de Wall Street en el comercio internacional de valores, obligaciones y divisas. Durante los años ochenta, los capitalistas en Japón, Alemania, Gran Bretaña, Países Bajos y otros países compraron miles de millones de dólares en bonos del Tesoro norteamericano. Compraron bienes raíces, y construyeron o adquirieron fábricas como primer paso para penetrar el mercado estadounidense. Además, miles de millones de dólares fueron succionados a este país como pagos de intereses por la deuda del Tercer Mundo. En los últimos años el ritmo de este flujo del capital a Estados Unidos ha disminuido, ya que Japón y gran parte de Europa capitalista se han sumido en una recesión y han bajado los tipos de interés en Estados Unidos. Al mismo tiempo, el capital estadounidense ha seguido fluyendo más allá de sus fronteras nacionales a un paso acelerado.

El capital que hoy día fluye de Estados Unidos y otros países imperialistas a los países semicoloniales no constituye fundamentalmente el mismo tipo de enormes préstamos bancarios parásitos que vimos en los años ochenta, aunque de todas formas la deuda del Tercer Mundo ha crecido de 1.2 billones de dólares en 1987 a 1.5 billones de dólares en 1993. El pago de intereses sobre esa deuda —cuotas de sangre— sigue siendo una enorme carga, que los gobiernos burgueses de Latinoamérica, Africa y Asia extraen de la riqueza producida por la explotación brutal de los obreros y campesinos. Sin embargo, los préstamos de los bancos comerciales e instituciones financieras internacionales, que representaban más del 80 por ciento del capital imperialista que fluía a los países del Tercer Mundo a comienzos de los años ochenta, han disminuido a un 25 por ciento en la actualidad.

En cambio, cerca del 75 por ciento del capital imperialista que se invirtió en los países del Tercer Mundo en 1993 fue dedicado a la compra de acciones y obligaciones en lo que se conoce como "mercados emergentes". La cantidad más grande se está invirtiendo en acciones de las grandes compañías en Asia, América Latina y el Medio Oriente (con la excepción de Sudáfrica, actualmente muy poco capital fluye a los países africanos al sur del Sahara). Los capitalistas norteamericanos no solo construyen sus propias fábricas y desarrollan otras empresas en estos países. Además compran acciones en compañías privadas, o en empresas que antes eran estatales y que los gobiernos burgueses ahora están "privatizando", es decir, subastando al mejor postor burgués. Para los imperialistas, la compra de estas acciones es un paso más hacia el control directo de estas fábricas y otros negocios. No obstante, tarda cierto tiempo hasta poder presionar a las burguesías a que cedan su propiedad y control; por lo tanto, mucho capital imperialista actualmente se invierte en la compra de bloques masivos de acciones.

Sin embargo, la mayoría de estos capitales, ya sean nuevas fábricas de propiedad imperialista o acciones en los "mercados emergentes", solo fluyen a un puñado de los países más industrializados del Tercer Mundo como Argentina, Brasil, México, Corea y Taiwan. Y solo fluye a un pequeño número de negocios potencialmente lucrativos dentro de estos países, como el petróleo, las telecomunicaciones, los conglomerados de la construcción y la banca. El objetivo de los imperialistas es muy sencillo. En el contexto de una decreciente tasa de ganancia industrial en su propio país, pretenden superexplotar la mano de obra barata en el Tercer Mundo —y en menor grado en los estados obreros en Europa oriental y la ex Unión Soviética— y convertir estos países cada vez más en plataformas productoras de plusvalía. Su objetivo es seguir exportando capital a estos países y que les rinda utilidades cada vez mayores.

Las burguesías de estos países les conceden a los imperialistas enormes exenciones de impuestos y otros subsidios, intentando estabilizar de esta forma sus propios regímenes y a la vez enriquecerse.

El flujo de capital a América Latina está fuertemente dominado por el imperialismo norteamericano, aunque sus competidores japoneses y europeos han comenzado a ganarle terreno. Los explotadores nacionales y extranjeros intentan beneficiarse de las consecuencias de las derrotas y los reveses políticos que el movimiento obrero en Latinoamérica ha sufrido en las últimas tres décadas. El flujo de capital va acompañado de más privatizaciones, ataques contra los salarios y condiciones de trabajo de los obreros, ataques contra los campesinos pobres y sin tierra, la devastación del salario social de amplios sectores medios y obreros, y la destrucción de los recursos minerales, los bosques, el aire, los lagos y los ríos.

En cuanto a nuevas inversiones en Asia, incluida China,

los capitalistas japoneses han sobrepasado a sus rivales norteamericanos en los últimos años. Más que nada se trata de la construcción de fábricas japonesas en estos países, impulsada por el agotamiento del llamado milagro japonés. Al recrudecerse la competencia con las empresas norteamericanas, los capitalistas en Japón se ven obligados más y más a construir plataformas exportadoras y explotar la mano de obra barata en otros países de Asia a fin de mantener su posición. Esta política agresiva sigue intensificándose.

La exportación de capital a Rusia y Europa oriental es de especial importancia para las burguesías de Alemania y demás países capitalistas de Europa, aunque las empresas estadounidenses son la mayor fuente de exportación de capital a los sectores manufacturero y comercial en la región. Aunque ciertas inversiones han sido lucrativas para algunos capitalistas individuales, las ganancias derivadas de estas inversiones han sido mucho menores de lo que se esperaban los capitalistas por las razones políticas y económicas que ya hemos planteado.[13] Los capitalistas alemanes en particular han sufrido las consecuencias, habiendo pagado a Moscú durante la época de Gorbachov una enorme cuota de sangre consistente en inmensos préstamos a bajo interés. Además, los gobernantes capi-

---

13. Ver en particular "El imperialismo norteamericano ha perdido la 'Guerra Fría'", resolución aprobada por el Partido Socialista de los Trabajadores en su congreso de 1990, en el número 5 de *Nueva Internacional*, y "El desorden mundial mortal del capitalismo" por Jack Barnes, presentación dada en abril de 1993 en conferencias educativas socialistas regionales en Greensboro, Carolina del Norte; y Des Moines, Iowa, en *El desorden mundial del capitalismo* (Nueva York: Pathfinder, 2000). Ver también "Los cañonazos iniciales de la tercera guerra mundial" por Jack Barnes en el número 1 de *Nueva Internacional*.

talistas alemanes aún no se han recuperado del intento de "digerir" al estado obrero en Alemania oriental luego de la unificación en 1990, y apenas comienzan a ver una expansión lenta y titubeante tras la recesión más profunda en el país desde la Segunda Guerra Mundial.

La apertura de mercados y la exportación de capital a Europa central y oriental y a la ex Unión Soviética no harán que repunte la decreciente tasa de ganancia en los centros imperialistas ni tampoco traerá estabilidad económica y social a estos estados obreros débiles y terriblemente deformados.

Si bien los capitalistas alemanes van a continuar persiguiendo su meta histórica de dominar Europa central, su sueño de un marco alemán estable e indiscutiblemente predominante, desde el Mar del Norte a los Urales, ya ha sufrido un fuerte revés.

Estados Unidos aventaja a rivales imperialistas

Indudablemente, Alemania sigue siendo la clave de Europa. Ninguna de las demás potencias imperialistas —ni siquiera Francia o Gran Bretaña— podrá superar su capacidad industrial o comercial. Sin embargo, los gobernantes alemanes, al seguir tratando de cerrar la brecha entre su fuerza económica y el uso —aún limitado por factores políticos— de su poderío militar en el exterior, se van a topar con una realidad incuestionable: el poderío económico y militar del imperialismo estadounidense es un factor permanente e influyente en la política europea.

Ninguno de los gobiernos capitalistas europeos puede actuar como verdadera potencia militar a nivel mundial sin la intervención y ayuda de Washington. Cualquiera que intente una operación militar global tendrá que enfrentar el hecho comprobado durante la guerra que libraron las fuerzas militares británicas contra Argentina a comienzos de los años ochenta para retomar las Islas Malvinas. Sin el apoyo directo de logística y espionaje proporcionado por la marina y otras fuerzas militares estadounidenses, el imperialismo británico no habría podido llevar a cabo esa guerra, mucho menos ganarla.

Con la excepción parcial del Reino Unido, las potencias capitalistas de Europa sufren un retraso de tres o cuatro años frente a los gobernantes estadounidenses en cuanto a la "reestructuración", la reducción de costos y lo que los patrones llaman "flexibilidad laboral". Frente a sus rivales norteamericanos, están retrasados en sus intentos de prolongar las horas de trabajo. Están retrasados en cuanto a reducir salarios, imponer convenios sindicales que establecen múltiples niveles salariales, y reducir el salario social. Están rezagados en cuanto a corroer las normas de trabajo y las pautas de salud y seguridad. Están rezagados en la expansión del trabajo a media jornada, la incorporación de obreros temporales no sindicalizados con salarios más bajos y sin beneficios, el uso de contratistas no sindicalizados, la reducción de las vacaciones, y otras medidas antiobreras.

Como señaláramos hace seis años en el documento "Lo que anunció la caída de la bolsa de valores de 1987", ninguna otra moneda sustituye ni puede sustituir al dólar como divisa predominante en el comercio, la inversión, la banca, la contabilidad, los pagos y las reservas a nivel mundial. Al mismo tiempo, la crisis del mundo capitalista hace que el dólar sea una moneda cada vez menos estable y fiable para las clases propietarias del mundo. Jamás volverá a ser la moneda mundial que había sido desde la victoria norteamericana en la Segunda Guerra Mundial hasta que Richard Nixon se vio forzado a poner fin a su convertibilidad en oro en 1971. El dólar todopoderoso quedó humillado para siempre por el debilitamiento del imperialismo norteamericano después de la guerra en Vietnam, la inflación alimentada por la guerra, y el avance relativo de Japón y Alemania como potencias manufactureras y comerciales.

No obstante, desde fines de los años ochenta, el imperialismo norteamericano ha ganado nuevas e importantes ventajas sobre las potencias capitalistas que derrotó en la Segunda Guerra Mundial. Ha mejorado nuevamente la posición relativa del imperialismo estadounidense frente a sus principales rivales en Europa y Asia. No era señal de fuerza el hecho de que los imperialistas japoneses y alemanes siguieran comprando bonos del Tesoro norteamericano a mediados y fines de los años ochenta. Simplemente reflejaba el enorme tamaño de la economía capitalista norteamericana, que atraía capital de todo el mundo, así como la relativa devaluación del dólar respecto al marco y al yen. Van en ascenso la competencia y los conflictos entre *todas* las potencias imperialistas, pero la contienda gira principalmente en torno a Estados Unidos, Alemania y Japón. Los perdedores de la Segunda Guerra Mundial, igual que los perdedores de la primera matanza interimperialista un cuarto de siglo antes, deben combatir nuevamente las enormes presiones del vencedor.

Este mundo es lo opuesto del que muchas veces han tratado de pintar los políticos capitalistas, los comentaristas de prensa y los funcionarios sindicales en los años setenta, los ochenta y hasta los noventa. Tanto novelas como películas y docudramas (las pretenciosas telenovelas del intelectual) han tocado la alarma contra el ascendente poderío económico de Japón. Muy pronto, nos decían, nadie iba a poder comprar un auto, una televisión o una computadora portátil que no fuese hecho en Japón. Se nos decía que el capital japonés estaba acaparando bienes raíces y fábricas estadounidenses a un ritmo amenazador. Compraron el Centro Rockefeller, ¡un monumento nacional! ¿Quedaría en Los Angeles un pedacito de tierra que fuera "propiedad americana"? ¡Hasta se estaban apoderando de las compañías de grabación y los estudios cinematográficos de Hollywood! La propaganda llegó a tal punto que, de tomarla en serio, uno habría creído que Estados Unidos estaba a punto de convertirse en una semicolonia nipona.

En cuanto al capitalismo alemán, la propaganda ha tenido un tono menos abiertamente racista y chauvinista, aunque el fantasma de los hunos, del káiser o del Tercer Reich está escondido detrás de algunos de los comentarios burgueses, especialmente en el *New York Times* y en los círculos gobernantes en Gran Bretaña, al principio entre los partidarios de Margaret Thatcher pero hoy más ampliamente. Si bien la campaña de propaganda nunca llegó a predecir que los alemanes iban a comprarse todas las tierras y fábricas en Estados Unidos, al menos se arguyó que el marco alemán estaba destinado a dominar Europa, tanto occidental como oriental.

Sin ir más lejos que la campaña presidencial norteamericana de 1992, se podía escuchar que Clinton y algunos miembros de su "equipo de cerebros económicos" describían el milagro del capitalismo alemán y japonés de la posguerra como una fuente de lecciones prácticas que ayudarían a los patrones norteamericanos a librarse de sus dolencias. Esto fue una cantaleta de los liberales norteamericanos, particularmente en los años ochenta: hay que emular a los capitalistas alemanes y japoneses, pero al mismo tiempo darles garrotazos proteccionistas para frenar sus exportaciones de mercancías y de capital. Es cierto que estas justificaciones del nacionalismo estadounidense sí encierran una verdad parcial: la decadencia relativa del dominio del imperialismo norteamericano desde el final de la Segunda Guerra Mundial. Esa es una gloriosa realidad.

EL IMPERIALISMO ESTADOUNIDENSE sí es el último imperio del mundo; ninguno podrá suplantarlo jamás. El monopolio industrial del que gozó el capital estadounidense tras la Segunda Guerra Mundial se vio muy debilitado en los años sesenta y setenta por el avance relativo de sus rivales alemanes y japoneses. Hoy día los gobernantes norteamericanos son menos capaces de emplear su masivo poderío económico y militar para imponer su voluntad sobre los pueblos del mundo que en cualquier momento desde que entraron en el primer conflicto imperialista mundial hace unos 75 años. El derrumbe del prometido Nuevo Orden Mundial, que se convirtió rápidamente en un mortífero desorden mundial, es la confirmación más reciente de esta realidad.

Sin embargo, las familias capitalistas que gobiernan en Estados Unidos han salido adelante en la creciente competencia interimperialista de la última década. Desde luego, estos avances las colocan aún más en el epicentro de las crecientes contradicciones del sistema mundial del mercado. No obstante, la burguesía de Estados Unidos, al igual que las de Japón, Alemania y otros países, no decide cómo usar su capital a partir de perspectivas a largo plazo. Los patrones compiten para captar mercados, deprimir el precio de la fuerza de trabajo y elevar al máximo sus ganancias.

Los capitalistas norteamericanos se han recuperado

en una industria tras otra, asestando golpes a los capitalistas japoneses y alemanes. Las corporaciones General Motors, Chrysler y Ford, en vez de convertirse en dinosaurios como se las había calificado hace unos años, han recuperado una cuota del mercado a expensas del capital japonés. Las empresas norteamericanas Hewlett-Packard, Motorola, Compaq, Intel, y ahora hasta la IBM y otras más, han retenido o reconquistado posiciones dominantes en la producción de computadoras y piezas de computadoras. La Caterpillar sigue dejando atrás a la Komatsu como principal productora y exportadora de maquinaria pesada para la construcción, y la John Deere sigue predominando en la producción y venta mundial de tractores. El capital estadounidense ha logrado recuperar terreno en la producción de acero; las grandes acerías integradas han recuperado cierta ventaja sobre las miniacerías tanto estadounidenses como extranjeras. En los años ochenta, Wall Street tomó la delantera en movilizar lo que llama *venture capital* (capital especulativo) para financiar el ascenso de compañías que comenzaron pequeñas pero terminaron por dominar diversos campos de la tecnología: Microsoft en el *software* para computadoras, McCaw Cellular en las comunicaciones inalámbricas, Federal Express en el transporte de paquetes.

Hasta la fecha, los capitalistas norteamericanos han tenido mucho más éxito que sus competidores alemanes o japoneses en la reducción del precio de la fuerza de trabajo. En los años ochenta, cambiando la tendencia de las últimas décadas, los patrones en Estados Unidos redujeron los costos de mano de obra por unidad, mientras que éstos siguieron creciendo en Japón y la mayoría de los países capitalistas de Europa. Hace menos de 10 años, en 1985, los salarios por hora en Estados Unidos eran más altos que en cualquiera de sus principales rivales imperialistas: Japón, Alemania, Francia, Gran Bretaña, Italia o Canadá. De estos países, hoy solo Gran Bretaña tiene salarios más bajos que Estados Unidos, y esa brecha se está cerrando. Las exportaciones de Estados Unidos han crecido al triple del ritmo de Japón y Alemania desde mediados de los años ochenta. Y desde 1991 los capitalistas norteamericanos exportan por primera vez un mayor porcentaje de su producción nacional que sus competidores japoneses.

Nueva Zelanda es el único país donde los capitalistas quizás hayan avanzado más que en Estados Unidos, en términos relativos, en cuanto a reducir los salarios, las condiciones y los derechos sindicales de la clase obrera. Nueva Zelanda tardó casi una década en salir de la profunda recesión capitalista de 1981–82. Primero bajo el gobierno del Partido Laborista y luego bajo el gobierno conservador del Partido Nacional, los patrones aprovecharon estas condiciones de depresión para cambiar a su favor la correlación de fuerzas entre trabajadores y capitalistas. Recortaron los programas de seguro social; debilitaron el derecho de negociar convenios sindicales; y privatizaron una serie de empresas estatales, desde bancos hasta acerías, desde la aerolínea Air New Zealand hasta la compañía de teléfonos. Para principios de los años noventa, la prensa financiera mundial alababa a Nueva Zelanda como uno de los mayores éxitos del capitalismo mundial en cuanto a la destrucción de sindicatos y la reestructuración. A nivel mundial, las acciones neozelandesas llegaron a "sobrecargar" —según acostumbran decir— las carteras de inversiones de las principales firmas corredoras de valores.

Los capitalistas en Alemania y otros países europeos

padecen del problema de que aún no han logrado destruir el sistema de seguridad social y otros derechos — salud pública, compensación por desempleo, pensiones, vacaciones— que la clase trabajadora y el movimiento obrero conquistaron en sus luchas de las décadas posteriores a la Segunda Guerra Mundial.

LOS TRABAJADORES en Estados Unidos podemos decirles a nuestros hermanos y hermanas en Alemania, Francia, Suecia y el resto de Europa capitalista: "Ahora les va a pasar a ustedes lo que nos pasó a nosotros. Y en cierto sentido va a ser más duro, porque los capitalistas tienen mucho más que recortar, ya que fueron mayores las conquistas sociales que ustedes lograron en las luchas del último medio siglo". Al acercarnos al 150 aniversario de *La condición de la clase obrera en Inglaterra,* escrito por Engels y publicado en 1845 para prevenirle al movimiento democrático en Alemania sobre lo que el capitalismo le traería en el futuro, hoy los comunistas en Europa pueden señalar el ejemplo de Estados Unidos para sacar lecciones similares.

En realidad, en el último año los patrones y sus gobiernos, desde Bonn hasta Estocolmo, Londres y Roma, ya han avanzado un poco en su campaña contra las conquistas pasadas. Pero necesitan quitarnos mucho más, y es lo que están tratando de hacer. A medida que surja resistencia obrera ante estos ataques, se despertará entre los militantes de vanguardia el deseo de forjar vínculos más allá de las fronteras nacionales para entablar discusiones y acciones comunes.

El imperialismo japonés está pagando las consecuencias tanto de su pasado feudal relativamente reciente como de la ocupación militar norteamericana de la posguerra. Esto explica en parte por qué el precio de la tierra en Japón es altísimo en comparación con otros países capitalistas avanzados. El monopolio de la tierra significa, entre otras cosas, que el alquiler que los trabajadores tienen que pagar por su techo también resulta desproporcionadamente alto. La clase patronal se apropia de la mayoría del valor que los trabajadores producimos con nuestra labor: lo que Marx llamó plusvalía, de la cual derivan sus ganancias y sus suntuosas riquezas e ingresos personales. Pero del valor que producimos los trabajadores, los patrones también nos tienen que pagar bastante para vivir, trabajar y reproducir la próxima generación de trabajadores. Marx denominó eso el valor de la fuerza de trabajo, que varía de un país a otro dependiendo de una combinación de factores históricos, entre ellos la lucha de clases entre los trabajadores y los capitalistas. De ahí que cuando los alquileres por la vivienda son muy altos, como lo son en Japón por razones históricas, perjudica no solo a los trabajadores que tenemos que pagar dichos alquileres sino a los capitalistas, quienes entonces deben pagar una mayor porción del valor producido por los trabajadores a fin de que podamos pagar tales alquileres. Y eso pone a los patrones japoneses en desventaja respecto a sus rivales en otros países imperialistas, donde los alquileres son relativamente más baratos. Lo mismo ocurre con los elevadísimos precios de los alimentos en Japón, consecuencia también del altísimo precio de la tierra, así como de la política proteccionista destinada a proteger a los grandes agroempresarios capitalistas, terratenientes y comerciantes de arroz y de carne en Japón.

Lo que estará al orden del día en los próximos años en toda Europa capitalista será una campaña de reestructuración y reducción de costos como la que hemos vivido en Estados Unidos en los últimos años. Llevarán a cabo olas de cesantías; recortes salariales y dobles escalas salariales; prolongarán la semana laboral e impondrán más trabajo por turnos y trabajo los fines de semana. Las clases patronales lanzarán ataques contra los salarios, las condiciones y los derechos sindicales de los obreros bajo los lemas de "privatización", "orgullo nacional", y antiamericanismo.

Por ejemplo, desde que el imperialismo alemán se recuperó de los efectos devastadores de la Segunda Guerra Mundial, los sindicatos en la región occidental de Alemania nunca han aceptado aumentos salariales que no estén a la par de la inflación. Sin embargo, con una tasa oficial de desempleo del 9 por ciento —y con una cifra real mucho más elevada en el oeste, ya no se diga en el este— los sindicatos tanto industriales como de oficinistas están aceptando contratos con aumentos menores que la tasa de inflación. Y por primera vez están aceptando dobles escalas salariales.

PERO HABRA RESISTENCIA obrera y sindical. Ya hablamos lo que sucedió en Francia durante el último año. Los trabajadores en Alemania occidental y oriental han intentado frenar los crecientes embates patronales y gubernamentales contra sus salarios, horas de trabajo, servicios médicos, prestaciones por desempleo y otros derechos sociales. Han habido huelgas y luchas sindicales en España, Bélgica y otros países.

Los crecientes conflictos interimperialistas, junto con la resistencia librada por los obreros, pequeños agricultores y jóvenes, destruirán aún más el mito de una "Europa común". Aun cuando la Unión Europea —nuevo nombre de la Comunidad Europea— crezca numéricamente, la rivalidad entre estas potencias capitalistas seguirá desbaratando los esfuerzos de lograr una moneda común o un banco central común, ya no se diga una política exterior, una fuerza armada o un "gobierno europeo" comunes. Esa esperanza, que perduró muchas décadas y alcanzó un punto culminante, casi frenético, a fines de los años ochenta, ha pasado definitivamente a la historia.

La Unión Europea no será más que eso: una unión de aduanas, un mercado común dentro del cual el capital, las mercancías y los trabajadores atravesarán más libremente las fronteras. Por ahora, ese arreglo favorece un interés común de las burguesías de Europa en su competencia contra los capitalistas estadounidenses, quienes gozan de un inmenso mercado interno y mejor acceso a los mercados de Canadá, América Latina, el Pacífico y gran parte de Asia. Sin embargo, la implementación de esta reducción de barreras al comercio y al capital dentro de la Unión Europea está tardando mucho más de lo esperado, y las medidas ya iniciadas sufren de problemas. Además, el mayor flujo de bienes y capitales acentúa las contradicciones causadas por la masiva sobreproducción y redundancia de capacidad productiva en toda Europa —y en todo el mundo— en las industrias siderúrgica, automotriz y demás. Esto da más ímpetu a las cesantías, al cierre de fábricas, a la reestructuración y a las demandas patronales de mayor "flexibilidad laboral".

En Japón, el proceso de *downsizing* y reducción de costos será más explosivo aún, aunque también será más difícil y tardará más en desarrollarse. No obstante, allí también se han acelerado los despidos en el último año, a pesar de la supuesta "tradición cultural" de los "trabajos vitalicios" de los que tanto nos han hablado. Las principales compañías japonesas, Toyota, Toshiba, Nissan, Komatsu y Nippon Steel, entre otras, han comenzado a realizar grandes cesantías en el último año, en el contexto de la peor recesión que afecta a ese país desde la Segunda Guerra Mundial.

Los precios de las acciones y de los bienes raíces en Japón se han ido a pique desde el comienzo de los años noventa. Su sistema bancario, cuyo capital está invertido en gran parte en tierras y acciones ordinarias, es el más vulnerable de todas las principales potencias imperialistas. Aún queda por estallar esta burbuja japonesa.

La crisis económica está haciendo añicos los viejos partidos y tendencias de la política burguesa en Japón. Y allí crecerá también la resistencia obrera, aunque los obreros tienen mayores obstáculos que superar. Desde los años treinta han estado sometidos primero por un régimen imperial semifascista, luego por el antiobrero gobierno de ocupación norteamericano bajo el general MacArthur, luego por el régimen del Partido Demócrata Liberal, organizado por Washington, que asestó una serie de reveses al movimiento obrero en los años cincuenta, sesenta y setenta. Sin embargo, al acumularse las presiones que hemos estado describiendo, así como los despidos y otros ataques, el mito de la perenne tregua obrero-patronal —interrumpida cada primavera por el rito de la "ofensiva sindical" a la hora de negociar los convenios— empezará a desintegrarse, y en ciertos momentos de forma explosiva.

Las "plataformas de exportación" en Asia, con su mano de obra barata, pueden frenar por un rato la baja de las tasas de ganancia en Japón, pero no resuelven el conflicto fundamental entre capitalistas y obreros en ese país, que se va a agudizar. Además, los gobernantes japoneses, obligados a exportar más capital a Asia, inevitablemente seguirán una política exterior y militar cada vez más agresiva para proteger sus intereses, poniéndolos en conflicto más y más a menudo con Washington y Wall Street y con los gobiernos de toda la región.

Proteccionismo y 'conversaciones comerciales'

Hay una enorme sobreproducción tanto en la agricultura capitalista como en los bienes industriales. Hay sobreproducción mundial de arroz, trigo, soja y azúcar. Eso no significa, por supuesto, que se vaya a acabar el hambre y la hambruna en Africa u otras regiones. (Bajo el capitalismo, la sobreproducción no se mide con relación a la necesidad social sino con relación a lo que se pueda vender a un precio suficientemente alto como para obtener una ganancia competitiva.) Tampoco significa que los precios de determinadas mercancías agrícolas no vayan a subir a causa de inundaciones o mal tiempo o grandes convulsiones comerciales.

Pero en general la presión sobre los precios de los bienes agrícolas es de tendencia negativa. El capital estadounidense está empeñado en derribar las barreras que afectan su exportación de arroz, manzanas y carne a Japón, Taiwan, y Corea; está empeñado en elevar los precios de los cereales que sus competidores venden en Francia, Canadá, Australia y otros países. En los últimos 15 años, los gobernantes capitalistas en Europa occidental —especialmente en Francia— han desafiado la cuota de sus rivales estadounidenses en el mercado mundial de trigo y otros productos agrícolas. Pero su productividad agrícola sigue siendo muy inferior a la de Estados Unidos, obligando a los gobiernos europeos a pagar proporcionalmente mucho más en subvenciones a los agricultores capitalistas.

Las "conversaciones comerciales" en torno al acuerdo arancelario mundial GATT y entre Washington, Tokio, París, Ottawa y otros gobiernos —a pesar de lo ásperas que se tornan a veces estas conversaciones, hasta en público— no son más que una fachada diplomática que esconde el uso de la fuerza para promover los intereses de las burguesías antagónicas. El poderío militar respalda a Washington en sus presiones sobre los capitalistas en Europa, sobre sus competidores en Francia, Japón y otros países.

Hay que pensar en lo que sucedió en febrero de 1994, cuando el presidente Clinton sostuvo una conferencia de prensa en la Casa Blanca con el príncipe saudita Bandar Bin Sultan para anunciar que se acababa de otorgar un contrato para producir aviones comerciales, por valor de 6 mil millones de dólares, a las empresas Boeing y McDonnell Douglas, principales fabricantes norteamericanas de aviones. La compra fue financiada por el Banco de Exportación e Importación, un consorcio de bancos norteamericanos auspiciado por el gobierno. Los gobiernos de Francia y de otros países europeos capitalistas le habían pedido al gobierno saudita que le otorgara al menos la mitad del contrato a la Airbus Industrie, la enorme fabricante de aviones con sede en Francia, cuyos dueños son capitalistas de diversos países europeos.

¡La Boeing sí que habrá negociado en serio! Habrá sido un verdadero regateo, ¿no? Por supuesto que nadie dudó por un momento lo que había detrás. La administración Clinton simplemente les dijo a los gobernantes de Arabia Saudita lo que tenían que hacer.[14] La monarquía saudita, otro de los supuestos vencedores de la Guerra del Golfo, emergió de esa masacre estadounidense dependiendo

---

14. En mayo, el régimen de Arabia Saudita le otorgó a la AT&T un contrato por 4 mil millones de dólares para renovar su sistema telefónico, rechazando las ofertas de enormes consorcios capitalistas en Canadá, Francia, Alemania y Suecia (todos insistieron en que habían ofrecido un precio menor que la AT&T).

más que nunca de Washington y Wall Street.

Los capitalistas estadounidenses han declarado también una abierta agresión comercial contra sus rivales japoneses. Exigen que el gobierno japonés garantice cuotas anuales para la importación de productos agrícolas y manufacturados de Estados Unidos. Claro está, afirman que no se trata de cuotas sino de "metas numéricas", pero no son más que cuotas. Es lo que Washington —ferviente opositor de las cuotas cuando se trata de garantizar la igualdad de oportunidades para negros o mujeres en la contratación y la enseñanza, ¿no es cierto?— le exige a Japón. Al oír hablar a Clinton y a su matón para asuntos comerciales, Mickey Kantor, uno creería que Japón prácticamente no importa productos de Estados Unidos. En realidad, Japón importa más del 10 por ciento de todas las exportaciones estadounidenses, y un 20 por ciento de las exportaciones agrícolas de Estados Unidos, que constituyen el objeto principal de las quejas demagógicas e hipócritas de Washington contra Tokio.

Cada vez que oímos por televisión o leemos en los periódicos acerca de uno de estos llamados acuerdos comerciales, lo que estamos presenciando es el mayor uso de la fuerza política y militar para lograr objetivos económicos. Nada de esto tiene que ver con fomentar el libre comercio, remediar la competencia injusta u otro de los altisonantes pretextos que emanan de la Casa Blanca y del Congreso bipartidista. Es el uso de la fuerza para sustraer plusvalía, donde sea que la produzcan los obreros y pequeños agricultores, y depositarla en los bolsillos de los capitalistas en Estados Unidos.

Se acentúa el desarrollo combinado y desigual

Los sucesos en México a principios de 1994 ilustraron cómo la crisis del sistema capitalista mundial recrudece el desarrollo desigual en las regiones del mundo donde vive y trabaja la gran mayoría de la humanidad. Estos sucesos demostraron que el capitalismo provoca explosiones sociales causadas por la combinación de diversas formas de explotación heredadas de antaño junto con los más modernos procesos de producción y métodos de financiamiento y comercialización del capital mundial.

La rebelión campesina en Chiapas tiene su origen en la resistencia a una forma de peonaje —de esclavitud de deudas— que ha existido en esa región de México por muchas generaciones y que ha sido transformada por las actuales relaciones sociales capitalistas que predominan, superponiéndose a estas relaciones capitalistas. Los sucesos en México prácticamente coincidieron con los levantamientos obreros en Santiago del Estero y otras ciudades argentinas a fines de 1993 y principios de 1994. Estas luchas señalan un hecho muy importante acerca de la nueva generación de trabajadores que empieza a luchar en los países semicoloniales económicamente más avanzados como Argentina, cuya clase trabajadora fue brutalmente derrotada por dictaduras militares en los años setenta.[15]

Chiapas dio al traste con el mito, promovido por la prensa capitalista, de que México se encaminaba de forma homogénea y sin diferenciación de clases hacia la modernización, la industrialización y el progreso. Si uno desea comprender mejor el elemento semifeudal

---

15. En diciembre de 1993, en la norteña provincia argentina de Santiago del Estero, miles de trabajadores se rebelaron, ocupando los edificios de gobierno para protestar contra el hecho que los empleados públicos no habían recibido su salario desde agosto. Luego ocurrieron explosiones obreras en menor escala en esa región y en la norteña ciudad de Tucumán.

que aún se manifiesta en la explotación capitalista de muchos trabajadores en Chiapas, debe leer las seis Novelas de la Selva escritas por B. Traven. *La rebelión de los colgados, El general de la selva, Gobierno,* y las demás novelas tienen lugar en Chiapas a principios del siglo XX.[16] Traven describe las condiciones de peonaje en Chiapas donde los campesinos indígenas están sometidos, como esclavos endeudados, a los propietarios capitalistas de las plantaciones de café y otros productos de exportación y de las plantaciones de caoba (monterías). Setenta años después, al acercarse el siglo XXI, muchos aspectos de esta situación no han cambiado mucho.

L os sucesos de chiapas también destruyen el mito del llamado Tratado de Libre Comercio (TLC). No tiene que ver con libre comercio. No es un complot del capital yanqui. Tampoco es la vía, como a menudo se dice, por la cual la mayoría del pueblo trabajador en México será asimilada a la clase media. Lo que hace es codificar un acuerdo entre los capitalistas en Estados Unidos, Canadá y México para llevar a cabo, entre otras cosas, la transformación violenta de México —un país aún predominantemente agrario— en un país que servirá de plataforma para exportar productos manufacturados. Se beneficiarán capitalistas de ambos lados de la frontera. La burguesía mexicana está tratando de ponerse al día con un proceso iniciado a comienzos de los años ochenta por las clases explotadoras en Argentina, Chile y otros países relativamente industrializados del mundo semicolonial.

---

16. Las demás novelas de la serie son *La carreta, Trozas* y *Marcha a la montería*. Escritas originalmente en alemán, han sido reeditadas en inglés en rústica por la editorial Ivan R. Dee.

En México, esta "estrategia de desarrollo nacional" significa acelerar en el campo el mismo fenómeno que ocurrió en los siglos XVIII y XIX en Gran Bretaña y otras partes de Europa durante la revolución industrial y las décadas anteriores: la expulsión de los campesinos de la tierra y hacia los pueblos y las ciudades, donde no pueden vender más que su fuerza de trabajo para poder subsistir. En este proceso, se producen y reproducen las condiciones de vida y de trabajo que garantizan la venta de su fuerza de trabajo a un bajísimo precio.

"Se separa súbita y violentamente a grandes masas humanas de sus medios de subsistencia, y se las arroja, en calidad de proletarios libres, sin protección y sin derechos, al mercado de trabajo", explicó Marx en *El capital*, describiendo lo que empezó a ocurrir en Europa hace más de 300 años. "La expropiación que despoja de la tierra al productor rural, al campesino, constituye el fundamento de todo el proceso. La historia de esta expropiación adopta diversas tonalidades en distintos países", escribió, "y recorre en una sucesión diferente las diversas fases, y en diversas épocas históricas".[17]

En México, claro está, este proceso se ha ido desarrollando en gran parte por unas cuantas décadas. Sin embargo, se acelerará en Chiapas y en otras regiones en los últimos años del siglo XX y los primeros años del siglo XXI. A lo largo de la historia moderna se ha visto que cuando el capital nacional y extranjero se lanzan a la expansión de la manufactura, destruyen brutalmente en el campo la capacidad de los trabajadores de producir su propio sustento. Este proceso tiene consecuencias inhumanas. Hombres, mujeres y niños se ven obligados a vivir en las villas miseria que crecen alrededor de las

---

17. *El capital*, tomo I, volumen 3, pág. 895.

ciudades y, bajo las condiciones más miserables, a competir por trabajos para sobrevivir. En Inglaterra la etapa inicial de este proceso en el siglo pasado fue tan violenta que se puso en duda la posibilidad misma de la reproducción de la clase trabajadora.

El TLC persigue este fin: ayudar al capital —ya sea mexicano, yanqui o de otro origen— a cambiar toda la faz de la agricultura mexicana, expulsando de la tierra a millones de campesinos más y reforzando el dominio de las agroempresas en el campo. Tiene como objetivo crear un gigantesco ejército de reserva de fuerza de trabajo barata para la próxima etapa de la industrialización de México. En este sentido es un modelo para muchos países del hemisferio, desde Guatemala hasta muchas partes de Sudamérica.

Sin embargo, ni los capitalistas mexicanos ni los estadounidenses anticipaban que uno de los primeros resultados del TLC sería un brote de resistencia en el campo mexicano. Los trabajadores retomaron la consigna de lo que el gobierno les ha prometido desde la revolución mexicana en la segunda década del siglo: el derecho a la tierra para los que la trabajan. Es lo que pasó en Chiapas prácticamente al mismo tiempo que el TLC entraba en vigor el 1 de enero de 1994. Además, Chiapas refleja mucho más el futuro de América Latina que la visión, prometida por Wall Street y Washington, de un continente más estable, democrático y en vías de desarrollo económico.

Esto no significa que tenga algo de progresista la campaña anti-TLC librada en los últimos años por funcionarios sindicales, por una minoría de empresarios y por políticos capitalistas de corte tanto liberal como ultraderechista en Estados Unidos y Canadá. Derramando lágrimas de cocodrilo por los bajos salarios y las malas condiciones de los trabajadores mexicanos, estos partidarios de "Estados Unidos primero" (*America first*) o "Canadá primero" protestaron contra la posible "fuga de capital" al exterior y en la práctica contrapusieron la defensa de los empleos "estadounidenses" o "canadienses" a los empleos de los trabajadores mexicanos. Por parte de los funcionarios sindicales, no es más que una justificación de su política de colaboración de clases, por la cual rehusan organizar a los trabajadores *en cualquier parte*—de un lado de la frontera o del otro— para defender nuestras condiciones de vida y trabajo contra los gobernantes capitalistas en los tres países y más allá.

Poniendo de lado la demagogia tanto de los partidarios como de los opositores burgueses del TLC, la acelerada industrialización en México y el resto de América no solo engruesa las filas de la clase obrera industrial sino que aumenta el flujo de inmigrantes a Estados Unidos. De ambos lados del Río Bravo está ampliando y fortaleciendo a los batallones de sepultureros del capitalismo.

ASIMISMO, SE MANIFIESTA un fenómeno parecido al otro lado del planeta, en India. Estoy convencido de que en la próxima década India será uno de los lugares donde más se expandirá el capital imperialista y nacional.

Sin embargo, tanto para los imperialistas como para los capitalistas nacionales, el problema en India consiste en crear un mercado nacional unificado en ese gigantesco país, que padece un legado de explotación colonial y semicolonial que, a la vez, se superpone a muchos siglos de relaciones sociales precapitalistas. En un país moderno y unificado como Estados Unidos —ya sea en Seattle,

Nueva Orleans o Buffalo— uno sabe aproximadamente el precio de una camioneta Dodge Caravan, o de un galón de leche, o de unos pantalones de las tiendas Gap, o de los almacenes Sears. Los precios son bastante uniformes.

En cambio, en India si uno va de una parte del país a otra, incluso de un valle al próximo si no hay buenos medios de transporte, el precio de los cereales será muy distinto. Aún queda incompleta la tarea de establecer un mercado nacional único, una reserva de mano de obra móvil y nacional, una base uniforme de precios de venta al por mayor y al detalle, esto a pesar del extenso desarrollo industrial capitalista que ha ocurrido durante más de medio siglo, desde que India se independizara de Gran Bretaña justo después de la Segunda Guerra Mundial.

Esta fue la tarea que la burguesía alemana, impulsada por Bismarck, finalmente llevó a cabo a fines del siglo XIX. Bismarck eliminó las últimas restricciones feudales sobre el comercio y unió a decenas de ducados, baronías y gobiernos débiles en un solo estado-nación alemán. Eliminó el peaje sobre los puentes del Rin, quitándolo de manos de los arbitrarios príncipes provinciales y estableciendo un sistema estatal centralizado de peajeros (aumentando así los ingresos generados por los impuestos). Estas medidas permitieron la creación de un enorme mercado interno y de un sistema de precios más homogéneos. Fomentó el desarrollo de una clase media que disponía de un creciente ingreso promedio con el cual podía comprar los bienes producidos en fábricas capitalistas en Alemania. Eso hicieron los capitalistas en Alemania bajo Bismarck, dos décadas después de haber aplastado, a fines de la década de 1840, la posibilidad de llevar a cabo una profunda revolución democrática bajo la dirección popular de los trabajadores y de sectores radicalizados de las clases medias.

Hoy día el sistema imperialista mundial precisa de decenas de nuevos Bismarcks en todo el mundo semicolonial. Estos pueden ser "socialistas" y "populistas" así como "librecambistas" y "neoliberales". El imperialismo los necesita para marginalizar los últimos vestigios de clases dominantes precapitalistas y a los capitalistas más anticuados y menos productivos, así como para completar la formación de mercados nacionales unificados e incrementar así la explotación de los trabajadores y la producción de plusvalía. Pero en términos históricos ya es demasiado tarde para que surja un Bismarck capaz de transformar un país semicolonial en una potencia mundial capitalista industrializada, incluso en países con mucha industria y recursos naturales como Argentina, Brasil, India, México, Corea del Sur o Taiwan.

Inevitablemente, en estos países el desarrollo capitalista acentuará las desigualdades sociales y agudizará los conflictos de clases. La expansión del capitalismo en India está creando una clase media mucho más grande y acomodada a la vez que expande el mercado interno. Al mismo tiempo combina algunos de los aspectos más modernos de la sociedad industrializada con brotes de violencia en torno al precio de las dotes y crecientes conflictos sociales entre las castas: fenómenos que parecen, y que por su origen son, prehistóricos.

En un país donde el 70 por ciento de la población aún vive en el campo y donde se calcula que unos 15 millones de personas, en virtud de sus deudas, están en condiciones de esclavitud, están empeorando las condiciones miserables de los trabajadores rurales e indudablemente aumentarán las luchas por la tierra, por créditos baratos y por la dignidad política. Aumentará la diferenciación de clases a medida que, de forma paralela, crece la clase obrera industrial y se multiplica la pauperización de un vasto ejército de los desempleados en las ciudades y el campo. Crecen también la polarización política y las tensiones de clase, engendrando movimientos derechistas basados en las clases medias y financiados por sectores de la burguesía que se disfrazan de movimientos nacionalistas, religiosos o basados en castas.

Los acontecimientos que ocurren en India o México están repitiéndose en otras partes de América Latina, así como en países de Asia oriental como Tailandia e Indonesia. La estructura de clases de estos países empieza a cambiar. Crece un proletariado en las fábricas y comienzan las luchas por la sindicalización. A medida que los campesinos se ven forzados a emigrar del campo para incorporarse a una joven y creciente clase obrera industrial, las ciudades de Asia y América Latina, una tras otra, se van pareciendo más a San Petersburgo en Rusia a principios del siglo. Esto también sucederá con mayor frecuencia en Africa, que es el continente más atrasado del mundo semicolonial y donde en la mayoría de los países el proceso de industrialización aún está en su infancia.

Un mayor desarrollo del capitalismo en Sudáfrica acelerará la urbanización y la proletarización que se han dado allí en los últimos 50 años. Sin embargo, todo nuevo avance de la revolución democrática dirigida por el Congreso Nacional Africano, junto con el comienzo de la formación de una vanguardia proletaria consciente, puede ayudar a preparar al pueblo trabajador a enfrentar las devastadoras consecuencias económicas y sociales de lo que les intentarán imponer los explotadores nacionales y extranjeros, así como facilitar la profundización del proceso revolucionario. Lo que suceda en Sudáfrica influirá mucho la posibilidad de que se desarrolle una dirección comunista en otros países de Africa, especialmente al sur del Sahara.

En general, la campaña de privatización que impulsa la burguesía y la ofensiva que realiza Washington a favor del "libre comercio" en grandes partes del Tercer Mundo acelerarán lo inevitable e incrementarán el peso social y liderazgo político de la clase trabajadora. Nuestra clase se verá fortalecida y en mejores condiciones para combatir en las gigantescas luchas de clases que se vislumbran entre los trabajadores urbanos y rurales y los jóvenes radicalizados, por un lado, y las clases explotadoras y parásitas, por el otro.

IV. LA POLARIZACION DE CLASES Y LAS FUERZAS DE LA RESTAURACION CAPITALISTA EN CHINA, EUROPA ORIENTAL Y LA ANTIGUA URSS

LA DINAMICA DE LA LUCHA de clases desencadenada por la brutalidad de la acumulación primitiva de capital en el mundo semicolonial tampoco va a eludir al estado obrero chino. Por más de una década, el régimen estalinista en Pekín ha seguido un rumbo acelerado hacia una mayor integración al mercado capitalista mundial. Han habido inversiones imperialistas de gran envergadura en la manufactura, especialmente en las llamadas nuevas zonas económicas en la costa sudeste de China. En todo el país han surgido empresas cuyos dueños son capitalistas chinos: en el campo, en pueblos pequeños y ahora cada vez más en las principales ciudades.[18]

---

18. Sobre las condiciones históricas y relaciones sociales concretas que forman el contexto de la crisis en desarrollo del régimen

Sin embargo, los logros que conquistaron los obreros y campesinos pobres chinos al hacer una profunda revolución, primero antiimperialista y luego anticapitalista, a fines de los años cuarenta y comienzos de los cincuenta seguirán determinando el carácter de la resistencia por parte de la nueva generación de trabajadores en China. Desde un principio, el estado obrero chino quedó horriblemente deformado y debilitado por la política reaccionaria, las brutalidades y los privilegios de casta de los dirigentes estalinistas. Pero a pesar de estos crímenes antiobreros cometidos por un régimen que se hacía pasar de "comunista", ya es demasiado tarde en términos históricos para que en China se lleven a cabo y se impongan relaciones sociales capitalistas sin que los obreros y campesinos libren grandes luchas en defensa de sus condiciones de vida y trabajo, y de su deseo de seguridad social e igualdad.

Los inversionistas imperialistas valoran mucho la disciplina laboral, las prohibiciones de huelgas y los bajos salarios impuestos por el gobierno chino. Esta política antiobrera la imponen no solo el gobierno chino y su policía, sino los representantes del Partido Comunista en las fábricas, los funcionarios de los sindicatos controlados por el estado —en las empresas extranjeras donde existen sindicatos—, y los oficiales del Ejército Rojo que tratan de enriquecerse a través de la red de fábricas y demás empresas administradas por el ejército. Esta política es una de grandes ventajas de las cuales se jactan los ejecutivos de las grandes corporaciones en sus informes

---

estalinista en China, ver "El imperialismo norteamericano ha perdido la 'Guerra Fría'", en *Nueva Internacional* no. 5, y "El desorden mundial mortal del capitalismo" en *El desorden mundial del capitalismo*.

trimestrales y anuales a los accionistas. Le dan mucha importancia a las garantías ofrecidas por el gobierno chino de "relaciones laborales estables" y de una "ley salarial razonable". Valoran la promesa del gobierno de intervenir para mediar todo conflicto laboral.

Para los capitalistas en Estados Unidos y otros países imperialistas, China no solo representa el sueño de "mil millones de bocas" sedientas de Coca Cola. Ante todo representa una enorme y baratísima reserva de fuerza de trabajo. Grandes compañías estadounidenses como Merrill Lynch y Eastman Kodak han enviado delegaciones de alto nivel a China para convencer a sus accionistas de las ganancias que se pueden hacer allí y para consolidar sus relaciones con el régimen estalinista. ¡La Motorola recientemente sostuvo una reunión de su junta de directores en Shanghai! ¿Acaso se quedarán atrás las compañías British Telecom, Ericsson, Nokia, Siemens, Philips, o incluso Teléfonos de México?

LOS CAPITALISTAS DEL MUNDO sueñan con explotar la mano de obra de los obreros y campesinos chinos tantas horas diarias como se les antoje, y vender de forma irrestricta sus productos de consumo a una creciente clase media. Es por eso que la administración Clinton, con el respaldo bipartidista del Congreso y el apoyo abrumador de la gran empresa, va a abandonar su amenaza vacía —que Washington ha repetido por muchos años— de condicionar la reanudación del status comercial de China como "nación más favorecida" al supuesto respeto de los derechos humanos.[19] También está flaqueando la

---

19. En junio de 1994 la administración Clinton anunció que renovaría el status de nación más favorecida para China indepen-

campaña del gobierno británico del Partido Conservador para "democratizar" Hong Kong antes de devolverlo a la soberanía china en 1997, ya que los capitalistas en el Reino Unido pretenden utilizar Hong Kong, mientras siga siendo colonia de la Corona, como palanca para competir en China por mercados de capital y mercancías.

Pero el sueño de los capitalistas omite una cosa: la respuesta de los trabajadores chinos. Crecerán las noticias sobre huelgas, protestas de tortuguismo, rebeliones campesinas y otras formas de resistencia por parte del pueblo trabajador chino. Los intentos de restaurar el capitalismo en China van a transformar las luchas sociales en ese país. Lo que actualmente observamos es parcial y no es más que el comienzo.[20]

En China la clase obrera se expande a un ritmo acelerado, incorporando a jóvenes del campo y de pueblos pequeños. Estas nuevas capas de la clase obrera no han sido derrotadas. No han sido apabulladas ni desmoralizadas. De sus filas surgirán nuevos combatientes proletarios y se formarán los primeros cuadros de una nueva

---

dientemente de los informes del Departamento de Estado sobre los derechos humanos en ese país.

20. Un artículo aparecido el 19 de mayo de 1994 en el *Wall Street Journal*, a solo unas semanas de que se diera esta charla en Chicago, alertó a sus lectores acaudalados con un sobrio informe sobre el hecho de que "las huelgas y los disturbios obreros, aunque dispersos y frecuentemente desorganizados, parecen estar propagándose" en China. En 1993, informaba el artículo, "el ministerio del trabajo de China dio cuenta de 8 mil huelgas, ninguna de ellas legal. En la publicación oficial *Market News* [Noticias comerciales] apareció un informe sobre 12 358 casos de arbitraje laboral el año pasado —superando los 8 150 del año anterior— muchos de los cuales fueron resultado de protestas de tortuguismo o huelgas".

generación de obreros comunistas: comunistas genuinos, no el embuste estalinista que se impuso durante muchas décadas por el terror y la enseñanza tergiversada.

Crisis en la ex URSS y Europa oriental

Un artículo de primera plana publicado en febrero en el diario londinense *Financial Times* destaca el efecto devastador que la evolución del orden capitalista mundial ha tenido sobre los obreros y agricultores de Europa oriental y la antigua URSS. "Rusia enfrenta crisis poblacional, sube tasa de mortalidad", rezaba el titular. Pero no se trata de una "crisis poblacional". Es una crisis *social*, una crisis de *clases*, de proporciones históricas, como deja ver el artículo.

Informa la nota que en Rusia, solo en los últimos tres años, la esperanza de vida de los hombres ha decaído de 62 a 59 años. La causa principal fue un súbito incremento de enfermedades cardiacas y ataques de apoplejía; otra fue el suicidio y la violencia doméstica. Aparte de grandes guerras o epidemias (como sucede actualmente con el SIDA en varios países africanos), los cambios demográficos de tal envergadura y brusquedad son muy inusuales en el mundo moderno. Es una prueba contundente de que existe una crisis social de mayores proporciones. La esperanza de vida promedio para los hombres en Rusia es más baja hoy que a mediados de los años sesenta, cuando era de 66 años. Comenzó a declinar al agudizarse la crisis del régimen estalinista en los años setenta y ochenta. También la mortalidad infantil en Rusia aumentó rápidamente, de 17.4 por cada mil nacidos vivos en 1990 a 19.1 en 1993.

Unas semanas más tarde, un artículo en el *New York Times* informó que el índice de natalidad en Rusia también había caído en los últimos cinco años; el número promedio de niños que una mujer dará a luz bajó en un 35 por ciento: de 2.17 a fines de los años ochenta a 1.4 en la actualidad. A raíz de estos cambios bruscos en las tasas de natalidad y de mortalidad, la población de Rusia se redujo en cerca de 800 mil personas en 1993.[21]

---

21. Un artículo aparecido el 23 de abril de 1994 en el semanario londinense *Economist* ofrecía datos similares sobre la región oriental de Alemania. Por ejemplo, la tasa de mortalidad para mujeres entre las edades de 25 y 45 años subió en casi un 20 por ciento entre 1989 y 1991; entre los hombres de las mismas edades, el aumento fue del 30 por ciento. Hubo un aumento del 70 por ciento en la tasa de mortalidad de las jóvenes entre las edades de 10 y 14 años. La tasa de natalidad bajó en un 55 por ciento entre 1989 y 1992.

El artículo informó además que "en los últimos años" también "ha aumentado rápidamente la mortalidad" en otros países de Europa central y oriental. Informó de bajas en las tasas de natalidad de más del 20 por ciento en Polonia, cerca del 25 por ciento en Bulgaria y un 30 por ciento en Rumania y Estonia.

La gravedad de la situación se confirmó en octubre con un estudio del Fondo de Naciones Unidas para la Infancia (UNICEF) sobre la salud y otras condiciones sociales en Albania, Bulgaria, Eslovaquia, Hungría, Polonia, la República Checa, Rumania, Rusia y Ucrania. Al emitir el informe, el director del UNICEF James P. Grant hizo hincapié en una "crisis de salud ... sin precedentes en la historia de tiempos de paz de Europa en el presente siglo". La situación era peor en Rusia, dijo, donde la tasa de mortalidad había subido en un 35 por ciento desde 1989, según el estudio.

Estas cifras, que reflejan prioridades sociales y políticas gubernamentales, se pueden contrastar a lo sucedido en Cuba desde comienzos de los años noventa, a pesar de su legado colonial prerrevolucionario y las crecientes escaseces económicas —de medicinas y alimentos, entre otras— que Cuba ha sufrido en el último lustro. El gobierno cubano informó que la tasa de mortalidad se redujo a 9.4 muertes por cada mil niños nacidos vivos en 1993. La tasa era de 10.2 en 1992.

No tardó en revelarse la falsedad de las promesas de la burguesía imperialista —y de sus imitadores por toda Europa oriental y la antigua URSS— de que las "reformas" de mercado capitalistas mejorarían las condiciones de vida y de trabajo. La producción ha bajado vertiginosamente desde el comienzo de los años noventa: en un 40 por ciento en Rusia; un 50 por ciento en Ucrania; cerca del 25 por ciento en Hungría; y en otros países la baja ha sido mayor. Los salarios reales han disminuido; las pensiones, las prestaciones médicas, la enseñanza y otros programas sociales han sido devastados. Los niveles de desempleo superan el 10 por ciento, incluso según fuentes oficiales, que los subestiman. Están siendo atacados el derecho al aborto y las oportunidades de trabajo y estudio para la mujer.

A pesar de los horrores a los cuales fue sometido el pueblo trabajador por los regímenes estalinistas en nombre del "socialismo", las castas burocráticas no lograron derrotar a los trabajadores en estos países a tal grado que éstos estén dispuestos a aceptar —ya no se diga a interiorizar— toda la cultura, los valores y las actitudes que son necesarios para la amplia reproducción de las relaciones sociales capitalistas.

CASI TODAS LAS MEDIDAS que los gobernantes estadounidenses han adoptado en torno a Rusia en los últimos años —ya sean iniciativas propugnadas y garantizadas por la Casa Blanca, por el Congreso, por profesores universitarios o por tecnócratas de Wall Street— han acabado por desbaratar los intentos del régimen ruso de convencer a sectores más amplios del pueblo trabajador acerca de las ventajas del capitalismo, y han empañado la imagen de los predilectos de Washington. No es que los gobernantes estadounidenses se hayan propuesto conscientemente desestabilizar a Rusia. ¡Todo lo contrario! Querían colaborar con los sectores de la casta privilegiada en Rusia que aspiran a constituir la burguesía, para reimponer el capitalismo y aplastar a los obreros y otros productores. Contando con los efectos de muchas décadas de represión policiaca bajo los regímenes estalinistas en la URSS, la burguesía imperialista pensó que la clase trabajadora rusa sería un blanco fácil. Con tono paternalista le dijeron a Yeltsin que usara la "terapia de choque" contra los obreros, que apoyara la política exterior de Washington como lo había hecho Gorbachov durante la guerra contra Iraq, y que entregara las armas nucleares rusas. Los gobernantes norteamericanos creían que las cosas serían más fáciles aún en el resto de Europa central y oriental.

Sin embargo, Washington y otras potencias y agencias imperialistas entregaron apenas un pequeño porcentaje de los miles de millones de dólares de ayuda económica que habían prometido a Moscú y a los otros regímenes. La "terapia de choque" propugnada por los cerebros académicos del capital financiero y otros "asesores" —cierres masivos de fábricas; la eliminación de subvenciones de alimentos, viviendas y demás; la reducción drástica de los fondos para la educación, jubilación, salud pública y otros derechos universales y vitales que habían sido conquistados en luchas anteriores— aumentó la pobreza y la inestabilidad social. Una y otra vez, los nuevos regímenes se han visto obligados a abandonar estas medidas despiadadas por temor a desencadenar fuerzas sociales que luego no podrían controlar.

La gran mayoría de los trabajadores en estos países se regocijaron de haberse quitado de encima la bota del estalinismo. No obstante, ahora están resistiéndose a los intentos de hacerles aceptar el desempleo, la inseguridad social y la competencia inhumana que se producen y reproducen con el funcionamiento del capitalismo. Los trabajadores están defendiendo las conquistas sociales del estado obrero que aún perduran, por deterioradas que estén y a pesar de las muchas décadas de terror estatal y corrupción endémica de las castas pequeñoburguesas. Es una cuestión de *clases*.

En los últimos meses he notado que hasta las encuestas en Rusia y Alemania oriental confirman esta evaluación. Uno de estos sondeos, realizado a fines de 1993 por la Academia Rusa de Ciencias, señaló que el apoyo popular a las "reformas económicas" en Rusia había bajado a menos del 25 por ciento, comparado con un 40 por ciento en 1989. La mayoría de gente que participó en el sondeo dijo que estaba de acuerdo con la declaración de que "la privatización es robo legalizado". Y según el propio Ministerio de Economía de Alemania, una encuesta realizada en diciembre de 1993 en el oriente del país indicó que el apoyo público a la "economía de mercado" había disminuido desde febrero de 1990 del 77 al 35 por ciento.

Por supuesto, esto no quiere decir que la clase obrera en alguno de estos estados obreros deformados cuente con una dirección de lucha de clases, ni mucho menos una vanguardia comunista. En estos países la continuidad comunista fue truncada décadas atrás por la máquina asesina del estalinismo, y esta continuidad aún queda por reconstruirse. A raíz del legado contrarrevolucionario del estalinismo, hasta el apoyo más elemental al socialismo como alternativa consciente al capitalismo existe apenas entre un pequeño número de obreros y de jóvenes.

Pero como lo han demostrado los acontecimientos de los últimos cinco años, sería un gran error pensar que los obreros en estos países han sido convertidos en robots humanos listos a producir plusvalía para la burguesía del mundo. Ni el terror policiaco del estalinismo ni la política procapitalista de los nuevos regímenes ha logrado aplastar y fragmentar a la clase obrera. Después de dos presidentes, Gorbachov y Yeltsin; innumerables primeros ministros y gabinetes; y dos golpes frustrados, el resultado de un lustro de intentos imperialistas de impulsar la restauración del capitalismo en Rusia es que la economía y toda la sociedad se han sumido aún más en estado de crisis y dislocación social. A medida que Moscú intenta restablecer su dominio sobre los países independientes que antes integraban la URSS, las facciones rivales entre los sectores privilegiados en esas tierras se dividen en torno a sus relaciones con Rusia. Todos disfrazan sus intentos de arrebatar territorio y recursos con demagogia nacionalista a la yugoslava. Diversas partes de la antigua Unión Soviética se hunden de forma intermitente en guerras civiles.

P*ero no se ha logrado* convencer a los trabajadores de la ciudad y del campo, ni en Rusia ni en las demás ex repúblicas soviéticas, de que apoyen la restauración del capitalismo ni de que acepten las consecuencias de dicha perspectiva.

Washington apoyó en público a Yeltsin en octubre de 1993, cuando su régimen fue impugnado por opositores dentro de la casta organizados por dirigentes del parlamento ruso. Sin embargo, los trabajadores en Rusia no consideraron que tuvieran muchos intereses en juego en esta pugna interburocrática, a diferencia de agosto de 1991, cuando se movilizaron para derrotar un intento de golpe.

Es más, la intervención abierta de los gobernantes

norteamericanos en los asuntos internos de Rusia provocó resentimiento popular en ese país. Incluso perjudicó a Yeltsin, dando credibilidad a las críticas hechas por la corriente fascista encabezada por Vladimir Zhirinovsky. Aprovechando la profunda crisis social, Zhirinovsky usa el nacionalismo ruso y la demagogia populista para pintar a Yeltsin y a otros "reformistas" como cómplices de los intentos de Washington de despojar al país de su soberanía y someterlo a la miseria y a la polarización social. Zhirinovsky no solo controla con mano de hierro su propio aparato, el Partido Demócrata Liberal de Rusia, sino que ha creado —al menos de forma exploratoria— "Los Halcones de Zhirinovsky", cuadros jóvenes equipados con uniformes azules, botas negras y armas de mano.

Zhirinovsky es un demagogo hábil. Hace poco lo observé en una entrevista con el corresponsal de una red de televisión norteamericana. Muchas empresas estadounidenses, dijo Zhirinovsky, están promocionando sus productos en Rusia. Los anuncios que más irritan a la gente en Rusia no son las propagandas de Cadillac y de otros artículos de lujo, le explicó al reportero. El pueblo ruso es sofisticado. No, los que resultan intolerables son los anuncios de comida para perros y gatos fabricada por la Purina. Porque al escuchar la descripción de los ingredientes de la comida para perros y gatos, la mayoría de los rusos sabe que contiene más valor nutritivo que la comida que ellos actualmente pueden comprarse. Es lo que ahora Zhirinovsky dice en sus discursos públicos en Rusia. Y no solo tiene mucha gente que lo escucha, sino que lo apoya mucha más gente de lo que quisiera reconocer "la sociedad culta".

El fenómeno Zhirinovsky no es algo propio de la desintegración de los estados obreros deformados y degenerados. Tampoco es producto de la continuidad de una "antigua autocracia rusa" que supuestamente se remonta a la época de Iván el Terrible, según afirman algunos comentaristas burgueses acerca de Zhirinovsky, así como de los sucesivos regímenes estalinistas en la Unión Soviética desde fines de los años veinte. Al contrario, el fenómeno Zhirinovsky es producto de las crisis y los fracasos del sistema capitalista en la época imperialista. Es producto del funcionamiento del capitalismo. Hoy no podría existir un conocido personaje fascista en Rusia si decenas de millones de personas no estuviesen convencidas por experiencias recientes de que el Occidente capitalista —los "decadentes" enemigos del "ciudadano ordinario"— es responsable del rápido deterioro de sus condiciones de vida y del sometimiento de su país.

Ni Rusia, ni los demás restos de la antigua Unión Soviética, ni los países de Europa central y oriental se encaminan a un capitalismo democrático y estable. Todos tienden, bajo distintas presiones concretas y a distintos ritmos, a convertirse en regímenes bonapartistas. Washington le dará el visto bueno a la figura bonapartista más compatible con los intereses capitalistas norteamericanos y colaborará con ese régimen en contra de sus adversarios. A eso aspira Yeltsin.

El fin de la Guerra Fría no significará ni el desarme nuclear ni la convergencia de intereses entre la Casa Blanca y el Kremlin en la política exterior o los objetivos militares. Cuando en 1990–91 Gorbachov dio el apoyo del gobierno soviético a Washington en su guerra contra Iraq, las ligas comunistas alrededor del mundo, incluido el Partido Socialista de los Trabajadores, dijimos que el gobierno estadounidense jamás volvería a construir una semejante alianza internacional para librar una guerra.

La coincidencia de intereses entre Washington y todos sus rivales imperialistas, numerosos regímenes burgueses en el oriente árabe y otros países del Tercer Mundo, la casta privilegiada en la Unión Soviética y la casta en China fue una convergencia limitada, momentánea y plagada de contradicciones.

Hoy día, como lo demuestran los principales sucesos mundiales, desde la sangrienta masacre que se desarrolla en la antigua Yugoslavia hasta los acontecimientos en la península coreana, divergen aún más las políticas exteriores de Washington, Pekín y Moscú.

A Moscú le interesa que el régimen serbio domine los Balcanes, y por lo tanto usa toda su influencia militar y política para obstaculizar los esfuerzos realizados por Washington y las potencias capitalistas europeas para controlar demasiado la expansión territorial de Serbia.

LA RUPTURA ENTRE los gobiernos norteamericano y ruso resulta más evidente aún con los intentos del imperialismo norteamericano de integrar las fuerzas armadas de Polonia, la República Checa y otros regímenes de Europa oriental más estrechamente a la OTAN. Aunque Moscú reconoce que no puede impedir este proceso, no escatima esfuerzos para proteger su esfera de influencia en la región. Se debe tomar en serio cuando Yeltsin habla de defender los intereses estratégicos de Rusia en el "exterior inmediato" y las comunidades rusas en las ex repúblicas soviéticas.

Una vez más se está jugando "la Gran Partida", la rivalidad que existió a fines del siglo XIX y comienzos del siglo XX entre el imperialismo británico y el régimen zarista en torno a los territorios que van desde Turquía hasta Irán y Afganistán. Esta vez Washington reemplaza a Londres como principal adversario de Rusia. Sin embargo, en esta ocasión también participan los regímenes de China, India y Paquistán, y Teherán asume un mayor papel que nunca.

El gobierno ruso quedaría demasiado debilitado en lo militar y lo político si se deshiciera de su arsenal nuclear, y por eso no lo va a aceptar. Al contrario, a pesar de la profunda crisis económica y social, sigue siendo una potencia nuclear estratégica. Por razones similares, queda lejos de resolverse el problema de si los gobiernos de Ucrania, Belarrús o Kazajstán aceptarán eliminar sus reservas de armas nucleares. Aun si estos gobiernos consiguiesen un jugoso precio como condición para su desarme, la negociación de dicho acuerdo podría prolongarse mucho sin concluirse definitivamente. El arsenal nuclear es una de las pocas armas con que estos fragmentos del antiguo régimen soviético pueden confrontar las presiones económicas y militares de sus viejos "camaradas" en la ex Unión Soviética y de sus nuevos "camaradas" en el mundo capitalista.

Por eso se escuchan voces de la derecha en la política burguesa de Estados Unidos —tanto Patrick Buchanan y Oliver North como diversos congresistas— que piden al gobierno norteamericano reconocer que no hay posibilidad realista de que converjan las políticas exterior y militar de Washington y de Moscú. Eso es cierto. Pero en estos momentos la mayoría de la clase dominante norteamericana sabe que no tiene mejor forma de mantener a raya a las masas rusas que la de seguir apoyando al régimen de Yeltsin.

No obstante, ese apoyo no se va a traducir en la entrega de los miles de millones de dólares en ayuda financiera e inversiones de capital prometidas por Estados Unidos y otros países imperialistas.

V. FASCISMO Y GUERRA

ZHIRINOVSKY TIENE ECO entre crecientes agrupaciones ultraderechistas en Alemania, Italia, Austria, Francia y Gran Bretaña. Ha viajado por Europa occidental y ha aparecido en público con los líderes de grupos fascistas en estos países. Ante todo, son las propias condiciones económicas, sociales y políticas generadas por el decadente sistema capitalista las que dan origen a todos estos movimientos fascistas.

Debemos tomar en serio el hecho político de que por primera vez desde 1945, un partido fascista forma parte del gobierno de una de las mayores potencias capitalistas en Europa: Italia. La prensa burguesa a veces califica a la Alianza Nacional (anteriormente Movimiento Social Italiano) de "neofascista". Como regla general, cuando uno ve la palabra "n-e-o" en los periódicos capitalistas, puede omitirla sin problemas. Lo que quieren decir es, "Nos da un poquito de vergüenza". "Neo" significa "nuevo", pero los fascistas de hoy nacen del mismo tipo de condiciones políticas y económicas que los de antaño.

El MSI es un partido *fascista*, y ahora tiene ministros en el gobierno de un país integrante de la OTAN y de la Unión Europea. Sus dirigentes alaban abiertamente a Mussolini y hacen llamados a que se restaure la grandeza que otrora tuviera Italia: contra "América", contra Alemania, contra Eslovenia y Croacia, contra los inmigrantes, contra los homosexuales y los judíos, contra los sindicatos y los comunistas, contra toda la "mugre" que bajo el estandarte de la democracia y la tolerancia se ha infiltrado en la tierra de Rómulo y Remo.

Lo que hemos señalado acerca de Patrick Buchanan y otros voceros de movimientos fascistas incipientes en

Estados Unidos es también cierto acerca de movimientos parecidos en otros países imperialistas. A medida que aumenta la inestabilidad capitalista y se alternan bruscamente los tiempos malos con los buenos, agravando la inseguridad de la vida cotidiana de millones de personas, se agudizan también las tensiones sociales y la polarización política, y se vuelven más descarados los prejuicios de clase. Será la derecha radical —y no el movimiento obrero revolucionario— la primera fuerza en crecer, porque tiene un pie firmemente plantado en la política burguesa y sus instituciones. La extrema derecha surge de la política burguesa. En cambio, la política obrera exige una ruptura rotunda con la tutela política de la burguesía, que es la única forma de política que conocen los falsos dirigentes pequeñoburgueses en el seno del movimiento obrero.

Entre las atemorizadas clases medias habrá receptividad a las fuerzas derechistas. Estas fuerzas desviarán a algunos sectores desorientados y acomodados de la clase trabajadora, dándole un tinte popular e incluso anticapitalista a sus ideas nacionalistas y demás conceptos irracionales y reaccionarios. Ciertos sectores de los movimientos fascistas trabajarán dentro de los partidos burgueses tradicionales o formarán coaliciones, aun cuando empiecen a movilizar sus fuerzas de choque a las calles para aterrorizar a inmigrantes, desbaratar piquetes de huelga, atacar reuniones y manifestaciones de organizaciones obreras y movimientos de protesta social (y asustar a los políticos derechistas burgueses "legítimos"). El terror fascista empezará con pequeñas acciones derechistas, como las que ya hemos visto en Alemania y otros países, y se dirigirá selectivamente contra más y más objetivos dentro de los sindicatos. No obstante, comenzarán a surgir mayores luchas a medida que algunos sectores del movimiento obrero empiecen a crear sus propias alianzas para defender a la clase trabajadora y sus aliados.

A pesar de lo que alegan todos los propagandistas burgueses, el capitalismo y la democracia no son idénticos; no acompaña el uno al otro. Al contrario. Bajo las condiciones de depresión que se propagan por el mundo capitalista, las democracias burguesas en Europa, Norteamérica, Asia y Oceanía no se encaminan hacia más democracia sino hacia más presiones contra los derechos democráticos, hacia el bonapartismo, hacia el desarrollo de movimientos fascistas. En épocas de crisis el bonapartismo sigue siendo, como describieron Marx y Engels hace más de un siglo, la "religión de la burguesía moderna".[22]

---

22. Carta de Engels a Marx, 13 de abril de 1866, en Carlos Marx y Federico Engels, *Correspondencia* (La Habana: Editora Política, 1988).

El régimen bonapartista, que surge en períodos de crisis social, tiende a concentrar el poder en una rama ejecutiva fuerte que se equilibra entre dos fuerzas antagónicas de clases, ninguna de las cuales es suficientemente fuerte como para no ser impugnada por la otra. En muchos casos esta centralización del poder ejecutivo está presidida por un "hombre fuerte" que afirma estar por encima de las clases en pugna y que ejerce cierta independencia de acción, con el fin de mantener el poder del sector social dominante. Carlos Marx y Federico Engels originaron el término durante el ascenso de la burguesía industrial, basándolo en la experiencia del régimen francés de Luis Napoleón Bonaparte de 1852–70, tras la época de reacción capitalista contra las revoluciones de 1848–49. Posteriormente aplicaron el término al régimen de Otto von Bismarck en Alemania de 1871–90.

Durante la época de decadencia histórica del capitalismo en el siglo XX luego de la Primera Guerra Mundial, los regímenes bonapartistas que existían en Italia y Alemania prepararon el terreno para las victorias de los movimientos fascistas dirigidos por Benito Mussolini y Adolfo Hitler. Después de los triunfos fascistas, estos regímenes decapitaron a los movimientos pequeñoburgue-

Puede ser que en la historia del capitalismo ya sea demasiado tarde para que surjan nuevos Bismarcks victoriosos en el mundo semicolonial, pero en el mundo imperialista sí habrán nuevos Hitlers, y nuevos Mussolinis. Estos surgirán a la cabeza de movimientos fascistas en Norteamérica, Europa, Japón, Nueva Zelanda y Australia; es inevitable. Lo que no es inevitable es que triunfen. Si bien el movimiento obrero con conciencia de clase no va a ser el primero en crecer, sus filas sí crecerán, a medida que los obreros de vanguardia empecemos a organizar a nuestra clase para combatir el terrible precio que nos imponen los patrones por la crisis capitalista. El futuro de la humanidad se decidirá en la contienda entre estas dos fuerzas enemigas de clase, en Estados Unidos y a nivel mundial.

Desde luego, los obreros comunistas reconocemos que la democracia política burguesa no es y jamás ha sido plenamente democrática. Pero la evolución concreta del capitalismo que debemos encarar actualmente no es simplemente una verdad inalterable. Con la prolongada expansión capitalista tras la Segunda Guerra Mundial, se mantuvo un marco de amplios derechos democráticos e instituciones de la democracia burguesa, dentro del cual

---

ses de masas que los habían llevado al poder y con el tiempo se transformaron en dictaduras policiaco-militares de corte bonapartista como las que han detentado el poder en muchos otros países capitalistas en el presente siglo, tanto en países imperialistas como en muchos países coloniales y semicoloniales.

En los años treinta, el movimiento comunista también empleó el término bonapartismo para referirse, como analogía, al régimen estalinista en la Unión Soviética, que usurpó salvajemente el poder político de la clase trabajadora a favor de una enorme casta social en la burocracia estatal y del partido que gozaba de privilegios materiales.

el movimiento sindical y los movimientos de protesta social han logrado funcionar y conquistar nuevos avances. El pueblo trabajador y los jóvenes hemos tenido que combatir la represión, casos fabricados contra activistas políticos y sindicales, ataques racistas y otros intentos del gobierno de restringir nuestros derechos, pero en el transcurso de luchas a lo largo de varias décadas estos derechos no se han reducido sino que se han ampliado.

El régimen bonapartista del general Charles de Gaulle, establecido en Francia a fines de los años cincuenta; el régimen policiaco-militar del general Francisco Franco, consolidado mediante una victoria fascista a fines de los años treinta; y la dictadura militar en Portugal que perduró desde principios de los años treinta, a la sombra de Franco: todos estos gobiernos fueron derrotados a fines de los años sesenta y principios de los setenta bajo el impacto del auge de luchas anticoloniales y la radicalización política de los trabajadores y jóvenes en los países imperialistas. (En los países capitalistas más débiles del Tercer Mundo durante la posguerra, las tendencias han sido más heterogéneas, pero ahora estamos examinando las tensiones de clase y la polarización política en los países imperialistas).

A la vez que se amplió la democracia burguesa durante las décadas de la posguerra, el creciente poder ejecutivo en Estados Unidos y otros países imperialistas reforzó las tendencias bonapartistas del estado y planteó una amenaza a las libertades democráticas que indiscutiblemente ha aumentado, aunque de forma lenta y desigual.[23]

---

23. Ver Larry Seigle y otros, *50 años de guerra encubierta: el FBI contra los derechos democráticos* (Nueva York: Pathfinder, 1988), y *The FBI on Trial: The Victory of the Socialist Workers Party Suit against Government Spying* (El juicio contra el FBI: la victoria del Partido

Sin embargo, lo que hoy día estamos presenciando en los países imperialistas representa un cambio comparado con lo que la mayoría de los trabajadores —nosotros incluidos— hemos vivido hasta ahora. En los países imperialistas van en aumento la polarización política y las actividades y demagogia de los ultraderechistas.

Al crecer la resistencia obrera ante la ofensiva capitalista, más grupos fascistas se volcarán a las calles para atacar a huelguistas, reuniones sindicales y manifestaciones de protesta social. Las fuerzas ultraderechistas ganarán fuerza dentro de los gobiernos burgueses con más frecuencia, como lo que hoy vemos en Italia como anticipo del futuro. El ritmo de la historia, o sea el ritmo de la lucha de clases, se acelerará.

Pornograficación de la política

El movimiento obrero puede y debe luchar para defender y ampliar los derechos democráticos cuando son atacados por movimientos derechistas y por el gobierno capitalista. Esta labor, así como la incorporación de sectores amplios de la población a la lucha, forman parte del proceso de movilizar la oposición popular contra corrientes fascistas en ascenso y construir una vanguardia comunista de la clase obrera.

En períodos como el actual —cuando va agravándose la crisis social capitalista pero aún no surge una dirección comunista a la cabeza de luchas obreras de masas— hay más receptividad para los demagogos, no solo entre la clase media sino entre el movimiento obrero. Si ninguna fuerza está planteando soluciones a nivel de masas ante los problemas candentes creados por la decadencia del

---

Socialista de los Trabajadores contra el espionaje gubernamental; Nueva York: Pathfinder, 1988), editado por Margaret Jayko.

capitalismo y de la democracia liberal, entonces más y más gente buscará respuestas radicales, "decisivas" y "populares", independientemente de su valor científico o su carácter de clase fundamental. Un creciente número de personas se volverán más susceptibles a ideas irracionales, teorías de conspiración y toda una variedad de explicaciones reaccionarias de por qué la sociedad está en crisis y cómo se puede "restaurar el orden".

Los obreros comunistas debemos juzgar desde esta óptica cómo explicar políticamente los entrelazados escándalos sexuales y financieros que involucran a personajes de las clases dominantes en muchos de los países imperialistas. Ocupan titulares de primera plana las revelaciones acerca del presidente Clinton y Hillary Clinton en Estados Unidos, el príncipe Charles y parlamentarios y ministros del gabinete en el Reino Unido, conocidos políticos burgueses en Alemania, España, Italia y otros países.

Si hoy día ciertos personajes políticos parecen más vulnerables a los escándalos, no es porque tal conducta sea algo nuevo entre los círculos gobernantes en la historia del capitalismo o de la sociedad de clases. Cualesquiera que sean los hechos sobre Clinton y su libido, lujuria y comportamiento repugnante en general, él no es un caso único entre los presidentes norteamericanos, entre ellos figuras liberales veneradas como Franklin Roosevelt, ni que hablar de John Kennedy. Nada de lo que se revela acerca de la actual familia real en el Reino Unido se aproxima a las andadas del rey Enrique VIII hace más de 400 años y de muchos otros que lo siguieron, tanto hombres como mujeres. La mayor *vulnerabilidad* actual a los escándalos refleja la inestabilidad del orden imperialista mundial y la creciente pérdida de confianza en este sistema y en sus dirigentes, expresada tanto por los beneficiados del sistema como por millones de otras personas.

Por supuesto, la mayoría de los trabajadores detestamos —y con razón— la hipocresía, las pretensiones, los sermones mojigatos de los políticos burgueses de ambos partidos. Despreciamos los pretextos "humanitarios" con que justifican la degradante brutalidad social y el abuso racista. Detestamos la forma en que los escribidores a sueldo de las clases parásitas arrogantemente tildan de perezosos o viciosos a sectores enteros de nuestra clase. Estamos hartos del descaro con que denuncian "la codicia de los años ochenta", cuando ellos mismos han sacado provecho de su conducta inspirada por esa codicia.

P<small>ERO LA VANGUARDIA OBRERA</small> no debe caer en la trampa de creer que con simplemente "exponer" la conducta degenerada y corrupta de los políticos burgueses se ayuda al movimiento obrero. Sería muy desatinado. El problema con los capitalistas y sus representantes políticos no es que sean individuos inmorales e hipócritas. El propósito de las campañas sensacionalistas para exponer escándalos —organizadas desde el seno de la política burguesa, y principalmente por la ultraderecha— es de atizar y aprovecharse del pánico de la clase media, y arrastrar a los trabajadores junto con la propia clase en decadencia hacia el foso del resentimiento y de la envidia salaz.

Esta "pornograficación de la política" —como podríamos llamarla— es un aspecto de la política de resentimiento que beneficia a la ultraderecha, no a la clase obrera. Son los demagogos como Buchanan los que ondean la bandera de la "guerra cultural" y de la "guerra religiosa", y que claman contra la degeneración de la "élite" que le da un mal ejemplo a la clase trabajadora. Esta propaganda fue parte del repertorio que usaron los nazis en los años veinte y comienzos de los treinta al condenar la "inmundicia" y "degeneración" de la República de Weimar y de sus principales partidos, políticos, y beneficiarios adinerados. Fue así como los nazis explicaron las condiciones económicas y sociales desesperadas de Alemania a los pequeños comerciantes y otros sectores pequeñoburgueses, a las amas de casa y a las mujeres en el campo, como también a algunos sectores de la clase trabajadora.

Desde el punto de vista de la clase obrera, es mucho mejor cuando a un trabajador le importa un comino la vida sexual de Clinton, de Kennedy, del príncipe Charles o de otra personalidad pública. Es una distracción enervante, que en tiempos de crecientes batallas de clases será tirada por la borda.

Lo que necesita la clase obrera no son revelaciones sobre los políticos burgueses y sus debilidades personales. Lo que necesitamos es ser capaces de explicar políticamente que la clase trabajadora no tiene intereses en común con la clase que representan esos políticos burgueses. Necesitamos denunciar todos sus abusos del poder, ya sean individuales o colectivos, incluso las revelaciones del caso "Whitewater" en que Bill y Hillary Clinton aprovecharon la casa de gobierno de Arkansas para enriquecerse y promover intereses capitalistas a costa del pueblo trabajador y los sindicatos, y luego utilizaron la Casa Blanca para encubrir esos abusos anteriores. Necesitamos presentar una explicación con contenido de clase de la política y ayudar a que nuestra clase forje una organización política proletaria independiente que pueda dirigir la lucha por un programa social y político que defienda los intereses de los oprimidos y explotados.

Hasta que la resistencia se desarrolle a tal punto que los

obreros comiencen a generalizar las lecciones, estimulados por recias luchas y engrosando las filas de un partido comunista, será la ideología de la clase dominante —incluido su empalagoso e hipócrita moralismo oficial— la que continuará influyendo las ideas y los valores de toda la clase obrera excepto una pequeña vanguardia. Pero los comunistas y otros trabajadores conscientes debemos luchar siempre para que nuestra clase y sus organizaciones aspiremos al nivel más alto en lo moral, y emprendamos nuestro propio camino, que sea independiente de la burguesía, sus ideólogos y las capas medias que ellos manipulan. En el movimiento obrero debemos aspirar a desarrollar nuestros *propios* valores, *colectivamente,* a partir de la *práctica política* proletaria.

En el mundo actual es inevitable que se agudice la polarización política. Pero eso no significa que los logros que nuestra clase ha conquistado a través de muchas décadas de lucha estén destinados a ser eliminados. El movimiento obrero debe tomar la iniciativa para defender cada centímetro de terreno que nuestra clase y sus aliados han conquistado.

Por ejemplo, los obreros de vanguardia nos alegramos por el hecho histórico de que en Estados Unidos el antisemitismo ha decaído y sigue decayendo entre los trabajadores, de todos los colores de piel. Al mismo tiempo, reconocemos que movimientos derechistas —en el contexto de enfrentamientos de clases más amplios— pueden dar inicio a repentinos arranques antisemitas que impactan en la opinión pública burguesa y refuerzan los prejuicios antijudíos entre sectores cada vez más resentidos de la clase media y de la población en general. De ahí la importancia de que los obreros comunistas expliquemos a nuestros compañeros de trabajo que el antisemitismo es una trampa mortal para la clase trabajadora.

Debemos explicar que el antisemitismo se basa en falsedades burdas e injustas, y que el movimiento obrero no solo debe oponerse sino encabezar movilizaciones en contra de toda expresión de estos prejuicios, no importa de dónde proceda.

El movimiento obrero debe encabezar la lucha para defender la acción afirmativa, el derecho al aborto, otros logros a favor de la igualdad de la mujer, la supresión de la segregación en las escuelas, y toda la gama de derechos y libertades democráticas. Los liberales e izquierdistas de clase media —de todas las tendencias políticas y todas las nacionalidades— se repliegan atemorizados ante la realidad de lo que harán los crecientes movimientos fascistas. A pesar de sus pretensiones democráticas, son totalmente incapaces de defender los derechos democráticos. Sin embargo, si el movimiento obrero organiza una resistencia eficaz y se fortalece en ese proceso una dirección comunista, ninguno de los ataques derechistas tendrá por qué salir victorioso.

Fascismo, bonapartismo y guerra imperialista

El surgimiento rápido en los últimos años de verdaderas tendencias fascistas y bonapartistas en la política burguesa de los países capitalistas más avanzados crea las condiciones que nuevamente comienzan a plantear la posibilidad de una guerra entre las potencias imperialistas en América del Norte, Europa y Asia, combatiendo en diferentes bandos, en alguna combinación de alianzas. Esta posibilidad, y el peligro que representa para la humanidad, prácticamente había sido descartada por varias generaciones de trabajadores pensantes. No se ha vislumbrado en el horizonte por medio siglo.

A fines de 1990 y comienzos de 1991, durante la guerra librada por Washington contra Iraq, el movimiento comunista empezó a señalar esta lógica histórica que es inherente al sistema capitalista mundial. Esta guerra puso de relieve los crecientes conflictos entre las potencias imperialistas que formaban la alianza militar encabezada por el gobierno norteamericano. Desde entonces hemos visto las campañas presidenciales de Patrick Buchanan y de Ross Perot en 1992, la incorporación de un partido fascista en el nuevo gobierno italiano y un aumento de violencia antiinmigrante por parte de pandillas fascistas en Alemania. Estos y otros acontecimientos relacionados en los países imperialistas pueden ayudarnos a entender de una manera más concreta el camino que conduce hacia la Tercera Guerra Mundial, cuyos "cañonazos iniciales" se pudieron detectar durante la Guerra del Golfo.[24]

En estos momentos se da la primera guerra europea desde el fin de la Segunda Guerra Mundial; hace tres años que se desenvuelve en lo que antes era Yugoslavia. Es una guerra en la que se utiliza armamento moderno no tanto para enfrentamientos militares sino para bombardear y masacrar a la población civil: es una aplicación del método de los bombardeos de terror que durante la Segunda Guerra Mundial fue incorporado como norma capitalista de guerra por todas las partes, ejemplificado por los ataques que los "aliados democráticos" lanzaron contra ciudades como Dresde, Tokio, Hiroshima y Nagasaki. La guerra en la antigua Yugoslavia no solo amenaza con convertirse en foco de más y más intervención imperialista, realizada mediante la alianza militar de la OTAN dominada por Washington y bajo la bandera de Naciones Unidas. Mientras dure este conflicto, existirá la posibilidad de que se extienda a toda la zona de los Balcanes.

---

24. Ver "Los cañonazos iniciales de la tercera guerra mundial" por Jack Barnes, en el número 1 de *Nueva Internacional*.

El gobierno socialdemócrata de Grecia le ha impuesto un bloqueo a la ex república yugoslava de Macedonia, que no tiene acceso al mar, y donde Washington ha desplazado un contingente de 300 tropas.[25] En el puerto de Tesalónica, el gobierno griego impide que los barcos —incluso de los miembros de la Unión Europea y de la OTAN— descarguen petróleo u otros productos importados; y prohibe el paso fronterizo de camiones a Macedonia. Grecia actualmente ocupa la presidencia de turno de la Unión Europea. No obstante, otros miembros de la UE han condenado severamente el embargo y han exigido que Atenas lo levante. La burguesía griega y toda la gama de partidos políticos que la representan están atizando sentimientos nacionalistas para justificar los pasos que han dado con miras a establecer a Grecia como fuerza imperialista dominante en los Balcanes, posición que le disputa a sus poderosos rivales en Europa y Norteamérica. En este conflicto, Atenas también ha intensificado su presión militar contra Albania.

No estamos pronosticando que los sucesos en los Balcanes vayan a encaminarse a un conflicto militar entre las potencias imperialistas de la OTAN en los próximos meses. Pero hay que recordar que ni siquiera la posibilidad de un conflicto semejante hubiera sido concebible hace unos años.[26]

---

25. En mayo de 1994, Washington elevó el número de sus tropas a 520, como parte del despliegue imperialista en Macedonia de más de mil soldados.

26. Han habido conflictos militares entre los gobiernos griego y turco en los últimos 20 años. El gobierno de Turquía, uno de los países semicoloniales más fuertes en lo militar, fue admitido a la OTAN a comienzos de los años cincuenta debido al papel que ocupó en las alianzas imperialistas durante las primeras dos

Sin embargo, cuando hablamos de la posibilidad de una nueva guerra interimperialista, no nos referimos principalmente a conflictos militares como el que se podría desatar en los Balcanes. No nos referimos a una guerra mundial entre países imperialistas donde haya gobiernos democrático-burgueses relativamente estables; eso es poco probable. Estamos hablando del rumbo lógico de la crisis económica, social y política *dentro* de las potencias imperialistas.

LOS SUCESOS QUE YA PARA 1939 habían hecho inevitable una segunda carnicería imperialista estaban íntimamente ligados a las fuertes crisis económicas, políticas y sociales del mundo que habían conducido a la derrota de la clase obrera, al triunfo de movimientos fascistas, y al ímpetu que estas victorias fascistas les dieron a los regímenes policiaco-militares en Italia, Alemania y España. La consolidación del régimen imperial en Japón y el brote de movimientos fascistas en Estados Unidos y otras democracias imperialistas en los años treinta surgieron de las mismas crisis. Unas décadas antes, la Primera Guerra Mundial había involucrado a gobiernos —de ambos lados del conflicto— que aún cargaban los vestigios —plagados de crisis— de los antecesores precapitalistas del bonapartismo y del fascismo: los gobiernos latifundistas-capitalistas, monárquicos e imperiales del káiser en Alemania, de los Habsburgo en Austria, del zar en Rusia y del régimen otomano en Turquía.

Bajo el impacto de crecientes conflictos sociales, se acelerarán en los países imperialistas las tendencias bo-

---

guerras mundiales y a su posición estratégica respecto a la Unión Soviética y a las riquezas petroleras del Medio Oriente.

napartistas hacia poderes ejecutivos más fuertes. Subirán al poder, primero en un país, después en otro, regímenes caracterizados por más agresividad nacionalista, patriotera y racista. Movimientos derechistas y abiertamente fascistas tomarán más terreno en la política burguesa. Y si el movimiento obrero en los países imperialistas no es capaz de forjar a tiempo una vanguardia comunista para dirigir revoluciones anticapitalistas y triunfar, entonces se desatarán guerras entre las burguesías imperialistas declinantes, como ha ocurrido dos veces en los últimos 80 años.

No es que las democracias imperialistas no inicien movimientos bélicos contra sus rivales imperialistas; en este siglo las democracias burguesas más poderosas son las principales responsables del inicio de ambas guerras mundiales. La clase dominante en Estados Unidos, por ejemplo, estaba empeñada en los años treinta no solo a defender sino a ampliar su esfera de explotación en el Pacífico contra su rival ascendente, Japón. A fines de los años treinta, el creciente embargo petrolero que Washington le fue imponiendo a Tokio hizo prácticamente inevitable la guerra contra Japón. Sin embargo, para que Tokio llevara a cabo su política expansionista en Asia y lanzara su ataque contra Pearl Harbor, primero tuvo que consolidarse en los años treinta el régimen imperial semifascista y tuvo que ser derrotado el movimiento obrero que había cobrado fuerza en ese país a raíz de la revolución rusa de octubre de 1917.

Asimismo, tras la Primera Guerra Mundial los imperialistas estadounidenses, británicos y franceses siguieron una política brutal y rapaz contra Alemania que causó muchísima miseria y resentimiento en ese país y propició el desarrollo de un movimiento fascista de masas, encendiendo el polvorín que a fines de los años treinta estalló en una segunda carnicería imperialista.

Sin embargo, la Segunda Guerra Mundial no fue inevitable. Al contrario, durante los años treinta la clase obrera tuvo la oportunidad de arrebatar el poder político de manos de los guerreristas en Alemania, Francia y España, y de construir en otros países imperialistas, entre ellos Estados Unidos, un movimiento político independiente y poderoso de la clase obrera y sus aliados. La segunda masacre imperialista no se hizo inevitable sino hasta fines de los años treinta, cuando el movimiento obrero —bajo dominación estalinista y socialdemócrata— se mostró incapaz de dirigir a la clase trabajadora en una revolución socialista en ningún país de Europa. Unicamente una victoria tal habría detenido la expansión del fascismo.

Los trabajadores con conciencia política no creen que hoy día Washington, Bonn, Londres y París vayan a desatar una guerra entre sí a raíz de sus intereses conflictivos en la antigua Yugoslavia y los Balcanes. Jamás debemos decir nada que implique eso, porque si los trabajadores y jóvenes serios creen que estamos exagerando no nos van a prestar atención. No les resulta creíble que el Washington de George Bush o de Bill Clinton vaya a emprender una guerra mañana contra la Alemania de Helmut Kohl o la Francia de François Mitterand y de Edouard Balladur. Los trabajadores pensantes no creen que los intensos conflictos comerciales entre Washington y Tokio, o entre Washington y Ottawa, vayan a crecer progresivamente hasta que se pierda el control y estalle una guerra.

Y estos trabajadores tienen razon. Las guerras comerciales sí conducen a guerras militares, como sucedió en los años treinta, pero no sin el tipo de levantamientos sociales y terribles derrotas de la clase obrera que caracterizaron esa década y definieron el contexto de esas guerras comerciales. Los conflictos militares no son, ni jamás han sido, el resultado directo de los conflictos comerciales. Primero crecen las tensiones y los conflictos entre las potencias rivales; se intensifican las crisis sociales y económicas y los antagonismos dentro de estos países; y se fortalecen los grupos derechistas y ultranacionalistas que hacen campaña a favor de la derrota de las "potencias extranjeras" que presionan a "nuestro país", "roban nuestros trabajos" y "pisotean nuestro honor nacional".

Por ejemplo, hoy dia, las crecientes pugnas comerciales entre Washington y Tokio no van a conducir directamente a una guerra. Pero si en medio de los altibajos de su campaña los capitalistas estadounidenses empujan demasiado, estas presiones pueden desatar fuerzas políticas inesperadas en las relaciones de clases y en la política de Japón. Se podría agravar la profunda recesión en ese país; podrían irse a la quiebra unos cuantos bancos y desatar una crisis financiera; se podría derrumbar un gobierno frágil; podrían cobrar fuerza nuevos movimientos derechistas antiamericanos. Tales acontecimientos podrían empezar a cambiar el carácter de las relaciones económicas, políticas y militares entre Washington, Tokio y otros gobiernos en Asia y Oceanía.

Parece una locura pensar que en la actualidad el gobierno alemán pudiese irse a la guerra contra el gobierno francés, o que el gobierno estadounidense entrase en guerra con el gobierno de Japón o de Canadá. Pero hay que pensar en el mundo que acabamos de describir, y en lo que el gobierno alemán, o el gobierno francés, o incluso el gobierno estadounidense podrían llegar a ser en unos cuantos años. Pensemos en un gobierno a lo

Buchanan en Estados Unidos: no necesariamente con el propio Buchanan, sino con alguien que dé continuidad a esa tendencia derechista en la política burguesa. Pensemos en un gobierno en Alemania que incorpore ciertos elementos de las crecientes organizaciones fascistas en ese país. Pensemos en un mayor viraje hacia la derecha en la política burguesa italiana. Pensemos en corrientes ultranacionalistas que se incorporan a un gobierno en Japón. Pensemos en la posibilidad de un gobierno bonapartista que suba al poder en Francia, con su *force de frappe* [fuerza de disuasión] nuclear. A esto hay que añadir, como posibles catalizadores, un gobierno de Zhirinovsky en Rusia, un gobierno en Israel que lance una agresión "preventiva" de forma descontrolada, o un intenso choque entre regímenes ultranacionalistas en Paquistán e India. Entonces el peligro de una nueva guerra mundial, que paulatinamente va creciendo, se hace mucho más evidente.

CUANDO UNO ESCUCHA a Patrick Buchanan, él muchas veces se representa (como hacen otros políticos del ala derecha de los partidos Demócrata y Republicano) como el gran aislacionista y defensor de "América Primero": No involucren a "nuestros muchachos", dice. Pero los trabajadores no debemos dejarnos engañar. Toda la trayectoria política de Buchanan forma parte de los preparativos para intervenciones militares y guerras imperialistas. El mensaje que le envía a otra gente en la política burguesa estadounidense es sencillo: Basta de derrotas como la de Vietnam. Basta de fracasos como la Guerra del Golfo. Si nos metemos en una guerra, será para vencer. Y entonces sí contaremos, gracias a Dios, con el apoyo de *todo* el pueblo americano, aparte de uno que otro quintacolumnista.

Desde esta óptica, es mucho más fácil explicar la lógica peligrosa de la reaparición, medio siglo después, del conflicto entre los gobernantes de Estados Unidos y las potencias imperialistas a las que derrotaron en la Segunda Guerra Mundial. Podemos explicar la relación que existe entre los crecientes conflictos comerciales con estas potencias, por un lado, y los esfuerzos de Tokio y Bonn por romper su dependencia del poderío nuclear estratégico de Washington, por el otro. Podemos explicar por qué los gobiernos de Japón y Alemania están tratando de fortalecer sus respectivas fuerzas militares terrestres, aéreas y navales. Podemos explicar por qué van a tratar de derribar los obstáculos políticos internos y externos —sobre todo, la profunda oposición entre los obreros y agricultores en su país— para poder usar sus fuerzas armadas en defensa de sus propios intereses de clase en el mundo y convertirse en potencias nucleares estratégicas.

Esta perspectiva se va haciendo inevitable a medida que las clases dominantes en Alemania y Japón se convencen más y más de que deben prepararse para pelear, tarde o temprano, contra sus rivales en Estados Unidos. Esta trayectoria político-militar se acelerará con cualquier viraje brusco hacia la derecha por parte de alguno de estos gobiernos.

Debemos añadir un último elemento a este cuadro. ¿Cómo harán los gobiernos de Japón, Alemania y otros países imperialistas para crear fuerzas armadas que, en alguna combinación, puedan desafiar el poderío militar del imperialismo estadounidense? En gran medida, sucederá de la misma forma en que estos gobiernos se armaron en vísperas de la Segunda Guerra Mundial. Los capitalistas en Estados Unidos, así como en Gran Bretaña y Francia, competirán para vender las armas, la tecnología avanzada y las fábricas con que los gobiernos menos armados van a ampliar sus arsenales de destrucción masiva.

Intervención y guerra en el mundo semicolonial

Así que la amenaza de una guerra imperialista proviene actualmente de dos causas entrelazadas:

La primera y la más fundamental es la que acabamos de describir: el desarrollo de las tensiones sociales y de la posibilidad del ascenso de fuerzas bonapartistas, ultraderechistas y fascistas entre los regímenes capitalistas de los países imperialistas. En estos momentos, en 1994, aún están incipientes los conflictos sociales explosivos que llevarían directamente a una guerra interimperialista de mayores proporciones. Pero por primera vez en medio siglo, están surgiendo las fuerzas y presiones de clases que acercan el día que la lucha por detener la marcha hacia una tercera guerra mundial será una cuestión apremiante, una tarea inmediata del movimiento obrero en un país tras otro.

La segunda causa de la amenaza bélica es la serie de intervenciones militares coyunturales que lanzan Washington y otras potencias para proteger sus intereses imperialistas donde sea que se vean amenazados en el mundo semicolonial (y hoy también en algunas regiones del ex bloque soviético). El capital financiero seguirá defendiendo su opresión de naciones y nacionalidades para garantizar las superganancias que obtiene de la explotación de los trabajadores de esos países. Hemos visto guerras de este tipo durante toda la posguerra, y seguirán ocurriendo bajo las condiciones más y más inestables que caracterizan al sistema imperialista mundial de hoy. Tales intervenciones siempre desatan fuerzas incontrolables.

El ataque lanzado por Washington contra Iraq en 1990–91 es el ejemplo más reciente de las guerras que podemos anticipar en los años venideros. La intervención imperialista en Somalia hace un año y medio nunca se convirtió, ni podría haberse convertido, en una guerra de esa magnitud. Muchos izquierdistas y pacifistas pequeñoburgueses se adaptaron a las justificaciones liberales de la invasión de Somalia, como hacen ahora en relación a Bosnia y Haití, arguyendo que la intervención imperialista es el "menor de los males", especialmente si se utiliza la fachada de Naciones Unidas. Los obreros comunistas denunciamos la brutal agresión organizada por Washington bajo el estandarte de las "fuerzas de paz" del Consejo de Seguridad de la ONU y tratamos de movilizar fuerzas de oposición a esa agresión. Pero al mismo tiempo reconocimos que los intereses de clase de los gobernantes estadounidenses en Somalia no eran tan apremiantes como para dejar que esa intervención se transformara en una guerra prolongada.

La guerra contra Iraq fue fruto de una serie de procesos que el imperialismo norteamericano había iniciado la década anterior pero que más tarde produjeron consecuencias que comenzaron a dañar sus intereses de clase de formas inesperadas. El régimen israelí, en particular, está resentido con Washington por esta guerra y por la política que inevitablemente condujo a ella. Tel Aviv sabe que empresas estadounidenses, junto con sus rivales en Gran Bretaña, Alemania y Francia, fortalecieron militar y económicamente al régimen iraquí durante los años ochenta, con la complicidad de todos los gobiernos imperialistas correspondientes. Para contrarrestar el impacto de la revolución iraní y sus olas expansivas en otras partes de la región, que perjudicaban los intereses norteamericanos, Washington recurrió al régimen de

Iraq y apoyó la guerra que Baghdad lanzó contra Irán en 1980. Los capitalistas de los países imperialistas sacaron jugosas ganancias de la venta "secreta" de armas durante esos años. Entretanto, le tocó al gobierno israelí aguantar las críticas de estos mismos "amigos" imperialistas por su bombardeo de las supuestas instalaciones de armas nucleares en Baghdad en 1981.

Luego, cuando Washington llegó a la conclusión —por la invasión de Kuwait por parte del régimen iraquí en 1990— de que necesitaba contar en ese país con un gobierno más sumiso y confiable, fue Tel Aviv el que pagó las consecuencias de toda la política anterior de la clase dominante norteamericana. Los misiles Scud lanzados contra territorio israelí durante la guerra de 1991 habían sido producidos con equipo y tecnología vendidos por compañías capitalistas estadounidenses, europeas y japonesas.

¿Qué demuestran el escándalo y las investigaciones en torno al llamado caso Iraq-gate? Revelan que Washington y todos sus aliados imperialistas, especialmente Londres y París, sacaron enormes ganancias de sus negocios con Baghdad: precisamente de la misma forma en que Washington volverá a armar a los rivales capitalistas a los que más tarde tratará de vencer en una guerra interimperialista. De hecho, en Gran Bretaña, miembros del gabinete conservador siguieron involucrados en la venta de material bélico al régimen iraquí hasta la víspera misma de la campaña militar contra Iraq a fines de 1990. Esto ha provocado en Gran Bretaña un mayor escándalo que el provocado en Estados Unidos por revelaciones similares.

Las burguesías imperialistas siempre han actuado así. Y al empeorar la crisis de su sistema lo harán más y más. Esta es la lección fundamental del informe final, emitido a principios de este año, sobre el anterior escándalo Irán-contra. Los gobernantes bipartidistas de Estados Unidos necesitan manejar sus asuntos de una forma más y más secreta. Para defender sus intereses de clase, contra sus enemigos imperialistas y contra la resistencia de los obreros y agricultores tanto en Estados Unidos como alrededor del mundo, requieren un poder ejecutivo cada vez más fuerte.

Solo he leído fragmentos de la conclusión del informe de 2500 páginas del fiscal especial Lawrence Walsh sobre el escándalo Irán-contra, y también he leído unos resúmenes bastante detallados sobre este tema.[27] Lo que noté en la versión de Theodore Draper —el historiador liberal que ha seguido muy de cerca este asunto y ha escrito mucho al respecto— que apareció en la revista *New York Review of Books* fue su convicción, expresada con suma moderación, de que dichas actividades militares encubiertas en el exterior ahora son un aspecto permanente del funcionamiento del gobierno estadounidense. "¿Podría volver a suceder algo en Estados Unidos de la envergadura de los asuntos Irán-contra?", pregunta Draper en la conclusión de su extenso artículo. "No me siento optimista de que ya estemos vacunados contra alguna repetición.... Puede ser que sucesos como el escándalo Irán-contra resulten importantes, no tanto para impedir que ocurra de nuevo sino como una advertencia de lo que puede andar mal con el sistema americano".

Es un cuadro triste —para un liberal— pero cierto.

---

27. Para leer más sobre las conclusiones del informe de Lawrence Walsh —fiscal especial nombrado por Reagan— sobre el asunto Irán-contra (o Contragate), ver "En este número" por Steve Clark en el número 3 de *Nueva Internacional,* titulado "El ascenso y el ocaso de la revolución nicaragüense", págs. 28–31.

En realidad, "el sistema americano" no puede funcionar sin estos métodos secretos. Y volverá a "funcionar mal", una y otra y otra vez.

VI. OFENSIVA PATRONAL Y RESISTENCIA OBRERA

LA POLITICA INTERNA de Estados Unidos ha adquirido un carácter más bipartidista desde mediados de los años setenta, cuando los partidos burgueses gemelos comenzaron a enfrentar las consecuencias políticas y sociales del hecho de que las tasas de ganancia capitalistas habían empezado a decaer. El lema de ambos ha sido "igualdad de sacrificio" para defender el dólar, mejorar la competitividad de "nuestras" industrias, y restablecer "nuestro" dominio supremo de la manufactura y la exportación en el mercado capitalista mundial.

Gracias a casi dos décadas de una ofensiva desgastante contra los salarios y las condiciones de trabajo de los obreros, así como crecientes medidas de reestructuración y reducción de costos desde fines de los años ochenta, los patrones estadounidenses han recuperado una ventaja respecto a sus principales rivales imperialistas. Al lograr la reducción no solo del precio de la fuerza de trabajo de los obreros, sino de su valor, los capitalistas y sus representantes políticos han quedado convencidos de que están siguiendo el único camino posible para proteger y mejorar la posición dominante del imperialismo estadounidense. Están decididos a dar los pasos necesarios para prolongar la jornada laboral, intensificar el ritmo de trabajo y reducir los salarios y beneficios sociales.

Este año, ambos partidos pretenden convencer al pueblo trabajador y a la clase media de que la clase dominante tiene un plan —están circulando diversos planes en Washington— para resolver el problema de la salud pública de "la nación". Todos los planes que cuentan con cierto apoyo de la clase dominante, entre ellos el programa propuesto por la administración Clinton, están diseñados para socializar los riesgos y las pérdidas de las grandes compañías de seguros, los negocios relacionados a la medicina, y las compañías farmacéuticas. Todos estos proyectos se encuadran en la ofensiva patronal contra el salario social de la clase trabajadora; no son una extensión de la seguridad social universal. Ninguno de estos programas tiene que ver con la creación de un sistema de salud universal, equitativo, financiado por el gobierno y garantizado como derecho universal. No obstante, como todavía ninguno promete los recortes presupuestarios suficientes para satisfacer a la "comunidad de obligacionistas", no será fácil que ninguno se convierta en ley.

UNO DE LOS PRINCIPALES problemas sociales en torno a los que el movimiento obrero debería hacer campaña por todo el país es la lucha para reducir las horas de trabajo. A pesar de la actual expansión del ciclo comercial y mayor contratación de mano de obra, la tasa oficial de desempleo permanece por encima del 6 por ciento. ¡Muchos políticos demócratas y republicanos hasta afirman que esta cifra es la "tasa natural" de desempleo! Pero la verdadera cifra es casi el doble de la oficial, sobre todo si se incluye a los obreros que se han visto forzados a conseguir trabajos de media jornada o que por ahora han sido excluidos de la fuerza laboral.

Al mismo tiempo, los patrones están incrementado la plusvalía absoluta al prolongar la semana laboral al nivel más alto en medio siglo. Desde mediados de 1991, el promedio de horas extras por semana ha aumentado en una hora. Actualmente, la semana laboral de 50 horas es normal en la industria automotriz, y existe una situación similar en otras industrias.

En Europa occidental esta situación es todavía peor (ya no se diga la de los países del Tercer Mundo, donde las tasas de desempleo del 50 por ciento no son fuera de lo común). Entre los países de la Unión Europea, las tasas oficiales de desempleo promedian en el 11 por ciento pero las cifras reales superan el 20 por ciento. En España la tasa oficial de desempleo es de casi 25 por ciento; en Francia, Bélgica y Dinamarca, más del 12 por ciento. En Gran Bretaña, donde el gobierno ha cambiado el método de medir el desempleo 30 veces en la última década a fin de embellecer las cifras, la tasa oficial es superior al 9 por ciento. En Suecia la tasa oficial ha ascendido drásticamente del 2 al 7 por ciento en unos pocos años.[28] Los datos del gobierno canadiense han colocado el nivel de desempleo por encima del 10 por ciento la mayoría de años desde el comienzo de los años ochenta.

Se ha convertido en una creciente crisis para la clase obrera a nivel mundial. Como señalamos en el folleto *Un programa de acción para enfrentar la crisis económica que se avecina*,[29] la más profunda división económica en el seno de nuestra clase es la división entre los trabajadores que tienen empleo y los que no. El creciente desempleo corroe la fuerza, la moral y la capacidad de lucha

---

28. Durante una conferencia internacional de altos funcionarios de gobierno y de bancos centrales, patrocinada por el Banco Federal de Reserva de Kansas City, un profesor de la Escuela de Economía de Londres tuvo el descaro de afirmar que la "tasa natural" de desempleo en Europa había llegado al 10 por ciento.

29. *Un programa de acción para enfrentar la crisis económica que se avecina* (Nueva York: Pathfinder, 1988).

de la clase trabajadora y del movimiento sindical. Si el movimiento obrero no dirige una lucha para reducir la semana laboral *sin reducción de salarios*, entonces la clase patronal aprovechará las crecientes presiones y la desmoralización causadas por el desempleo —como ya ha sucedido en Alemania, Francia, Canadá y me imagino que en otros países— para empezar a incorporar en ciertos contratos una semana laboral reducida pero *con una reducción salarial proporcional*. Y detrás de esa fórmula, irá aumentando el trabajo temporal y de media jornada, con menores salarios y menos beneficios.

DEBEMOS SEGUIR VINCULANDO la lucha por una escala móvil de *horas* con una escala móvil de *salarios* para proteger a la clase trabajadora contra los efectos de la inflación. Los trabajadores no debemos dejar que los patrones usen las actuales presiones deflacionarias como pretexto para no condicionar los salarios y derechos sociales de los trabajadores al costo de vida. Aun si estamos acertados y la inflación se limita en el futuro inmediato, debemos tomar en cuenta varios factores.

En primer lugar, aun con las actuales presiones deflacionarias, los salarios reales bajaron nuevamente en 1 por ciento durante el último año en Estados Unidos. El poder adquisitivo bajó no solo porque los patrones lograron reducir los salarios en sí —tanto de los trabajadores sindicalizados como de los no sindicalizados— sino porque sigue habiendo inflación, aun si el nivel oficial se mantiene a apenas un 3 por ciento. Los ajustes salariales condicionados al costo de vida (*cost-of-living adjustments* o COLA) que muchos sindicatos lucharon para que fueron incorporados a sus contratos durante los años sesenta y setenta, fueron inferiores al alza de precios. Y, a medida que los funcionarios de un sindicato tras otro acceden a las demandas patronales de austeridad, el número de trabajadores que gozan de esta protección, aunque sea insuficiente, ha alcanzado el nivel más bajo en un cuarto de siglo.

En segundo lugar, en este siglo han habido explosiones de inflación monetaria en medio de condiciones de depresión, y volverán a ocurrir. Es la situación que actualmente ocurre en muchos países semicoloniales, como también en Rusia y Europa oriental. Jamás nos hagamos la ilusión de que en los países imperialistas es imposible que vuelva a ocurrir la hiperinflación que azotó a los obreros, campesinos y capas medias durante la república Weimar en Alemania tras la Primera Guerra Mundial. Los trabajadores tenían que cargar dinero en carretillas y en valijas solo para comprar un pan; el dinero perdía valor de una hora a la próxima. Esto no solo puede repetirse sino que va a repetirse. Y mucho antes de que los precios alcancen niveles estratosféricos, la inflación tiene un impacto devastador en los salarios y condiciones de vida de los trabajadores.

El peligro de explosiones inflacionarias repentinas es parte íntegra de las condiciones deflacionarias de una depresión. Esto se debe a que al enfrentar tasas de ganancia declinantes, más desempleo y un auge de resistencia obrera, la burguesía se dividirá en torno a cómo salir de la crisis. Tarde o temprano, algunos gobiernos capitalistas reaccionarán con pánico y simplemente comenzarán a emitir dinero con la esperanza de amortiguar los golpes. Cuando eso sucede, los trabajadores y los pequeños agricultores sufren la peor combinación posible: elevadísimos niveles de desempleo y una inflación explosiva. Los obreros que tienen empleos verán cómo se desploma su salario real; los trabajadores pensionados serán devastados; los agricultores serán azotados por una nueva ola de ventas hipotecarias. El movimiento obrero debe prepararse para esto.

Esta situación ya ha ocurrido en la historia del capitalismo. Sucedió durante la larga depresión en las últimas décadas del siglo pasado. Sucedió nuevamente durante la llamada Gran Depresión de los años treinta. Después de más de media década de deflación, la inflación monetaria reapareció en Estados Unidos en 1936–37, se aceleró a fines de la década, y después de 1941 subió vertiginosamente durante la expansión de la época de guerra.

A pesar de sus nombres, *inflación* y *deflación* no son fenómenos opuestos o mutuamente exclusivos bajo el capitalismo. La *inflación* es un fenómeno monetario que se origina cuando disminuye el poder adquisitivo de una moneda nacional. Los gobiernos y los bancos emiten diversas formas de papel moneda y al final sobrepasan por mucho la producción de mercancías que se pueden comprar con ese dinero. Bajo estas condiciones, los rivales comerciales capitalistas hacen que los precios suban, suban y suban, en un intento de sacar superganancias que a fin de cuentas es contraproducente. La *deflación* es algo totalmente diferente. No es fundamentalmente un fenómeno monetario. Es producto de la tendencia a largo plazo de la tasa de ganancia capitalista a bajar, que a su vez acentúa la competencia de precios entre los capitalistas rivales y ejerce una enorme presión negativa sobre las inversiones que aumentan la capacidad productiva y sobre la expansión de la producción, o sea, las condiciones que hemos comentado.

Por tanto, para el movimiento obrero durante una época de depresión, no se trata de prepararse *o bien* para la deflación *o bien* para la inflación. Habrá explosiones inesperadas de inflación monetaria superpuestas a la deflación que es inherente a una depresión. Un colapso repentino de empleos productivos podría verse acompañado de una terrible explosión de precios.

Por eso el movimiento obrero debe estar listo a unificar a los trabajadores a nivel nacional e internacional en una lucha por un programa que defienda los intereses comunes de los trabajadores, incluyendo medidas para proteger a nuestra clase y a sus aliados de los estragos capitalistas del desempleo y la inflación.

La resistencia obrera cobra impulso

En el último año en Estados Unidos ha habido un notable aumento de la resistencia obrera contra la ofensiva patronal.

En 1993 una huelga nacional de mineros del carbón frustró la tentativa de los patrones del carbón de multiplicar el número de minas no sindicalizadas. Además, el sindicato minero UMWA ha ganado una modesta ronda de campañas para sindicalizar minas. Los asistentes de vuelo libraron una firme lucha unida que forzó a la American Airlines a retroceder en sus planes antisindicales en noviembre de 1993. Los obreros de la Caterpillar han continuado su resistencia, con protestas y una guerra de guerrillas en las fábricas ante la negativa de la compañía de negociar un contrato, y con breves paros de protesta contra la persecución patronal de militantes sindicales.

Los obreros del acero que trabajan en fábricas de la Allegheny Ludlum en cuatro estados del país están combatiendo la nueva política de "tiempo flexible", con la que se les imponen horas extras obligatorias y una prolongación inhumana de la semana laboral. Los obreros de la planta A.E. Staley en el centro de Illinois combaten arduamente un cierre patronal y las concesiones que les exige la gerencia, a la vez que entablan lazos con los obreros de la Caterpillar y otros sindicalistas en esa zona y por todo el país.[30]

UNO DE LOS INDICIOS del nuevo ambiente fue el paro de 24 horas que a comienzos de 1994 realizaron los trabajadores de la compañía de entregas United Parcel Service (UPS), miembros del sindicato de camioneros Teamsters. Al parecer, los patrones de la UPS se imaginaron que, puesto que los choferes tienen muy buenos salarios, era lo único que les importaba. Entonces la gerencia duplicó abruptamente el límite máximo de peso que debían cargar los choferes y trabajadores de los almacenes. Lo último que se esperaban los patrones era que la mayoría de obreros dijera "no", pero es lo que sucedió. Y los patrones de la UPS tuvieron que retroceder.

Este ejemplo me llamó la atención, porque nos dice algo de la solidaridad humana que radica en la clase obrera y que es una promesa para el futuro. Al decir "no", estos trabajadores hicieron lo que los patrones no esperan de nosotros. Los patrones anticipaban que la mayoría de los obreros más jóvenes y más fuertes dirían "sí". Pensaban que muchos de los hombres dirían "sí", in-

---

30. La tendencia de resistencia obrera señalada en esta charla siguió desarrollándose, y para junio de 1994 se había transformado en una pequeña ola de huelgas por primera vez en muchos años en Estados Unidos. La serie de paros y protestas por parte de los miembros del sindicato automotriz UAW en la Caterpillar en Illinois y Pennsylvania se convirtió en una huelga nacional en julio, ante la continua persecución de sindicalistas y otros abusos patronales (destinados a respaldar la negativa de la patronal a negociar un contrato). En junio, después de 10 semanas, concluyó la huelga contra la Allegheny Ludlum con ciertos avances para el sindicato.

cluso como manera de poner más obstáculos a la contratación de mujeres como chóferes. "Al diablo con los que no pueden levantar 150 libras. Yo sí puedo. Este es un buen trabajo. Estoy ganando bien". Es lo que los patrones creían que dirían muchos de los obreros más jóvenes y fuertes. Pero no es lo que sucedió. A una voz, más de 12 mil trabajadores dijeron "no" y libraron la primera huelga nacional jamás realizada contra la UPS.

Los patrones norteamericanos van a seguir presionando a los trabajadores. Pero van a cometer el mismo error que cometió la gerencia de la UPS y —con gran asombro suyo— los obreros se unirán y lucharán.

El último número de la revista *Business Week* tiene un artículo titulado "¿Por qué luce sexy el acero?" Ese titular, en uno de los principales semanarios financieros norteamericanos, dice algo sobre el estado de ánimo y el tono de los patrones en estos momentos. El artículo describe cómo, en la última década, las grandes acerías tradicionales estadounidenses así como algunas de las nuevas "miniacerías" han reducido sus costos y recuperado una creciente cuota del mercado mundial a expensas de sus rivales en Japón, Francia, Gran Bretaña y Alemania. Entre otras cosas, esto confirma que los patrones de la industria del acero están contratando en todo el país.

Uno de los héroes industriales entrevistados por *Business Week* es el presidente de la Birmingham Steel. Las compañías más pequeñas, como la suya, señala el artículo, "están creando una nueva cultura industrial". (¡Sí, dijo "cultura"!) En la fábrica de varillas de acero de la Birmingham Steel en Kankakee, Illinois, dice el artículo, "el estacionamiento está lleno de Toyotas y Nissans. Adentro, los obreros son jóvenes y desdeñan a los sindicatos. 'Creo que para avanzar, las miniacerías van a tener que permanecer libres de sindicatos', dice Tim Metcalf, de 31 años, hijo de un obrero de la compañía Ford Motor".

Business Week cita al presidente de la compañía, James A. Todd, Jr. "¡Nosotros no andamos con rodeos!", declaró. "Mantenemos talleres de explotación [*sweatshops*]. Pero no pagamos sueldos de explotación". (Ahora vemos la "cultura" de que tanto se jacta: ¡la cultura de los talleres de explotación!)

Reflexionemos por un momento sobre ese artículo. Primero, no van a pagar esos salarios indefinidamente. Los obreros de la Birmingham se van a dar cuenta antes de lo que quisieran.

En segundo lugar, y más importante aún, es que la afirmación del presidente de la Birmingham es falsa. La historia de las luchas obreras nos enseña que cuando aumenta la contratación de personal, las condiciones que antes les parecían aceptables a muchos obreros —a veces porque creían que era su única oportunidad de conseguir trabajo— comienzan a resultarles inaceptables.

Cuando los patrones empiezan a jactarse en público de que tienen "talleres de explotación", no están preparados para que las cosas cambien. Aún no se dan cuenta, pero se están buscando un pleito. Es lo que rara vez pueden ver hasta que ya es demasiado tarde. Dicen que están poniendo en práctica una "gerencia científica". Creen que pueden afinar todos los detalles: hasta dónde pueden presionar, cuánto van a soportar los trabajadores.

Sin embargo, los patrones siempre cometen el mismo error crítico. No pueden concebir que los obreros sean seres sociales que actúan y piensan. Consideran a los trabajadores como una herramienta especial. No comprenden científicamente qué tienen de especial los trabajadores, pero esa característica —sea la que sea— permite que los patrones produzcan más y saquen más ganancias. Eso no lo pueden lograr simplemente al reducir costos, deshacerse de ciertos ramos de la empresa o adquirir nuevas computadoras. Para aumentar la producción y, con el tiempo, aumentar las ganancias, tienen que contratar a más de estas herramientas especiales. Es así como los capitalistas ven a los trabajadores.

Los patrones creen que con solo pagarle a esta herramienta especial un poquito más de lo que le pagan en otra fábrica vecina, la gerencia podrá utilizar y manipular esa herramienta como cualquier otra máquina. Es más, los patrones se preocupan menos de los obreros de la fábrica que de sus computadoras. Les preocupa más la posibilidad de que un virus infecte su red de computadoras que la vida, los miembros y el futuro de las personas que trabajan en su empresa. ¿No es así? Porque simplemente pueden contratar a otro trabajador, otra de estas herramientas, ¡sin pagar más! En cambio, han invertido capital en esas computadoras, y resulta muy caro reemplazarlas. ¡Miren qué ejemplo de las consecuencias sociales del fetichismo de la mercancía!

El patrón dice: "Mira. Tú recibes tu cheque cada semana. Si no te gusta este trabajo, o si tú no nos agradas, podemos contratar a otro. Hay mucho desempleo. Hay mucha gente que estaría agradecida de tener este puesto de trabajo".

Pero no es así de fácil. Sobre todo cuando contratan a obreros jóvenes, los patrones cometen lo que primero parecieran ser errores aislados. Se pasan de la raya, y algunos de los obreros jóvenes dicen "no". Algunos de los trabajadores mayores y con más experiencia se ven animados por esa experiencia, y la próxima vez algunos de ellos también dicen "no". De pronto, las condiciones que habían sido aceptadas por un buen rato comienzan a provocar luchas. Estallan algunas huelgas inesperadas. Luchas que se han estado librando por mucho tiempo, como la de Caterpillar, se reviven y los obreros siguen ofreciendo resistencia a los abusos patronales. De repente, ya no resulta tan fácil administrar un taller de explotación, aún si no pagan sueldos de explotación (¡demostrando nuevamente que ciertos cambios "culturales" son menos estables que otros!).

Es lo que últimamente hemos observado más. Sin prometer un gran cambio en la lucha de clases, podemos decir que mientras los patrones sigan contratando, habrá más resistencia, a diferentes niveles de lucha. Nuevas generaciones de obreros entrarán a las fábricas. Brotará la confianza de los obreros. Muchos de estos trabajadores jóvenes no van a aceptar las viejas rutinas y las viejas formas de hacer las cosas. Y habrá más resistencia. No necesitamos decir más.

Incluso algunos de los nuevos métodos que los patrones adoptan para reducir costos les revientan en la cara cuando empieza la resistencia. Los negocios ya funcionan sin margen extra. Los costos innecesarios de almacenaje ya pasaron a la historia; el nivel de existencias se basa en el sistema de entregas "justo a tiempo" (*just-in-time*). ¿No? Ellos se ufanan de esto. Pero todo lo que hagan los patrones para organizar la producción con la idea de que jamás habrá contratiempos los hace más vulnerables cuando sí hay contratiempos. Y eso pone a la clase obrera y al movimiento sindical en una posición más ventajosa frente a los patrones.

Convergencia de resistencia

Estos cambios modestos pero importantes en el movimiento obrero podrían ser una de las últimas razones que ofrecen los jóvenes que actualmente no son obreros al explicar por qué se están volviendo socialistas. Esto sucede aun cuando estos jóvenes proceden de una familia obrera. En la mayoría de casos, los jóvenes socialistas señalan más bien uno u otro de los males de la sociedad capitalista del cual tomaron conciencia y empezaron a combatir: ataques contra el derecho de la mujer al aborto, el embargo económico norteamericano contra Cuba, algún policía racista, los intentos de deshumanizar a los trabajadores inmigrantes, la destrucción del medio ambiente. De ahí comenzaron a buscar la causa de todas estas cosas. Y comenzaron a leer, a asistir a mítines públicos, a buscar una organización socialista.

Pero si lo analizamos un poco más a fondo, vemos que el desarrollo de nuevas luchas obreras y la politización de ciertos jóvenes se aceleran juntos como reacción a la situación económica y política mundial que hemos venido describiendo. Ambos fenómenos reflejan la resistencia ante la inhumanidad del capitalismo, y ante su negación de la solidaridad humana. Ante todo, un brote de resistencia obrera le ofrece a la juventud radicalizada su primera visión de la vulnerabilidad del odiado sistema en general, y esto es un requisito para reclutar a jóvenes e integrarlos a una organización comunista proletaria.

De todos los males del capitalismo, el más fundamental es la forma en que ese sistema de explotación reproduce sus relaciones sociales como condición para producir sus ganancias. La forma en que sus mecanismos, sus métodos ciegos de funcionamiento, siguen machacando a la humanidad trabajadora. La forma diferenciada en que esto afecta a diversos sectores del pueblo trabajador, creando superganancias para los capitalistas mediante formas de opresión y prejuicios heredados de los modos precapitalistas de organización social. Es lo que los obreros y los luchadores jóvenes descubren al integrarse al movimiento socialista.

Si leen cuidadosamente los periódicos todas las semanas verán cómo funciona esto. Un estudio reciente del gobierno, por ejemplo, informa que el salario neto que recibe el *25 por ciento de los trabajadores ocupados* en Estados Unidos los condena a un nivel de vida inferior al nivel oficial de pobreza; esta cifra ha subido en un 50 por ciento desde 1980. Este hecho desmiente a los políticos capitalistas de ambos partidos que alegan que si los trabajadores pudieran quedarse en casa cobrando cheques del bienestar social no irían a trabajar. Bueno, he aquí más pruebas de que millones de trabajadores que sí tienen empleos están luchando por conservarlos pero de todas maneras siguen hundiéndose en la pobreza. Al mismo tiempo, un creciente porcentaje de los millones de desocupados han dejado de recibir compensación por desempleo.

Está creciendo la diferenciación y la desigualdad de clases. Los que tienen ingresos que los ubican en el 1 por ciento, el 5 por ciento y hasta el 20 por ciento más alto, están gozando de un nivel de vida cada vez mejor. A la burguesía, a los profesionales y a otras capas medias altas: a todos ellos les ha ido mejor.

Al ampliarse la diferenciación social en el seno de la propia clase obrera, los gobernantes tratan de fomentar divisiones entre los trabajadores para justificar las medidas de austeridad que están imponiendo con miras a aumentar sus propios ingresos y riqueza. Nos dicen que tienen que recortar los pagos del seguro social, del programa de salud Medicare, del seguro por desempleo, de la indemnización por accidentes laborales y de educación porque de otra forma Estados Unidos no puede competir contra otros países donde los trabajadores subsisten con mucho menos. Además, dicen ellos, todos los pagos en cupones de alimentos, Ayuda a las Familias con Hijos Dependientes, Medicaid y otros programas de asistencia social están llevando al gobierno a la quiebra. Los hijos de los trabajadores que son inmigrantes indocumentados están desangrando al sistema escolar y "están aprovechándose" de las salas de emergencias en los hospitales. El patrón no puede pagarles más a los trabajadores con empleo porque tiene que pagar más impuestos por toda esa gente que "vive del estado".

La burguesia y sus "expertos" siguen inventando explicaciones para justificar el empobrecimiento de los trabajadores. Nos dicen que hay una "cultura de la pobreza" que va creciendo entre la "subclase" negra de las ciudades. Las conquistas de acción afirmativa para la mujer hacen que a los hombres les cueste más conseguir trabajo. Los inmigrantes están dispuestos a trabajar por salarios inferiores. Los negros son el problema. Las mujeres son el problema. Los que no hablan inglés son el problema. Los políticos, comentaristas y académicos burgueses ofrecen todo tipo y toda combinación de justificaciones.

Todas sus "explicaciones" tienen un aspecto en común: para ellos el problema no tiene nada que ver con el *capitalismo*, solo con sus "excesos". La pobreza, el desempleo, el racismo, la opresión de la mujer, la destrucción ecológica, el fascismo y la guerra no tienen necesariamente nada que ver con el hecho de que una clase que representa un minúsculo porcentaje de la población se enriquece a costa del trabajo de los productores en la ciudad y el campo, quienes comprenden a la inmensa mayoría.

Y, por supuesto, sus soluciones no tienen nada que ver con la perspectiva de que los trabajadores se organicen políticamente para transformar sus organizaciones de autodefensa —los sindicatos— en la vanguardia de un movimiento social de todos los oprimidos y explotados. La solución que ellos plantean no tiene nada que ver con la idea de que los trabajadores forjen un movimiento revolucionario que luche por un gobierno de obreros y agricultores, abran el camino al socialismo y así comiencen a transformarse en seres verdaderamente más humanos. Estas son las conclusiones que los gobernantes capitalistas *no quieren* que los obreros y los jóvenes empiecen a sacar.

EN LA ULTIMA DECADA, la opinión pública burguesa ha sido saturada con una campaña publicitaria que le dice a la juventud: "Simplemente digan no" a las drogas. "¡Simplemente digan no!" El movimiento revolucionario, más que cualquier otro en la sociedad burguesa, sabe cuánto potencial humano se desperdicia y se destruye con las drogas. ¿Pero qué tiene de malo la campaña burguesa de que "simplemente digan no"?

El problema —y es lo que los portavoces del capitalismo no se atreven a decir— es que su sociedad no le ofrece a la inmensa mayoría de jóvenes y trabajadores nada a qué decirle "sí" (aparte de que el narcotráfico es un tremendo negocio capitalista que hace de los trabajadores su víctima, y que muchos policías y políticos le sacan tajadas masivas). Millones de personas no van a empezar a decir "no" a las cosas que las dañan —ya sean drogas u otra cosa— hasta que tengan algo a lo que puedan decirle "sí".

Y el "sí" tiene que ser algo más grande que nosotros. Debe ser una afirmación de que nosotros, junto con millones de semejantes, somos protagonistas de la historia. Podemos cambiar la sociedad. Podemos hacer algo para atacar los males que vemos a nuestro alrededor. ¡Podemos hacer lo que ellos no son capaces de hacer!

Una vez que podamos decirle "sí" a esa vida activa que tenga un propósito, a esa vida política organizada que conduzca a un futuro, entonces nadie tendrá que exhortarnos a decir "no" a un millón de cosas. Más bien, empezaremos a organizarnos junto con otra gente para decir "sí". Empezaremos a dedicar nuestro tiempo y energía a convertirnos en la clase de persona que las escuelas, los medios de difusión, las iglesias y otras instituciones de la sociedad capitalista nos enseñan que nunca podremos llegar a ser.

Toda la sociedad burguesa le enseña y le predica a la mayoría de la juventud —al igual que a los trabajadores— a que le digamos *no* a nuestra propia dignidad, a nuestra propia capacidad de transformarnos y de transformar al mundo en que vivimos, y a la capacidad revolucionaria de la clase obrera. Nos han hecho creer que somos objetos de la historia, no sus protagonistas. Nos hacen creer que dependemos de la generosidad de los que gobiernan. Nos mienten, nos elogian, nos engatusan y nos humillan para hacernos aceptar que se nos trate como herramientas, como máquinas que solo sirven para producir ganancias para los patrones. Se nos dice que es culpa nuestra si nos quedamos sin trabajo, sin ingresos para vivir, sin los medios suficientes para tener un lugar donde vivir. Es culpa nuestra si no decimos "no" a las drogas u a otras manifestaciones de desmoralización y degradación humanas. Hay que culpar a los jóvenes. Hay que culpar a los trabajadores.

Esta es la mentira que los obreros y jóvenes rechazan cuando —y únicamente cuando— comienzan a organizarse junto con otros para rechazar lo que ofrece el capitalismo. Cuando comienzan a rechazar las deshumanizantes relaciones sociales que son inherentes al capitalismo, entonces se abren las puertas a todo un sector de estos luchadores para que empiecen a tomar acción contra este sistema sobre un plano más amplio. Algunos de ellos se ven atraídos políticamente al socialismo, a la clase obrera.

VII. CONSTRUCCION DEL MOVIMIENTO COMUNISTA

Hasta mediados de 1992, la Alianza de la Juventud Socialista había existido en este país durante casi 35 años como una organización independiente de jóvenes socialistas revolucionarios que se solidarizaba políticamente con el Partido Socialista de los Trabajadores. Como mencionamos al empezar esta charla, a comienzos de los años noventa —bajo los efectos acumulativos del repliegue del movimiento obrero y las derrotas de los gobiernos obrero-campesinos en Nicaragua y en Granada— el movimiento comunista ya llevaba varios años de estar decreciendo numéricamente al tiempo que subía la edad promedio de sus militantes. La edad y el nivel de experiencia política de la gran mayoría de los dirigentes de la AJS eran tales que había una creciente brecha entre ellos y el reducido número de jóvenes que se afiliaban a la organización.

Dada esta situación, la dirección de la AJS, en consulta con el Comité Nacional del PST, llegó a la conclusión en marzo de 1992 de que la AJS debía disolverse. En esos momentos, la situación política no indicaba que se pudiera esperar una renovación considerable a corto plazo. Y lo más importante era que, al surgir acontecimientos en el futuro que atrajeran hacia el movimiento comunista a una nueva ola de jóvenes, la creciente edad promedio de sus cuadros le impediría a la AJS ser un vehículo capaz de involucrar a esa nueva generación en actividades políticas organizadas y responsabilidades directivas. Mientras tanto, el PST necesitaba de las habilidades políticas y energías de los miembros experimentados de la AJS para fortalecer sus fracciones sindicales, ramas e instituciones de propaganda, las cuales serían para los jóvenes un polo de atracción hacia la clase obrera cuando surgieran nuevas oportunidades de luchar hombro a hombro con ellos y de reclutarlos al movimiento comunista.

Estábamos convencidos de que más temprano que tarde, los luchadores políticos de una nueva generación crearían una forma organizativa, sobre bases más jóvenes y por tanto más sólidas, para retomar la continuidad política del trabajo juvenil comunista de la cual la AJS había formado parte en Estados Unidos. Esa continuidad se remonta a los militantes que redactaron el Manifiesto Comunista, a los que ayudaron a dirigir la revolución de octubre de 1917 en Rusia, y a los que fundaron un movimiento comunista mundial para continuar y emular lo que habían hecho los bolcheviques.

Cuando se disolvió la AJS, muchos de sus miembros se unieron al Partido Socialista de los Trabajadores, si no lo habían hecho antes. Junto con otros miembros del PST, siguieron colaborando con jóvenes en actividades de solidaridad con la revolución cubana y en protestas y manifestaciones en torno a una amplia variedad de cuestiones políticas.

Reinicio de un grupo socialista juvenil a nivel nacional

Menos de dos años después, en esta conferencia, vemos los resultados de ese rumbo que seguimos: un centenar de jóvenes de todo el país se juntan para formar un comité organizador con miras a celebrar una conferencia para reiniciar una organización juvenil socialista a nivel nacional.

Esto se ha desarrollado, a decir verdad, más rápidamente de lo que hubiéramos anticipado dos años atrás. Y estoy convencido de que la explicación radica en la incesante marcha del imperialismo hacia el fascismo y la guerra.

Los jóvenes obreros y estudiantes que se ven más interesados en la política y más atraídos a la fuerza potencial del movimiento obrero organizado presienten el carácter implacable de esta evolución, aún con sus altibajos. Presienten que en la historia de la humanidad está por desatarse un enfrentamiento titánico y quieren participar en los preparativos para combatir... y para vencer.

Revitalización del viraje del partido a la industria

Esta iniciativa para construir una organización juvenil socialista coincide hoy día con los esfuerzos de los miembros del Partido Socialista de los Trabajadores de organizarnos para aprovechar al máximo —y a veces esto significa, para sorpresa nuestra, una brusca reorientación— el auge de contratación que acompaña a la presente expansión del ciclo comercial.[31]

Desde mediados de los años setenta, el PST se ha organizado para aprovechar las oportunidades que se le presentaron a la gran mayoría de sus militantes y dirigentes para conseguir trabajos industriales y desarrollar trabajo político comunista como miembros de sindicatos industriales. No obstante, la experiencia del movimiento

---

31. Ver la introducción a *El rostro cambiante de la política en Estados Unidos: la política obrera y los sindicatos* (Nueva York: Pathfinder, 1999).

comunista desde los años treinta a la fecha confirma que no basta con establecer fracciones de obreros socialistas en estos sindicatos y realizar trabajo político y sindical junto a otros trabajadores. Los obreros comunistas también deben mantenerse atentos —y responder— a todo cambio en las pautas de contratación y otros cambios en el sector industrial que permitan que nuestras fracciones industriales sigan integradas con nuevas generaciones de obreros, aprendiendo y desarrollándose a partir de sus experiencias.

Esto es particularmente importante en momentos como hoy cuando el movimiento comunista no goza de crecimiento neto, del tipo que tiende a fomentar tal renovación como algo normal. Los cuadros de un partido comunista siempre contamos con un mayor margen de error cuando estamos creciendo a un ritmo considerable, porque el ímpetu permite dejar atrás y olvidar muchos pecados a medida que avanzamos.

Por estas razones, el PST le ha dado máxima prioridad a la reorientación hacia estas nuevas olas de contratación. Es la continuación de lo que en los años setenta y principios de los ochenta emprendieron los cuadros del partido que iniciaron el viraje a la industria. Estos trabajadores-bolcheviques, junto con otros militantes que consiguieron puestos de trabajo industriales en los 15 años posteriores, ahora dirigen este esfuerzo para revitalizar el viraje a los sindicatos industriales.

Muchos de estos militantes, sindicalistas experimentados y capaces en las fracciones industriales del partido, se ofrecen como voluntarios para mudarse y buscar nuevos empleos, muchas veces en plantas más grandes donde los patrones están contratando a obreros jóvenes en grandes números. A la vez, estos militantes instan a otros miembros del partido que actualmente no ocupan empleos industriales a que se sumen a este esfuerzo. Algunos jóvenes socialistas ahora están pasando por sus primeras experiencias como trabajadores industriales que desempeñan colectivamente sus tareas políticas como miembros de las fracciones sindicales del partido.

Esta renovación requiere de trabajo político consciente. Significa reestructurar la composición y el equilibrio de nuestras fracciones industriales en cada ciudad donde existen ramas del movimiento comunista. Pero es lo que hace falta para que los obreros comunistas puedan integrarse con las generaciones que están incorporándose a las minas y fábricas y para que pasen por experiencias *junto a ellos*. Así también empezará a transformarse y rejuvenecerse todo nuestro trabajo en los sindicatos.

Aproximadamente una semana después de esta conferencia, la editorial Pathfinder Press va a publicar una edición ampliada del libro *The Changing Face of U.S. Politics: Working-Class Politics and the Trade Unions* (El rostro cambiante de la política en Estados Unidos: la política obrera y los sindicatos). En muchos sentidos es un libro nuevo. Ha sido completamente reorganizado e incorpora material nuevo e importante, desde la época del viraje del partido a la industria hasta la campaña obrera contra el imperialismo y la guerra que organizamos en 1990-91, durante el ataque norteamericano contra Iraq, a través de nuestras fracciones industriales y las ramas del partido. Dadas las oportunidades que estamos planteando, los obreros comunistas y los jóvenes encontrarán en este libro un arma política de tremenda importancia para leer, debatir y diseminar lo más ampliamente posible. Además, la nueva introducción del libro presenta las oportunidades actuales —más ventajosas— que existen para fortalecer el movimiento comunista en los sindicatos.

Las medidas organizadas para aprovechar la nueva ola

de contrataciones constituyen el paso más importante que se ha dado en el viraje del partido a la industria desde 1986, cuando se fundó el Distrito de Iowa y se estableció una fracción a nivel nacional en el sindicato UFCW en las plantas empacadoras de carne, y quizás incluso desde febrero de 1978, cuando decidimos situar a la gran mayoría de los dirigentes y militantes del partido en sindicatos industriales. Por este camino se revitalizarán no solo las fracciones sindicales industriales del partido, sino también las instituciones de propaganda de ramas políticas más completas de un partido de obreros comunistas.

E STA RENOVACION del viraje es lo más importante que pueden hacer los miembros del Partido Socialista de los Trabajadores para avanzar sobre un mismo rumbo con los jóvenes que se empeñan en reconstruir una organización nacional de jóvenes socialistas en Estados Unidos. Mientras más cuadros experimentados del partido participen directamente en la reconstrucción, reestructuración y rejuvenecimiento de nuestras fracciones, más éxito tendrá el movimiento comunista en reclutar a los jóvenes luchadores que hoy día se ven atraídos al socialismo. Existen oportunidades y responsabilidades similares para las ligas comunistas en otros países donde, a raíz de la expansión en el ciclo económico capitalista, los patrones están contratando en el sector industrial.

No damos este paso porque pensemos que se acerca un gran auge generalizado de luchas sindicales, como el movimiento social de masas dirigido por el CIO (Congreso de Organizaciones Industriales) que llevó a la formación de los sindicatos industriales en los años treinta. Estas batallas sí se van a dar. Pero no podemos predecir cuándo o cómo, y no es por eso que debemos dar este paso.

Lo que sí podemos afirmar, y lo que afirmamos, es que el modesto incremento en la resistencia sindical que señalamos ya está creando condiciones políticas más óptimas para que este esfuerzo centralizado sea exitoso. Surgirá más resistencia a medida que los jóvenes sigan entrando a las fábricas y los patrones sigan presionando los salarios, las horas laborales y las condiciones de trabajo. Estos obreros jóvenes no han pasado por una, dos o tres rondas de concesiones a los patrones, como ha ocurrido con sus compañeros de trabajo más experimentados en las dos últimas décadas. Los obreros jóvenes llevan menos cicatrices y heridas por las derrotas y las luchas frustradas del pasado. Aun cuando quedan cesantes, los trabajadores jóvenes tienen más confianza de que los van a volver a contratar y están dispuestos a emprender nuevamente la lucha. Esta renovación también afecta a otros trabajadores, quienes estarán un poco más dispuestos a "simplemente decir no" de formas que los patrones jamás habían planeado.

Forjar un movimiento comunista mundial

Los obreros del mundo hemos pagado un precio enorme por el hecho de que no ha triunfado una revolución socialista en ningún país capitalista industrializado. Cualquiera que lea los discursos y escritos de dirigentes comunistas como V.I. Lenin y León Trotsky descubrirá lo que hubiese significado para los obreros y campesinos de la joven república soviética si la revolución hubiese triunfado hasta en un solo país muy industrializado como Alemania, acontecimiento que los bolcheviques esperaban, consideraban posible y lucharon arduamente para impulsar. Esto le habría quitado de encima enormes presiones al pueblo trabajador de la Unión Soviética y habría trastocado la correlación de fuerzas a su favor en la lucha contra la contrarrevolución de la casta parásita de la cual José Stalin fue portavoz. Sin embargo, la influencia de los líderes colaboracionistas en el movimiento obrero —primero los socialdemócratas, luego los estalinistas— impidió que en los países industriales triunfaran revoluciones proletarias. Ahora, gracias al debilitamiento cualitativo del movimiento estalinista en los últimos años, así como la creciente fuerza numérica de la clase obrera como porcentaje de la población productiva a nivel mundial, no hay razón para suponer que en las próximas décadas se vaya a repetir esta tendencia de revoluciones fallidas. Este hecho recalca las enormes responsabilidades que tiene el movimiento obrero en los países imperialistas, incluso la pequeña vanguardia política nucleada en ligas comunistas como el Partido Socialista de los Trabajadores y nuestros homólogos en otros países.

En numerosas ocasiones hemos explicado que hace ya muchas décadas que se rompió toda continuidad comunista real en la Unión Soviética y los estados obreros de Europa oriental. En todos estos estados obreros deformados y degenerados, los estalinistas —que encarnaron una sangrienta contrarrevolución contra el bolchevismo y contra los comunistas en el movimiento obrero— asesinaron sistemáticamente a todo revolucionario que no lograran corromper o no lograran desmoralizar y acosar hasta que renunciara a la vida política activa.

Por ahora, el terror y la represión estatales que aislaron a los obreros y jóvenes en los países imperialistas de nuestros hermanos y hermanas en la ex Unión Soviética y Europa oriental son cosa del pasado. La clase trabajadora en estos países y, como hemos visto, la clase trabajadora que crece aceleradamente en China, ya no pueden ser marginadas de la vida política como lo habían sido por medio siglo o más. Son un factor de enorme peso en la lucha de clases que se desarrolla a nivel mundial.

Además, durante la mayor parte de este siglo, los mejores luchadores de cada nueva generación de obreros y jóvenes revolucionarios en los países imperialistas y en el Tercer Mundo habían sido captados —en su inmensa mayoría— por lo que creían era el movimiento comunista pero que en realidad era el movimiento estalinista, que gradualmente los corrompió y los destruyó como revolucionarios. Así fue desde fines de los años veinte. Pero también este enorme obstáculo político ha sido cualitativamente debilitado.

Durante el ultimo medio siglo o más, excepto en Cuba, se impidió que los comunistas pudieran convertirse en una corriente que tuviera mucho peso social dentro del movimiento obrero. En ciertos momentos en Estados Unidos, estuvimos en la dirección de importantes luchas de clases —demostrando lo que habría sido posible bajo circunstancias diferentes— pero nunca pasó de eso.

El mejor ejemplo, y el que mejor conocemos, es el liderazgo en el cual los obreros comunistas jugaron un papel decisivo en el sindicato de camioneros Teamsters en Minneapolis y la región norte-central durante los años treinta. Los cuatro tomos escritos por Farrell Dobbs y publicados por la editorial Pathfinder detallan esta experiencia y sus lecciones.[32]

Aún en este caso, debemos recordar lo que explica Farrell: que los obreros comunistas jamás formaron parte del liderazgo de un ala izquierda de lucha de clases del movimiento sindical. Fueron organizadores de un núcleo

---

32. Ver *Rebelión Teamster* (Nueva York: Pathfinder, 2004), *Poder Teamster* (Nueva York: Pathfinder, 2008), *Política Teamster* (Nueva York: Pathfinder, 2015) y *Burocracia Teamster* (Nueva York: Pathfinder, 2018) por Farrell Dobbs.

directivo que podría haber asumido dicha responsabilidad si la lucha de clases hubiese seguido avanzando. Pero esa posibilidad fue obstruida por la influencia traicionera de la dirección estalinista en el movimiento sindical en general, por los crecientes preparativos del gobierno norteamericano para intervenir en la Segunda Guerra Mundial, y por el juicio y encarcelamiento de 18 dirigentes de los Teamsters y del PST, bajo cargos fabricados, en vísperas de la entrada de Washington a la guerra y durante el transcurso mismo de la guerra.

Sɪ ENTENDEMOS por qué desde los años veinte se impidió que los comunistas se pudieran convertir en un polo influyente en el movimiento obrero internacional, entonces podremos apreciar lo que significó para nosotros la llegada de la dirección comunista de la revolución cubana. La dirección del Movimiento 26 de Julio, formada en torno a Fidel Castro, Ernesto Che Guevara y otros líderes, fue la primera corriente revolucionaria que soslayó a los estalinistas y condujo a los obreros y campesinos a una victoriosa revolución anticapitalista que no fue grotescamente deformada desde su nacimiento. Inició la revolución socialista en el continente americano.

En Cuba, una dirección pequeñoburguesa de izquierda —de la cual varios de los principales líderes habían asimilado ideas marxistas desde el comienzo de su vida política— organizó y forjó un movimiento revolucionario capaz de dirigir a los obreros y campesinos a que llevaran a cabo una revolución antiimperialista hasta su necesario desenlace anticapitalista. Al hacerlo, estos dirigentes apartaron del camino a los que decían hablar en nombre del comunismo, y forjaron un verdadero partido comunista basado en el pueblo trabajador de Cuba.

Sin embargo, casi 35 años después, no se ha vuelto a repetir esa pauta. En Granada y Nicaragua hubo acontecimientos prometedores que avanzaron cierta distancia por ese camino antes de ser revertidos y finalmente derrotados: sobre los estalinistas recae la responsabilidad decisiva por la primera derrota y mucha responsabilidad por la segunda.[33] En Sudáfrica, el avance de la revolución democrática y nacional ha creado más espacios para forjar una dirección comunista de la clase obrera a partir de los más abnegados cuadros del movimiento revolucionario dirigido por el Congreso Nacional Africano.

Pero jamás se ha transformado una dirección estalinista pequeñoburguesa en un liderazgo comunista proletario, en ninguna parte del mundo. Ni siquiera en las revoluciones que ocurrieron tras la Segunda Guerra Mundial en China, Yugoslavia o Vietnam, donde —por razones propias a esa coyuntura histórica— los partidos estalinistas avanzaron más allá de lo que habíamos creído posible y encabezaron poderosas revoluciones obrero-campesinas que derrocaron las relaciones capitalistas de propiedad.[34] No obstante, los liderazgos estalinistas

---

33. Ver "El ascenso y el ocaso de la revolución nicaragüense", en el número 3 de *Nueva Internacional*. Los documentos contenidos en ese número especial explican en detalle las posibilidades que abrió el triunfo revolucionario de julio de 1979 en Nicaragua, el impulso que le dio al desarrollo de una dirección revolucionaria no solo en América sino a nivel mundial. Presenta también las lecciones que los obreros y jóvenes pueden y deben aprender del ascenso de la revolución y su ocaso en la década posterior.

34. Para leer más sobre estas circunstancias excepcionales, ver *The Workers and Farmers Government* (El gobierno de obreros y agricultores) por Joseph Hansen; así como *For a Workers and Farmers Government in the United States* (Por un gobierno de obreros y agricultores en Estados Unidos) y *Su Trotsky y el nuestro*, ambos

en China, Yugoslavia y Vietnam no eran direcciones comunistas proletarias, y nunca llegaron a serlo. Incluso persiguieron, encarcelaron y, cuando eso no les bastaba, en varios casos masacraron a los liderazgos proletarios revolucionarios que luchaban por impulsar la trayectoria histórica de la clase trabajadora. El balance histórico al respecto debería ser patente a estas alturas.

Esta historia confirma claramente las razones por las que el movimiento comunista —desde su origen con Marx y Engels y los obreros revolucionarios de la Liga de los Comunistas, pasando por Lenin y los bolcheviques, la oposición comunista dirigida por Trotsky, hasta llegar a nuestros días— siempre ha tratado de reforzarse y reforzar al movimiento obrero, ante todo, para no ser susceptibles a la influencia de líderes pequeñoburgueses —que inevitablemente se adaptan al capitalismo— y a tener ilusiones en ellos.

LA CRISIS DE DIRECCION proletaria es el principal obstáculo al avance de la revolución socialista, como lo ha sido durante casi todo este siglo. De no resolver la crisis de liderazgo de *nuestra* clase, los trabajadores jamás seremos capaces de enfrentar a la burguesía y vencer.

Al resolver esta crisis política, el principal problema que enfrentan los obreros no es la burguesía. Al ir surgiendo conflictos de clases más grandes y más violentos, sobre todo en los países imperialistas y en los países semicoloniales más industrializados, la clase trabajadora no se orientará hacia la burguesía o sus partidos en busca de dirección combativa. Cuando cientos de miles

---

por Jack Barnes. Todas estas publicaciones se pueden obtener a través de Pathfinder.

y millones de trabajadores entran en acción al crecer la lucha de clases —que es cuando comienza la verdadera política revolucionaria— no siguen a la burguesía. Al contrario, sus luchas los impulsan a oponerse al capitalismo y a dejar de subordinarse a los capitalistas y a sus instituciones políticas. Los trabajadores rechazan más y más el liderazgo de la burguesía.

En estas coyunturas de la historia, no son las fuerzas burguesas las que engañan o desorientan directamente a los mejores combatientes de la vanguardia obrera. Si los obreros se desorientan, es casi siempre porque recurren a fuerzas pequeñoburguesas en el movimiento obrero que dicen ser una dirección socialista proletaria. Es lo que pasó en los primeros años de este siglo, cuando los dirigentes de la gran mayoría de los partidos de la socialdemócrata Internacional Socialista condujeron a los trabajadores en sus respectivos países a la matanza de la primera guerra interimperialista mundial. Y es lo que sucedió a fines de los años veinte y durante los treinta, cuando los traicioneros líderes estalinistas en todo el mundo cumplieron las órdenes de la máquina asesina internacional radicada en Moscú y condujeron a los trabajadores a una derrota tras otra —desde China, hasta Alemania, España y Francia— hasta que finalmente se le hizo imposible al movimiento obrero frenar la marcha de los capitalistas hacia la Segunda Guerra Mundial.

Por supuesto, los comunistas sabemos por la historia que a medida que la clase trabajadora demuestre su liderazgo social en grandes luchas de clases, no solo podrá poner de su lado a muchos productores explotados que no son proletarios, sino ganarse a mucha gente de las clases medias. Muchos de estos individuos se convertirán en comunistas leales. Importantes sectores de la clase media baja podrán y van a ser alejados de los demagogos fascistas, y se unirán a los obreros comunistas en la lucha por un gobierno de obreros y agricultores. Pero esto sucederá únicamente si la vanguardia obrera sigue un rumbo político consecuente con los intereses históricos de la clase obrera, sin adaptarse a las vacilaciones, las actitudes, los valores o las inquietudes de las clases medias ni orientar nuestro programa hacia ellas.

La construcción oportuna de un partido proletario

En enero de 1994, varios líderes del PST representaron al partido en el Cuarto Encuentro Latinoamericano y del Caribe por la Solidaridad, la Soberanía, la Autodeterminación y la Vida de Nuestros Pueblos, celebrado en La Habana, Cuba. El reportaje publicado en el periódico *The Militant* sobre ese encuentro citó el discurso de clausura pronunciado por el presidente cubano Fidel Castro.

"El día de año nuevo, al cumplirse el año 2000", dijo Castro a los 1 200 delegados y observadores de toda América, "a nadie le podrán desear, ni en América Latina ni en muchas otras partes del mundo, un 'feliz siglo nuevo', porque el siglo que nos espera —y antes del siglo ya se está manifestando— es realmente de mucha lucha y muchos esfuerzos".

Castro tiene razón al señalar las condiciones inestables y los conflictos sociales que caracterizarán el fin del siglo y el comienzo del próximo, no solamente en el mundo semicolonial sino en los países imperialistas. Pero hay que añadir una cosa: La lección más importante que ha aprendido hasta ahora la clase trabajadora en el siglo XX es que si la tarea de construir un partido comunista no se realiza de antemano, será demasiado tarde intentarla cuando surja una situación revolucionaria.

Desde su infancia, nuestra clase ha tenido repetidas experiencias con liderazgos radicales de clase media, desde las revoluciones de 1848 y la Comuna de París en el siglo pasado hasta las experiencias de este siglo que ya hemos mencionado.[35] La historia demuestra que otras corrientes políticas, por más logros que hayan realizado algunas de ellas, van a resquebrajarse y doblegarse bajo las presiones de las titánicas luchas de clases que inevitablemente provoca el capitalismo. Si la clase obrera carece de una dirección surgida de sus propias filas —una dirección experimentada en la política, templada por batallas de clases, que no vaya a entrar en pánico o a desmoronarse cuando estalle una situación revolucionaria— entonces será derrotada.

Pero el único momento en que los obreros revolucionarios podemos *comprobar* que vale la pena construir un partido comunista es cuando ya es demasiado tarde si a esas alturas no hemos realizado una buena parte de esa tarea. Será cuando se estén planteando las pruebas más difíciles, las más importantes en la historia de la humanidad, que todo combatiente con conciencia de clase sabrá —en ese momento— que la tarea de construir un partido capaz de dirigir y actuar con confianza y decisión, independientemente de uno u otro individuo, realmente valió la pena.

Los revolucionarios debemos aprender a ver el presente como parte de la historia y a vivir y actuar de la manera correspondiente. La teoría no es un dogma o un pagaré. Es la generalización viva de la trayectoria de una clase, de las lecciones políticas estratégicas que nuestra clase ha aprendido con sangrientos sacrificios y luchas. Estas lec-

---

35. Ver "Communism and the Fight for a Popular Revolutionary Government: 1848 to Today" (El comunismo y la lucha por un gobierno popular revolucionario: de 1848 al presente) por Mary-Alice Waters, en el número 3 de *New International*.

ciones son el recurso más valioso del movimiento comunista, nuestras armas más preciadas. La incorporación de estas lecciones a la práctica política cotidiana y semanal de un movimiento comunista organizado a nivel mundial es lo que permite, a la hora de las horas, que millones de comunistas individuales piensen y actúen con disciplina para hacer lo que sea necesario.

En momentos como ésos, o bien la política, la estrategia y la disciplina han sido asimiladas por millones de individuos que simplemente actúan a partir de lo que toda su experiencia política y de clase los ha preparado para hacer, o bien la lucha será derrotada. Si los obreros comunistas no actúan y dirigen a otras personas de una forma totalmente distinta de todos los que han pretendido dirigir a los oprimidos o los explotados, entonces los capitalistas, junto con sus tenientes pequeñoburgueses en el movimiento obrero, ahogarán en sangre al movimiento revolucionario. Es por esa razón que hay que construir un partido comunista.

Todo lo que hacen hoy los comunistas es con miras a ese objetivo: preparar un partido que sea capaz de enfrentar estos retos en la lucha revolucionaria por el poder. Todo lo que hacemos sirve para preparar un partido de trabajadores-bolcheviques capaz de conducir a nuestra clase y a sus aliados a la conquista de un gobierno de obreros y agricultores que pueda impedir la catástrofe a la que los capitalistas están conduciendo a la humanidad. Así lo explicó el veterano líder comunista Joseph Hansen:

"Cuestiones teóricas aparentemente lejanas tienen la tendencia a imponerse de repente en el escenario político y a exigir respuestas que pueden, según su carácter, determinar de manera decisiva la suerte de los grupos y las tendencias que se disputan el liderazgo de la clase obrera. Por eso, los problemas relacionados con la lucha por el poder no pueden ser relegados a un archivo para poder sacarlos 'cuando llegue el momento oportuno'. Ya están presentes entre nosotros, en el sentido de acontecimientos de importancia internacional sobre los cuales debemos adoptar una posición (por ejemplo, la victoria cubana) y también en el sentido de formar una apreciación más concreta de las posibilidades de las luchas futuras.

"Por otra parte, la lucha por el poder, así como los problemas y tareas que le acompañan, deben retener siempre nuestra atención. Como objetivo, esta fase culminante domina nuestras decisiones en la selección de los medios necesarios para realizarla".[36]

Siempre existe una brecha entre lo que parecemos tener como pruebas delante nuestro, por un lado, y la convicción de los comunistas de que hay que llevar a cabo una estrategia revolucionaria, por el otro. No es verdad que la conducta de los comunistas, por sí sola, junto con sus aparentes logros a corto plazo, basten para convencer a los trabajadores en pie de lucha, y a los jóvenes que se sienten atraídos al movimiento obrero, de la necesidad de una organización comunista.

Unicamente en la medida que los comunistas logremos explicar que la historia es parte del presente, e incorporar la teoría como parte de las armas prácticas que los

---

36. De la nota introductoria de Joseph Hansen para *Workers and Farmers Governments since the Second World War* (Gobiernos obrero-campesinos desde la Segunda Guerra Mundial) por Bob Chester. Se puede obtener de Pathfinder.

luchadores necesitan, lograremos construir un partido comunista y un movimiento mundial. Los obreros y jóvenes combativos debemos aprender disciplina, debemos aprender a estudiar, debemos aprender a pensar con cabeza propia. Debemos aprender a apreciar las lecciones que las anteriores generaciones de nuestra clase conquistaron con sudor y sangre. Ninguna de las tradiciones políticas del movimiento obrero tiene valor por meras razones sentimentales o ceremoniales. O son parte de nuestro arsenal político revolucionario, o no las necesitamos.

Si en cambio intentamos justificar una perspectiva comunista a partir de resultados diarios, pareceremos —y nos convertiremos— simplemente en la comparsa de una secta. Se nos interpretaría mal, como gente que se quiere marginar de las luchas por reivindicaciones inmediatas, parciales o democráticas y que no quiere colaborar con otras fuerzas de una manera amplia y unida. Los comunistas que han asimilado este fundamento hasta los tuétanos son de lejos los mejores en hacer trabajo de masas. Y es porque se sienten cómodos sabiendo que todo lo que hacen hoy forma parte de los preparativos necesarios —para ellos y sus compañeros de clase— para las luchas mayores que vendrán. No hay contradicción entre estas luchas limitadas y nuestro rumbo estratégico, aun cuando no haya una conexión directa entre el éxito o fracaso en un determinado frente y la realización de los objetivos a largo plazo de los trabajadores.

Esto es importante ya que queda mucho tiempo entre las luchas preparatorias que hoy libran ciertos sectores de nuestra clase y el desarrollo de situaciones prerrevolucionarias. Los bolcheviques aprovechamos al máximo ese tiempo para probar si se está ampliando el espacio para realizar trabajo político revolucionario entre nuestra clase, para ampliar la distribución de periódicos, libros y folletos revolucionarios y para construir una organización juvenil comunista, otras organizaciones auxiliares del movimiento comunista y un partido obrero comunista.

Nadie se vuelve comunista sin antes ingresar a un partido comunista. Pero tampoco hay garantías de que con solo unirse a un partido comunista un individuo se va a convertir en comunista. Eso requiere no solo trabajo político colectivo sino esfuerzo y disciplina por parte del individuo. La verdadera disciplina en un partido comunista jamás se puede imponer desde afuera; tiene que provenir de cada individuo. Y es voluntaria en el sentido más profundo. Es producto de la experiencia política, del entendimiento y del compromiso de los seres humanos que forman el partido, que contribuyen a sus debates y toma de decisiones, y que intervienen en la política y en la lucha de clases de forma colectiva, basándose en ese entendimiento y en esas decisiones.

En la mayoría de casos y bajo condiciones típicas, los activistas con los que trabajamos no pueden distinguir entre los comunistas y muchos de los centristas, pacifistas y otros izquierdistas pequeñoburgueses. Si se juzga por el nivel de actividad o el trabajo arduo, muchas veces hay poco que los distinga. La mayoría de los activistas sacan sus conclusiones políticas iniciales observando las tácticas y sus resultados inmediatos. Como individuos o grupos de individuos, los comunistas no nos desempeñamos ni mejor ni peor que otros activistas en torno a muchas cuestiones tácticas. Estos factores jamás le aclararán a nadie quiénes somos y cuál es nuestro programa. Si usáramos esos factores para juzgar nuestra participación en la política con otra gente, acabaríamos por ser abstencionistas. Si no traemos nuestra perspectiva política a todas las luchas en las cuales participamos, no vamos a producir comunistas. Y queramos o no, pese a nuestras intenciones, empezaremos a adaptarnos a aquella gente en la cual nos horrorizaría convertirnos. Estar solos en términos políticos —como lo estamos los comunistas y como lo estaremos hasta que haya ciertos cambios fundamentales en la lucha de clases— no es lo mismo que abstenerse de la política. El camino a una amplia participación en actividades políticas junto con otras fuerzas no pasa por la adaptación política a tendencias pequeñoburguesas. Ese es un camino hacia la ineficacia política absoluta.

EL MUNDO que hemos estado describiendo, el que Fidel Castro pronostica a medida que nos acercamos al milenio, es un mundo en que se habrán multiplicado los males económicos, sociales y políticos creados por el propio sistema capitalista. Es un mundo en que la confrontación entre la clase obrera y la reacción capitalista —en su forma más virulenta, el fascismo— estará al orden del día. Y antes del desenlace de esta confrontación, nada podrá ser resuelto. Los obreros comunistas no debemos aceptar jamás la idea de que "la clase capitalista no tiene salida". Sí hay salida, siempre la hay, si logran destruir suficientes cantidades de capital y logran asestarle derrotas a la clase obrera de suficiente gravedad. Bajo esas condiciones, ciertos grupos de capitalistas triunfarán y encontrarán una forma de elevar las tasas de ganancia por un período más prolongado . . . hasta que empiecen a bajar nuevamente.

Pero la humanidad pagaría un precio terrible por dicha "solución". Pagaríamos el precio del fascismo y de la guerra mundial. Pero mucho antes de que eso suceda, la clase trabajadora también tendrá su oportunidad. Para eso nos estamos preparando. Eso por sí solo justifica el gran esfuerzo que los trabajadores-bolcheviques están haciendo ahora para ser parte de las nuevas generaciones que están entrando a la fuerza obrera industrial. Eso por sí solo justifica el apoyo incondicional que los trabajadores-bolcheviques brindan a los esfuerzos tenaces de los jóvenes revolucionarios para avanzar hacia el reinicio de una organización nacional de jóvenes socialistas antes de fin de año.

Es la perspectiva que para los obreros, campesinos y jóvenes comunistas en Cuba significa un camino hacia adelante: un rumbo que los aleje de las difíciles condiciones y repliegues necesarios que les han sido impuestos por las derrotas de luchas revolucionarias en este continente en la última década. Es la perspectiva a la cual se podrá ganar a trabajadores y jóvenes desde Toronto hasta Tokio, pasando por Shanghai, Soweto, Estocolmo, Moscú, Seúl y Ciudad de México.

L OS OBREROS COMUNISTAS no necesitamos que la historia nos ofrezca un pagaré. No necesitamos que se nos garantice algún calendario preconcebido. No presumimos saber qué nos van a traer concretamente los altibajos de los próximos ciclos comerciales, o cuándo va a ocurrir la próxima caída de la bolsa de valores o un colapso bancario. No sabemos cuándo una determinada serie de enfrentamientos en la península coreana, o nuevamente en alguna parte del Medio Oriente, o en los Balcanes, podría desencadenar una guerra de proporciones inesperadas.

Lo que sí sabemos es que todo trabajador de pensamiento revolucionario debe tomar en serio la rapidez de algunos de estos acontecimientos, su carácter imprevisible y su explosividad. Porque sabemos que la crisis social y los antagonismos de clases van a agudizarse, que la marcha bipartidista de Washington hacia la guerra va a intensificarse, y que las expresiones de estas presiones no solo van a continuar sino que van a acelerarse.

No se pueden hacer promesas fáciles, pero estamos convencidos de la capacidad de nuestra clase de convertirse en el tipo de personas que nosotros tenemos la capacidad de ser: líderes de la batalla por la solidaridad humana, no los esclavos del dinero, egocéntricos y absortos en la familia, como nos pintan los capitalistas. Y eso por sí solo hace que la labor de forjar un movimiento comunista internacional sea tarea digna.

IMPERIALISMO FASE SUPERIOR DEL CAPITALISMO

To Speak the Truth
Why Washington's 'Cold War' Against Cuba Doesn't End
(Hay que decir la verdad: Por qué no cesa la 'Guerra Fría' de Washington contra Cuba)
FIDEL CASTRO
ERNESTO CHE GUEVARA

El sistema imperialista, dijo Fidel Castro a la Asamblea General de la ONU en 1960, beneficia a "quienes están interesados en mantener el despojo… quienes están interesados en mantener la explotación". En discursos históricos, ante organismos de la ONU, Castro y Guevara se dirigen a los trabajadores del mundo y explican por qué Washington detesta tanto el ejemplo de la revolución socialista cubana y por qué va a fracasar en sus intentos de destruirla. En inglés. US$15

Habla Malcolm X

"Los imperialistas astutos saben que la única manera de hacerte correr voluntariamente hacia la zorra es mostrándote un lobo". En discursos y entrevistas, Malcolm X presenta una alternativa revolucionaria a esta trampa reformista, abordando las alianzas políticas, los derechos de la mujer, la intervención de Washington en el Congo y Vietnam, capitalismo y socialismo, y más. US$15. También en inglés.

¡EE.UU. fuera del Oriente Medio!
Cuba habla ante Naciones Unidas
FIDEL CASTRO, RICARDO ALARCÓN

Los argumentos contra la guerra de 1990–91 de Washington contra Iraq, según los presentó el gobierno cubano en Naciones Unidas. US$12. También en inglés.

Somos herederos de las revoluciones del mundo

Discursos de la revolución de Burkina Faso, 1983–87

THOMAS SANKARA

Los campesinos y trabajadores en este país de África Occidental crearon un gobierno popular revolucionario y comenzaron a combatir el hambre, el analfabetismo y el atraso económico impuestos por la dominación imperialista, así como la opresión de la mujer heredada de la sociedad de clases desde hace milenios. Cinco discursos del dirigente de esta revolución. US$10. También en inglés, francés y persa.

Labor's Giant Step

The First Twenty Years of the CIO: 1936–55
(El paso de gigante del movimiento obrero: Los primeros 20 años del CIO, 1936–55)

ART PREIS

La historia de las explosivas luchas obreras y batallas políticas de la década de 1930 que forjaron los sindicatos industriales. Y cómo esos sindicatos se convirtieron en vanguardia de un movimiento social de masas que comenzó a transformar la sociedad estadounidense. En inglés. US$27

El imperialismo, fase superior del capitalismo

V.I. LENIN

"Espero que mi folleto ayude al lector a orientarse en el problema económico fundamental: la esencia económica del imperialismo", escribió Lenin en 1917. Sin estudiar eso "es imposible comprender y emitir un juicio sobre la guerra y la política moderna". US$5. También en inglés, persa y griego.

PATHFINDERPRESS.COM

Nueva Internacional
UNA REVISTA DE POLÍTICA Y TEORÍA MARXISTAS

NUEVA INTERNACIONAL N°. 1
Los cañonazos iniciales de la Tercera Guerra Mundial: El ataque de Washington contra Iraq
JACK BARNES

El ataque asesino contra Iraq en 1990–91 anunció crecientes conflictos entre las potencias imperialistas, una mayor inestabilidad del capitalismo y más guerras. También incluye:
1945: Cuando las tropas norteamericanas dijeron '¡No!'
por Mary-Alice Waters
Lecciones de la guerra Irán-Iraq
por Samad Sharif

US$14. También en inglés, francés y persa.

NUEVA INTERNACIONAL N°. 7
Nuestra política empieza con el mundo
JACK BARNES

Las enormes desigualdades entre los países imperialistas y semicoloniales, y entre las clases dentro de cada uno, son acentuadas por el mismo capitalismo. Para forjar partidos capaces de dirigir una exitosa lucha revolucionaria por el poder en nuestros propios países, los trabajadores de vanguardia debemos guiarnos por una estrategia para cerrar esta brecha. US$14. También en inglés, francés, persa y griego.

NUEVA INTERNACIONAL N°. 5
El imperialismo norteamericano ha perdido la Guerra Fría
JACK BARNES

El colapso de los regímenes en la URSS y Europa Oriental, que falsamente se autodenominaban comunistas, no significó la derrota de los trabajadores y agricultores en esos países. En los actuales conflictos y guerras capitalistas, ellos se han sumado a trabajadores en otras partes del mundo en la lucha contra la explotación. US$14. También en inglés, francés, persa y griego.

INDICE

A

Aborto, derecho al, 366, 384, 409
Acción afirmativa, 230, 236, 237–38, 384, 411
Aceleración del ritmo de producción, 10–11, 86, 157–58, 160, 182, 185, 243, 259–60, 287
Acero, industria del, 155, 158, 223, 342, 347–48, 405–6; ataques contra trabajadores en, 183, 403; fuerza laboral en, 237, 287, 289, 290
Afganistán, 372–73
Africa, 172, 334; condiciones sociales, 11–12, 39, 166–67, 174, 226–27, 349, 364; deuda externa, 132, 143, 171, 173–74, 333–34; estructura de clases, 221, 359; intervenciones militares en, 8, 22–23, 209, 212, 214; lucha anticolonial, 45, 46, 203, 204, 211, 212, 220. Ver también países individuales
Agricultores, 140–41, 178–79, 228, 250; capitalistas, 177–80, 181–82; deuda, 133, 174–75, 176, 179–80; enfrentan crisis, 174–82; liquidaciones forzosas, 152, 176–77, 178, 180, 240, 402; negros, 178, 229; y tasas de interés, 152, 175, 176, 179
Agricultura: capitalista, 250–51, 349; en Cuba, 67–75, 78–81, 114–15
Ajustes salariales condicionados al costo de vida (COLA), 400–401
Albania, 202
Alemania, 153, 187, 210, 234, 238, 346, 394, 401, 420; ataques contra clase trabajadora, 342–44, 346, 400; crecimiento del capitalismo en, 357; fascismo en, 17–18, 88, 381–82, 387, 388–89, 426; fuerzas derechistas en, 15, 375, 385; e imperialismo estadounidense, 155, 206, 216, 217–18, 337, 338–39, 340–44, 388–90, 392–93; inversiones de capital, 152, 333, 336–37; oriental, 202, 365, 368; su unificación, 337
Alianza de la Juventud Socialista, 96, 414–15
Alianza para el Progreso, 252
América Latina, 172; condiciones sociales en, 12, 39, 44, 188–89, 226, 227; deuda externa, 43–44, 132–33, 154, 168, 169–70, 171, 173–74, 252, 333–34; estructura de clases en, 70, 221–22, 359; flujo de capital hacia, 332, 334, 335; industrialización en, 12,

439

224, 334–35, 359; intervenciones norteamericanas en, 8, 19, 212–13, 214; movimiento obrero en, 40, 42–43, 44, 45, 335; mujeres en, 239. *Ver también* países individuales
Analfabetismo, 226–27
Angola, 46, 106, 213
Antisemitismo, 383–84
Arabia Saudita, 255, 350–51
Aranceles, 171–72, 349–50
Argelia, 46, 204
Argentina, 154, 168, 213, 334, 338; luchas obreras en, 44, 352
Asia, 171–72; condiciones sociales en, 12, 39, 174; deuda externa, 132–33, 143, 166–67, 171, 173–74, 333–34; estructura de clases en, 221–22, 359; flujos de capital hacia, 331, 334, 335–36, 347, 348; industrialización, 12, 224, 334–35, 359; intervenciones militares norteamericanas en, 8, 19, 20, 212, 214; lucha anticolonial en, 195, 203–4, 211, 212, 219
Atención médica: ataques contra, 11, 141, 144, 229, 398; en Cuba, 64–65, 66, 365; en Europa oriental, 365, 367
Australia, 188, 233, 238; y Estados Unidos, 208, 209, 331, 349
Austria, 15, 387
Auto, industria del, 149, 155, 184, 223; sobrecapacidad en, 157, 347–48; trabajadores en, 237, 287, 289, 290, 399

B

Balladur, Edouard, 294, 389
Banca, sistema de la, 10, 152, 164–65, 319, 321–22; vulnerabilidad, 12, 131, 134, 138, 164–66, 168–69, 189, 190

Banco Mundial, 173–74
Bandar bin sultan, príncipe, 350
Barbados, 221
Bélgica, 15, 238, 346; y Africa, 22–23, 213; desempleo en, 187–88, 399
Bielorrusia, 373
Bienes raíces, 162, 189, 333, 340; desplome de sus precios, 320, 348
Bismarck, Otto von, 357–58, 376, 377
Bolcheviques, 24, 31, 191, 415, 420, 425
Bolivia, 154, 221
Bolsa de valores, 129–31, 139, 142–43, 163–64; baja de 1994, 322, 325–26, 329; Engels sobre, 135–38; firmas corredoras, 131, 162, 229. *Ver también* Caída de bolsa de valores; Especulación
Bonaparte, Luis Napoleón, 376–77
Bonapartismo, 30–31, 371, 376–78, 384, 387–88, 393
Bosnia, 22, 394
Brasil, 139, 213, 224, 334; industrialización, 224, 254; su opresión imperialista, 168, 169
Brigada Venceremos, 96
Buchanan, Patrick, 15, 373, 374–75, 381, 385, 391
Bulgaria, 202, 365
Bush, padre, George, 389
Business Week, 15, 326, 405–6

C

Cacería de brujas anticomunista, 20
Caída de bolsa de valores de 1987, 3, 9–10, 129–34, 139–40, 143, 163, 229; anuncio depresión mundial que se avecina, 139–

43, 190, 285, 310, 324–25 Canadá, 153, 232–33, 238, 343, 400; y Cuba, 119–20; desempleo en, 188, 399; y Estados Unidos, 219, 331, 389
Capital (Marx), 133, 135–37, 141, 322, 327, 354
Capital ficticio, 133–39, 161
Capitalismo, 13–14, 48, 132–33, 135, 243–45, 411, 433; Castro sobre, 47–48, 54–55; crisis de acumulación de capital, 134, 154; su curva de desarrollo, 12–13, 192–96, 272–79, 285, 329; y democracia, 13–15, 146, 376, 377–79, 395–97; y depresión mundial que se avecina, 9–12, 140–43, 190, 241, 285; economía y política en, 192–96, 269–73, 279–80, 329–30; y especulación, 9–10, 133–39, 161–64, 189–90, 322–29; su expansión de posguerra, 148–49, 244–45, 317; su explotación del Tercer Mundo, 8, 132–33, 166–74, 220–27, 251–56, 333–34; su ideología, 13–14, 208; inversión en capacidad productiva, 10, 149, 152, 155, 159–61, 167, 189–90, 229, 244, 287, 310–11, 314–15, 320, 326; inversión en tecnología que ahorra mano de obra, 160, 190, 259–61, 287, 317, 408; y sobreproducción, 156–59, 189, 251, 314, 349; y tasa de ganancias decreciente, 11, 147, 149–50, 162–63, 185, 243–46, 315, 316, 319, 335, 402; sus valores deshumanizantes, 413–14; su vulnerabilidad, 3, 12, 132–33, 142, 215, 225, 323–24, 330. *Ver también* Bolsa de valores; Ciclo comercial; Rivalidades interimperialistas

Carne, industria de empacado de, 157–58, 160, 183
Castro, Fidel, 6, 43, 62, 64, 105, 145, 423; sobre alianza de trabajadores y agricultores, 69–71, 72; sobre caída de regímenes soviético y de Europa oriental, 41; sobre capitalismo y socialismo, 8, 47–48, 54, 427, 433; sobre impuestos a ingresos, 58–59, 113; sobre Período Especial, 49–51, 54–55
Caterpillar, huelga (1994–95), 92, 93, 318, 403–4, 408
Cesantías, 10, 16, 152, 157–58, 159, 160–61, 185, 189, 229, 291, 294, 318, 346, 347–48
Charles, príncipe, 380, 382
Che Guevara: economía y política en la transición al socialismo (Tablada), 205
Checa, República, 372
Checoslovaquia, 202
Chernobyl, 246, 248
Chiapas, 44, 351–55
Chicanos, 230
Chile, 15, 353
China, 16, 17, 313, 360–63, 372, 373; su dirección estalinista, 31, 361–62, 424–25, 426; y Estados Unidos, 56, 256–59, 362; revolución de 1949, 20, 24, 203, 204, 211, 361, 424
Ciclo comercial, 12, 149, 151, 162, 286, 289–90, 320–21; ascenso en década de 1990, 286–87, 289–90, 310, 316–17; y curva de desarrollo capitalista, 192–93, 272–76, 329. *Ver también* Recesiones
Clase media, 223, 305, 357, 358; y bolsa de valores, 134, 323; capas en Cuba, 34, 52–53, 57–59, 89–90, 100, 110; en estados

obreros deformados, 17, 313, 362; movimiento comunista y, 426–27; su riqueza creciente, 184, 240, 410; en Tercer Mundo, 44, 174, 253, 335, 358; ultraderecha y, 305, 359, 375, 379, 381, 383, 384
Clase trabajadora: su aristocracia, 146, 244; ataques capitalistas contra, 10–11, 153–54, 182–85, 240, 243, 245, 261–62, 287, 308–9, 318, 338, 342, 397–99; su composición en Estados Unidos, 227–28, 229–32, 234–35, 242; su creación, 195, 239–40, 352–55, 356, 359; crisis de liderazgo en, 143, 198–99, 244–45, 288, 304, 421, 423–28; y crisis social que se avecina, 12, 140–41, 143–44; en Cuba, 6, 31–35, 51–52, 57–62, 64, 66–67, 81, 82–84, 90–91, 101, 110, 124; su dirección comunista, 125, 145–47, 286, 383–84, 428–29; divisiones dentro de, 240–41, 410–11; en ex-URSS y Europa oriental, 258–59, 366, 367–68, 369, 421–22; y fascismo, 12, 375, 377, 379; inmigrantes en, 186, 230–34, 411; juventud y, 287, 304, 308–9, 409, 418, 419–20; mujeres en, 234–39, 242; en mundo semicolonial, 221–26, 239–40, 241, 352–55, 358–59; negros y, 229–30; peso creciente a nivel mundial, 215, 240–42, 360; su potencial revolucionario, 5, 262, 330–31, 407–8, 412; su resistencia a ataques capitalistas, 143–45, 261–62, 288, 317, 403–8, 420; su subestimación por capitalistas, 406–8; y tradiciones "nacionales", 242; vanguardia, 144, 145–46, 344, 377, 383, 426, 427. *Ver también* Huelgas

Class, Party, and State and the Eastern European Revolution (Clase, partido y estado en la revolución europea oriental), 202
Clinton, Hillary, 380, 382
Clinton, William, 340, 350, 362–63, 380, 382, 389, 398
Colonialismo, 138
Comercio: conflictos de, 171–72, 251, 340–41, 345, 349–51, 389–90, 392; desigual, 170–72, 222, 225; su estancamiento, 158; "libre", 349–53, 360
Communist Continuity and the Fight for Women's Liberation (Continuidad comunista y la lucha por la liberación de la mujer), 239
Compañía Azucarera Vertientes-Camagüey, 97–98, 119
Computarización, 10, 244, 260, 261, 287, 318, 407
Comunidad Europea, 218, 219, 346
Condición de la clase obrera en Inglaterra, La (Engels), 344
Congo, 22–23, 46, 212
Congreso Nacional Africano (ANC, Sudáfrica), 213, 359, 424
Conspiración, teorías de, 380
Continuidad comunista, 87–88, 191, 301, 307, 415, 425, 428; Cuba y, 87–89, 107, 423; PST y, 36–37, 92, 95, 106, 107; rota por estalinismo, 368, 421
Contratación, 289, 290, 298, 321, 398
Controladores de tráfico aéreo. *Ver* PATCO
Cooperativas agropecuarias: en Cuba, 67–74, 78–81, 107–10, 114, 115; en Rusia soviética, 76–78

Corea del Norte, 295–96, 372; revolución en, 24, 211
Corea del Sur, 15, 155, 213, 334–35; clase trabajadora en, 224, 295; desarrollo industrial en, 224, 254
Corea, guerra de, 20, 203, 295
Cosmetics, Fashions, and the Exploitation of Women (Los cosméticos, la moda y la explotación de la mujer), 239, 306
Costa Rica, 221
Cuba Business, 80
Cuba, grupos de solidaridad: participación del PST en, 95–97, 122–23; perspectivas políticas, 40, 55, 65–66, 120, 121–23
Cuba: agricultura en, 67–75, 78–81, 107–10, 114–15; alianza obrero-campesina en, 49, 69, 114, 115; atención médica en, 64–65, 66, 365; burocracia en, 30, 71, 73–74, 75–76; y caída de aparatos estalinistas, 5–6, 7, 33–34, 40–41, 49–50, 87; capas pequeñoburguesas en, 34, 52–53, 57–58, 59, 89–90, 100, 110; clase trabajadora en, 6, 7, 31, 32–35, 51–52, 57–60, 61–62, 63, 66, 67, 81–87, 91, 99–100, 101, 106, 110–11, 124; y continuidad comunista, 87–89, 107, 423; dirección comunista en, 6, 31, 54–55, 205, 220; su ejemplo, 4, 23, 124–25, 205, 220, 293; embargo estadounidense, 22, 40, 42, 55–56, 71, 96, 118, 121, 409; emigración de, 90, 117–18; enfrenta crisis económica, 38–42, 48–49, 50, 63–64, 115–17; errores cometidos, 30, 34, 72–73, 91, 100–101; y estalinismo, 6, 33–34, 72, 75, 87, 88, 100; e imperialismo estadounidense, 5, 7, 41, 42, 56, 96; su importancia en política mundial, 4–5, 8–9, 31–35, 204–5; e impuesto a ingresos, 56–61, 62, 110–14; su internacionalismo, 46–47, 86, 106, 205; juventud en, 7, 98–99, 117; y lucha de clases mundial, 34–35, 40, 42–47, 105, 121, 125; lucha contra corrupción, 61–62, 84, 91, 110, 111, 114–15; mercado negro en, 39–40, 57, 61, 63, 111, 114–15; mercados agropecuarios en, 115–16; y Nicaragua-Granada, 6–7, 40, 42–43, 288; obstáculos para restaurar capitalismo, 8, 85, 98, 101, 106, 109–10; polarización social en, 39–40, 52, 54, 89–90, 99, 100, 111, 117–18; proceso de rectificación, 49–51, 73, 74, 86–87, 115; PST y, 35–37, 91–96, 122–23; repliegue necesario en, 33, 48–55, 72, 79, 99–100, 101, 107–8, 109; sistema educativo, 63, 64–65, 66, 100; sistema de racionamiento, 39, 57, 58, 111, 112, 115; trabajadores agrícolas, 68, 69–71, 72–73, 78–79, 80–81; trabajo voluntario en, 68, 74–76; UBPC en, 67–68, 73–74, 79–81, 107–10, 114
Cuito Cuanavale, 46
Curtis, Mark, 92–93, 94
Curva de desarrollo capitalista. *Ver* Capitalismo, su curva de desarrollo

D

de Córdoba, José, 53
Deflación, 10, 12, 311, 319–21, 323, 400, 401–3
de Gaulle, Charles, 378
de Groote, Jacques, 53
Democracia y derechos democrá-

444   *Index*

ticos: ataques contra, 142, 378–79; capitalismo y, 13–15, 146, 376, 377–79, 396–97; clase trabajadora y, 141–42, 379, 384
Depresión: década de 1930, 129, 142–43, 166, 311, 319, 402; que se avecina, 10–12, 139–45, 190, 241, 285
Derechistas, movimientos. *Ver* Fascismo
Derivativos, 9–10, 137–38, 323, 327
Desarrollo desigual y combinado, 194–95, 351–52
Desempleo, 185–90, 243, 259–60, 398; y crisis social que se avecina, 140–41, 229; en países imperialistas, 11, 151, 157–58, 399; programa obrero en torno al, 400, 403; en Tercer Mundo, 188–89, 254, 399
Deuda, 132–33, 161–63, 312; de agricultores, 133, 175, 176, 179–80; corporativa, 161, 189; como relación social, 134, 167, 251–52; del Tercer Mundo, 132–33, 139, 143, 152–53, 154, 162–63, 167–74, 189, 251–52, 256, 333–34
Díaz, Pável, 93–94
Dinamarca, 219, 399
Divisas, 10, 150; dominación del dólar, 217, 218–19, 338
Dobbs, Farrell, 96, 422
Dólar estadounidense, 151–52, 170, 172–73; su dominación mundial, 217, 218–19, 338–39
Domínguez, Jorge, 80
Dominicana, República, 221
Draper, Theodore, 396
Dresde, bombardeo incendiario de, 385
Drogas, tráfico de, 412
Dumping, 172
Dynamics of the Cuban Revolution (Dinámica de la Revolución Cubana—Hansen), 205

E

Economist, The, 365
Ecuador, 221
Educación: ataques contra, 11, 141, 168, 229, 366, 367, 410–11; en Cuba, 40, 63, 64–65, 66, 100
¡EE. UU. fuera del Oriente Medio! Cuba habla en Naciones Unidas (Castro, Alarcón), 47
Egipto, 203
Ejército Juvenil del Trabajo (EJT), 108
Electrificación, 226
El Salvador, 154, 221
Empleos de media jornada y temporarios, 11, 186, 187, 238, 321, 338, 398, 400
Engels, Federico, 23, 61, 87, 107, 191, 344, 376, 425; sobre bolsa de valores, 135–38, 223, 322; sobre especulación financiera, 135, 326–27; de joven, 299–302; sobre política y economía, 193, 269–71, 276
Enrique VIII, 380
Eslovaquia, 365
España, 207, 346; y Cuba, 119, 120; desempleo en, 187, 399; victoria fascista en, 17–18, 88, 378, 387, 426
Especulación financiera, 9–10, 133–39, 161–64, 322–29; su sicología, 327–29. *Ver también* Bolsa de valores
Estalingrado, batalla de, 201
Estalinismo, 36, 88, 97, 145, 423; colapso de aparatos, 5, 7, 13, 23, 34, 38, 40–41, 49–50, 87, 285, 309–10; y Cuba, 6, 33–34, 72, 75, 87, 88, 100; finge ser marxismo, 23–24, 31, 87, 422;

y Granada, 43, 288, 424; su maquinaria asesina, 18, 368, 421, 426; rompió continuidad comunista, 205, 368, 421; traiciones en década de 1930, 17–18, 88, 143, 199, 389, 426
Estonia, 365
Etiopía, 106, 204
Europa, 218–19, 346–47, 385–86; ataques contra clase trabajadora en, 184–85, 345–46, 399. *Ver también* Comunidad Europea; Rivalidades interimperialistas; Unión Europea; países individuales
Europa oriental, 16–17, 31, 55, 366, 401; casta privilegiada en, 16, 258–59, 366, 367; clase trabajadora en, 258–59, 366, 367–68, 369, 421–22; conflictos sociales en, 17, 142, 147; derrocamiento del capitalismo en, 20, 24, 201–2, 211; flujo de capital estadounidense hacia, 256–59, 332, 335, 336–37. *Ver también* Estalinismo, colapso de aparatos

F

Fannie Mae, 137–38
Farmer Mac, 137–38
Farmers Home Administration (FmHA), 176, 180
Fascismo y ultraderechistas, 4, 14–15, 304–6, 374–79, 391, 393, 433; capitalistas y, 12, 14, 15, 142; durante década de 1930, 17–18, 88, 381–82, 387, 388–89; en Estados Unidos, 20, 374–75, 391; en Italia, 15, 374, 379, 385; lucha contra, 375–76, 378, 379, 383–84; y política burguesa, 14–15, 375, 376, 384–85; en Rusia, 370–71, 374, 391
Filipinas, 213

Financial Times, 10–11
Fondo Monetario Internacional (FMI), 173–74
Fondos de cobertura (*hedge funds*), 138
Francia, 15, 18, 19, 207, 238, 378, 389, 400, 426; armas y energía nucleares, 210, 248; desempleo en, 187–88, 399; inmigración hacia, 233, 234; sus intervenciones militares, 8, 22–23, 203, 212; e Iraq, 394, 395; luchas de trabajadores en, 294–95, 346; y rivalidades interimperialistas, 294, 337, 343, 349–50, 388–89, 390, 392–93
Franco, Francisco, 378
Frente Sandinista de Liberación Nacional (FSLN, Nicaragua), 42, 288

G

Ganancias, 10–11, 131, 148–49, 158–59, 228–29, 287, 292; tasa decreciente de, 11, 147, 149–50, 162–63, 185, 243–46, 315, 316, 319, 335, 402. *Ver también* Plusvalía
Garza, Laura, 94–95
General de la selva, El (Traven), 353
Ginnie Mae, 137
Gobierno (Traven), 353
Gobierno obrero y campesino: en Cuba, 5, 6, 38, 41, 69, 76; dirigido por estalinistas, 201–2, 203, 204, 220, 424–25; lucha por un, 38, 286, 412, 426–27, 429–30; en Nicaragua y Granada, 42–43, 45, 121, 288, 414; en Rusia, 76–77, 87, 104
Gorbachov, Mijaíl, 336, 367, 369, 371
Granada, 106; derrota en, 6, 42–

43, 288, 424; revolución en, 45, 46, 204, 252, 424
Gran Bretaña, 19, 119, 120, 147, 153, 210–11, 233, 238, 363, 388–89, 392–93; ataques contra clase trabajadora en, 185, 338, 343, 344; desempleo en, 187–88, 399; y Estados Unidos, 152, 212–13, 217, 333, 343; sus intervenciones militares, 8, 22, 203, 212–13; e Iraq, 394, 395; como potencia mundial, 198, 207; sus rivales imperialistas en Europa, 219, 337, 340
Gran Depresión. *Ver* Depresión de década de 1930
Granma Internacional, 55, 81–82, 85–86, 105
Grant, James P., 365
Grecia, 386
Guantánamo, base naval, 22, 96, 118
Guatemala, 154, 221
Guerra: imperialista, 4, 141, 162, 214, 384–85, 387, 389–93; de intervención norteamericana, 8, 22–23, 46–47, 203, 212, 393–94. *Ver también* Primera Guerra Mundial; Segunda Guerra Mundial
"Guerra cultural", 15, 381
Guerra del Golfo (1990–91), 21–22, 46–47, 350–51, 371, 393–95; y conflictos interimperialistas, 285, 384–85
Guerra Fría, 20–21, 371; Cuba y, 120–21
Guevara, Ernesto Che, 205, 423; su trayectoria comunista, 50, 66, 72, 75, 89

H

Habla Nelson Mandela, 37
Haití, 154, 221, 226; ocupación norteamericana de, 22, 47, 394
Hambre mundial, 227
Hansen, Joseph, 96, 429–30
Hedge funds. *Ver* Fondos de cobertura
Hiroshima y Nagasaki, 19, 295, 385
Historia de la Revolución Rusa (Trotsky), 37
Hitler, Adolfo, 18, 376–77
Holanda, 19, 188, 207, 234, 327–28, 333
Honduras, 154, 221
Hong Kong, 130, 155, 224, 254; soberanía china sobre, 363
Huelgas, 36, 224, 288, 346, 363; Allegheny Ludlum (1994), 403, 404; asistentes de vuelo de American Airlines (1993), 403; Caterpillar (1994–95), 92, 403–4; controladores de tráfico aéreo (1981), 153–54; mineros del carbón (1993), 403; ola de 1945–46, 20, 202; Staley (1993–95), 93–94, 403–4; UPS (1994), 404–5
Hungría, 202, 365, 366

I

Imperialismo. *Ver* Capitalismo
Imperialismo norteamericano, 43–44; comercio exterior, 171–72, 256–59, 349–51, 360; y Cuba, 5, 7–8, 22, 40, 41, 42, 55–56, 96, 118–22; flujos de capital, 331–34, 336, 339–40; su fuerza decadente, 4, 155, 201–4, 206–7, 261, 340–41; y Guerra Fría, 20–21; intervenciones militares por, 8, 22–23, 46–47, 203–4, 211–13, 385, 393–94; su poderío militar 208–15, 392; y rivalidades interimperialistas, 149, 150, 155–56, 206–7, 208–10,

215–19, 294, 335–51, 384–93; y Rusia, 366–67, 369–70, 371–72, 373; como último imperio del mundo, 197–201, 206–8, 341; como vencedor en Segunda Guerra Mundial, 19, 154–55, 198, 200, 204, 333. *Ver también* Capitalismo
Impuestos, 225–26; Cuba e, 56–61, 62, 110–14
In Defense of Socialism (En defensa del socialismo—Castro), 51
India, 188, 356, 358–59, 373
Indonesia, 15, 359
Inflación, 150–52, 184, 319–20, 321, 323, 339, 401–3; en Cuba, 56–57, 63; programa obrero en torno a, 403
Iniciativa de la Cuenca del Caribe, 252
Inmigración e inmigrantes, 186, 230–34, 241–42, 411; ataques ultraderechistas contra, 15, 374, 385
Interés, tasas de, 163, 321–22; ascendentes, 132, 152, 156, 166, 170, 175; decrecientes, 176, 179, 314, 326, 333
Internacional Comunista, 24, 103, 191, 220; su destrucción estalinista, 18, 205; informes del Tercer Congreso, 191–94, 196, 274, 279
Irán, 372–73, 395; revolución en, 45, 204, 213, 395
Irán-Contra, escándalo, 396
Iraq, 21–22, 394–95. *Ver también* Guerra del Golfo
Irlanda del Norte, 233
Islandia, 234
Israel, 208, 210, 212, 394–95
Italia, 187–88; clase trabajadora en, 238, 343, 344; y fascismo, 15, 374, 379, 385

Izquierda, corrientes de, 40, 96–97, 107, 145, 384

J

Japón, 48, 153, 181, 209, 210, 233–34, 238, 314; ataques contra clase trabajadora en, 184, 187, 347–48; crisis económica en, 147, 322, 347–49; y Estados Unidos, 155, 206–7, 208, 209, 215, 216, 217, 335, 336, 339–43, 344–45, 349–50, 351, 388, 389, 390, 392; flujos de capital desde, 152, 331, 333; precios de bienes raíces en, 320, 345, 348; en Segunda Guerra Mundial, 19, 20, 319, 387, 388
Jóvenes, 141; y clase trabajadora, 287, 290, 304, 308–9, 409, 418, 419, 420; Marx/Engels y, 298–302; oportunidades de reclutar, 292–94, 297–98, 303–4, 306–7, 309, 414, 415–16; polarización entre, 304–5; voluntad de luchar, 293–94, 303–6, 307–9, 329, 409. *Ver también* Juventud Socialista
Junk bonds. *Ver* Obligaciones de alto riesgo
Junta de la Reserva Federal, 131, 152, 156, 326
Juventud Rebelde, 94, 105
Juventud Socialista, 292–93, 415–16, 434

K

Kantor, Mickey, 351
Kazajstán, 373
Kennedy, John F., 380, 382
Kohl, Helmut, 389
Kondratiev, Nikolai D., 275–76

L

Labor's Giant Step (El paso de gigante del movimiento obrero—

Preis), 202
Latinos, 232, 242
Lenin, V.I., 31, 67, 76–78, 329, 420; y continuidad comunista, 87–88, 191, 425; sobre imperialismo, 197–98, 220; sobre NEP, 101–4
Ley del valor, 52, 75, 220, 240
Libre comercio, zonas de, 225–26, 239
Liga de los Comunistas (1847–52), 300, 301, 302, 425
Ligas comunistas, 371, 419, 421

M

MacArthur, general Douglas, 348
Macedonia, 386
Malasia, 15
Malvinas, guerra de las, 212–13, 338
Manifiesto Comunista (Marx y Engels), 60–61, 298–99, 301–2, 415
Marshall, Plan, 149, 251, 256
Martínez, Osvaldo, 80
Marx, Carlos, 23, 61, 107, 155–56, 158–59, 249, 316, 345, 354; sobre bonapartismo, 376; sobre capital ficticio, 133, 135, 163, 167, 326–27; y continuidad comunista, 87, 191, 425; sobre desempleo, 141, 185; de joven, 299–302
Marxism and the Working Farmer (Marxismo y el pequeño agricultor), 69
Marxismo, 275, 277, 280–81; y Cuba, 87–88, 423
McCarthy, Joseph, 20, 21
Medio ambiente, 141, 226, 293
México, 15, 120, 130, 213; clase trabajadora en, 224, 239; desarrollo industrial, 154, 224, 254; deuda externa, 169, 219; flujo de capital hacia, 334–35; rebelión de Chiapas, 44, 351–55; y TLC, 219, 353–56
Miami Herald, 82–83
Militant, The / Perspectiva Mundial, 294; sobre Cuba, 38–39, 57, 60, 68, 81, 84–85, 94, 427
Mitterrand, François, 389
Moncada, asalto al (1953), 64, 117
Mortalidad infantil, 141, 227, 364, 365
Movimiento comunista, 196–97; su carácter mundial, 147, 286, 435; sus cuadros disciplinados, 428–29, 430–33; Cuba y, 205, 220, 423; debilitamiento del obstáculo estalinista, 23–24, 422; y juventud, 292–94, 297–302, 303, 304–5, 306–7, 413–14, 415–16; su labor preparatoria, 146–47, 427–31. *Ver también* Alianza de la Juventud Socialista; Juventud Socialista; Ligas comunistas; Partido Socialista de los Trabajadores
Movimiento No Alineado, 205
Movimiento 26 de Julio, 6, 64, 423
Mujeres, 141, 293; en Cuba, 86; en fuerza laboral, 186, 234–39, 242; lucha por su emancipación, 236–37, 384; ofensiva ideológica contra, 241; su superexplotación, 235–38
Mussolini, Benito, 374, 376–77

N

Naciones Unidas, 385, 394
Nebbia, Selva, 96
Negros, 411; como agricultores, 178, 229; en clase trabajadora, 229–30, 242; discriminación contra, 141, 153, 229–30, 240;

polarización de clases entre, 305
Negros, lucha pro derechos de, 45, 202
NEP. *Ver* Nueva Política Económica
New International no. 3, 279, 428
New International no. 4, 69, 180, 240, 305–6
New International no. 6, 43, 51, 378
New International no. 11, 336, 361
New York Review of Books, 396
New York Times, 174, 340, 364–65
Nicaragua, 106, 154, 221; cae gobierno obrero y campesino, 6–7, 40, 42–43, 288, 424; revolución en, 45, 46, 121, 204, 252, 424
Nixon, Richard, 150, 338
Nombre de marca, rentas por, 312
North, Oliver, 373
Noruega, 238
Notebook of an Agitator (Cuaderno de un agitador—Cannon), 37
Nuclear, energía, 246–49
Nucleares, armas, 210–11, 371; arsenal ruso-soviético, 20, 211, 373; creciente oposición a, 215; su uso por Washington, 295
Nueva Internacional no. 1, 203, 211, 336, 385
Nueva Internacional no. 2, 34
Nueva Internacional no. 3, 43, 396, 424
Nueva Política Económica (NEP, Rusia soviética), 76–78, 101–4
Nueva Zelanda, 188, 233, 238, 343; y Estados Unidos, 208, 331
"Nuevo Orden Mundial", 3, 21, 341
Nuevo Trato, 18

O

Obligaciones de alto riesgo (*junk bonds*), 137, 161

Organización Popular del Africa Sudoccidental (SWAPO, Namibia), 213
Oro, 249–50; y dólar estadounidense, 150, 338
OTAN (Organización del Tratado del Atlántico Norte), 208, 372, 374, 385, 386–87

P

Palestina, 204
Paquistán, 373
Paraguay, 221
París, Comuna de, 428
Partido Comunista de Cuba, 69, 72–73, 88–89, 100–101, 109, 122, 205
Partido Demócrata, 15, 391, 397–98
Partido Republicano, 14–15, 391, 398
Partido Socialista de los Trabajadores (PST), 288, 423; su continuidad, 36–37, 92, 95, 106, 107; fracciones sindicales, 289, 416–17, 418–19; y Guerra del Golfo, 371, 384–85; e invasión de Somalia, 394; oportunidades de contratación, 289–92, 298, 418–19; y Revolución Cubana, 35–37, 91–97, 122–25; viraje a sindicatos industriales, 146, 416–20. *Ver también* Alianza de la Juventud Socialista; Juventud Socialista; Movimiento comunista
Partido Socialista Popular (Cuba), 6
PATCO (Organización de Controladores de Tráfico Aéreo Profesionales), 154
Pearl Harbor, 388
Pensiones, fondos de, 324, 325
Perot, Ross, 15, 385
Perspectiva Mundial. Ver Militant

Perú, 139
Plusvalía, 228–29, 316–17, 318, 345; absoluta y relativa, 157. *Ver también* Ganancias
Pobreza, 185, 410
Policía, brutalidad, 293
Política burguesa: su carácter bipartidista, 20, 351, 362, 396, 397, 410, 435; y crisis social que se avecina, 141–42, 145; fascismo y, 14–15, 374–75, 376, 384–85, 388; su pornograficación, 379–84
Polonia, 202, 365, 372
Portugal, 213, 378
Prensa burguesa, 352, 374, 412; cobertura de Cuba, 59, 82–83
Presupuesto, déficit, 150
Primera Guerra Mundial, 197–98, 387, 388
Privatización, 44, 294, 334, 335, 343, 346, 360, 368; y Cuba, 80, 109
Programa de acción para enfrentar la crisis económica que se avecina, Un, 330, 399
Proposición 187 (California), 232
Proteccionismo, 171–72, 251, 340–41, 345, 349–53
Proudhon, Pierre-Joseph, 302
Puertorriqueños, 230

Q
Quiebras de empresas, 166, 189

R
Racismo, 15, 244, 378; y capitalismo, 293, 381, 411; y crisis social que se avecina, 141, 388; y Cuba, 86
Reagan, Ronald, 140, 186
Rebelión de los colgados, La (Traven), 353
Recesiones: de 1974–75: 151, 153, 186, 245, 254, 259; de 1981–82: 132, 140, 152–53, 170, 175, 182, 187, 237, 245, 254, 259; de 1990–91: 286–88
Redimensionamiento, 10, 291–92, 311, 316, 318, 319, 325, 338, 345–46, 347, 397
Reino Unido. *Ver* Gran Bretaña
Rentas e hipotecas, sistema de, 221–22, 240, 320, 345
Revolución americana (1775–83), 14
Revolución de 1848: 279, 357, 376, 427–28
Revolución Rusa (1917), 4, 5, 24, 31, 195–96, 197, 211, 388, 420–21
Revolución traicionada, La (Trotsky), 37
Rivalidades interimperialistas, 149–50, 155–56, 199–200, 215–19, 335–51; agudización de, 3, 153, 180, 189, 206–7; y nuevas guerras imperialistas, 211, 384–93. *Ver también* Imperialismo norteamericano, y rivalidades interimperialistas
"Robotización", 244, 260–61
Rodríguez, José Luis, 57, 59
Roosevelt, Franklin, 380
Ross, Pedro, 59
Rostro cambiante de la política en Estados Unidos, El (Barnes), 37, 146, 416, 418
Ruanda, 23
Ruby, Aaron, 94
Rumania, 202, 365
Rusia, 23, 336, 387; su arsenal nuclear, 373; condiciones sociales en, 364–66, 370; corrientes fascistas en, 370–71, 374, 391; e imperialismo norteamericano, 366–67, 369–70, 371–72, 373; obstáculos a la restauración capitalista, 16–17, 257–58,

368, 371. *Ver también* Unión Soviética

S

Salarios, 148, 153; decrecientes, 10, 11, 153, 182–84, 315, 321, 325, 342–43; doble escala de, 183, 338, 346
Salario Social, 11, 335, 338, 398, 410–11
Salud. *Ver* Médica, atención
Segregación en escuelas, lucha contra, 384
Segunda Guerra Mundial, 385, 388–89, 426; como conflicto interimperialista, 199; y derrotas de clase trabajadora, 18, 143, 198–99, 387, 389; movimiento "Devuelvan las tropas a casa" tras, 203; tasas de ganancia durante, 148, 319; Unión Soviética en, 24, 199–200, 201, 202, 204; victoria norteamericana en, 19, 200, 204, 333
Segunda Internacional, 426
Seguridad de empleos, 160, 182, 259–60
Seguridad Social, 11, 410; en Cuba, 58, 113–14
Semana laboral, 10, 148, 161, 182, 187, 243, 287, 325, 346, 398–99, 403; lucha por reducir, 148, 346, 400, 403
Semicoloniales, países, 154, 351–60; carencia de mercados internos, 223, 225, 253, 356–57, 358; clase capitalista en, 15, 174, 222, 223, 253, 254–55, 334, 335; clase media en, 174, 223, 253; clase trabajadora en, 167–68, 221–25, 239–41, 352–56, 358–59; condiciones sociales, 11–12, 39, 133, 166–67, 174, 226–27, 240, 254, 349, 364, 399; deuda de, 132–33,

139, 143, 152–53, 154, 162–63, 167–74, 245, 251–52, 256, 333–34; explotación imperialista de, 8, 132–33, 166–74, 220–27, 251–56, 333–34; flujo de capital hacia, 332–36; industrialización en, 12, 223–24, 334–35; sus ingresos petroleros, 254–55; jamás llegarán a ser "desarrollados" 220–21, 255–56, 358; mujeres en, 239; "privatización" en, 168, 334, 360; revolución colonial en, 45, 203–5, 211, 214
Serbia, 22
Sindicatos, 412; ala izquierda de lucha de clases en, 422–23; ataques capitalistas contra, 153–54, 182–83, 244–45, 262, 288, 308–9; su burocracia, 145, 146, 148, 154, 244, 355–56, 401; y crisis social que se avecina, 142, 145. *Ver también* Clase trabajadora; Huelgas
Sindicato Unido de Mineros de América (UMWA), 289, 403
Sindicato Unido de Obreros Automotrices (UAW), 93, 318, 403–4
Sindicato Unido de Obreros del Acero de América (USWA), 183, 403, 404
Sindicato Unido de Trabajadores de Alimentos y del Comercio (UFCW), 419
Singapur, 15, 155, 224, 254
Sobreproducción capitalista, 156–59, 189, 251, 314, 349
Socialismo y el hombre en Cuba, El (Guevara), 75
Somalia, 22–23, 47, 394
Sotsialisticheskoi Akademii, 281
Stalin, José, 36, 421
Sudáfrica, 293, 359–60; apartheid, 208, 210, 212, 213; y dirección

comunista, 424
Suecia, 238, 344, 399

T

Tailandia, 359
Taiwan, 15, 155, 224, 254, 334
Teamsters, 404
Teamsters, serie de (Dobbs), 422
"Teoría del tonto más grande", 327–28
Tercer Mundo. *Ver* Semicoloniales, países
Three Mile Island, 246
Todd, James A., 406
Tokio, bombardeo incendiario de, 385
To Speak the Truth (Hay que decir la verdad—Castro, Guevara), 205
Trabajadores, 82, 105
Trabajadores-bolcheviques, 318, 417, 429, 434
Tratado de Libre Comercio de Norteamérica (TLC), 219, 353–56; campaña contra, 355–56
Traven, B., 353
Trotsky, León, 269, 420, 425; sobre curva de desarrollo capitalista, 13, 192–94, 269–81, 329; sobre perspectivas revolucionarias, 330–31
Truman, Harry, 19
Tulipanes, manía de los, 327–28
Turismo, 226
Turquía, 386–87

U

UBPC (Unidad Básica de Producción Cooperativa), 67–68, 74, 79, 80–81, 107–10, 114
Ucrania, 365, 366, 373
Ultraizquierdismo, 97, 300, 304
Unión de Jóvenes Comunistas (UJC), 94, 99, 100

Unión Europea, 216, 346, 347, 374, 386, 399
Unión Soviética, 15–17, 55, 256–59; alianza obrero-campesina en, 103; casta privilegiada en, 16, 17, 258–59, 367; clase trabajadora en, 258–59, 366–69, 421–22; colapso de aparatos estalinistas, 5, 7, 13, 23, 34, 38, 40–41, 49–50, 87, 285, 310; crisis social y política en, 16–17, 142, 146–47, 369; y Cuba, 7, 40–41; degeneración estalinista, 23–24, 31, 36, 87–88; bajo Lenin, 76–78, 101–4; como potencia nuclear, 20, 210, 211; en Segunda Guerra Mundial, 24, 199–200. *Ver también* Rusia; Estalinismo
UPS, huelga contra (1994), 404–5

V

Varsovia, pacto de, 209
Venezuela, 154
Vietnam, 16, 17, 46, 55–56; su dirección estalinista, 424–25; victoria sobre franceses y Washington, 24, 45, 203, 204, 211, 214, 424
Vietnam, guerra de, 45, 150, 214, 339
Vietnam, movimiento contra guerra de, 45

W

Wall Street enjuicia al socialismo (Cannon), 37
Wall Street Journal, 53–54, 64–65, 363
Walsh, Lawrence, 396
Warren, James, 96
Weinberger, Caspar, 213
What Working People Should Know about the Dangers of Nuclear Power (Lo que el pueblo trabajador

debe saber sobre los peligros de la energía nuclear—Halstead), 247
Workers and Farmers Government, The (El gobierno de trabajadores y agricultores—Hansen), 424–25
Workers and Farmers Government in the United States, The (El gobierno de trabajadores y agricultores en Estados Unidos—Barnes), 424–25

Y

Yeltsin, Boris, 369–70, 371, 372, 373
Yugoslavia: su dirección estalinista, 424–25; guerra en, 22, 369, 372, 385, 389, 394; revolución en, 24, 201–2, 424

Z

Zaire. *Ver* Congo
Zhirinovsky, Vladimir, 370–71, 374, 391

FORJANDO UN PARTIDO REVOLUCIONARIO DE TRABAJADORES

Revolutionary Continuity

Marxist Leadership in the U.S.

(Continuidad revolucionaria: Liderazgo marxista en EEUU)

Los primeros años, 1848–1917
Nacimiento del movimiento comunista, 1918–1922

FARRELL DOBBS

"Generaciones sucesivas de revolucionarios proletarios han participado en los movimientos de la clase trabajadora y sus aliados… Los marxistas de hoy no solo debemos rendirles homenaje por sus acciones. Tenemos el deber de aprender de lo que hicieron mal y lo que hicieron bien para no repetir sus errores". —*Farrell Dobbs*. Dos tomos en inglés, US$17 cada uno.

La historia del trotskismo americano, 1928–38

Informe de un partícipe

JAMES P. CANNON

"El trotskismo no es un nuevo movimiento, una nueva doctrina, sino la restauración, el renacimiento del marxismo genuino tal como se expuso y se practicó en la Revolución Rusa y en los primeros días de la Internacional Comunista", dice Cannon, dirigente fundador del movimiento comunista en EEUU. US$17. También en inglés y francés.

El Manifiesto Comunista

CARLOS MARX Y FEDERICO ENGELS

El comunismo, según explican los dirigentes fundadores del movimiento obrero revolucionario, no es un conjunto de ideas o "principios" preconcebidos sino el camino de la clase obrera hacia el poder, que surge de un "movimiento que se desarrolla ante nuestros ojos". US$5. También en inglés, francés, persa y árabe.

LA SERIE DE LOS TEAMSTERS DE FARRELL DOBBS
Lecciones de las batallas obreras de los años treinta

REBELIÓN TEAMSTER
Sobre las huelgas de 1934 que sindicalizaron a camioneros y trabajadores de depósitos en Minneapolis y allanaron el camino para el movimiento social obrero que forjó los sindicatos industriales. El primero de cuatro tomos narrados por un dirigente central de estas batallas

PODER TEAMSTER
De cómo la dirección de los Teamsters usó el poder conquistado durante las huelgas de 1934 para hacer de Minneapolis un baluarte sindical, ayudar las campañas de sindicalización en toda la región norte-central del país y lanzar una campaña en 11 estados que reclutó al sindicato a decenas de miles de choferes de larga distancia.

POLÍTICA TEAMSTER
Explica cómo el Local 544 de los Teamsters en Minneapolis combatió casos fabricados por el FBI [y el gobierno] en los años 30, organizó a los desempleados y luchó para que el movimiento obrero y sus aliados emprendieran un camino político independiente de clase.

BUROCRACIA TEAMSTER
Cómo los trabajadores con conciencia de clase encabezaron la oposición obrera al ingreso del imperialismo norteamericano a la Segunda Guerra Mundial. Y cómo el gobierno federal, ayudado por la cúpula de los Teamsters, usó el FBI para intentar aplastar el poder sindical y silenciar a militantes obreros antibélicos. Con más de 130 fotos e ilustraciones.

US$16 cada tomo, US$50 por los cuatro. También en inglés.
Rebelión Teamster además existe en francés, persa y griego.

PATHFINDERPRESS.COM

NUEVA INTERNACIONAL EN EL MUNDO

Nueva Internacional también se edita en inglés como *New International* y en francés como *Nouvelle Internationale*. Pathfinder Press las distribuye a nivel mundial.

ESTADOS UNIDOS
(y América Latina, el Caribe y el este de Asia)
  Pathfinder Books, 306 W. 37th St., 13th Floor
  Nueva York, NY 10018

CANADÁ
  Pathfinder Books, 7107 St. Denis, Suite 204
  Montreal, QC H2S 2S5

REINO UNIDO
(y Europa, África, el Medio Oriente y el sur de Asia)
  Pathfinder Books, 5 Norman Rd.
  Seven Sisters, Londres N15 4ND

AUSTRALIA
(y Nueva Zelanda, el sureste de Asia y Oceanía)
  Pathfinder Books, Suite 2, First floor, 275 George St.
  Liverpool, Sydney, NSW 2170
  Dirección Postal: P.O. Box 73, Campsie, NSW 2194

ÚNASE AL CLUB DE LECTORES DE PATHFINDER
¡AMPLÍE SU BIBLIOTECA!
$10 POR AÑO
25% DESCUENTO EN TODOS LOS TÍTULOS
30% DESCUENTO EN LOS LIBROS DEL MES

Válido en pathfinderpress.com y los centros locales de libros Pathfinder

Visite: pathfinderpress.com/products/pathfinder-readers-club

Pathfinder
pathfinderpress.com